Juristische ExamensKlausuren

Weitere Bände in dieser Reihe: http://www.springer.com/series/3939

Wolfgang Mitsch

Fallsammlung zum Medienstrafrecht

 Springer

Prof. Dr. Wolfgang Mitsch
Juristische Fakultät
Universität Potsdam
Potsdam, Deutschland

ISSN 0944-3762
Juristische ExamensKlausuren
ISBN 978-3-662-48968-0   ISBN 978-3-662-48969-7 (eBook)
https://doi.org/10.1007/978-3-662-48969-7

Die Deutsche Nationalbibliothek verzeichnet diese Publikation in der Deutschen Nationalbibliografie; detaillierte bibliografische Daten sind im Internet über http://dnb.d-nb.de abrufbar.

Springer
© Springer-Verlag GmbH Deutschland, ein Teil von Springer Nature 2019
Das Werk einschließlich aller seiner Teile ist urheberrechtlich geschützt. Jede Verwertung, die nicht ausdrücklich vom Urheberrechtsgesetz zugelassen ist, bedarf der vorherigen Zustimmung des Verlags. Das gilt insbesondere für Vervielfältigungen, Bearbeitungen, Übersetzungen, Mikroverfilmungen und die Einspeicherung und Verarbeitung in elektronischen Systemen.
Die Wiedergabe von allgemein beschreibenden Bezeichnungen, Marken, Unternehmensnamen etc. in diesem Werk bedeutet nicht, dass diese frei durch jedermann benutzt werden dürfen. Die Berechtigung zur Benutzung unterliegt, auch ohne gesonderten Hinweis hierzu, den Regeln des Markenrechts. Die Rechte des jeweiligen Zeicheninhabers sind zu beachten.
Der Verlag, die Autoren und die Herausgeber gehen davon aus, dass die Angaben und Informationen in diesem Werk zum Zeitpunkt der Veröffentlichung vollständig und korrekt sind. Weder der Verlag, noch die Autoren oder die Herausgeber übernehmen, ausdrücklich oder implizit, Gewähr für den Inhalt des Werkes, etwaige Fehler oder Äußerungen. Der Verlag bleibt im Hinblick auf geografische Zuordnungen und Gebietsbezeichnungen in veröffentlichten Karten und Institutionsadressen neutral.

Springer ist ein Imprint der eingetragenen Gesellschaft Springer-Verlag GmbH, DE und ist ein Teil von Springer Nature.
Die Anschrift der Gesellschaft ist: Heidelberger Platz 3, 14197 Berlin, Germany

Vorwort

Das vorliegende Buch trägt der wachsenden Bedeutung des Medienrechts in der Strafrechtssäule universitärer Juristenausbildung Rechnung. Viele Fakultäten haben das Medienstrafrecht im Programm ihrer Schwerpunktbereichsausbildung und Schwerpunktbereichsprüfung. An der Universität Potsdam wird regelmäßig eine Vorlesung im Medienstrafrecht angeboten, hin und wieder auch eine Übung im Medienstrafrecht. Letztere erfreut sich bei den Studierenden erfreulicher Beliebtheit. Denn angesichts der Prüfungsrelevanz besteht ein erheblicher Bedarf an Unterweisung in der sachgerechten Bearbeitung medienstrafrechtlicher Fälle. Dem kann mit der Durchführung von Übungen teilweise abgeholfen werden, aus naheliegenden Kapazitätsgründen indessen nicht in dem Maße, wie es wünschenswert und erforderlich wäre. Zielstrebige Studenten behelfen sich in solchen Situationen selbst, indem sie eigenständig das Lösen und Bearbeiten von Fällen üben und dabei auf Ausbildungsliteratur in Buch- und Zeitschriftenform (neuerdings auch online) zurückgreifen. Zum Fach „Medienstrafrecht" existiert allerdings noch kein umfangreiches Angebot, weil das Fach den Dozenten oder Autor beim Zusammenstellen von geeignetem Fallmaterial vor höhere Herausforderungen stellt als im strafrechtlichen Kernbereich.

Die 18 Fälle, die die Substanz dieses Buches bilden, wurden in den letzten Jahren in verschiedenen Lehrveranstaltungen verwendet und erprobt und sind für die Veröffentlichung überarbeitet und aktualisiert worden. Sie decken die wichtigen Bezirke des Querschnittsgebietes Medienstrafrecht exemplarisch ab und haben – weil Medienstrafrecht nun einmal Strafrecht ist – einen beachtlichen Anteil „allgemeines" Strafrecht und Strafprozessrecht. Aus diesem Grund sollte die Arbeit an und mit diesen Fällen auch im Hinblick auf die Pflichtfachprüfung im Strafrecht einen nicht zu unterschätzenden Vorbereitungseffekt haben.

Die ersten sechs Fälle sind für 3-stündige Übungsklausuren konzipiert, die zwölf weiteren Fälle haben das Format 5-stündiger Prüfungsklausuren. Die hier präsentierten umfangreichen und ausführlichen Lösungen sind selbstverständlich kein Maßstab für die Leistung, die der Student mit dem Gesetzestext als alleinigem Hilfsmittel in drei oder fünf Stunden Arbeitszeit erbringen kann. Das würde ich selbst auch nicht schaffen. Also keine Angst, zur Erreichung von 18 Punkten ist deutlich weniger erforderlich! Die Texte sind so gestaltet, weil sie den Zweck haben, den Nutzer der Fallsammlung über den Stoff der Fälle umfassend zu informieren.

Anregungen zur Verbesserung des Buches nimmt der Autor jederzeit gern entgegen.

Für wertvolle Unterstützung beim Erarbeiten der Falllösungen danke ich Celina Serbest, Sebastian Berndt und Stefan Berndt sehr herzlich.

2019 Potsdam   Wolfgang Mitsch

Literaturverzeichnis

Albrecht, Jan Philipp/Jotzo, Florian Das neue Datenschutzrecht der EU 2017
Arzt, Gunther/Weber, Ulrich/Heinrich, Bernd/Hilgendorf, Eric Strafrecht Besonderer Teil 3. Aufl. 2015
Baumann, Jürgen/Weber, Ulrich/Mitsch, Wolfgang/Eisele, Jörg Strafrecht Allgemeiner Teil 12. Aufl. 2016
Beater, Axel Medienrecht 2. Aufl. 2016
Beulke, Werner/Swoboda, Sabine Strafprozessrecht 14. Aufl. 2018
Blum, Heribert/Gassner, Kathi/Seith, Sebastian Ordnungswidrigkeitengesetz 2016
von Coelln, Christian Zur Medienöffentlichkeit der Dritten Gewalt 2005
Dasch, Norbert Die Einwilligung zum Eingriff in das Recht am eigenen Bild 1990
Dreier, Thomas/Schulze, Gernot Kommentar zum Urheberrechtsgesetz 6. Aufl. 2018
Eisele, Jörg Computer- und Medienstrafrecht 2013
Eisele, Jörg Strafrecht Besonderer Teil I 4. Aufl. 2017
Epping, Volker/Hillgruber, Christian Grundgesetz 2. Aufl. 2013
Fechner, Frank Medienrecht 19. Aufl. 2018
Fischer, Thomas Strafgesetzbuch 66. Aufl. 2019
Fischer Niklas S. Die Medienöffentlichkeit im strafrechtlichen Ermittlungsverfahren 2013
Frister, Helmut Strafrecht Allgemeiner Teil 8. Aufl. 2018
Gersdorf, Hubertus/Paal, Boris P. Informations- und Medienrecht 2014
Graf, Jürgen Peter Strafprozessordnung 3. Aufl. 2018
Gropp, Walter Strafrecht Allgemeiner Teil 4. Aufl. 2015
Heinrich, Bernd Strafrecht Allgemeiner Teil 5. Aufl. 2016
Hellmann, Uwe Strafprozessrecht 2. Aufl. 2006
Hilgendorf, Eric/Valerius, Brian Computer- und Internetstrafrecht 2. Aufl. 2012
Joecks, Wolfgang/Jäger, Christian Studienkommentar StGB 12. Aufl. 2018
Joecks, Wolfgang/Miebach, Klaus Münchener Kommentar zum StGB, 3. Aufl. 2017
Kächele, Andreas Der strafrechtliche Schutz vor unbefugten Bildaufnahmen (§ 201a StGB) 2007
Kaspar, Johannes Strafrecht Allgemeiner Teil 2. Aufl. 2017
Kerscher, Helmut Gerichtsberichterstattung und Persönlichkeitsschutz Diss. Hamburg 1982

Kindhäuser, Urs Strafgesetzbuch 7. Aufl. 2017
Kindhäuser, Urs Strafprozessrecht 4. Aufl. 2016
Kindhäuser, Urs/Neumann, Ulfrid/Paeffgen, Hans-Ullrich Nomos Kommentar zum StGB 5. Aufl. 2017
Kissel, Otto Rudolf/Mayer, Herbert Gerichtsverfassungsgesetz 9. Aufl. 2018
Knauer, Christoph/ Kudlich, Hans / Schneider, Hartmut Münchener Kommentar zur StPO 2014
Korte, Maya Maresa Der Strafbefreiungsgrund der Zustimmung im Falle von Beeinträchtigungen der Intimsphäre 2013
Kraenz, Nadja Der strafrechtliche Schutz des Persönlichkeitsrechts 2008
Kroß, Antje Notwehr gegen Schweigegelderpressung 2004
Kunze, Christoph Das Merkmal „unbefugt" in den Strafnormen des Besonderen Teils des StGB 2014
Kühl, Kristian Strafrecht Allgemeiner Teil 8. Aufl. 2017
Lackner, Karl/Kühl, Kristian Strafgesetzbuch 29. Aufl. 2018
Laufhütte, Heinrich Wilhelm/Rissing-van Saan, Ruth/Tiedemann, Klaus Leipziger Kommentar zum StGB 12. Aufl. 2006
Leipold, Klaus/Tsambikakis, Michael/Zöller, Mark A. Anwaltkommentar StGB 2. Aufl. 2015
Löffler, Martin Presserecht 6. Aufl. 2015
Löwe/Rosenberg Strafprozessordnung 26. Aufl. 2006
Malek, Klaus/Popp, Andreas Strafsachen im Internet 2. Aufl. 2015
Matt, Holger/Renzikowski, Joachim Strafgesetzbuch 2013
Meyer-Goßner, Lutz/Schmitt, Bertram Strafprozessordnung 61. Aufl. 2018
Mitsch, Wolfgang Medienstrafrecht 2012
Mitsch, Wolfgang Rechtfertigung und Opferverhalten 2004
Mitsch, Wolfgang Straflose Provokation strafbarer Taten 1986
Murmann, Uwe Grundkurs Strafrecht 4. Aufl. 2017
Murmann, Uwe Prüfungswissen Strafprozessrecht 4. Aufl. 2019
Ostendorf, Heribert Strafprozessrecht 3. Aufl. 2018
Peifer, Karl-Nikolaus/Dörre, Tanja Übungen im Medienrecht 2. Aufl. 2012
Peifer, Karl-Nikolaus Übungen im Medienrecht 3. Aufl. 2017
Rengier, Rudolf Strafrecht Allgemeiner Teil 10. Aufl. 2018
Rengier, Rudolf Strafrecht Besonderer Teil II 18. Aufl. 2017
Ricker, Reinhart/Weberling, Johannes Handbuch des Presserechts 6. Aufl. 2012
Roxin, Claus Strafrecht Allgemeiner Teil Bd. 1 4. Aufl. 2006, Bd. 2 2003
Roxin, Claus/Schünemann, Bernd Strafverfahrensrecht 29. Aufl. 2017
Satzger, Helmut/Schluckebier, Wilhelm/Widmaier, Gunter Strafgesetzbuch 3. Aufl. 2016
Schönke, Adolf/Schröder, Horst Strafgesetzbuch 30. Aufl. 2019
Schroeder, Friedrich-Christian/Verrel, Torsten Strafprozessrecht 7. Aufl. 2017
Volk, Klaus/Engländer, Armin Grundkurs StPO 9. Aufl. 2018
Wandtke, Artur-Axel/Bullinger, Winfried Praxiskommentar zum Urheberrecht 4. Aufl. 2014

Wandtke, Artur-Axel/Ohst, Claudia Medienrecht Praxishandbuch Bd. 4 3. Aufl. 2014
Wanckel, Endress Foto- und Bildrecht 5. Aufl. 2017
Wessels, Johannes/Beulke, Werner/Satzger, Helmut Strafrecht Allgemeiner Teil 48. Aufl. 2018
Wessels, Johannes/Hettinger, Michael/Engländer, Armin Strafrecht Besonderer Teil 1 42. Aufl. 2018

Inhaltsverzeichnis

Fall 1 Das Foto des Professors 1
Urheberrecht – strafrechtlicher Schutz des Lichtbildners – Recht am eigenen Bild – Schranken des Urheberrechts – Einwilligung – Strafantrag

Fall 2 Die Gaffer 9
Strafrechtlicher Schutz des Rechts am eigenen Bild – Strafbarkeit von „Gaffern" – Tatbestandsirrtum – Widerstand gegen Vollstreckungsbeamte – Rechtfertigung polizeilicher Zwangsmaßnahmen – Beschlagnahme – Zufallsfunde im Strafverfahren

Fall 3 Das Fenster 21
Nichtöffentlich gesprochenes Wort – Einwilligung – üble Nachrede – Verleumdung – Zeugnisverweigerungsrecht – Beschlagnahmeverbot – presserechtliche Verjährung

Fall 4 Der gesprächige Journalist 29
Besondere persönliche Merkmale – Zeugnisverweigerungsrecht von Pressemitarbeitern – Verlesung und Verwertung von Urkunden – Urkundenverlesungsverbote

Fall 5 Cheese 39
Recht am eigenen Bild – Einwilligung – Üble Nachrede – Erlaubnistatbestandsirrtum – Strafbarkeit des verantwortlichen Redakteurs – Strafantrag

Fall 6 Wer kennt diese Frau? 49
Öffentlichkeitsfahndung – postmortales Recht am eigenen Bild – Durchsuchung von Räumen – Beschlagnahme – Zufallsfunde

Fall 7 Dr. Porno 59
Kinderpornographische Schriften – Unternehmensdelikt – Besitzdelikt – untauglicher Versuch – agent provocateur – Rücktritt beim Unternehmensdelikt – Einziehung von Gegenständen

Fall 8 Lynchjustiz per Internet 77
Anstiftung – öffentliche Aufforderung zu Straftaten – Wahlfeststellung – Strafverfolgung im Internet – Staatsanwaltschaft und Medien

Fall 9 Der grenzüberschreitende Neonazi 91
Strafanwendungsrecht – Mediendistanzdelikte – Tatort bei Internettaten –
Verwendung von Kennzeichen verfassungswidriger Organisationen –
Garantenstellung – Einziehung von Gegenständen

Fall 10 Muslim Markt 101
Öffentliche Aufforderung zu Straftaten – Anstiftung – agent provocateur –
Verantwortlichkeit von Providern

Fall 11 Schule macht Spaß 121
Recht am eigenen Bild – Einwilligung – üble Nachrede – Strafbarkeit des
verantwortlichen Redakteurs – objektive Strafbarkeitsbedingung –
interlokales Strafrecht – Gerichtsstand im Strafverfahren – fliegender
Gerichtstand – Strafantrag

Fall 12 Gerangel um die Kamera 137
Recht am eigenen Bild – Notwehr – Defensivnotstand – Privatklage –
presserechtliche Verjährung

Fall 13 Unruhe im Gericht 151
Recht am eigenen Bild – Öffentlichkeit der Hauptverhandlung –
Sitzungspolizei – Ordnungsmaßnahmen gegen Pressevertreter

Fall 14 Fluchthilfe 163
Schutz des nichtöffentlich gesprochenen Wortes – erpresserischer
Telefonanruf – aberratio ictus und error in persona – Notwehr –
Notstand – Öffentlichkeit der Hauptverhandlung – Augenscheinsbeweis
mit Tonaufnahme

Fall 15 Der Mann im Spiegel 177
Recht am eigenen Bild – üble Nachrede – Notwehr – mutmaßliche
Einwilligung – Urheberstrafrecht – Öffentlichkeitsfahndung –
Beschlagnahme

Fall 16 Der schwule Journalist 195
Durchsuchung – Beschlagnahme – Zufallsfund –
Zeugnisverweigerungsrecht – Beschlagnahmeverbot – Gefahr im Verzug

Fall 17 Eine verhängnisvolle Beziehung 211
Nachstellung mittels Medien – erfolgsqualifiziertes Delikt – Öffentlichkeit
der Hauptverhandlung – absolute und relative Revisionsgründe – Recht
am eigenen Bild – Pressestrafrecht – Strafbarkeit des verantwortlichen
Redakteurs

Fall 18 Adolf lässt grüßen 223
Verfassungswidrige Kennzeichen – Recht am eigenen Bild – üble Nachrede –
Berichterstatterprivileg – Wahrnehmung berechtigter Interessen – strafbare
Pflichtverletzung des verantwortlichen Redakteurs

Stichwortverzeichnis 235

Abkürzungsverzeichnis

a. A.	andere Ansicht
Abs.	Absatz
AG	Amtsgericht
Alt.	Alternative
Anh.	Anhang
AntiDopingG	Antidopinggesetz
AnwK	Anwaltkommentar
Art.	Artikel
BayObLG	Bayerisches Oberstes Landesgericht
BbgPG	Pressegesetz des Landes Brandenburg
BbgPolG	Polizeigesetz des Landes Brandenburg
BerlPG	Pressegesetz des Landes Berlin
BGH	Bundesgerichtshof
BGHSt	Entscheidungen des Bundesgerichtshofs in Strafsachen
BKA	Bundeskriminalamt
BT-Drs.	Bundestagsdrucksache
BVerfG	Bundesverfassungsgericht
dh	das heißt
DS-GVO	Europäische Datenschutzgrundverordnung
EGMR	Europäischer Gerichtshof für Menschenrechte
EGStGB	Einführungsgesetz zum Strafgesetzbuch
evtl.	eventuell
ff.	fortfolgende
FS	Festschrift
GG	Grundgesetz
GRUR	Gewerblicher Rechtsschutz und Urheberrecht
GVG	Gerichtsverfassungsgesetz
h.M.	herrschende Meinung
Hs.	Halbsatz
iSd	im Sinne des
iVm	in Verbindung mit
JA	Juristische Arbeitsblätter
JGG	Jugendgerichtsgesetz
JR	Juristische Rundschau

Jura	Juristische Ausbildung
JuS	Juristische Schulung
JuSchG	Jugendschutzgesetz
JZ	Juristenzeitung
Kap.	Kapitel
KG	Kammergericht
KUG	Kunsturhebergesetz
LK	Leipziger Kommentar
LPG	Landespressegesetz
MDR	Monatsschrift des deutschen Rechts
MK	Münchener Kommentar
MMR	Multimediarecht
MRK	Europäische Menschenrechtskonvention
NJW	Neue Juristische Wochenschrift
NJW-RR	Neue Juristische Wochenschrift Rechtsprechungsreport
NK	Nomos Kommentar
Nr.	Nummer
NStZ	Neue Zeitschrift für Strafrecht
NZWiSt	Neue Zeitschrift für Wirtschaftsstrafrecht
OLG	Oberlandesgericht
OWiG	Ordnungswidrigkeitengesetz
RiStBV	Richtlinien für das Strafverfahren und das Bußgeldverfahren
Rn.	Randnummer
S.	Seite
SK	Systematischer Kommentar
s.o.	siehe oben
sog.	sogenannt
SSW	Satzger/Schluckebier/Widmaier
StÄG	Strafrechtsänderungsgesetz
StGB	Strafgesetzbuch
StPO	Strafprozessordnung
StV	Strafverteidiger
StVG	Straßenverkehrsgesetz
TKG	Telekommunikationsgesetz
TMG	Telemediengesetz
UrhG	Urheberrechtsgesetz
Var.	Variante
z.B.	zum Beispiel
ZD	Zeitschrift für Datenrecht
ZJS	Zeitschrift für das juristische Studium
ZRP	Zeitschrift für Rechtspolitik
ZStW	Zeitschrift für die gesamte Strafrechtswissenschaft

Fall 1 Das Foto des Professors

Urheberrecht – strafrechtlicher Schutz des Lichtbildners – Recht am eigenen Bild – Schranken des Urheberrechts – Einwilligung – Strafantrag

Der Zivilrechtsprofessor Paul (P) hat ein Lehrbuch zum BGB Allgemeiner Teil geschrieben. Der Verlag Viktor Volland (V), der das Buch herausbringt, möchte auf die Buchrückseite neben einer Kurzbiografie des Autors P auch ein Porträtfoto von P setzen. P geht daher zu dem Fotografen Fritzsche (F) und erklärt ihm, dass er ein schönes Foto für die Rückseite eines von ihm geschriebenen Fachbuches brauche. Dieses Buch werde demnächst veröffentlicht. Da F einen dringenden Termin wahrnehmen muss, übernimmt die 19-jährige Nadine (N), die bei F eine Ausbildung zur Fotografin absolviert, die Ausführung des Auftrags. N macht im Atelier des F von P mehrere Fotos und legt diese dann dem P zur Ansicht vor. P sucht sich das Foto aus, das ihm am besten gefällt, und erklärt der N, dass er dieses Foto gern nehmen würde. N händigt dem P daraufhin eine CD mit dem Foto aus. P zahlt dem F dafür 60 Euro.

Zu Hause lädt P das Foto auf seinem PC hoch und schickt es als Anhang einer Email an den Verlag V. Einen Monat später ist das BGB-Lehrbuch mit dem Foto des P auf der Buchrückseite im Buchhandel.

Als F in sein Geschäft zurückkehrt, berichtet ihm N von der Ausführung des Auftrags. F schaut sich die von N angefertigten Fotos an. Ihm gefällt eines der anderen Fotos besser als das, für das P sich entschieden hat. Dieses Foto vergrößert F, passt es in einen Rahmen ein und stellt dieses Bild dann in die Auslage seines Geschäfts. Dort steht es neben anderen ausgestellten Fotos und kann von vorübergehenden Passanten betrachtet werden. F ist der Ansicht, er brauche den P dafür nicht um Erlaubnis zu fragen, da diese Fotos ja ihm – dem F – gehören. Auf einem Spaziergang am 01.01 2019 kommt P an dem Fotogeschäft des F vorbei. Er sieht sein in der Auslage ausgestelltes Porträtfoto und denkt sich, dass die Aufnahme sehr gelungen sei. Am 10.04.2019 sieht Helmut (H), der 21-jährige Sohn des P, das in der Auslage des Fotogeschäfts ausgestellte Foto seines Vaters. Ihm gefällt das Foto überhaupt nicht und er meint, dass F sich strafbar gemacht habe.

P stellt am 03.01.2019 das im Fotoatelier des F erworbene Porträtfoto auf die Homepage seines Lehrstuhls an der Universität. Diese Homepage kann von jedermann besucht werden. Zufällig erblickt am nächsten Tag Gloria (G), die Jura studierende Schwester der N, das Porträtfoto des P auf dessen Lehrstuhlhomepage.

G weiss, dass N die Aufnahme gemacht hat. Sie erzählt der N, dass das Foto auf der Lehrstuhlhomepage steht und dass Professor P darauf sehr gut getroffen sei. Erst am 15.04.2019 erfährt F, dass P das Porträtfoto, das für das Lehrbuch hergestellt worden war, auf seine Lehrstuhlhomepage hochgeladen hat. Da F damit nicht einverstanden ist, stellt er sofort Strafantrag gegen P.

1. Hat sich V durch die Verwendung des von F hergestellten Porträtfotos auf dem Buchrücken des BGB- Lehrbuches strafbar gemacht?

2. Könnte F wegen des Ausstellens des den P darstellenden Fotos in der Auslage des Fotogeschäfts bestraft werden?

3. Hat sich P durch das Hochladen des Fotos auf die Lehrstuhlhomepage strafbar gemacht und kann er strafrechtlich verfolgt werden?

Gehen Sie bei der Beantwortung der Fragen davon aus, dass die von F hergestellten Fotos keine „Gestaltungshöhe" haben.

Lösung

Frage 1: Strafbarkeit des V wegen Verwendung des Fotos auf dem Buchrücken

I. § 33 Abs. 1 iVm § 22 S. 1 KUG

V könnte sich durch die Veröffentlichung des Lehrbuches mit dem Foto des P auf dem Buchrücken aus § 33 Abs. 1 iVm § 22 S. 1 KUG strafbar gemacht haben.[1]

1. Objektiver Tatbestand

a) Das Foto auf dem Buchrücken müßte ein „Bildnis" sein. Wie aus dem Tatbestandsmerkmal „des Abgebildeten" zu schließen ist, bedeutet „Bildnis" die Abbildung einer Person.[2] Die Person muss auf der Abbildung erkennbar sein.[3] Auf das Foto des P trifft dies zu.

b) V müßte das Bildnis entweder verbreitet oder öffentlich zur Schau gestellt haben. Unter Verbreitung versteht man die körperliche Weitergabe des Gegenstandes an wenigstens eine Person, die mit der abgebildeten Person nicht identisch ist.[4] Da anzunehmen ist, dass das Lehrbuch in Buchhandlungen zum Kauf angeboten wird, hat V das Bildnis bereits dadurch verbreitet, dass er Bücher an Buchhändler ausgeliefert hat.

c) Strafbarkeit setzt voraus, dass die Verbreitung ohne Einwilligung des Abgebildeten erfolgt ist. Eine wirksame Einwilligung schließt bei dem Straftatbestand § 33

---

[1] Bei der Prüfung von Strafbarkeit aus einem Straftatbestand des Nebenstrafrechts sind dieselben Aufbauschemata anzuwenden wie bei Straftatbeständen des StGB BT, vgl. *B. Heinrich*, AT, Rn. 1476 ff.; *Murmann*, Grundkurs, § 12; *Wessels/Beulke/Satzger*, Rn. 1323.
[2] *Dreier/Schulze-Specht*, § 22 KUG Rn. 1.
[3] *Dreier/Schulze-Specht*, § 22 KUG Rn. 3.
[4] *Dreier/Schulze-Specht*, § 22 KUG Rn. 9.

Abs. 1 iVm § 22 S. 1 KUG bereits die objektive Tatbestandsmäßigkeit aus.⁵ Zuständig für die Einwilligung ist die abgebildete Person, also P. Eine Einwilligung des Fotografen ist nicht erforderlich, obwohl dieser gemäß § 72 Abs. 1 iVm § 15 Abs. 1 Nr. 2 UrhG das ausschließliche Recht zur Verbreitung des Fotos hat. Denn einwilligungsbefugt ist der Inhaber des durch die Strafvorschrift geschützten Rechtsgutes.⁶ Die § 33 Abs. 1 iVm § 22 S. 1 KUG schützen das Recht am eigenen Bild, nicht das Urheberrecht am Bildnis.⁷

Im Kontext der § 33 Abs. 1 iVm 22 S. 1 KUG kommt es also allein auf die Einwilligung der Person an, deren Recht am eigenen Bild betroffen ist. Hier hat P gegenüber V zum Ausdruck gebracht, dass er die Veröffentlichung des Lehrbuches mit seinem Porträtfoto billige. Nach allgemeinem Strafrecht bedarf die Einwilligung keiner Form.⁸ Auch das KUG stellt kein Formerfordernis auf. Im Datenschutzrecht besteht seit Inkrafttreten der DS-GVO das Erfordernis der Schriftform nicht mehr.⁹ Selbst wenn man eine schriftliche Einwilligungserklärung für erforderlich hielte, ist diese hier durch Abschluss des Verlagsvertrages gewahrt. Die Einwilligung des P ist wirksam. Daher hat V den objektiven Tatbestand nicht erfüllt.

2. Ergebnis
V hat sich nicht aus § 33 Abs. 1 iVm § 22 S. 1 KUG strafbar gemacht.

II. Unerlaubte Verwertung urheberrechtlich geschützter Werke, § 106 Abs. 1 UrhG

V könnte sich durch die Veröffentlichung des Lehrbuches mit dem Foto des P auf dem Buchrücken aus § 106 Abs. 1 UrhG strafbar gemacht haben.

1. Objektiver Tatbestand
Das Foto, das den P zeigt, müßte ein Werk, eine Bearbeitung oder Umgestaltung eines Werkes sein. Fotografien können Lichtbildwerke sein, § 2 Abs. 1 Nr. 5 UrhG. Allerdings muss die Fotografie eine persönliche geistige Schöpfung sein, § 2 Abs. 2 UrhG. Wie die Existenz des § 72 UrhG zeigt, trifft dies nicht auf jedes Lichtbild zu. Die Herstellung einer Aufnahme ist in erster Linie eine rein technische Leistung.¹⁰ Zu ihrem Vollzug bedarf es keiner schöpferischen Entfaltung menschlichen Geistes. Die Porträtfotos von Buchautoren auf der Rückseite des Bucheinbandes zeigen üblicherweise nur das Gesicht des Autors und haben daher in der Regel einen passbildähnlichen Charakter. Künstlerische Akzente oder sonstige geistig schöpferische Elemente kann eine derartige Fotografie gleichwohl haben. Es kommt auf den Einzelfall an. Ein hohes Maß an schöpferischer Gestaltung ist nicht

---

[5] *Dreier/Schulze-Specht*, § 22 KUG Rn. 16.
[6] *Rengier*, AT, § 23 Rn. 13.
[7] *Dreier/Schulze-Specht*, vor § 22 Rn. 6.
[8] *Rengier*, AT, § 23 Rn. 21.
[9] *Dreier/Schulze-Specht*, § 22 KUG Rn. 19a.
[10] *Dreier/Schulze-Schulze*, § 72 Rn. 3.

erforderlich ("kleine Münze").[11] Im vorliegenden Fall soll aber laut Aufgabenvermerk davon ausgegangen werden, dass die Mindestgestaltungshöhe für ein „Werk" nicht erreicht worden ist. Daher hat V den objektiven Tatbestand des § 106 Abs. 1 UrhG nicht erfüllt.

2. Ergebnis
V hat sich nicht aus § 106 Abs. 1 UrhG strafbar gemacht.

III. Unerlaubte Eingriffe in verwandte Schutzrechte, § 108 Abs. 1 Nr. 3 UrhG
V könnte sich durch die Veröffentlichung des Lehrbuches mit dem Foto des P auf dem Buchrücken aus § 108 Abs. 1 Nr. 3 UrhG strafbar gemacht haben.

1. Objektiver Tatbestand
Das von F hergestellte Foto ist ein Lichtbild iSd § 72 UrhG. V hat das Lichtbild vervielfältigt und als Teil des Lehrbuches auch verbreitet. Ein Fall gesetzlicher Zulassung (§§ 44a ff UrhG) liegt nicht vor.

2. Subjektiver Tatbestand
Der subjektive Tatbestand setzt Vorsatz voraus. Das ergibt sich aus § 15 StGB, der auch im Nebenstrafrecht gilt, Art. 1 Abs. 1 EGStGB. V handelte vorsätzlich, § 15 StGB.

3. Rechtswidrigkeit
F wußte, wofür P das Foto brauchte. Er war mit dieser Art der Verwendung einverstanden. Daher hat er in die Tat ein gewilligt. Es gelten die Voraussetzungen der allgemeinen Einwilligungsdogmatik.[12] Diese Voraussetzungen sind hier erfüllt.[13] Die Tat ist dadurch gerechtfertigt.

4. Ergebnis
V hat sich nicht aus § 108 Abs. 1 Nr. 3 UrhG strafbar gemacht.

Frage 2: Strafbarkeit des F wegen des Ausstellens des den P darstellenden Fotos in der Auslage des Fotogeschäfts

I. § 33 Abs. 1 iVm § 22 S. 1 KUG

1. Objektiver Tatbestand
a) Das Foto, auf dem P abgebildet ist, ist ein Bildnis.

---

[11] *Dreier/Schulze-Schulze*, § 2 Rn. 195.
[12] *Dreier/Schulze-Dreier*, § 106 Rn. 8.
[13] Vgl. die Übersicht der Einwilligungsmerkmale bei *Joecks/Jäger*, vor § 32 Rn. 20.

b) F hat das Bildnis nicht verbreitet. Das Ausstellen im Schaufenster des Fotogeschäfts ist aber ein öffentliches Zurschaustellen.[14] Denn jeder, der an dem Geschäft vorbeikommt und die Schaufensterauslage betrachtet, kann das Bildnis sehen und den P erkennen.

c) F müßte ohne Einwilligung des P gehandelt haben. Indem P dem F den Auftrag gegeben hat, von ihm Porträtfotos herzustellen, hat er in die Anfertigung der Aufnahme eingewilligt. Die Einwilligung muss sich aber auf die tatbestandsmäßige Handlung beziehen. Das Herstellen der Aufnahme ist von § 22 KUG nicht erfasst. Eine Einwilligung in die Herstellung erstreckt sich auch nicht automatisch auf alle Arten der Verwendung des mit Einwilligung hergestellten Bildnisses. Davon geht z. B. § 201a Abs. 1 Nr. 4 StGB aus, wo eine befugte Herstellung mit einer unbefugten Zugänglichmachung der Bildaufnahme verknüpft wird. Nun hat P am 01.01. 2019 auf seinem Spaziergang sein im Schaufenster stehendes Bild gesehen und dies zustimmend zur Kenntnis genommen. Selbst wenn man darin die Äußerung zustimmenden Willens sehen könnte, wäre das keine unrechtsausschließende Einwilligung. Denn tatbestandsausschließende oder rechtfertigende Wirkung kann eine Einwilligung nur haben, wenn sie im Zeitpunkt des tatbestandsmäßigen Handelns existiert, also vor der Tat erklärt worden ist.[15] Eine nachträgliche Zustimmung ist im Strafrecht unbeachtlich.

d) Die Einwilligung ist nicht gem. § 23 KUG entbehrlich. Obwohl P vielleicht ein prominenter Rechtswissenschaftler ist, kann man nicht annehmen, dass sein Porträt ein Bildnis aus dem „Bereich der Zeitgeschichte" ist, § 23 Abs. 1 Nr. 1 KUG. Auch ist P auf dem Foto nicht bloßes „Beiwerk" neben einer Landschaft oder sonstigen Örtlichkeit, § 23 Abs. 1 Nr. 2 KUG.

2. Subjektiver Tatbestand

F handelte vorsätzlich, § 15 StGB. Die irrige Annahme, als Eigentümer des Fotos zu dessen öffentlicher Ausstellung berechtigt zu sein, ist kein tatsachenbezogener Tatbestandsirrtum iSd § 16 Abs. 1. S. 1 StGB, sondern ein Irrtum über die Rechtslage. Dieser Irrtum schließt den Vorsatz nicht aus.

3. Rechtswidrigkeit

Die Rechte, die F als Lichtbildner gem. § 72 Abs. 1 UrhG zustehen, rechtfertigen den Eingriff in das Recht am eigenen Bild des P nicht. Zwar gehört zu diesen Rechten auch das Recht der öffentlichen Zurschaustellung gem. § 18 UrhG. Aber soweit die Ausübung dieses Rechts mit einem Eingriff in das Recht am eigenen Bild verbunden ist, wird es von § 22 KUG eingeschränkt.[16] Ohne Einwilligung der abgebildeten Person ist die öffentliche Zurschaustellung nicht zulässig.

---

[14] *Dreier/Schulze-Specht*, § 22 KUG Rn. 10.
[15] *Rengier*, AT, § 23 Rn. 22.
[16] *Dreier/Schulze-Specht*, vor § 22 KUG Rn. 6.

4. Schuld
Die irrige Annahme als Inhaber des urheberrechtlichen Ausstellungsrechts zu der Handlung berechtigt zu sein ist ein Verbotsirrtum, § 17 StGB. Dieser schließt die Schuld nicht aus, wenn er vermeidbar ist. Vermeidbar ist ein Verbotsirrtum, wenn der Täter die Möglichkeit zumutbarer Einholung von Auskünften vor der Tat nicht genutzt hat. Wer als Fotograf ständig mit Bildnissen anderer Personen arbeitet, muss sich rechtzeitig darüber informieren, welche Arten von Umgang mit Fotografien zulässig sind und welche nicht.[17] F hat sich offenbar darum nicht gekümmert. Sein Verbotsirrtum war daher vermeidbar.

5. Strafantrag
Die Straftat der § 33 Abs. 1 iVm § 22 S. 1 KUG ist ein absolutes Strafantragsdelikt, § 33 Abs. 2 KUG. Der Strafantrag ist eine Verfolgungsvoraussetzung, kein materiellrechtliches Straftatmerkmal.[18] Auf die Eigenschaft als strafbare Tat hat die Stellung des Strafantrags oder deren Unterlassung keinen Einfluss.[19] Ohne wirksamen Strafantrag darf aber kein Strafverfahren wegen der Tat durchgeführt werden. Antragsberechtigter ist der Verletzte, also der Inhaber des Rechtsgutes, das durch den verwirklichten Straftatbestand geschützt wird, § 77 Abs. 1 StGB.[20] § 33 Abs. 1 iVm § 22 S. 1 KUG schützt das Recht am eigenen Bild. Strafantragsberechtigter ist hier also P. Ein wirksamer Strafantrag kann innerhalb einer Frist von drei Monaten ab Kenntnis von Tat und Täter gestellt werden, § 77 b Abs. 1, Abs. 2 StGB. P erlangte am 01.01.2019 Kenntnis von der Tat des F. Nach dem 01.04.2019 konnte P also keinen wirksamen Strafantrag mehr stellen. Die Tat des F kann deshalb nicht verfolgt werden.

6. Ergebnis
F hat sich aus § 33 Abs. 1 iVm § 22 S. 1 KUG strafbar gemacht. Die Tat kann aber nicht verfolgt werden, da P keinen Strafantrag gestellt hat.

II. Unerlaubte Eingriffe in verwandte Schutzrechte, §§ 108 Abs. 1 Nr. 3, 108 a Abs. 1 UrhG

1. Objektiver Tatbestand
Das von F im Schaufenster ausgestellte Foto ist ein Lichtbild iSd § 72 Abs. 1 UrhG. Indem F das Foto in die Auslage seines Geschäftes stellte, beging er eine öffentliche Zurschaustellung iSd § 18 UrhG. Eine solche Tat ist nicht rechtswidrig, wenn der Berechtigte in sie eingewilligt hat. Daraus folgt, dass der Berechtigte selbst nicht tatbestandsmäßig handelt, wenn er ein Lichtbild öffentlich zur Schau stellt. Berechtigter iSd § 108 Abs. 1 UrhG ist der Lichtbildner, § 72 Abs. 2 UrhG, also F.

---

[17] *Roxin*, AT I, § 21 Rn. 57.
[18] *B. Heinrich*, AT, Rn. 626.
[19] MK-*Mitsch*, vor § 77 Rn. 11.
[20] MK-*Mitsch*, § 77 Rn. 4.

2. Ergebnis
F hat sich nicht aus §§ 108 Abs. 1 Nr. 3, 108a UrhG strafbar gemacht.

Frage 3: Strafbarkeit des Hochladens des Fotos auf die Lehrstuhlhomepage

P könnte sich dadurch, dass er das Porträtfoto auf die Homepage seines Lehrstuhls hochgeladen hat, aus § 108 Abs. 1 Nr. 3 UrhG strafbar gemacht haben.

Unerlaubte Eingriffe in verwandte Schutzrechte, § 108 Abs. 1 Nr. 3 UrhG

1. Objektiver Tatbestand
Das Porträtfoto ist ein Lichtbild. Indem P das Foto auf die Homepage stellte, hat er das Lichtbild vervielfältigt (§ 16 UrhG)[21] und in Form der öffentlichen Zugänglichmachung (§ 19a UrhG) öffentlich wiedergegeben, § 15 Abs. 2 UrhG.[22] In diese Tat hat F nicht eingewilligt. Die Überlassung des Fotos für das Lehrbuch umfasst nicht die Verwendung im Internet. Das Verhalten des P ist aber nicht tatbestandsmäßig, wenn es die Voraussetzung eines „gesetzlich zugelassenen Falles" erfüllt. In Betracht kommt nur ein Fall des § 60 UrhG. Das Porträtfoto des P ist ein auf Bestellung geschaffenes Bildnis. P ist sowohl Besteller als auch abgebildete Person. Jedoch gestattet § 60 Abs. 1 UrhG nur die Vervielfältigung und Verbreitung des Bildnisses. P hat durch das Hochladen auf die Homepage das Bildnis auch öffentlich zur Schau gestellt. Diese Art der Verwertung privilegiert § 60 UrhG nicht, da sie der ratio dieser Norm nicht entspricht. § 60 UrhG dient dem aus der persönlichen Verbundenheit herrührenden Interesse des Bestellers, die bildliche Darstellung, die auf seine Bestellung entstanden ist, auch selbst vervielfältigen und unentgeltlich an einzelne Dritte – z. B. im Verwandtenkreis – weitergeben zu können.[23] An der öffentlichen Wiedergabe des Bildnisses besteht ein derartiges schützenswertes Interesse des Bestellers bzw. der abgebildeten Person nicht.

2. Subjektiver Tatbestand
P handelte vorsätzlich, § 15 StGB.

3. Rechtswidrigkeit
Die Tat war nicht gerechtfertigt.

---

[21] *Dreier/Schulze-Schulze*, § 16 Rn. 7.
[22] LG Köln, MMR 2007, 465 (466).
[23] LG Köln, MMR 2007, 465 (466); OLG Köln, NJW-RR 2004, 692; *Wanckel*, Foto- und Bildrecht, Rn. 420.

4. Schuld
P handelte schuldhaft. Sollte er sich in einem Verbotsirrtum befunden haben, wäre dieser jedenfalls vermeidbar, § 17 S. 1 StGB. Als Professor für Zivilrecht muss ihm bekannt sein, dass Lichtbildner ein urheberrechtlich geschütztes Verwertungsrecht am Bildnis haben, das auch gegenüber dem Besteller und der abgebildeten Person Rechtswirkungen entfaltet. Er hätte sich also informieren müssen, ob die Verwendung des Fotos auf der Lehrstuhlhomepage ohne Einwilligung des F zulässig ist.

5. Strafantrag
Die Straftat gem. § 108 Abs. 1 Nr. 3 UrhG wird nur auf Strafantrag verfolgt, § 109 UrhG, sofern kein besonderes öffentliches Interesse an der Strafverfolgung besteht. F hat Strafantrag gegen P gestellt. Die Wirksamkeit dieses Antrags hängt davon ab, dass F Strafantragsberechtigter ist und die Antragsfrist gewahrt hat. Beides ist fraglich, weil die Aufnahme nicht von F, sondern von N gemacht wurde und N schon am 04.01.2019 Kenntnis von dem Bildnis auf der Homepage des P erlangt hatte. N hat keinen Strafantrag gestellt. Als F den Strafantrag stellte, waren schon mehr als drei Monate verstrichen, seitdem N diese Kenntnis erlangt hatte. Der Strafantrag muss binnen drei Monaten seit Kenntniserlangung von Tat und Täter gestellt werden, § 77b StGB. Erheblich für den Lauf der Strafantragsfrist ist die Kenntniserlangung durch den Strafantragsberechtigten.[24] Strafantragsberechtigter ist der Verletzte, also der Inhaber des durch den Straftatbestand geschützten Rechtsguts. § 108 Abs. 1 Nr. 3 UrhG schützt das Verwertungsrecht des Lichtbildners, § 72 Abs. 2 UrhG. Fraglich ist, wer hier Lichtbildner ist, N oder F. Den physischen Herstellungsakt hat N vollzogen. Dabei folgte N aber den Anweisungen des F, der ihr Ausbilder war. Zudem kann sich aus dem Wesen des Beschäftigungsverhältnisses ergeben, dass der Schöpfungsakt dem Inhaber der Weisungsbefugnis zuzurechnen ist, § 43 UrhG. Dies trifft auf das Ausbildungsverhältnis zwischen F und N zu.[25] Inhaber des tatbestandlich geschützten Rechts war also F. Er war Strafantragsberechtigter und hat von der Tat des P erst im April 2019 erfahren. Die Kenntnis der N ist ihm nicht zuzurechnen. F hat daher fristgerecht Strafantrag gestellt. Die Tat des P kann strafrechtlich verfolgter werden.

6. Ergebnis
P hat sich aus § 108 Abs. 1 Nr. 3 UrhG strafbar gemacht. Da F einen wirksamen Strafantrag gestellt hat, kann die Tat verfolgt werden.

---

[24] MK-*Mitsch*, § 77 b Rn. 23.
[25] LG Köln, MMR 2007, 465.

Fall 2 Die Gaffer

Strafrechtlicher Schutz des Rechts am eigenen Bild – Strafbarkeit von „Gaffern"– Tatbestandsirrtum – Widerstand gegen Vollstreckungsbeamte – Rechtfertigung polizeilicher Zwangsmaßnahmen – Beschlagnahme – Zufallsfunde im Strafverfahren

Im Zentrum der brandenburgischen Landeshauptstadt Potsdam ereignete sich ein schwerer Verkehrsunfall. Der Pkw-Fahrer Paul Pott (P) hatte beim Linksabbiegen eine herannahende Straßenbahn übersehen und war von dieser beim Überqueren der Straßenbahnschienen erfasst worden. Die Vorderfront des Pkw wurde schwer beschädigt, P wurde lebensgefährlich verletzt. Um die Unfallstelle bildete sich schnell eine Traube von Schaulustigen. Einige beherzte Mitbürger kümmerten sich um P und leisteten Erste Hilfe. Die meisten Umstehenden hingegen waren ausschließlich damit beschäftigt, das Ereignis mit ihren Kameras zu fotografieren und zu filmen. Fünf Minuten später waren Polizei und Notarzt am Unfallort eingetroffen. Die Polizeibeamten hatten Mühe zu dem Verletzten vorzudringen, weil sich ein dichter Ring von Schaulustigen gebildet hatte. Trotz mehrfacher Aufforderung durch die Polizei war keiner der Umstehenden bereit, eine Gasse für Notarzt und Polizei zu bilden. Die polizeiliche Aufforderung, das Filmen sofort einzustellen, wurde mit höhnischen Bemerkungen und aggressiven Pöbeleien quittiert.

Der 22-jährige Oswald Ommer (O) stand in der ersten Reihe der Gaffer, nur drei Meter von dem am Boden liegenden P entfernt. Ungerührt filmte O den P und die sich um ihn bemühenden Helfer, obwohl Polizeiwachtmeisterin Elena Eich (E) ihn mehrfach gebeten und aufgefordert hatte, mit dem Filmen aufzuhören. Als O nach dreimaliger Aufforderung immer noch weiter filmte, entriss E dem O das Handy und steckte es ein. „Gib das her, du Schlampe!" schrie O die E an und hob drohend die rechte Faust, um der E ins Gesicht zu schlagen. Bevor O zuschlagen konnte, wurde er von dem Polizeibeamten Walter Wolf (W) überwältigt. „Das Mobiltelefon ist beschlagnahmt!" erklärte W.

Der in Stuttgart lebende Hans Heyer (H) ist als Tourist in Potsdam. Als sich der Unfall mit der Straßenbahn ereignete, hielt er sich zufällig in unmittelbarer Nähe auf. Er stand mit dem Gesicht zu W und O und hielt ein Handy in Kopfhöhe. Für einen Beobachter sah es so aus als filme H gerade die Auseinandersetzung zwischen E, O und W. Tatsächlich fertigte H mehrere „Selfies" mit einem historischen Gebäude im Hintergrund an. E forderte den H zur Herausgabe des Handys auf, weil die Filmaufnahme als Beweismittel in einem Strafverfahren gegen O benötigt werde.

Nachdem H erwidert hatte, dass er gar nicht daran denke, sein Handy herzugeben, nahm W es ihm gewaltsam ab. „Dieses Gerät ist jetzt beschlagnahmt", klärte W den H auf.

Im Ermittlungsverfahren gegen O betrachtet Staatsanwalt Storm (S) die Aufnahmen auf dem Handy des H. Von dem Streit zwischen E, O und W ist darauf nichts zu sehen. Stattdessen sieht man auf mehreren der von H angefertigten „Selfies", wie im Hintergrund ein unbekannter Mann einer Frau die Umhängetasche entreißt und dann wegrennt.

Das Leben des P konnte durch die notärztlichen Maßnahmen und die anschließende Behandlung in der Klinik gerettet werden.

Im Strafverfahren erklärt O, er habe geglaubt, P sei schon tot. Angesichts der Bewußtlosigkeit und schweren Verletzung des P ist diese Behauptung plausibel und kann nicht widerlegt werden.

1. Wie ist das Verhalten von O und W strafrechtlich zu bewerten?
2. Wie ist die Ingewahrsamnahme der dem O und dem H gehörenden Mobiltelefone strafprozessrechtlich zu bewerten?

Lösung

Frage 1: Strafbarkeit des O

I. Verletzung des höchstpersönlichen Lebensbereichs durch Bildaufnahmen, § 201a Abs. 1 Nr. 2 StGB

O könnte sich dadurch, dass er den schwer verletzten P filmte, gemäß § 201a Abs. 1 Nr. 2 StGB strafbar gemacht haben.

1. Objektiver Tatbestand

a) Der schwer verletzte und bewußtlose P ist eine hilflose Person. Alle Tatbestände des § 201a Abs. 1 bis Abs. 3 StGB haben zur Voraussetzung, dass der von der Tat betroffene Mensch im Zeitpunkt der Tat (noch) lebt.[1] P hat den Unfall überlebt. Als O ihn filmte, war er also eine „Person" iSd § 201a StGB.

b) O hat von der Hilflosigkeit des P Bildaufnahmen hergestellt.

c) Die Aufnahme müßte den Charakter einer „Zurschaustellung" der Hilflosigkeit haben. Das ist der Fall, wenn die Aufnahme die Hilflosigkeit auf eine Art und Weise so „reißerisch" in den Mittelpunkt stellt, dass damit Voyeurismus, Neugier, Sensationsgier, Schadenfreude und andere niedere Instinkte von Betrachtern bedient werden können. Negativ ausgedrückt darf die Hilflosigkeit nicht bloßes Beiwerk[2] oder Randerscheinung[3] eines Komplexes von Tatsachen sein, bei dem andere Anschauungsobjekte im Vordergrund stehen. Die Einführung des § 201a Abs. 1

---
[1] *Bosch*, Jura 2016, 1380 (1382); *Lackner/Kühl*, § 201a Rn. 3; aA MK-*Graf*, § 201a Rn. 26 ff.
[2] NK-*Kargl*, § 201a Rn. 8: „Hilflosigkeit lediglich an der Peripherie des Bildinhalts".
[3] MK-*Graf*, § 201a Rn. 50.

Nr. 2 StGB durch das 49. StÄG zielte auf Fälle wie den vorliegenden.[4] Wenn ein schwer verletztes Unfallopfer von einem Gaffer aus nächster Nähe fotografiert oder gefilmt wird, handelt es sich in der Regel um ein zurschaustellendes Ablichten, es sei denn, es liegen konkrete Anhaltspunkte für eine abweichende Interpretation vor.[5] Letzteres ist hier nicht der Fall.

d) Als schwer verletztes Unfallopfer befindet sich der Mensch in einer Lage, in der er nicht von anderen Menschen, jedenfalls nicht von „wildfremden" betrachtet werden möchte. Allenfalls ihm nahestehende Personen oder Helfer sollen ihn so sehen. Daher handelt es sich um den „höchstpersönlichen Lebensbereich", wenn ein Mensch in eine derartige Notlage geraten ist. Durch die Herstellung der Bildaufnahme hat O somit den höchstpersönlichen Lebensbereich des P verletzt.

e) Das geschah unbefugt, weil P damit nicht einverstanden war.[6]

2. Subjektiver Tatbestand

O müßte vorsätzlich gehandelt haben, § 15 StGB. Vorsatz ist die Kenntnis der den objektiven Tatbestand erfüllenden Tatsachen bzw. das Fürmöglichhalten solcher Tatsachen (dolus eventualis).[7] Vorsatzgegenstand ist hier neben anderen Tatsachen eine „Person". Wie oben (1.) dargelegt, erfüllen diese Voraussetzung nur lebende Menschen. O hätte also die Vorstellung gehabt haben müssen, dass P lebt. Er nahm jedoch an, P sei an seinen schweren Verletzungen verstorben. Er befand sich also bezüglich des Tatbestandsmerkmals „Person" in einem Tatbestandsirrtum. Dieser schließt die Vorsätzlichkeit seines Handelns aus, § 16 Abs. 1 S. 1 StGB.

3. Ergebnis

O hat sich nicht aus § 201a Abs. 1 Nr. 2 StGB strafbar gemacht.

II. Versuchte Störung der Totenruhe, §§ 168 Abs. 1, 3, 22 StGB

Durch die Herstellung der Bildaufnahmen von dem hilflosen P könnte sich O wegen versuchter Störung der Totenruhe gemäß §§ 168 Abs. 1, 3, 22 StGB strafbar gemacht haben.

1. Vorprüfung

Vollendete Störung der Totenruhe liegt nicht vor, da P nicht verstorben ist. Der Versuch ist gem. § 168 Abs. 3 StGB mit Strafe bedroht. Das betrifft auch den untauglichen Versuch.

---

[4] BT-Drs. 18/2601, S. 36: „Man denke nur an betrunkene Personen auf dem Heimweg, Opfer einer Gewalttat, die verletzt und blutend auf dem Boden liegen etc."
[5] *Bosch*, Jura 2016, 1380 (1385).
[6] Zur „Doppelfunktion" des Merkmals „unbefugt" *Bosch*, Jura 2016, 1380 (1387): Einverständnis schließt Tatbestandsmäßigkeit aus. Daneben können Rechtfertigungsgründe die Unbefugtheit ausschließen.
[7] MK-*Graf*, § 201a Rn. 101.

2. Tatentschluss
O müßte den Vorsatz bezüglich einer Tat gehabt haben, die die objektiven Tatbestandsmerkmale des § 168 Abs. 1 StGB erfüllt. O hielt den P für einen Verstorbenen. Von den Handlungsformen, die den Tatbestand erfüllen können, kommt hier allein das Verüben beschimpfenden Unfugs an einem Leichnam in Betracht. Fraglich ist bereits, ob eine Handlung ohne physische Berührung des Leichnams tatbestandsmäßig sein kann. Wie der Vergleich mit dem Tatbestandsmerkmal „wegnimmt" nahelegt, kann eine Handlung, die den physischen Zustand des Leichnams unverändert lässt, nicht ausreichen. Bloßes Beschimpfen ohne Einwirkung auf den Körper des Leichnams ist allenfalls nach § 189 StGB strafbar. Zudem erreicht das Fotografieren oder Filmen eines Toten nicht den Verwerflichkeitsgrad, den § 168 StGB voraussetzt.[8] Die Strafdrohung des § 168 Abs. 1 StGB (Höchststrafe 3 Jahre Freiheitsstrafe) ist schärfer als die des § 201a Abs. 1 StGB (Höchststrafe 2 Jahre Freiheitsstrafe). Außerdem würde die Beschränkung des § 201a StGB auf den Schutz lebender Personen leerlaufen, wenn das unbefugte Fotografieren von Toten als beschimpfender Unfug qualifiziert werden könnte. Der Vorsatz des O richtete sich daher auf Handlungen, die nicht beschimpfender Unfug sind.

3. Ergebnis
O hat sich nicht aus §§ 168 Abs. 1, 3, 22 StGB strafbar gemacht.

III. Unterlassene Hilfeleistung, § 323c Abs. 2 StGB
Indem O dicht vor dem verletzten P stand und fotografierte, könnte er sich wegen Behinderung von Hilfeleistenden gemäß § 323c Abs. 2 StGB strafbar gemacht haben.

1. Objektiver Tatbestand
Der Verkehrsunfall mit der Straßenbahn und dem Pkw des P war ein Unglücksfall iSd § 323c Abs. 1 StGB. Hilfe für den schwer verletzten P war erforderlich und wurde von einigen Bürgern auch geleistet. Zudem wollten Notarzt und Polizeibeamte Hilfe leisten. Da O trotz Aufforderung nicht Platz machte, hat er Hilfswillige behindert.[9] Dass sich auch viele andere Schaulustige so verhielten, entlastet den O nicht.

2. Subjektiver Tatbestand
O müßte den objektiven Tatbestand vorsätzlich verwirklicht haben, § 15 StGB. Der Vorsatz muß außer dem Unglücksfall auch die Möglichkeit und Erforderlichkeit von Hilfeleistung umfassen. Hier war Hilfe objektiv erforderlich, um den schwer verletzten P vor Verschlechterung seines Gesundheitszustandes und vor dem Versterben zu bewahren. Wäre P schon verstorben, wäre keine Hilfe mehr möglich und somit auch nicht erforderlich gewesen. O stellte sich vor, dass der Verunglückte P

---

[8] *Lackner/Kühl*, § 168 Rn. 5: „... grob ungehörige, rohe Gesinnung zeigende Missachtenskundgebung, durch die der Täter dem Toten bewusst Verachtung bezeigen, dh ihm Schimpf antun will."
[9] *Lackner/Kühl*, § 323c Rn. 13.

bereits verstorben ist. Sein Vorstellungsbild umfasste deshalb eine Situation, in der Hilfeleistung keinen Zweck mehr hatte und deshalb auch nicht erforderlich war.[10] O erkannte also nicht, dass der Unfall eine „Situation" iSd § 323c Abs. 2 StGB war. Der Tatbestandsirrtum schließt die Vorsätzlichkeit aus, § 16 Abs. 1 S. 1 StGB.

3. Ergebnis
O hat sich nicht aus § 323c Abs. 2 StGB strafbar gemacht.

IV. Beleidigung, § 185 StGB
Dadurch, dass O die E mit „du" ansprach und als „Schlampe" bezeichnete, könnte er sich wegen Beleidigung gemäß § 185 StGB strafbar gemacht haben.

1. Objektiver Tatbestand
Beleidigung ist die Kundgabe der Missachtung oder Nichtachtung einer anderen lebenden Person.[11] Das „Duzen" eines fremden Erwachsenen ist nicht ohne Weiteres als beleidigend zu qualifizieren. Es kommt auf die konkreten Umstände der Situation an.[12] Gegenüber einem Amtsträger im Dienst ist die Anrede mit „du" in der Regel unangemessen und herabsetzend. Hier braucht aber nicht entschieden zu werden, ob schon das „du" eine Beleidigung der E ist, da diese Qualität jedenfalls die Bezeichnung als „Schlampe" hat. Dieser Ausdruck hat im allgemeinen Sprachgebrauch die Bedeutung eines vulgären Synonyms für Prostituierte. Auch wenn die Tätigkeit als „Sexarbeiterin" per se nichts Ehrenrühriges hat, ist doch die Anwendung des Ausdrucks auf eine Frau, die diesen Beruf nicht ausübt, eine Kundgabe von Missachtung.

2. Subjektiver Tatbestand
O handelte vorsätzlich, § 15 StGB.

3. Rechtswidrigkeit
Die Tat war nicht gerechtfertigt.

4. Schuld
O handelte schuldhaft.

5. Ergebnis
O hat sich aus § 185 StGB strafbar gemacht. Die Tat ist ein Strafantragsdelikt, § 194 Abs. 1 S. 1 StGB. Den Strafantrag kann die E als Verletzte (§ 77 Abs. 1 StGB) sowie – da es sich um eine „Beamtenbeleidigung" handelt – ihr Dienstvorgesetzter stellen, § 194 Abs. 3 S. 1 StGB.

---

[10] BGHSt 14, 213 (216); *Lackner/Kühl*, § 323c Rn. 5.
[11] *Lackner/Kühl*, § 185 Rn. 3; MK-*Regge/Pegel*, § 185 Rn. 8.
[12] OLG Düsseldorf, JR 1990, 345.

V. Widerstand gegen Vollstreckungsbeamte, § 113 Abs. 1 StGB
Indem O den rechten Arm hob um die E ins Gesicht zu schlagen könnte er sich wegen Widerstands gegen Vollstreckungsbeamte gemäß § 113 Abs. 1 StGB strafbar gemacht haben.

1. Objektiver Tatbestand
a) E ist als Polizeibeamtin Amtsträgerin, § 11 Abs. 1 Nr. 2a StGB. Als solche ist sie zur Vollstreckung vor allem von „Verfügungen" berufen.

b) E nahm gerade eine „solche Diensthandlung" vor, nämlich die Sicherstellung des Handys gemäß § 25 BbgPolG. Diese Diensthandlung war rechtmäßig, § 113 Abs. 3 S. 1 StGB.

c) Die erhobene Faust ist eine Geste, mit der körperliche Gewalt angedroht wird. O leistete somit durch Gewaltandrohung Widerstand.

2. Subjektiver Tatbestand
O handelte vorsätzlich, § 15 StGB. Auf die Rechtmäßigkeit der Diensthandlung braucht sich der Vorsatz nicht zu beziehen, vgl. § 113 Abs. 4 StGB.[13]

3. Rechtswidrigkeit
Die Tat war nicht gerechtfertigt.

4. Schuld
O handelte schuldhaft.

5. Ergebnis
O hat sich aus § 113 Abs. 1 StGB strafbar gemacht.

VI. Tätlicher Angriff auf Vollstreckungsbeamte, § 114 Abs. 1 StGB
Indem O den rechten Arm hob um die E ins Gesicht zu schlagen, könnte er sich wegen tätlichen Angriffs auf Vollstreckungsbeamte gemäß § 114 Abs. 1 StGB strafbar gemacht haben.

1. Objektiver Tatbestand
Die gegen E drohend erhobene Faust ist der Beginn eines tätlichen Angriffs. Dieser tangiert die Amtsträgerin E bei einer rechtmäßigen Diensthandlung.

2. Subjektiver Tatbestand
O handelte vorsätzlich, § 15 StGB.

3. Rechtswidrigkeit
Die Tat war nicht gerechtfertigt.

---

[13] *Lackner/Kühl*, § 113 Rn. 23.

Lösung

4. Schuld
O handelte schuldhaft.

5. Ergebnis
O hat sich aus § 114 Abs. 1 StGB strafbar gemacht. Mit § 113 Abs. 1 StGB besteht Tateinheit, § 52 StGB.[14]

VII. Versuchte Körperverletzung, §§ 223 Abs. 2, 22 StGB
Indem O den rechten Arm hob um die E ins Gesicht zu schlagen, könnte er sich wegen versuchter Körperverletzung gemäß §§ 223 Abs. 2, 22 StGB strafbar gemacht haben.

1. Vorprüfung
Da es dem O nicht gelang, die E zu schlagen, hat er keine vollendete Körperverletzung begangen. Der Versuch der Körperverletzung ist mit Strafe bedroht, § 223 Abs. 2 StGB.

2. Tatentschluss
O hatte den Vorsatz, die E ins Gesicht zu schlagen. Der Schlag wäre eine körperliche Misshandlung und hätte wahrscheinlich auch eine Gesundheitsbeschädigung verursacht. O hatte also Körperverletzungsvorsatz.

3. Unmittelbares Ansetzen
Da O im letzten Moment von W an dem Schlag ins Gesicht der E gehindert wurde, ist die erhobene Faust bereits ein unmittelbares Ansetzen zur Verwirklichung des Körperverletzungstatbestandes, § 22 StGB.

4. Rechtswidrigkeit
Die Tat wäre nicht rechtswidrig, wenn die Voraussetzungen eines Rechtfertigungsgrundes erfüllt wären.[15] In Betracht kommt eine Rechtfertigung durch Notwehr, § 32 StGB. Die Wegnahme des Handys durch E ist ein Angriff auf Besitz und Eigentum des O. Dieser Angriff war auch noch gegenwärtig, da E das Handy dem O soeben entrissen hatte.[16] Fraglich ist, ob der Angriff rechtswidrig war. Die Handlung der E könnte ihrerseits gerechtfertigt gewesen sein. O verletzte durch das ununterbrochene Aufnehmen das Recht am eigenen Bild des P, sowie seinen höchstpersönlichen Lebensbereich. Dies sind notwehrfähige Individualgüter.[17] E könnte also durch Nothilfe gemäß § 32 StGB gerechtfertigt gewesen sein. Allerdings ist umstritten, ob sich Polizeibeamte im Dienst auf allgemeine Rechtfertigungsgründe wie Notwehr und Notstand berufen können.[18] Dazu braucht hier nicht Stellung

---

[14] *Lackner/Kühl*, § 114 Rn. 5.
[15] *Kaspar*, AT, § 5 Rn. 160.
[16] *Kaspar*, AT, § 5 Rn. 185; *Rengier*, AT, § 18 Rn. 25.
[17] *Rengier*, AT, § 18 Rn. 8.
[18] *B. Heinrich*, AT, Rn. 395 ff.

genommen zu werden, da die Ingewahrsamnahme des Handys auch nach Polizeirecht rechtmäßig war.[19] Nach § 25 Nr. 1 BbgPolG kann die Polizei eine Sache sicherstellen, um eine gegenwärtige Gefahr abzuwehren. Mit „Gefahr" ist Gefahr für die öffentliche Sicherheit und Ordnung gemeint, § 1 Abs. 1 BbgPolG. Darunter fällt auch die Gefahr für private Rechte, wenngleich die Polizei für die Abwehr derartiger Gefahren nur subsidiär zuständig ist, § 1 Abs. 2 BbgPolG. Hier bestand eine Gefahr für das Persönlichkeitsrecht des P, die anders als durch polizeiliches Eingreifen nicht abwendbar war. Daher war die Sicherstellung des Handys gem. § 25 BbgPolG rechtmäßig. Der Angriff der E auf Eigentum und Besitz des O war somit nicht rechtswidrig. Die Tat des O ist nicht durch Notwehr gerechtfertigt.

5. Schuld
O handelte schuldhaft. Für einen schuldausschließenden Verbotsirrtum (§ 17 StGB) ist nichts ersichtlich.

6. Ergebnis
O hat sich aus §§ 223 Abs. 2, 22 StGB strafbar gemacht. Da der Versuch einer Körperverletzung notwendiges Mittel eines „tätlichen Angriffs" iSd § 114 StGB ist, werden §§ 223 Abs. 2, 22 StGB von § 114 Abs. 1 StGB verdrängt.[20]

Frage 2: Ingewahrsamnahme des Mobiltelefons des O

I. Beschlagnahme gemäß § 94 Abs. 2 StPO

1. Materielle Voraussetzungen
Das Mobiltelefon ist ein Gegenstand, der in einem Strafverfahren gegen O als Beweismittel Bedeutung hat. Ein Strafverfahren gegen O wurde mit dessen vorläufiger Festnahme (§ 127 StPO) durch W angebahnt. O wurde dadurch zum Beschuldigten.[21] O hat – wie oben gesehen – durch Herstellung von Bildaufnahmen den objektiven Tatbestand des § 201a Abs. 1 Nr. 2 StGB erfüllt. Dies kann im Strafverfahren durch Auswertung der auf dem Mobiltelefon gespeicherten Aufnahmen von dem schwer verletzten P bewiesen werden. Dass O bei Begehung der Tat möglicherweise wegen Tatbestandsirrtums (§ 16 Abs. 1 S. 1 StGB) ohne Vorsatz handelte, ist unerheblich. O hatte das Mobiltelefon in seinem Gewahrsam und war zur freiwilligen Herausgabe nicht bereit. Daher bedurfte es der Beschlagnahme.[22]

2. Formelle Voraussetzungen
Zuständig zur Anordnung der Beschlagnahme ist der Richter, § 98 Abs. 1 S. 1 StPO. Bei Gefahr im Verzug haben aber auch Ermittlungspersonen der

---

[19] Allgemein zu rechtfertigenden Eingriffsbefugnissen *Roxin*, AT I, § 17 Rn. 1.
[20] *Lackner/Kühl*, § 114 Rn. 5.
[21] *Beulke/Swoboda*, Strafprozessrecht, Rn. 112.
[22] *Beulke/Swoboda*, Strafprozessrecht, Rn. 247.

Staatsanwaltschaft eine Anordnungskompetenz. Hätten die Polizeibeamten dem O das Mobiltelefon nicht abgenommen, wäre dieser in der Lage gewesen, die Aufnahmen zu löschen und damit den Beweis zu vereiteln. Aus diesem Grund war es nicht möglich, eine Beschlagnahmeanordnung des Richters oder eines Staatsanwalts abzuwarten.

3. Ergebnis
Die Beschlagnahme des Mobiltelefons war gem. §§ 94 Abs. 2, 98 Abs. 1 S. 1 StPO rechtmäßig.

II. Beschlagnahme gemäß § 111 b StPO

1. Materielle Voraussetzungen
Es müßten Gründe für die Annahme vorliegen, dass das Mobiltelefon des O in einem Strafverfahren oder einem selbstständigen Einziehungsverfahren (§ 76 a StGB) eingezogen wird. Rechtlicher Maßstab dafür ist § 201a Abs. 5 iVm §§ 74 ff. StGB sowie § 74d StGB. Das Mobiltelefon ist ein Bildaufnahmegerät sowie ein Bildträger iSd § 201a Abs. 5 StGB. O hat offensichtlich den objektiven Tatbestand des § 201a Abs. 1 Nr. 2 StGB erfüllt. Dass er dabei unvorsätzlich handelte, war im Stadium der Beschlagnahme nicht erkennbar. Dieser Umstand, der sich eventuell im Zuge des Strafverfahrens herausstellt, steht daher der Begründetheit der „Annahme" iSd § 111b Abs. 1 S. 1 StPO nicht entgegen.[23]

Als Ton- und Bildträger sowie Datenspeicher unterfällt das Mobiltelefon dem Begriff „Schrift" gemäß § 11 Abs. 3 StGB. Daher ist § 74d StGB grundsätzlich anwendbar. Allerdings setzt diese Einziehungsvorschrift voraus, dass eine Tat begangen wurde, durch die eine Schrift entweder verbreitet wurde (§ 74d Abs. 1 StGB) oder in ähnlicher Form öffentlich zugänglich gemacht wurde (§ 74d Abs. 4 StGB). Das trifft auf die von O begangene Tat eindeutig nicht zu. Daher scheidet § 74d StGB als Rechtsgrundlage einer Einziehung aus.

2. Formelle Voraussetzungen
Regulär zuständig für die Anordnung der Beschlagnahme ist das Gericht, § 111j Abs. 1 S. 1 StPO. Im Falle von Gefahr im Verzug sind auch die Staatsanwaltschaft und deren Ermittlungspersonen zuständig, § 111j Abs. 1 S. 2, 3 StPO.

3. Ergebnis
Die Einziehung des Mobiltelefons ist gemäß § 111b Abs. 1 iVm § 111j Abs. 1 StPO rechtmäßig.

---

[23] *Meyer-Goßner/Schmitt*, § 111b Rn. 6.

Frage 2: Ingewahrsamnahme des Mobiltelefons des H

I. Beschlagnahme gemäß § 94 Abs. 2 StPO
Die Wegnahme des Handys könnte als Beschlagnahme gem. § 94 Abs. 2 StPO rechtmäßig gewesen sein.

1. Voraussetzungen
Grundvoraussetzung einer Beschlagnahme gem. § 94 Abs. 2 StPO, ist dass bereits eine „Untersuchung", also ein Strafverfahren, betrieben wird. Das ist hier der Fall. O war von W „vorläufig festgenommen" worden, § 127 StPO. Die Festnahmesituation ist eine „frische Tat" des O, die Staatsanwaltschaft hat also gem. § 152 Abs. 2 StPO Anlass zur Einleitung eines Ermittlungsverfahrens. Die vorläufige Festnahme ist daher als Verfahrenshandlung zu verstehen, mit der O zum Beschuldigten gemacht wurde.[24] Das Handy des H müßte „als Beweismittel für die Untersuchung von Bedeutung sein können". Hätte H die Auseinandersetzung zwischen O, E und W aufgenommen und auf dem Handy gespeichert, hätte im Wege der Augenscheinseinnahme über die Tat des O Beweis geführt werden können.[25] Unter dieser Voraussetzung wäre das Handy ein geeignetes Beweismittel im Strafverfahren gegen O. Tatsächlich befanden sich auf dem Handy keine Aufnahmen dieser Art. Beschlagnahmevoraussetzung ist allerdings nicht tatsächliche Beweismitteltauglichkeit, sondern eine potenzielle Beweisbedeutung.[26] Wie bei allen verfahrensfördernden Handlungen ist auch bei der Anordnung der Beweismittelbeschlagnahme eine ex-ante-Einschätzung zugrunde zu legen, bei der alle dem anordnenden Strafverfolgungsorgan erkennbaren Tatsachen heranzuziehen sind. Die Haltung des sich selbst fotografierenden H konnte so gedeutet werden, wie W es getan hat. Ebenso viel sprach jedoch dafür, dass H sein Handy zur Anfertigung von „Selfies" benutzte. In Anbetracht der Tatsache, dass die Beschlagnahme eines Datenträgers, auf dem typischerweise vielfältige höchstpersönliche Inhalte gespeichert sind, einen massiven Eingriff in die Privatsphäre darstellt (Art. 1; Art. 2 Abs. 1 GG), sind die Anordnungsvoraussetzungen restriktiv zu fassen. Sofern keine konkreten Anhaltspunkte dafür bestehen, dass der Gegenstand tatsächlich die verfahrensrelevante Beweisbedeutung hat, ist die Beschlagnahme unzulässig.

Eine andere Beurteilung könnte sich hier daraus ergeben, dass auf dem Mobiltelefon eine Aufnahme gespeichert ist, die den Überfall des unbekannten Mannes auf die Frau mit der Umhängetasche zeigt. In einem Strafverfahren gegen den Unbekannten könnte diese Aufnahme als Beweismittel bedeutsam sein. Allerdings wäre dies ein anderes Strafverfahren als das, welches den Rahmen für die Beschlagnahme des Handys bildete, nämlich das Strafverfahren gegen O. Das Mobiltelefon des H wurde nicht beschlagnahmt, um die Strafverfolgung des unbekannten Mannes zu ermöglichen und zu fördern. In Bezug auf das andere Strafverfahren, das noch gar nicht begonnen hat, ist die Aufnahme des Überfalls ein „Zufallsfund". Eine

---

[24] *Beulke/Swoboda*, Strafprozessrecht, Rn. 112.
[25] *Beulke/Swoboda*, Strafprozessrecht, Rn. 204.
[26] *Meyer-Goßner/Schmitt*, § 94 Rn. 6.

Legalisierungswirkung in Bezug auf die zugrunde liegende Eingriffsmaßnahme haben Zufallsfunde nicht. Eine rückwirkende „Heilung" einer rechtswidrigen Beweismittelgewinnungsmaßnahme ist nicht möglich. Denn die Tatsachen, die dem Zufallsfund Beweisbedeutung für die Verfolgung einer anderen Straftat verschaffen, sind von dem die Beschlagnahme anordnenden Strafverfolgungsorgan nicht geprüft werden. Sie wurden folglich dem von der Beschlagnahme Betroffenen – dem H – auch nicht als Beschlagnahmegrund kommuniziert. Das Gebot eines fairen Verfahrens schließt es daher aus, die erst nachträglich bekannt gewordenen Umstände rückwirkend als Beschlagnahmevoraussetzungen zu würdigen. Zudem bringt § 108 Abs. 1 StPO zum Ausdruck, dass die Berücksichtigung von Zufallsfunden eine Ausnahme ist. Auch das ist ein Grund für restriktive Behandlung.

Sofern ein Strafverfahren gegen den unbekannten Umhängetaschendieb eingeleitet wird, kann das Mobiltelefon als Beweismittel Bedeutung gewinnen. Zu diesem Zweck dürfte es auch gem. § 94 Abs. 2 StPO beschlagnahmt werden.

2. Ergebnis
Die Beschlagnahme des Mobiltelefons erfüllte die Voraussetzungen des § 94 Abs. 2 StPO nicht. Sie war daher rechtswidrig.

II. Beschlagnahme gemäß § 111 b StPO
Die Wegnahme des Handys könnte als Beschlagnahme gemäß § 111b StPO rechtmäßig gewesen sein.

Eine Einziehung des Mobiltelefons käme gemäß § 201a Abs. 5 StGB in Betracht, wenn die Herstellung der Bildaufnahme einen Straftatbestand des § 201a StGB erfüllen würde. H hat Bildaufnahmen von der Frau, der die Umhängetasche weggenommen wurde und von dem Täter dieses Diebstahls hergestellt. Es ist aber nicht ersichtlich, dass dadurch einer der Tatbestände in § 201a Abs. 1, Abs. 2 oder Abs. 3 StGB erfüllt worden wäre. Daher kommt eine Einziehung des Mobiltelefons auf der Grundlage des § 111b StPO nicht in Betracht.

Fall 3 Das Fenster

Nichtöffentlich gesprochenes Wort – Einwilligung – üble Nachrede – Verleumdung – Zeugnisverweigerungsrecht – Beschlagnahmeverbot – presserechtliche Verjährung

Der Bundesvorsitzende der „rechtspopulistischen" Partei „Aktion Deutschlands Zukunft" (ADZ) Gustav Grobschmidt (G) gibt dem Wochenmagazin „DAS FENSTER" am 11. April 2019 ein Interview, das in einer der nächsten Ausgaben der Zeitschrift veröffentlicht werden soll. Von Seiten des FENSTER sind die beiden Redakteure Anton Aumüller (A) und Bernhard Bommer (B) an dem Interview beteiligt. Thema des Gesprächs ist unter anderem die aktuelle Flüchtlingssituation in Deutschland und in Europa. Die ADZ vertritt eine restriktive Flüchtlingspolitik und spricht sich für die strikte Begrenzung der Aufnahme von Asylsuchenden in Deutschland aus. Im Laufe des Interviews kommt auch der Vorschlag zur Sprache, dass die zuständigen Sicherheitskräfte zum Schutz der nationalen Außengrenzen notfalls auch von der Schusswaffe Gebrauch machen sollten. G wird von A gefragt, ob er es für richtig halte, dass zur Verhinderung des Grenzübertritts auf Flüchtlinge, auch auf Frauen und Kinder, scharf geschossen werden darf. G gibt darauf bereitwillig Auskunft (*siehe unten*).

Nach zwei Stunden ist das Interview beendet. Das Gespräch ist mit Einwilligung des G auf Tonband aufgenommen worden. A und B teilen dem G mit, dass das aufgezeichnete Gespräch sofort abgeschrieben und der Text danach ihm – dem G – zur Überprüfung und Erteilung der Freigabe vorgelegt werde. Schon während des Interviews hatte die Sekretärin Sonja (S) mit dem Abschreiben des Bandes begonnen. Damit ist sie eine Viertelstunde nach Ende des Gesprächs fertig. Daher kann dem G die Abschrift sofort vorgelegt werden. Der Text gibt das geführte Gespräch Wort für Wort wahrheitsgemäß wieder. G liest den Text und stellt fest, dass alles, was er in dem Interview gesagt hat, zutreffend und vollständig wiedergegeben ist.

Am 25. April 2019 erscheint das Interview in der neuesten Ausgabe von DAS FENSTER. Als G den Text liest, traut er seinen Augen nicht und ist hellauf empört. Die Passage, wo über den Schußwaffengebrauch gegenüber grenzübertretenden Flüchtlingen gesprochen wurde, ist seiner Ansicht nach verzerrend, unvollständig und falsch wiedergegeben worden. Wörtlich lautet diese Interviewpassage in dem Heft:

Aumüller: „Aus Ihrer Partei wurde die Forderung erhoben, zur Eindämmung des Flüchtlingsstroms an den EU-Außengrenzen auf Flüchtlinge, sogar auf Frauen und Kinder, zu schießen. Was halten Sie davon!"

Grobschmidt: „Da bin ich sehr dafür. Es geht nicht an, dass wir hier in Deutschland die Notleidenden und Elenden der ganzen Dritten Welt aufnehmen und durchfüttern. Die deutsche Bevölkerung muss vor dieser Invasion geschützt werden, auch mit Waffengewalt einschließlich gezielter Schüsse. Abschreckung ist dringend erforderlich."

Die Empörung des G ist berechtigt. Tatsächlich lautete die Antwort des G auf die von A am 11.04.2019 gestellte Frage folgendermaßen:

„Der Staat muss dafür sorgen, dass das Recht eingehalten wird. Soweit Ausländer bei der Einreise nach Deutschland geltendes Recht verletzen, muss das unterbunden werden. Die zuständigen Behörden sind verpflichtet, Rechtsverletzungen abzuwehren, von wem auch immer sie begangen werden. Soweit dazu die Verwendung von Schusswaffen nach geltendem Recht zulässig ist, ist auch von dieser Möglichkeit unter Beachtung des Gebotes der Verhältnismäßigkeit Gebrauch zu machen."

In der Redaktion von DAS FENSTER kursiert das Gerücht, dass im Zuge notwendiger Sparmaßnahmen demnächst fünf Redakteure entlassen werden sollen. Zu den angeblich auf der „Abschussliste" stehenden Mitarbeitern gehört auch der Kulturredakteur Clemens Christofferus (C). A und B gehören nicht zu den von Kündigung bedrohten Redakteuren.

C hat erfahren, dass dem Interviewpartner G in der aktuellen Ausgabe Worte in den Mund gelegt worden sind, die er tatsächlich so nicht geäußert hat. Anonym schickt C dem G eine E-Mail, in der er ihm mitteilt, dass der Redakteur A bewusst den Teil des Interviewtextes, der die Schüsse-auf-Flüchtlinge-Thematik betrifft, so abgeändert hat, wie er in dem am 25.04.2019 veröffentlichten Heft erschienen ist. Der Kollege B sei an dieser Manipulation wahrscheinlich nicht beteiligt, weil er während dieser Zeit gerade im Urlaub war. Daraufhin stellt G Strafantrag gegen A.

Was C dem G per E-Mail mitgeteilt hat, ist wahr.

G möchte, dass zum Beweis der von A begangenen Manipulationen das Tonband mit der Aufzeichnung des am 11.04.2019 geführten Interviews von der zuständigen Strafverfolgungsbehörde beschlagnahmt wird und dass der Redakteur B als Zeuge über das am 11.04.2019 geführte Interview vernommen wird.

1. Wie hat sich A strafbar gemacht?
2. Wäre die Vernehmung des B als Zeuge und die Beschlagnahme des Tonbandes in einem Strafverfahren gegen A zulässig?
3. Wann verjährt die von A begangene Straftat?

Lösung

Frage 1: Strafbarkeit des A

I. Verletzung der Vertraulichkeit des Wortes, § 201 Abs. 1 Nr. 1 StGB

1. Objektiver Tatbestand
a) Nichtöffentlich gesprochenes Wort
Das von G mit A und B geführte Interview war ein Gespräch, das nicht unmittelbar für die Öffentlichkeit bestimmt war. Zwar diente die Unterhaltung der Vorbereitung eines Presseartikels, der publiziert und der Öffentlichkeit zugänglich gemacht werden sollte. Aber für die Wahrnehmung der Öffentlichkeit war nur die „Verschriftlichung" der von G gegenüber A und gemachten Äußerungen bestimmt. Die mündlichen Äußerungen selbst sollten nur den Interviewpartnern zur Kenntnis gelangen. Was G in dem Interview sagte, ist also „nicht öffentlich gesprochenes Wort".[1]

b) Aufnahme auf einen Tonträger
Das Gespräch wurde mit einem Tonbandgerät aufgenommen und zum Zwecke der Abschrift gespeichert. Eine tatbestandsmäßige Handlung liegt also vor.[2]

2. Subjektiver Tatbestand
A handelte vorsätzlich, § 15 StGB.

3. Rechtswidrigkeit
Die Tat ist rechtswidrig, wenn die Aufnahme „unbefugt" erfolgte. Unbefugt ist die Aufnahme, wenn sie nicht gerechtfertigt ist.[3] Gerechtfertigt ist der Eingriff in das Recht am nichtöffentlich gesprochenen Wort, wenn der Betroffene einverstanden ist. Dann liegt eine rechtfertigende[4] Einwilligung vor.[5] Die Einwilligung ist ein gewohnheitsrechtlich anerkannter Rechtfertigungsgrund.[6] Seine Voraussetzungen sind nicht positivgesetzlich geregelt. Die Einwilligung muss von dem Inhaber des betroffenen Rechtsguts vor der Tat erklärt worden sein.[7] Dafür genügt auch eine konkludente Äußerung, aus der geschlossen werden kann, dass der Betroffene einverstanden ist. G war über die Verwendung des Aufnahmegeräts während des Interviews informiert. Indem er gleichwohl seinen Gesprächspartnern Auskunft gab,

---

[1] MK-*Graf*, § 201 Rn. 3.
[2] Zur Stellung des Merkmals „unbefugt" unten 3.
[3] MK-*Graf*, § 201 Rn. 40.
[4] Generell wird der Einwilligung von vielen Autoren tatbestandsausschließende Wirkung zugeschrieben, vgl. z. B. *Roxin*, AT I, § 13 Rn. 12 ff. Im Kontext des § 201 StGB wird die Zustimmung des betroffenen Rechtsgutsinhabers überwiegend als tatbestandsausschließendes Einverständnis qualifiziert, vgl. *Lackner/Kühl*, § 201 Rn. 9.
[5] *Fischer*, § 201 Rn. 10.
[6] *Baumann/Weber/Mitsch/Eisele*, § 15 Rn. 117; *Kaspar*, AT, § 5 Rn. 271.
[7] *Baumann/Weber/Mitsch/Eisele*, § 15 Rn. 130, 133; *Kaspar*, AT, § 5 Rn. 274, 278.

willigte er in die Aufnahme ein. Wirksamkeitsvoraussetzung einer Einwilligung ist des Weiteren ihre Willensmängelfreiheit.[8] Unwirksam ist eine Einwilligung, der ein relevanter Irrtum zugrunde liegt.[9] Im Einzelnen ist hier vieles umstritten.[10] Der vorliegende Fall wird indessen von dem Meinungsstreit nicht betroffen. Dass A und B möglicherweise von Anfang an die Absicht hatten, in ihrem Artikel die Äußerungen des G verfälscht wiederzugeben und G dies nicht wusste, hat keinen Einfluss auf die Einwilligung in die Aufnahme. Hätte G gewusst, dass in dem gedruckten Artikel seine Aussagen nicht authentisch reproduziert würden, hätte ihn das veranlasst, der Veröffentlichung zu widersprechen. Die Einwilligung in die Herstellung der Aufnahme wäre davon unberührt. Denn einen inhaltlich falschen Interviewtext konnten die Redakteure auch ohne Aufnahme verfassen und wären dabei sogar von dem Risiko befreit, dass ihre Fälschung durch Auswertung der Tonbandaufnahme aufgedeckt werden kann. Die Einwilligung des G ist daher wirksam und die von A begangene Tat ist gerechtfertigt.

4. Ergebnis
A hat sich nicht aus § 201 Abs. 1 Nr. 1 StGB strafbar gemacht.

II. Verletzung der Vertraulichkeit des Wortes, § 201 Abs. 2 S. 1 Nr. 2 StGB

1. Objektiver Tatbestand
Tatobjekt ist „das nach Absatz 1 Nr. 1 aufgenommene" nicht öffentlich gesprochene Wort. Die Bezugnahme auf § 201 Abs. 1 Nr. 1 StGB besagt zunächst einmal, dass eine Aufnahme auf einen Tonträger stattgefunden haben muss. Das ist hier der Fall. Darüber hinaus erfasst die Verweisung auf Abs. 1 Nr. 1 aber auch die Unbefugtheit der Aufnahme, zumindest in Form des Fehlens einer Einwilligung der betroffenen Person.[11] Hier hatte G in die Aufnahme wirksam eingewilligt (s. o. I 3). Daher ist die Aufnahme kein taugliches Objekt zur Erfüllung des Tatbestandes nach § 201 Abs. 2 S. 1 Nr. 2 StGB. Hinzu kommt, dass A die Interviewäußerungen des G gerade nicht im Wortlaut und auch nicht ihrem wesentlichen Inhalt nach öffentlich mitgeteilt hat. Quelle der von A an die Öffentlichkeit gebrachten Äußerungen war allenfalls das Interview mit G, nicht aber die dabei hergestellte Aufnahme.

2. Ergebnis
A hat sich nicht aus § 201 Abs. 2 S. 1 Nr. 2 StGB strafbar gemacht.

---

[8] *Baumann/Weber/Mitsch/Eisele*, § 15 Rn. 138 ff.; *Kaspar*, AT, § 5 Rn. 280.
[9] *Baumann/Weber/Mitsch/Eisele*, § 5 Rn. 140; *Kaspar*, AT, § 5 Rn. 282 ff.
[10] Umfassend und vertiefend *Mitsch*, Rechtfertigung und Opferverhalten, S. 495 ff.
[11] *Mitsch*, Medienstrafrecht, § 3 Rn. 96.

III. Üble Nachrede, § 186 StGB

1. Objektiver Tatbestand
a) Mit der Veröffentlichung des Interviews hat A die Behauptung aufgestellt, G habe gegenüber seinen Interviewpartnern die Äußerungen zur Behandlung von Flüchtlingen und Asylsuchenden, insbesondere bezüglich des Schußwaffengebrauchs bei Grenzübertritt, gemacht.

b) Die Behauptung ist geeignet, den G in der öffentlichen Meinung herabzuwürdigen.

c) Da die Behauptung mittels Schriften verbreitet worden ist, ist die Tat qualifiziert, § 186 Hs. 2 StGB.

2. Subjektiver Tatbestand
A hat vorsätzlich gehandelt, § 15 StGB.

3. Objektive Strafbarkeitsbedingung
Die Behauptung ist unwahr und es gibt keine Möglichkeit das Gegenteil zu beweisen. Es existieren nur Beweismittel, mit denen die Unwahrheit der Behauptung bewiesen werden kann. Die Wahrheit ist somit nichterweislich. Damit ist die objektive Strafbarkeitsbedingung erfüllt.

4. Rechtswidrigkeit
Für die Tat gibt es keine Rechtfertigung. Weder Pressefreiheit (Art. 5 Abs. 1 GG) noch Wahrnehmung berechtigter Interessen (§ 193 StGB) vermögen die Veröffentlichung falscher ehrenrühriger Behauptungen zu rechtfertigen.

5. Schuld
A hat schuldhaft gehandelt.

6. Ergebnis
A hat sich aus § 186 Hs. 2 StGB strafbar gemacht. Da G gegen A Strafantrag gestellt hat, kann die Tat strafrechtlich verfolgt werden, §§ 194 Abs. 1 S. 1, 77, 77b StGB.

IV. Verleumdung, § 187 StGB

1. Objektiver Tatbestand
a) A hat in Bezug auf G ehrenrührige und herabwürdigende Tatsachen behauptet.

b) Die Behauptungen waren unwahr.[12]

c) Durch die Verbreitung der Behauptungen mittels Schriften ist die Tat qualifiziert, § 187 Hs. 2 StGB.

---

[12] *Fischer*, § 187 Rn. 2.

2. Subjektiver Tatbestand
Da A wusste, dass seine Behauptungen unwahr sind, handelte er „wider besseres Wissen".[13]

3. Rechtswidrigkeit
Die Tat war nicht gerechtfertigt.

4. Schuld
A handelte schuldhaft.

5. Ergebnis
A hat sich aus § 187 Hs. 2 StGB strafbar gemacht. Da G gegen A Strafantrag gestellt hat, kann die Tat strafrechtlich verfolgt werden, §§ 194 Abs. 1 S. 1, 77, 77b StGB. Hinter § 187 StGB tritt § 186 StGB zurück.[14]

Frage 2

I. Vernehmung des B als Zeugen

1. Voraussetzungen der Zeugeneigenschaft
Da B bei dem Interview anwesend gewesen ist, hat er Wahrnehmungen gemacht, die für ein Strafverfahren gegen A wegen übler Nachrede und Verleumdung erheblich sein können. Er kommt daher als Zeuge in Betracht. Obwohl er möglicherweise selbst verdächtigt werden könnte, sich im Zusammenhang mit dem Interview und dessen Veröffentlichung strafbar gemacht zu haben, ist er von der Rolle des Zeugen nicht ausgeschlossen. Denn inkompatibel ist die Zeugenrolle nur mit der Rolle des Beschuldigten und des Mitbeschuldigten.[15] Ein Verdächtiger, der – noch oder nicht mehr – Beschuldigter oder Mitbeschuldigter ist, kann Zeuge sein. Das wird durch § 55 StPO bekräftigt.[16] B ist hier nicht Beschuldigter, da die Strafverfolgungsbehörden keinerlei Strafverfolgungsaktivitäten ihm gegenüber entfaltet haben.[17] Tatbeteiligung als solche begründet nicht „automatisch" die Stellung als (Mit-)Beschuldigter.[18]

2. Pflichten des Zeugen
Als Zeuge ist B verpflichtet, der Aufforderung eines Strafverfolgungsorgans (Richter, Staatsanwaltschaft, Polizei) sich einer Vernehmung zu stellen, Folge zu leisten.[19]

---

[13] *Fischer*, § 187 Rn. 4.
[14] MK-*Regge/Pegel*, § 187 Rn. 29.
[15] *Beulke/Swoboda*, Strafprozessrecht, Rn. 185; *Meyer-Goßner/Schmitt*, vor § 48 Rn. 20, 21.
[16] *Beulke/Swoboda*, Strafprozessrecht, Rn. 111.
[17] *Meyer-Goßner/Schmitt*, Einleitung Rn. 76.
[18] *Meyer-Goßner/Schmitt*, Einleitung Rn. 77.
[19] *Beulke/Swoboda*, Strafprozessrecht, Rn. 187.

Lösung

In der Vernehmung ist der Zeuge zur vollständigen und wahrheitsgemäßen Aussage sowohl zu seiner Person als auch – soweit er kein Zeugnisverweigerungsrecht hat (dazu unten 3.) – zur Sache verpflichtet.[20] Gegebenenfalls hat er seine Aussage zu beeiden.[21]

3. Zeugnisverweigerungsrecht

Der Zeuge ist von der Pflicht zur Aussage zur Sache entbunden, wenn er ein Zeugnisverweigerungsrecht hat. Hier kommt ein berufsbezogenes Zeugnisverweigerungsrecht aus § 53 Abs. 1 S. 1 Nr. 5 StPO in Betracht. B ist eine Person, die bei der Vorbereitung, Herstellung und Verbreitung von Druckwerken berufsmäßig mitwirkt. In dieser Position hat B das Recht das Zeugnis zu verweigern über den Gegenstand berufsbezogener Wahrnehmungen. Da B bei dem Interview des G anwesend war, hat er selbst die Äußerungen des G wahrgenommen. Das Gespräch mit G ist somit Gegenstand berufsbezogener Wahrnehmungen. Das Zeugnisverweigerungsrecht entfällt nicht deswegen, weil G die Aussage des B wünscht. Pressemitarbeiter haben keine Schweigepflicht, es gibt keine Entbindung von der Schweigepflicht, die das Zeugnisverweigerungsrecht aufheben würde, vgl. § 53 Abs. 2 S. 1 StPO, wo nicht auf § 53 Abs. 1 S. 1 Nr. 5 StPO verwiesen wird. Der sachliche Grund ist, dass das Zeugnisverweigerungsrecht nicht primär dem Schutz des Informanten usw. dient, sondern dem Schutz der im Pressebereich Tätigen und damit dem Schutz der Pressefreiheit.[22] Das Zeugnisverweigerungsrecht des B entfällt auch nicht gem. § 53 Abs. 2 S. 2 StPO. Denn das Strafverfahren hat kein Verbrechen und keines der aufgeführten Vergehen zum Gegenstand.

B ist also zur Verweigerung des Zeugnisses berechtigt. Er muss nur Angaben zu seiner Person machen, § 68 Abs. 1 StPO.[23]

II. Beschlagnahme des Tonbandes

1. Beschlagnahmegrund

Die Beschlagnahme des Tonbandes könnte gem. § 94 Abs. 2 StPO zulässig sein. Da auf dem Band die Äußerungen des G während des Interviews gespeichert sind, kann durch Abhören des Bandes und Vergleich mit dem Text des Interview-Artikels festgestellt werden, ob dem G ein verfälschter Interview-Text untergeschoben wurde. Daher kann das Band für die Untersuchung – das Strafverfahren gegen A wegen des Verdachts der üblen Nachrede und Verleumdung – von Bedeutung sein, § 94 Abs. 1 StPO. Das Tonband befindet sich im Gewahrsam der Redaktion. Es wird nicht freiwillig herausgegeben. Daher bedarf es der Beschlagnahme, § 94 Abs. 2 StPO.

---

[20] *Beulke/Swoboda*, Strafprozessrecht, Rn. 188.
[21] *Beulke/Swoboda*, Strafprozessrecht, Rn. 189; *Meyer-Goßner/Schmitt*, vor § 48 Rn. 5.
[22] *Meyer-Goßner/Schmitt*, § 53 Rn. 26.
[23] *Meyer-Goßner/Schmitt*, § 68 Rn. 3.

2. Beschlagnahmeverbot

Der Beschlagnahme könnte ein Beschlagnahmeverbot aus § 97 Abs. 5 S. 1 StPO entgegenstehen. Das Tonband befindet sich im Gewahrsam der Redaktion von DAS FENSTER. B hat – wie oben gesehen – ein Zeugnisverweigerungsrecht aus § 53 Abs. 1 S. 1 Nr. 5 StPO. Er ist daher nicht verpflichtet, über die mündlichen Äußerungen des G anlässlich des Interviews auszusagen. Das Tonband ist ein Tonträger, auf dem genau die Informationen gespeichert sind, über die B nicht aussagen muss. Die Reichweite des Zeugnisverweigerungsrechts stimmt somit mit dem Informationsgehalt des Tonbandes überein. Die Voraussetzungen einer Einschränkung des Beschlagnahmeverbots gem. § 97 Abs. 2 S. 3 StPO liegen nicht vor. Daher unterliegt das Tonband einem Beschlagnahmeverbot. Eine Beschlagnahme ist unzulässig.

Frage 3: Verjährung

Die Verjährungsfrist richtet sich gem. § 78 Abs. 3 StGB nach den Strafrahmenobergrenzen. Bei § 186 Alt. 2 StGB ist die Höchststrafe 2 Jahre, bei § 187 Alt. 2 StGB ist die Höchststrafe 5 Jahre. Gemäß § 78 Abs. 3 Nr. 5 StGB verjährt die qualifizierte üble Nachrede nach 3 Jahren, der qualifizierten Verleumdung korrespondiert eine Verjährungsfrist von 5 Jahren, § 78 Abs. 3 Nr. 4 StGB.

Spezialgesetzlich können aber abweichende Verjährungsfristen festgelegt werden. Das trifft zu in Bezug auf sog. Presseinhaltsdelikte.[24] Nach dem Landespressegesetz von Brandenburg verjähren Presseinhaltsvergehen nach 6 Monaten, § 16 Abs. 1 S. 1 Nr. 1 BbgPG.[25] Die von A begangene Straftat ist ein Presseinhaltsdelikt. Denn da der ehrverletzende Inhalt des von A verfassten Textes durch eine Zeitschrift verbreitet worden ist, erfährt der ehrverletzende Effekt eine medientypische Verstärkung, weil eine unbestimmte Vielzahl von Lesern angesprochen wird.[26] Kern des strafwürdigen Unrechts ist der ehrverletzende Inhalt der mittels Druckwerk kundgegebenen Äußerung. Da §§ 186, 187 StGB nicht zu den Straftatbeständen gehören, die dem Anwendungsbereich der presserechtlichen Verjährungsregelung entzogen sind, verjährt die Straftat des A nach 6 Monaten nach der erstmaligen Veröffentlichung, § 16 Abs. 3 S. 1 BbgPG.

---

[24] Löffler/*Kühl*, LPG § 24 Rn. 28.
[25] Zu den Gründen für die Verkürzung der Verjährungsfrist vgl. Löffler/*Kühl*, LPG § 24 Rn. 20 ff.
[26] Löffler-*Kühl*, LPG § 24 Rn. 29.

Fall 4 Der gesprächige Journalist

Besondere persönliche Merkmale –
Zeugnisverweigerungsrecht von Pressemitarbeitern –
Verlesung und Verwertung von Urkunden –
Urkundenverlesungsverbote

Der bei dem Wochenmagazin „AKTUELL" angestellte Journalist Jonas (J) erhielt von August (A) Informationen über angeblich großangelegte Subventionserschleichungen, in die der Unternehmer Untermeier (U) verwickelt sein soll. Daraufhin recherchierte J auf eigene Faust und förderte umfangreiches Material zutage, das die Informationen des A bestätigt und ergänzt. Insbesondere hat J selbst Anhaltspunkte dafür gefunden, dass dem U bei seinen Taten ein hoher Beamter aus dem Wirtschaftsministerium des Landes Brandenburg geholfen hat.

Die Staatsanwaltschaft ermittelte derweil gegen U wegen gewerbs- und bandenmäßigen Subventionsbetrugs. Es bestand ein Anfangsverdacht, dass U als Mitglied einer Bande, die sich zur fortgesetzten Begehung von Betrug und Subventionsbetrug verbunden hat, gewerbsmäßig Subventionen iSd § 264 Abs. 7 StGB erschlichen hat. Außerdem ermittelte die Staatsanwaltschaft gegen den im Wirtschaftsministerium des Bundeslandes Brandenburg arbeitenden Beamten Bruno (B) wegen Subventionsbetruges in besonders schwerem Fall. B wurde verdächtigt, mit U zusammengearbeitet und ihm bei den Subventionserschleichungen geholfen zu haben. Mitglied der Bande war B aber nicht. Davon ging auch die Staatsanwaltschaft aus.

Staatsanwalt Saubermann (S) hatte den anonymen Hinweis bekommen, dass der Journalist J intensiv über die „Affäre U" recherchiere und schon eine Menge interessante Erkenntnisse gesammelt habe. S wollte nun den J als Informationsquelle „anzapfen" und möglichst viel aus ihm „herausbekommen", den S als Zeugen vernehmen und neben anderem erfahren, was ihm sein Informant über die Subventionsbetrügereien des U mitgeteilt hat. Außerdem wollte S von J eine umfassende Auskunft über die Ergebnisse seiner eigenen Recherchen bezüglich U und bezüglich B.

Bei der Zeugenvernehmung durch S machte J umfassende und wahrheitsgemäße Angaben sowohl in Bezug auf den Beschuldigten U als auch in Bezug auf den Beschuldigten B. Er teilte dem S mit, was ihm sein Informant zugetragen hatte und was er durch eigene investigative Maßnahmen herausgefunden hatte. Die Aussage des J wurde protokolliert und das Protokoll wurde von J unterschrieben.

In der Hauptverhandlung gegen U und B soll J als Zeuge aussagen. J empfindet seine freimütigen Aussagen gegenüber S inzwischen als übereilt und möchte sie gern ungeschehen machen. Dem Gericht erklärt er, dass er von seinem Zeugnisverweigerungsrecht Gebrauch mache. Der Vorsitzende Richter ordnet daraufhin an, dass das gesamte Vernehmungsprotokoll von der Vernehmung des J durch S verlesen wird. Die Verteidiger der Angeklagten U und B widersprechen der Verlesung. Das Gericht vertagt darauf die Hauptverhandlung.

Am nächsten Hauptverhandlungstag will das Gericht den S als Zeugen über die Vernehmung des J im Ermittlungsverfahren vernehmen. Die Verteidiger des U und des B widersprechen dieser Zeugenvernehmung.

1. Darf das Vernehmungsprotokoll in der Hauptverhandlung verlesen und verwertet werden?

2. Spielt es dabei eine Rolle, ob J bei seiner Vernehmung durch S über ein eventuell bestehendes Zeugnisverweigerungsrecht belehrt worden ist?

3. Durfte S in der Hauptverhandlung als Zeuge über die Vernehmung des Zeugen J im Ermittlungsverfahren vernommen werden?

Lösung

Frage 1

I. Zulässigkeit der Protokollverlesung gemäß §§ 244 Abs. 1, 249 StPO

1. Aufklärungspflicht

Das Vernehmungsprotokoll ist eine Urkunde im strafprozessrechtlichen Sinn.[1] Aus § 249 Abs. 1 StPO ergibt sich, auf welche Weise in der Hauptverhandlung mit Urkunden und sonstigen Schriftstücken Beweis erhoben wird:[2] grundsätzlich durch Verlesung des Textes. Ob ein Urkundenbeweis überhaupt zulässig ist, regelt § 249 StPO nicht. Die Norm geht von der grundsätzlichen Zulässigkeit aus und stellt daher keine positiven Zulässigkeitsvoraussetzungen auf. Denn nach § 244 Abs. 2 StPO hat das Gericht alle Beweismittel heranzuziehen, die für die Entscheidung von Bedeutung sind. Das gilt auch für Beweismittel in Form von Schriftstücken.[3] Unzulässig ist die Beweisaufnahme mit einer Urkunde somit, wenn sie als Beweismittel bzw. die mit ihr zu beweisenden Tatsachen für die Entscheidung nicht von Bedeutung sind. Da mit dem Vernehmungsprotokoll dem erkennenden Gericht der Inhalt von Aussagen des J unterbreitet werden kann, aus dem auf verfahrensgegenständliche Taten der Angeklagten U und B geschlossen werden kann, ist das Vernehmungsprotokoll ein für die Wahrheitsfindung bedeutsames Beweismittel.

---

[1] Zum Urkundenbegriff der Strafprozessordnung vgl. *Volk/Engländer*, Grundkurs, § 21 Rn. 38.
[2] *Beulke/Swoboda*, Strafprozessrecht, Rn. 203.
[3] *Cornelius*, NStZ 2008, 244 (245); *Volk/Engländer*, Grundkurs, § 21 Rn. 40.

2. Beweisverbote

In den §§ 250 ff. StPO wird hingegen die Zulässigkeit des Urkundenbeweises eingeschränkt. Daher lautet die Grundregel: die gemäß § 244 Abs. 2 StPO gebotene Verlesung und Verwertung von Urkunden und sonstigen Schriftstücken zum Zwecke des Beweises ist zulässig, sofern sich nicht aus §§ 250 ff. StPO Entgegenstehendes ergibt.[4]

II. Unzulässigkeit der Protokollverlesung gemäß § 250 StPO

Die Verlesung des Vernehmungsprotokolls könnte gemäß § 250 S. 2 StPO unzulässig sein.

1. Wahrnehmung einer Person

Unmittelbares Beweisthema der Verlesung des Vernehmungsprotokolls ist der Inhalt der Aussage, die J bei seiner Vernehmung durch S gemacht hat. Dass J die in dem Protokoll festgehaltenen Aussagen gemacht hat, ist aber für die Sachentscheidung in dem Verfahren gegen U und B unerheblich. Daher geht es letztlich um den Beweis der Tatsachen, über die J gegenüber S Angaben gemacht hat. Das sind zum einen die Informationen, die J von A erhalten hat und zum anderen die Erkenntnisse, die J durch eigene investigative Tätigkeit erlangt hat. Diese Tatsachen hat J selbst wahrgenommen. Unschädlich ist, dass J bezüglich der von A erhaltenen Informationen nur ein „Zeuge vom Hörensagen" ist.[5] Auch diese Wahrnehmungen unterfallen dem § 250 S. 1 StPO. Zwar müsste das Gericht in erster Linie den A selbst als Zeugen vernehmen. Dies steht aber einer Vernehmung des J nicht entgegen, zumal wenn eine Vernehmung des A nicht möglich ist.

Daher verlangt § 250 S. 1 StPO, dass zum Beweis dieser Tatsachen J als Zeuge in der Hauptverhandlung vernommen wird.

2. Vernehmungsersetzende Verlesung

Die Verlesung des Vernehmungsprotokolls ist gem. § 250 S. 2 StPO verboten, wenn durch sie die Vernehmung des Zeugen ersetzt werden soll. Dagegen ist das Verbot nicht berührt, wenn die Verlesung im Verhältnis zur Zeugenvernehmung lediglich ergänzenden Charakter hat.[6] Ist der Zeuge erschienen und hat er Angaben gemacht (z. B. zu seiner Person, § 68 Abs. 1 StPO), hat die Protokollverlesung ersetzende Wirkung, wenn sie beweiswürdigungsrelevante Inhalte in den „Inbegriff der Verhandlung" (§ 261 StPO) einführt, die nicht durch den Zeugen selbst zum Gegenstand der Verhandlung gemacht wurden. Beruft sich der Zeuge auf ein Zeugnisverweigerungsrecht und wird daraufhin das Protokoll einer früheren Vernehmung, bei der der Zeuge Angaben zur Sache gemacht hat, verlesen, ersetzt diese Verlesung die vollständige Vernehmung zur Sache.[7]

---

[4] *Beulke/Swoboda*, Strafprozessrecht, Rn. 203; *Hellmann*, Strafprozessrecht, Rn. 753; *Meyer-Goßner/Schmitt*, § 249 Rn. 1.
[5] *Hellmann*, Strafprozessrecht, Rn. 662; *Volk/Engländer*, Grundkurs, § 27 Rn. 28.
[6] *Meyer-Goßner/Schmitt*, § 250 Rn. 12; *Volk/Engländer*, Grundkurs, § 27 Rn. 2.
[7] *Mitsch*, JZ 1992, 174 (179).

Die Verlesung des Protokolls von der Zeugenvernehmung des J durch S wäre daher eine Ersetzung der Vernehmung des J.

3. Zulässige Vernehmungsersetzung gemäß § 251 StPO
§ 251 StPO regelt Ausnahmen vom Verlesungsverbot des § 250 StPO.[8]

a) Protokoll richterlicher Vernehmung, § 251 Abs. 2 StPO
Da das Vernehmungsprotokoll anlässlich einer Zeugenvernehmung durch die Staatsanwaltschaft aufgenommen wurde, scheidet § 251 Abs. 2 StPO von vornherein aus: diese Norm bezieht sich nur auf Protokolle richterlicher Vernehmungen.

b) Protokoll nichtrichterlicher Vernehmung, § 251 Abs. 1 StPO
Von den drei Varianten des § 251 Abs. 1 StPO kommen Nr. 1, Nr. 2 und Nr. 4 offensichtlich nicht in Betracht. Erwägenswert ist somit allein § 251 Abs. 1 Nr. 3 Alt. 2 StPO. Dann müsste J aus einem bestimmten Grund in absehbarer Zeit gerichtlich nicht vernommen werden können. Fraglich ist, ob die mit einem (angeblichen) Zeugnisverweigerungsrecht begründete Weigerung des Zeugen zur Sache auszusagen, ein Vernehmungshindernis im Sinne dieser Vorschrift ist. Da zumindest von einem Zeugen, der sich berechtigtermaßen auf ein Zeugnisverweigerungsrecht beruft, keine Angaben zur Sache zu erlangen sind, ist die Wahrheitsfindung in gleicher Weise behindert wie durch den Tod, die Unauffindbarkeit oder einen irreversiblen Gedächtnisverlust des Zeugen.[9] Dennoch beschränkt die h.M. den Anwendungsbereich des § 251 Abs. 1 Nr. 2 Alt. 2 StPO auf tatsächliche Vernehmungshindernisse, während die (berechtigte) Zeugnisverweigerung als lediglich rechtliche Hürde von dieser Vorschrift nicht erfasst sei.[10]

Richtig ist, dass eine unberechtigte Berufung auf ein (nicht bestehendes) Zeugnisverweigerungsrecht kein unüberwindliches Vernehmungshindernis ist und deshalb die Zulässigkeit der Verlesung nicht begründen kann. Denn in diesem Fall stehen dem Gericht Beugemaßnahmen des § 70 StPO zu Gebote, von denen es im Rahmen der Verhältnismäßigkeit auch Gebrauch machen muss. Ein Weigerungsberechtigter kann hingegen zu keiner Aussage gezwungen werden. Beruft er sich auf sein Zeugnisverweigerungsrecht, ist es unmöglich, von ihm eine Aussage zur Sache zu erlangen. Es ist Konsequenz der Pflicht zur optimalen Wahrheitserforschung (§ 244 Abs. 2 StPO), dass in diesem Fall auf ein Vernehmungssurrogat zurückgegriffen werden muss. Dieser Grundsatz ist in § 251 Abs. 1 Nr. 3 StPO konkretisiert. Der generalklauselartige Wortlaut des § 251 Abs. 1 Nr. 3 Alt. 2 StPO schließt die berechtigte Weigerung ein. Zwar gibt es bedeutsame Sachgründe, eine berechtigte Zeugnisverweigerung nicht durch Verlesung eines Vernehmungsprotokolls zu unterlaufen. Diese Gründe sind jedoch in § 252 StPO eingeflossen. Dadurch wird bekräftigt, dass diese Erwägungen im Rahmen des § 251 Abs. 1 Nr. 3 StPO noch nicht

---
[8] *Meyer-Goßner/Schmitt*, § 251 Rn. 1.
[9] *Meyer-Goßner/Schmitt*, § 251 Rn. 9.
[10] *Meyer-Goßner/Schmitt*, § 251 Rn. 11.

berücksichtigt werden. Denn anderenfalls wäre § 252 StPO überflüssig.[11] Vielmehr ist § 252 StPO als Gegenausnahme zu § 251 StPO notwendig, weil § 251 Abs. 1 Nr. 3 Alt. 2 StPO die Protokollverlesung im Falle berechtigter Zeugnisverweigerung erlaubt.[12]

III. Unzulässigkeit der Protokollverlesung gemäß § 252 StPO

1. Vor der Hauptverhandlung vernommener Zeuge
J war im Ermittlungsverfahren von dem Staatsanwalt S als Zeuge vernommen worden. J hatte bei dieser Vernehmung Aussagen zur Sache gemacht.

2. Zeugnisverweigerung
J hat in der Hauptverhandlung erklärt, dass er von einem Zeugnisverweigerungsrecht Gebrauch mache.

3. Recht auf Zeugnisverweigerung
J müsste ein Zeugnisverweigerungsrecht haben. Als Rechtsgrundlage kommt § 53 Abs. 1 S. 1 Nr. 5 StPO in Betracht.

a) Persönlicher Anwendungsbereich
J ist eine Person, die bei der Vorbereitung und Herstellung von Druckwerken berufsmäßig mitwirkt.

b) Sachlicher Anwendungsbereich
aa) Informationen von A
J darf das Zeugnis verweigern über die Person des A und über die Mitteilungen, die A ihm gemacht hat. Die Verarbeitung dieser Informationen ist für den redaktionellen Teil des Druckwerkes bestimmt, § 53 Abs. 1 S. 2 StPO.

bb) Selbst erarbeitete Materialien
J darf das Zeugnis auch – vorbehaltlich etwaiger Einschränkungen gemäß § 53 Abs. 2 S. 2 StPO – hinsichtlich der selbst recherchierten Erkenntnisse und Wahrnehmungen verweigern. Das betrifft die Beschuldigten U und B.

c) Einschränkungen gemäß § 53 Abs. 2 S. 2 StPO
Das Zeugnisverweigerungsrecht kann gemäß § 53 Abs. 2 S. 2 StPO in Bezug auf selbst erarbeitete Materialien und in diesem Zusammenhang gemachte Wahrnehmungen entfallen.

---

[11] *Mitsch*, JZ 1992, 174 (180).
[12] Diese Gesetzessystematik verkennt MKStPO-*Kreicker*, § 251 Rn. 60: „Wenn ein Zeuge in der Hauptverhandlung von einem ihm zukommenden Zeugnisverweigerungsrecht Gebrauch macht, steht bereits das Beweisverwertungsverbot des § 252 StPO einer Verlesung der Niederschrift über eine frühere Vernehmung des Zeugen entgegen."

aa) Bezüglich U

Voraussetzung ist, dass gegen U entweder wegen des Verdachts eines Verbrechens (§ 12 Abs. 1 StGB) oder des Verdachts eines der in § 53 Abs. 2 S. 2 Nr. 1 bis 3 StPO aufgeführten Vergehen ermittelt wird. Gegenstand des Verfahrens gegen U ist der Verdacht eines Subventionsbetruges, den U gewerbsmäßig und als Mitglied einer Bande begangen haben soll. Dieses Delikt ist gem. § 264 Abs. 3 iVm § 263 Abs. 5 StGB mit mindestens einem Jahr Freiheitsstrafe bedroht. Es handelt sich deshalb um ein Verbrechen iSd § 12 Abs. 1 StGB. Sofern die Erforschung des Sachverhalts ohne die Aussage des J wesentlich erschwert würde, entfällt das Zeugnisverweigerungsrecht.

Daraus folgt, dass die Voraussetzungen des § 252 StPO insoweit nicht erfüllt sind.

bb) Bezüglich B

Fraglich ist, ob sich die Ermittlungen gegen B auch auf den Verdacht eines Verbrechens beziehen. Im Gegensatz zu U wird B nicht verdächtigt, Mitglied der Bande zu sein. Folglich bezieht sich der Tatverdacht gegen B nicht auf – Beihilfe (§ 27 StGB) zu – § 264 Abs. 3 iVm § 263 Abs. 5 StGB, sondern nur auf §§ 264 Abs. 1, 27 StGB – evtl. iVm § 264 Abs. 2 S. 2 Nr. 2 StGB. Allerdings hat auch eine Beihilfe Verbrechensqualität, wenn die Haupttat ein Verbrechen ist. Die obligatorische Strafmilderung gemäß § 27 Abs. 2 S. 2 StGB, die gegebenenfalls die Strafrahmenuntergrenze auf ein Niveau unter einem Jahr senkt, ändert daran nichts, § 12 Abs. 3 StGB.[13] Da sich der Verdacht gegen U auf ein Verbrechen bezieht, könnte dem B Beihilfe zu einem Verbrechen vorgeworfen werden. Anders wäre es jedoch, wenn gem. § 28 Abs. 2 StGB die fehlende Bandenmitgliedschaft des B zur Folge hätte, dass § 264 Abs. 3 iVm § 263 Abs. 5 StGB als Haupttat nicht zugrunde zu legen wäre.[14]

Nach h.M. ist die Mitgliedschaft in einer Bande ein besonderes persönliches Merkmal.[15] Daher besteht gegen B lediglich der Verdacht auf der Grundlage der §§ 264 Abs. 1, 27 StGB. Da dieses Delikt Vergehenscharakter hat, ist das Zeugnisverweigerungsrecht des J insoweit nicht aufgehoben. Eine Mindermeinung lehnt die Anwendung des § 28 Abs. 2 StGB auf das Merkmal der Bandenmitgliedschaft ab. Es handele sich nicht um ein persönliches, sondern um ein tatbezogenes Merkmal.[16] Der materielle Grund für die unrechtserhöhende Wirkung der Bandenmitgliedschaft sei die größere Gefahr, die von einer bandenmäßig organisierten Gruppe ausgehe. Dies betreffe den Tatvollzug und nicht die personale Komponente der Straftat. Nach dieser Ansicht bestünde gegen B der Verdacht der Beihilfe zum qualifizierten Subventionsbetrug gem. §§ 264 Abs. 1, Abs. 5, 27 Abs. 1 StGB. Demnach entfiele das Zeugnisverweigerungsrecht des J.

cc) Nach h.M. sind die Voraussetzungen des § 252 StPO erfüllt, soweit J sachbezogene Aussagen zum Tatvorwurf gegen B machen müßte. In Bezug auf U und nach

---

[13] MK-*Radtke*, § 12 Rn. 13.
[14] MK-*Radtke*, § 12 Rn. 20.
[15] BGHSt 47, 214 (216); *Lackner/Kühl*, § 28 Rn. 9.
[16] SK-*Hoyer*, § 28 Rn. 34; *Valerius*, Jura 2013, 15 (19).

einer Mindermeinung auch in Bezug auf B sind die Voraussetzungen des § 252 StPO nicht erfüllt.

4. Vorrang der persönlichen Vernehmung
Nachdem feststeht, dass bezüglich der selbst erarbeiteten Materialien zum Tatverdacht gegen U die Voraussetzungen des § 252 StPO nicht erfüllt sind, ist noch zu klären, ob daraus die Zulässigkeit der Protokollverlesung folgt. Hier ist lediglich festgestellt worden, dass § 252 StPO der Protokollverlesung nicht entgegensteht.

Ob diese Verlesung zulässig ist, richtet sich aber nach § 250 StPO. Der Vernehmung des J steht teilweise kein Zeugnisverweigerungsrecht entgegen. Daher scheitert die Vernehmung nicht an einem entgegenstehenden Recht. Deshalb darf auch nicht die Vernehmung durch Protokollverlesung ersetzt werden, § 250 S. 2 StPO. Vielmehr muss das Gericht die Beugemittel anwenden, mit denen J zur Erfüllung seiner Zeugenpflicht gezwungen werden kann, § 70 StPO. Solange dies nicht versucht worden ist, ist eine Protokollverlesung nicht zulässig.

Frage 2

Die Nichtbelehrung des J über sein Zeugnisverweigerungsrecht kann rechtliche Konsequenzen nur unter der Voraussetzung haben, dass eine Pflicht zur Belehrung bestand. Bei Zeugnisverweigerungsrechten wegen persönlicher Nähe des Zeugen zum Beschuldigten ordnet § 52 Abs. 3 S. 1 StPO eine Pflicht zur Belehrung an. Zu den Zeugnisverweigerungsrechten aus § 53 StPO gibt es eine entsprechende Regelung nicht. Schon im Wege eines Umkehrschlusses drängt sich also die Annahme auf, dass es bei Zeugnisverweigerungsrechten aus § 53 StPO keine Belehrungspflicht gibt.[17] Der sachliche Grund dafür ist die fehlende Notwendigkeit der Information im Regelfall, da die aus beruflichen Gründen zur Verweigerung des Zeugnisses Berechtigten im Normalfall dieses Recht kennen.[18] Ist der Zeuge ausnahmsweise uninformiert und ist dies für das Gericht erkennbar, gebietet es die Fairness, ihn vor seiner Vernehmung über das Zeugnisverweigerungsrecht aufzuklären.

Frage 3

I. Zeugnisfähigkeit des S
Die Fähigkeit des S Zeuge im Strafverfahren gegen U und B zu sein, ist im Hinblick auf seine Beteiligung an dem Verfahren als Staatsanwalt zu würdigen. Inkompatibilitäten der Zeugenrolle mit der Innehabung von Ämtern können ihren Grund in Interessenkonflikten haben. Nicht möglich ist es daher, zugleich Zeuge und Richter in demselben Verfahren zu sein. Aufgabe des Richters ist es, Beweise zu würdigen. Wäre er in dem Verfahren Zeuge, müßte der Richter seine eigene Aussage würdigen.

---
[17] *Beulke/Swoboda*, Strafprozessrecht, Rn. 194.
[18] *Meyer-Goßner/Schmitt*, § 53 Rn. 44.

Zwischen Zeuge und Staatsanwaltschaft besteht ein derartiger Konflikt nicht. Daher ist es grundsätzlich möglich, dass ein Staatsanwalt, der an dem Verfahren als Strafverfolger beteiligt ist, in diesem Verfahren auch als Zeuge aussagt. Gründe für eine Ausnahme von diesem Grundsatz bestehen hier nicht. S kann also Zeuge sein.

II. Beweisverbote

1. § 250 StPO

Die Vernehmung des S als Zeuge über den Inhalt der von J gemachten Aussage widerspricht an sich dem Unmittelbarkeitsprinzip, das vor allem in § 250 StPO Ausdruck gefunden hat. Gesetzlich ist aber als Verstoß gegen das Unmittelbarkeitsprinzip nur die Ersetzung des Zeugenbeweises durch den Urkundenbeweis normiert, § 250 S. 2 StPO. Die Ersetzung eines Zeugen durch einen anderen Zeugen ist weder in § 250 StPO noch in einer anderen Vorschrift für unzulässig erklärt. Auch ist sachlich nichts dagegen einzuwenden, einen „Zeugen vom Hörensagen" zu vernehmen, wenn die Vernehmung des unmittelbaren Zeugen nicht möglich ist. Der Verzicht auf das Ersatzbeweismittel stünde nur dann nicht in Widerspruch zum Gebot umfassender Sachverhaltsaufklärung (§ 244 Abs. 2 StPO), wenn mit der Nutzung dieses Beweismittels Nachteile verbunden wären, die der Gewinn an Beweisergebnissen nicht aufwiegen könnte. Nachteile der Verwendung des S als Beweismittel mit Ausnahme derer, die zum Regelungsbereich des § 252 StPO gehören (dazu 2.), sind nicht ersichtlich.

2. § 252 StPO

Der Vernehmung des S als Zeuge könnte § 252 StPO entgegenstehen. In Bezug auf die Verlesung und Verwertung des Vernehmungsprotokolls sind nach h.M. die Voraussetzungen des § 252 StPO hinsichtlich der Informationen erfüllt, die J in Bezug auf den Beschuldigten B gesammelt hat (oben Frage 1 III). Ein Zeugenvernehmungsverbot bzw. Aussageverwertungsverbot ist in § 252 StPO nicht explizit enthalten. Die dem Urkundenbeweisverbot zugrunde liegenden Gründe könnten aber die Erweiterung des Anwendungsbereichs auf alle Arten von Ersatzbeweis gebieten, mit deren Verwendung der Schutzzweck des § 252 StPO unterlaufen werden könnte. Zweck des § 252 StPO ist die Wiedereinsetzung des zeugnisverweigerungsberechtigten Zeugen in den Stand vor seiner ursprünglichen Aussage außerhalb der Hauptverhandlung. § 252 StPO garantiert dem Zeugen, dass er infolge der Ausübung des Zeugnisverweigerungsrechts in der Hauptverhandlung so gestellt wird, als habe er in dem Verfahren noch keine Aussage gemacht. Diesem Schutzzweck droht in erster Linie Gefahr von der Verwendung des Vernehmungsprotokolls als Vernehmungssurrogat. Aus diesem Grund ist diese Form der Beweisergebnisgewinnung in § 252 StPO ausdrücklich verboten.[19] Die Umgehung des Verbotes durch Vernehmung des

---

[19] Grundlegend BGHSt 2, 99 ff.

Staatsanwalts ist in § 252 StPO nicht berücksichtigt, weil ihre Unzulässigkeit sich zwingend aus dem Protokollverlesungsverbot ergibt. Wenn die Zeugenvernehmung nicht durch Protokollverlesung in die Hauptverhandlung eingeführt werden darf, dann darf sie auch nicht durch Aussagen der früheren Verhörsperson in die Hauptverhandlung eingeführt werden.

Fall 5 Cheese

Recht am eigenen Bild – Einwilligung – Üble Nachrede – Erlaubnistatbestandsirrtum – Strafbarkeit des verantwortlichen Redakteurs – Strafantrag

An der Universität Potsdam gibt es eine von Studenten herausgegebene Zeitung mit dem Namen „Studiosus". Die Zeitung erscheint regelmäßig alle drei Monate insgesamt viermal im Jahr. Jurastudent Jost (J) gehört zum Redaktionsteam von Studiosus und verfasst regelmäßig Artikel für die Zeitung. Im Sommersemester 2018 eröffnete auf dem Campus Griebnitzsee ein neues Studentencafé. J schreibt für die im September erscheinende Herbstausgabe der Zeitung einen Artikel mit dem Titel „Neues Café auf dem Campus". Er möchte für die Veröffentlichung den Artikel mit einem Foto ausstatten. Zu diesem Zweck begibt sich J mit seiner Kamera zu dem Café und hält nach geeigneten Motiven Ausschau.

Vor dem Café sitzen bei strahlendem Sonnenschein die beiden Jurastudentinnen Anna (A) und Billi (B) an einem Tisch und trinken Cola. J tritt an den Tisch heran und fragt die beiden jungen Frauen, ob er von ihnen ein Foto machen dürfe. Er erklärt, dass er für die Studentenzeitung über das Café schreibe und gern dem Text ein schönes Foto hinzufügen möchte, das zum Ausdruck bringe, dass das neue Café bei den Studenten sehr beliebt ist. A und B sind einverstanden. Auf das Kommando des J „Cheese!" (zu Deutsch: „Bitte lächeln!") rücken A und B eng zusammen, legen die Wangen aneinander und schauen fröhlich lächelnd in die Kamera. J macht drei Aufnahmen und zeigt sie den beiden Frauen sogleich. A und B wählen eines der Fotos aus und J erklärt, er werde dieses Foto für seinen Artikel benutzen.

In der Redaktionskonferenz von Studiosus werden die Beiträge für die Septemberausgabe ausführlich diskutiert. Der Artikel von J über das Café mit dem Foto der beiden Studentinnen stößt auf allgemeine Zustimmung. Durch ein Versehen des im Redaktionsteam dafür zuständigen Studenten Karl (K) werden bei der Herstellung der Zeitung zwei Artikel verwechselt und das von J gemachte Foto einem falschen Artikel zugeordnet: der Student Siegbert (S) hatte für die Septemberausgabe einen Artikel mit dem Titel „Immer mehr Schwule und Lesben an der Uni" verfasst. In den Text dieses Artikels wird das Foto, das A und B vor dem Café zeigt, eingebaut. So erscheint der Artikel dann in der fertigen Zeitung und so gelangt er schließlich an die Öffentlichkeit.

Als A und B den „Schwulen-Artikel" mit ihrem Foto sehen, sind sie sehr empört. Während A sich schnell beruhigt und zu B sagt: „Ist doch ganz witzig!", regt sich B sehr auf und stellt beim Amtsgericht Potsdam Strafantrag „gegen die Redaktion der Studentenzeitung Studiosus". Drei Tage später nimmt B diesen Strafantrag wieder zurück.

1. Hat J durch das Fotografieren von A und B vor dem Studentencafé eine Straftat begangen?
2. Wurde durch die Veröffentlichung des Artikels „Immer mehr Schwule und Lesben an der Uni" mit dem Foto, das A und B zeigt, eine Straftat begangen?
3. Angenommen, der „verantwortliche Redakteur" der Zeitung Studiosus, der Student Valentin (V), hat es fahrlässig versäumt, die Septemberausgabe von Studiosus auf mögliche strafbare Inhalte zu überprüfen: hat sich V dadurch strafbar gemacht und muss die Staatsanwaltschaft Potsdam gegen ihn ein Strafverfahren einleiten?

Lösung

Frage 1: Strafbarkeit des Fotografierens

I. Verletzung des höchstpersönlichen Lebensbereichs durch Bildaufnahmen, § 201a Abs. 1 StGB

1. Objektiver Tatbestand
Die Herstellung einer Bildaufnahme von einer Person kann gemäß § 201a Abs. 1 Nr. 1, Nr. 2 oder Abs. 3 Nr. 1 StGB strafbar sein. Alle diese Tatbestände haben Voraussetzungen, die hier nicht erfüllt sind.

2. Ergebnis
J hat sich nicht aus § 201a Abs. 1 StGB strafbar gemacht.

II. § 33 Abs. 1 iVm § 22 KUG

1. Objektiver Tatbestand
Die Fotos von A und B sind Bildnisse iSd § 22 KUG. Beide Frauen sind auf den Fotos zu erkennen. Der Straftatbestand § 33 Abs. 1 KUG erfasst aber nicht die Herstellung des Bildnisses, sondern erst dessen Verbreitung oder öffentliche Zurschaustellung.[1]

2. Ergebnis
J hat sich nicht aus § 33 Abs. 1 iVm § 22 KUG strafbar gemacht.

---

[1] *Eisele*, Computer- und Medienstrafrecht, S. 150 ff.

Frage 2: Strafbarkeit durch Veröffentlichung des Fotos

I. Verletzung des höchstpersönlichen Lebensbereichs durch Bildaufnahmen, § 201a Abs. 2 StGB

1. Objektiver Tatbestand
a) Das Foto, auf dem A und B in die Kamera lächelnd abgebildet sind, ist eine Bildaufnahme von einer anderen Person.

b) Die Bildaufnahme müßte geeignet sein, dem Ansehen von A und/oder B erheblich zu schaden. Auf Grund des Zusammenhangs mit dem Artikel über Homosexualität wird durch das Foto beim Betrachter der Eindruck hervorgerufen, die beiden abgebildeten jungen Frauen seien lesbisch. Da weder A noch B lesbisch ist, könnte der Artikel bewirken, dass sie von vielen, die den Artikel gelesen und das Foto gesehen haben, zu Unrecht für lesbisch gehalten werden. Obwohl Homosexualität objektiv nicht verwerflich – weder rechtswidrig noch unmoralisch – und daher auch nicht ehrenrührig ist, sind in der Gesellschaft tatsächlich noch Vorurteile verbreitet und werden abfällige Bemerkungen über Menschen mit derartiger sexueller Orientierung gemacht. Geht man davon aus, dass mit „Ansehen" nicht die gesollte soziale Wertschätzung auf Grundlage einer idealen Wertordnung, sondern der Status der Person auf Basis der in der Gesellschaft real vorhandenen Wertzuschreibungen gemeint ist,[2] kann die Klassifizierung als Homosexueller faktisch dem Ansehen der Betroffenen abträglich sein. Allerdings ist im vorliegenden Fall fraglich, ob es gerade die Bildaufnahme ist, die dem Ansehen von A und B schaden könnte. Denn ohne den Rahmen des Artikeltextes wäre das Foto vollkommen ungefährlich für das Ansehen von A und B. Erst die Verbindung mit dem falschen Text erzeugt eine aus Sprache und Bild zusammengesetzte Gesamtaussage, die beim Leser den ansehensgefährdenden Eindruck hervorruft. Der Gesetzeswortlaut stellt eindeutig auf das ansehensgefährdende Potenzial der Bildaufnahme selbst ab. Dieser muß also per se der für die Tatbestandsmäßigkeit erforderliche Charakter anhaften. Würde man es als tatbestandsmäßig anerkennen, wenn einer als solchen harmlosen Bildaufnahme die ansehensgefährdende Wirkung erst durch eine Kommentierung beigelegt wird, dann ließe sich nicht ausschließen, dass nicht nur – wie hier – ein schriftlicher, sondern auch ein mündlicher „Begleittext" („Sieh mal, die beiden Lesben!") die tatbestandsmäßige Eignung begründen könnte. Das ginge zweifellos zu weit und über den Wortlaut des Gesetzes hinaus. Deswegen ist daran festzuhalten, dass die Bildaufnahme ihren ansehensgefährdenden Charakter schon vor der Herstellung eines Bezugs zu schriftlichen oder mündlichen Äußerungen haben muss.[3] Das ist hier nicht der Fall. Das Foto ist daher kein taugliches Tatobjekt.

2. Ergebnis
Die Veröffentlichung des Artikels ist nicht gemäß § 201a Abs. 2 StGB strafbar.

---
[2] *Kindhäuser*, LPK-StGB, § 201a Rn. 11: Beurteilung durch einen durchschnittlichen Betrachter.
[3] *Kindhäuser*, LPK-StGB, § 201a Rn. 11: „Bildaufnahmen ..., welche die abgebildete Person in peinlichen oder entwürdigenden Situationen oder in einem solchen Zustand zeigen ...".

II. § 33 Abs. 1 iVm § 22 KUG

1. Objektiver Tatbestand
Das Foto ist ein Bildnis von A und B, die darauf zu erkennen sind. Durch den Verkauf der Zeitung „Studiosus" wird die Zeitung selbst und somit auch das Bildnis verbreitet.[4]

2. Subjektiver Tatbestand
Von den Redaktionsmitgliedern wird die Zeitung in Kenntnis ihres Inhalts verbreitet. Daher wird die objektiv tatbestandsmäßige Handlung vorsätzlich vollzogen, § 15 StGB.

3. Rechtswidrigkeit
Die Tat könnte durch Einwilligung gerechtfertigt sein. Wäre das Foto dem richtigen Artikel („Café-Artikel") beigefügt worden, wäre die Verbreitung des Fotos zweifellos durch Einwilligung von A und B gerechtfertigt. Denn J hatte A und B über den beabsichtigten Verwendungszweck informiert und die beiden Studentinnen hatten sich daraufhin zur Mitwirkung bereiterklärt. Diese Einwilligung erfasst nicht nur die Herstellung der Fotos, sondern auch ihre Verwendung in der Zeitung „Studiosus". Daher hängt die Strafbarkeit wegen Veröffentlichung im Kontext des „Schwulen-Artikels" von der Frage ab, ob die Wirksamkeit der Einwilligung infolge der Verbindung des Fotos mit dem falschen Text entfällt. Bezüglich des Café-Artikels war die Einwilligung von A und B wirksam. Diese Einwilligung begründete aber keine Erlaubnis zu jeder beliebigen Veröffentlichung des Fotos. Die Einwilligungswirkung war auf den Café-Artikel beschränkt. Die Verbreitung des Fotos im Rahmen eines anderen Artikels ist eine andere Tat als die, auf die sich die Einwilligung bezog. Daher fehlt in Bezug auf den anderen Artikel schlicht eine Einwilligung überhaupt. Die nachträgliche Billigung durch A ändert daran nichts, da nur eine Einwilligung zur Zeit der Tatbegehung das Unrecht beseitigen kann.[5] Sonstige Rechtfertigungsgründe, insbesondere § 23 KUG,[6] greifen nicht ein. Die Tat ist rechtswidrig.

4. Schuld
Die Verwechslung der beiden Artikel beruhte auf einem „Versehen" des Redaktionsmitglieds K. Daher ist anzunehmen, dass niemandem die falsche Kombination von Text und Foto auffiel. Es liegt also ein Irrtum vor. Dieser Irrtum bewirkt, dass alle Beteiligten, deren Mitwirkung an der Veröffentlichung tatbestandsmäßig sein könnte, annahmen, die Verbreitung des Fotos sei in der Weise geschehen, wie sie von A und B gebilligt worden war. Das irrtumsbefangene Vorstellungsbild des Täters umfasst also eine Tat, die wegen einer wirksamen Einwilligung von A und B

---

[4] *Dreier/Schulze-Specht*, § 22 KUG Rn. 9.
[5] *Rengier*, AT, § 23 Rn. 22.
[6] Die Frage, ob § 23 KUG nach Inkrafttreten der DS-GVO überhaupt noch anwendbar ist, kann daher dahingestellt bleiben, dazu *Benedikt/Kranig*, ZD 2019, 4 ff.

gerechtfertigt wäre. Da die Einwilligung ein Rechtfertigungsgrund ist, liegt ein Irrtum über die tatsächlichen Voraussetzungen eines Rechtfertigungsgrundes vor. Dieser Irrtum heißt „Erlaubnistatbestandsirrtum".[7]

Der Erlaubnistatbestandsirrtum ist im StGB nicht geregelt. Weder verwendet das StGB den Ausdruck „Erlaubnistatbestandsirrtum" noch enthält eine Vorschrift eine Irrtumsbeschreibung, bei der als Gegenstand des Irrtums die tatsächlichen Voraussetzungen eines Rechtfertigungsgrundes explizit erwähnt werden. Dennoch werden Ansichten vertreten, wonach § 16 Abs. 1 StGB oder § 17 StGB unmittelbar auf den Erlaubnistatbestandsirrtum anwendbar sind.

Eine direkte Anwendung des § 16 Abs. 1 S. 1 StGB ist nur auf der Grundlage einer Theorie möglich, die die Rechtfertigungsgründe als „negative Tatbestandsmerkmale" qualifiziert. Eine solche Lehre leugnet eine Trennung von Tatbestands- und Rechtswidrigkeitsebene und legt einen zweistufigen Straftataufbau zugrunde. Tatbestandsebene und Rechtswidrigkeitsebene bilden zusammen einen „Gesamtunrechtstatbestand". Dieser widerspricht aber dem StGB, das an vielen Stellen den Unterschied zwischen Tatbestandsmäßigkeit und Rechtswidrigkeit akzentuiert.[8] So heißt es z. B. in §§ 32 Abs. 1, 34 S. 1 StGB nicht „handelt nicht tatbestandsmäßig", sondern „handelt nicht rechtswidrig". Daher ist die Lehre von den negativen Tatbestandsmerkmalen keine geeignete Basis für die dogmatische Behandlung des Erlaubnistatbestandsirrtums.

Die direkte Anwendung des § 17 StGB schlagen die Anhänger der „strengen Schuldtheorie" vor. Dafür spricht zunächst die Unterscheidung von Tatbestands- und Rechtswidrigkeitsebene, deren Vernachlässigung die Kritik an der Lehre von den negativen Tatbestandsmerkmalen trägt. Die strenge Schuldtheorie ist insofern konsequent, als der Erlaubnisirrtum ein Irrtum ist, der die Rechtswidrigkeitsebene betrifft.[9] Der materielle Vorzug dieser Theorie sei, dass sie dem „Alles-oder-Nichts-Prinzip" des § 16 StGB ein „axiologisch flexibles Konzept" entgegensetze.[10] Gegen die strenge Schuldtheorie ist jedoch einzuwenden, dass sie die Wertdifferenz zwischen tatsachenbezogenem Irrtum und Wertungsirrtum ignoriert.[11] Die einzuräumende „Unflexibilität" des § 16 Abs. 1 StGB muss auch bei der Behandlung des Erlaubnistatbestandsirrtums in Kauf genommen werden, wenn eine unterschiedliche Behandlung der irrigen Vorstellung rechtfertigender Tatsachen und der Unkenntnis tatbestandsmäßigkeitsbegründender Tatsachen eine willkürliche Ungleichbehandlung wäre. Das wäre der Fall, denn wertungsmäßig ähnelt die irrtümliche Annahme rechtfertigender Tatsachen der Unkenntnis tatbestandsmäßiger Tatsachen. Wer irrtümlich von einem rechtfertigenden Sachverhalt ausgeht, kann ebensowenig das Bewußtsein von Rechtswidrigkeit haben wie jemand, der in Unkenntnis der objektiven Tatbestandsmäßigkeit handelt. Er ist somit „an sich rechtstreu".[12]

---

[7] B. Heinrich, AT, Rn. 1123; Heuchemer, JuS 2012, 795 (796).
[8] Rengier, AT, § 30 Rn. 20.
[9] B. Heinrich, AT, Rn. 1131.
[10] Heuchemer, JuS 2012, 795 (799).
[11] B. Heinrich, AT, Rn. 1131; Rengier, AT, § 30 Rn. 14.
[12] B. Heinrich, AT, Rn. 1124.

Axiologisch dürften rechtfertigende Tatsachen auch als „negative Tatbestandsmerkmale" in den objektiven Tatbestand integriert werden. Die Trennung der beiden Ebenen ist keine normativ gebotene, sondern eine pragmatische Maßnahme. Daher steht der Erlaubnistatbestandsirrtum dem Tatbestandsirrtum näher. Die herrschende „eingeschränkte Schuldtheorie" wendet deshalb zutreffend § 16 Abs. 1 S. 1 StGB entsprechend an.[13] Es entfällt somit nicht der Vorsatz, sondern die Vorsatzschuld.[14]

5. Ergebnis
Die Veröffentlichung des Fotos mit dem falschen Zeitungsartikel begründet keine Strafbarkeit aus § 33 Abs. 1 iVm § 22 KUG.

III. Üble Nachrede, § 186 StGB

1. Objektiver Tatbestand
Wie die Beleidigung (§ 185 StGB) ist auch die üble Nachrede ein Kundgabedelikt.[15] Die Besonderheit der üblen Nachrede ist die einen Dritten betreffende Tatsachenbezogenheit der Kundgabe.[16] Behauptet oder verbreitet werden Tatsachen. Durch Zeitungsartikel mit Bild wird der Leserschaft suggeriert, die abgebildeten jungen Frauen seien Angehörige der Gruppe, von denen der Text handelt, seien also selbst lesbisch. Homosexuell zu sein ist eine Tatsache. In Bezug auf A und B wird diese Tatsache behauptet. Dabei ist es unerheblich, ob der die Veröffentlichung des Presseartikels Veranlassende sich den Inhalt der Behauptung zueigen macht oder nicht. Denn auch die „Verbreitung" einer fremden Behauptung ist tatbestandsmäßig.[17] Die behauptete Tatsache muß „in Beziehung auf einen anderen" stehen. Damit ist gemeint, dass die Behauptung gegenüber einem Dritten aufgestellt werden muss, dem nicht selbst das Behauptete zugeschrieben wird. Hier richtet sich die Behauptung an die Leser von „Studiosus", die Beziehung der Tatsachenbehauptung besteht zu A und B.

Fraglich ist, ob die Behauptung der Homosexualität geeignet ist, A und B verächtlich zu machen oder in der öffentlichen Meinung herabzuwürdigen. Gemessen an einem „idealen" Maßstab ist das zu verneinen, weil Homosexualität heute als „normal" und deshalb nicht unehrenhaft gilt (s. o. I 1 b). Schutzgut des § 186 StGB ist aber der Status des Betroffenen im Spiegel der wirklichen öffentlichen Meinung.[18] Da es in der Gesellschaft noch viel Ablehnung gegenüber Homosexuellen gibt, ist das Ansehen von A und B tatsächlich gefährdet. Die aufgestellte Behauptung ist somit tatbestandsmäßig.

Auf der Tatbestandsebene unerheblich ist der Wahrheitsgehalt der Behauptung.

---

[13] *B. Heinrich*, AT, Rn. 1132.
[14] *Rengier*, AT, § 30 Rn. 20.
[15] *Wessels/Hettinger/Engländer*, BT 1, Rn. 535, 554.
[16] MK-*Regge/Pegel*, § 186 Rn. 2.
[17] *Wessels/Hettinger/Engländer*, BT 1, Rn. 549.
[18] MK-*Regge/Pegel*, § 186 Rn. 14.

2. Subjektiver Tatbestand

Der subjektive Tatbestand setzt Vorsatz voraus, § 15 StGB. Der Vorsatz muss sich auf alle objektiven Tatbestandsmerkmale beziehen. Zum objektiven Tatbestand gehört die Ehrenrührigkeit der behaupteten Tatsache, also ihre Eignung, die betroffene Person verächtlich zu machen oder in der öffentlichen Meinung herabzuwürdigen. Hier wurde das Thema „Homosexualität" in dem Artikel über Schwule und Lesben bewußt mit dem Foto visualisiert. Auch wenn dies auf einem Versehen beruht, war doch jedem, der den Artikel zur Kenntnis nahm, klar, dass damit konkludent die Behauptung homosexueller Orientierung der abgebildeten Frauen aufgestellt wird. Diese Kenntnis inkludiert auch die Geeignetheit zur Schädigung des öffentlichen Ansehens. Unerheblich ist, dass der Täter selbst diese herabwürdigende Einschätzung nicht teilt (s. o. 1).

3. Rechtswidrigkeit

Die Tat war nicht gerechtfertigt. Insbesondere lag bezüglich dieser Verwendung des Fotos keine wirksame Einwilligung von A und B vor (s. o. II 3).

4. Schuld

Das „Versehen", das die falsche Verwendung des Fotos veranlaßte, impliziert die Fehlvorstellung, dass die beiden abgebildeten Frauen mit der Verwendung des Fotos im Schwulen-Artikel einverstanden sind. Es liegt also ein Erlaubnistatbestandsirrtum bezüglich des Rechtfertigungsgrundes „Einwilligung" vor, der die Vorsatzschuld ausschließt (s. o. II 4).

5. Ergebnis

Strafbarkeit aus § 186 StGB ist nicht begründet.

Frage 3: Strafbarkeit des V und Verfolgungspflicht der Staatsanwaltschaft

I. Strafbarkeit des V: § 14 Abs. 2 Nr. 1 BbgPG

1. Räumlicher Geltungsbereich

Da es sich um territorial geltungsbegrenztes Landesrecht handelt, muss zunächst die Frage des „interlokalen Strafrechts", also des räumlichen Geltungsbereichs, geklärt werden. Da die Tat in Potsdam begangen wurde, kommt nach dem gewohnheitsrechtlich anerkannten Tatortprinzip das brandenburgische Pressegesetz zur Anwendung.[19]

---

[19] Löffler/*Kühl*, LPG vor § 20 Rn. 20.

2. Objektiver Tatbestand

Das Sonderdelikt des § 14 Abs. 2 Nr. 1 BbgPG kann bei periodischen Druckwerken iSd § 7 Abs. 4 BbgPG[20] täterschaftlich nur von dem Inhaber der Stellung „verantwortlicher Redakteur" begangen werden.[21] Diese Tätereigenschaft gehört zum objektiven Tatbestand. V hat diese Tätereigenschaft. Tatbestandsmäßiges Verhalten ist die Unterlassung ordnungsgemäßer Prüfung des Druckwerkes. Hat der verantwortliche Redakteur es unterlassen, die Veröffentlichung eines Artikels, durch den ein Straftatbestand verwirklicht wurde, zu verhindern, hat er den objektiven Tatbestand erfüllt. Das ist hier der Fall. Die Straftat, um deren Verhinderung es geht, ist kein Teil des objektiven Tatbestandes, sondern eine objektive Strafbarkeitsbedingung (unten 4.).[22]

3. Subjektiver Tatbestand

Strafbarkeit kann sowohl durch vorsätzliche als auch fahrlässige Pflichtverletzung begründet werden.[23] V hat fahrlässig gehandelt.

4. Objektive Strafbarkeitsbedingung

Die materiellen Strafbarkeitsvoraussetzungen des § 14 Abs. 2 Nr. 1 BbgPG enthalten eine „objektive Strafbarkeitsbedingung": „der Tatbestand eines Strafgesetzes verwirklicht" – Presseinhaltsdelikt. Das ist hier § 33 Abs. 1 KUG iVm § 22 KUG (siehe Frage 2). Nach dem Wortlaut ist fraglich, wie viele Strafbarkeitsvoraussetzungen zur Erfüllung dieser objektiven Strafbarkeitsbedingung erfüllt sein müssen. Denn „Tatbestand eines Strafgesetzes" könnte *allein* den objektiven Tatbestand des Strafgesetzes meinen (vgl. § 16 Abs. 1 S. 1 StGB) oder aber den objektiven Tatbestand *und* den subjektiven Tatbestand. In Betracht käme sogar, dass die Tat *alle* Strafbarkeitsvoraussetzungen – zumindest die Rechtswidrigkeit – erfüllen muss. Denn wenn die Veröffentlichung eines Fotos gerechtfertigt ist (z. B. gem. § 131b StPO), kann es keine Pflicht geben diese Veröffentlichung zu unterbinden. Deswegen lautet diese Gesetzespassage in Pressegesetzen anderer Bundesländer (z. B. § 19 Abs. 2 Berliner Pressegesetz): „Ist mittels eines Druckwerkes eine rechtswidrige Tat begangen worden, die den Tatbestand eines Strafgesetzes verwirklicht ...". Daraus ist zu schließen, dass die Bezugstat objektiv tatbestandsmäßig, subjektiv tatbestandsmäßig und rechtswidrig begangen worden sein muss. Schuld ist nicht erforderlich.[24] Da hier der Tatbestand des § 33 Abs. 1 KUG iVm § 22 KUG von niemandem vorsätzlich verwirklicht worden ist (Frage 2), ist die objektive Strafbarkeitsbedingung nicht erfüllt. V hat sich also nicht strafbar gemacht.

5. Ergebnis

V hat sich nicht aus § 14 Abs. 2 Nr. 1 BbgPG strafbar gemacht.

---

[20] Löffler/*Kühl*, LPG § 20 Rn. 130.
[21] Löffler/*Kühl*, LPG § 20 Rn. 113, 121.
[22] Löffler/*Kühl*, LPG § 20 Rn. 144.
[23] Löffler/*Kühl*, LPG § 20 Rn. 137 ff.
[24] Ausführlich dazu Löffler/*Kühl*, LPG § 20 Rn. 145, 147, 148.

II. Verfolgungspflicht der Staatsanwaltschaft

Die Frage, ob gegen V ein Strafverfahren durchgeführt werden darf, hängt mit dem Thema „Strafantrag" zusammen. Der Strafantrag ist eine Prozessvoraussetzung.[25] Wenn ein erforderlicher Strafantrag nicht gestellt oder ein gestellter Strafantrag wirksam zurückgenommen wurde, ist die Durchführung des Strafverfahrens unzulässig. Hier hatte B Strafantrag gestellt (vgl. § 77 Abs. 1 StGB) und nach drei Tagen wieder zurückgenommen. Diese Rücknahme ist beachtlich, § 77d StGB. Vorher ist aber zu klären, ob es eines Strafantrages überhaupt bedarf. Denn es geht um die Straftat aus § 14 Abs. 2 Nr. 1 BbgPG, nicht um die Straftat aus § 33 Abs. 1 KUG iVm § 22 KUG. Explizit besteht bei § 14 Abs. 2 Nr. 1 BbgPG kein Strafantragserfordernis. Bedenkt man aber, dass § 14 Abs. 2 Nr. 1 BbgPG eine Auffangvorschrift ist, die nur greift, wenn und weil eine Strafbarkeit aus § 33 KUG iVm § 22 KUG nicht nachgewiesen werden kann, wird einsichtig, dass das Strafantragserfordernis des § 33 Abs. 2 KUG auf den Straftatbestand des § 14 Abs. 2 Nr. 1 BbgPG ausgedehnt werden muss. Denn hätte V die Strafbarkeitsvoraussetzungen des § 33 Abs. 1 KUG iVm. § 22 KUG iVm § 27 StGB oder iVm § 25 Abs. 2 StGB erfüllt, könnte er nicht strafrechtlich verfolgt werden, wenn kein Strafantrag gestellt wurde. V kann also nicht schlechter stehen, wenn seine Strafbarkeit aus § 33 Abs. 1 KUG iVm § 22 KUG schon aus materiell-strafrechtlichen Gründen entfällt und deshalb auf den subsidiären § 14 Abs. 2 Nr. 1 BbgPG abzustellen ist.[26] Gegen Art. 103 Abs. 2 GG verstößt das nicht, weil es für den Betroffenen günstig ist. Die Strafverfolgung gegen V ist also nur zulässig, wenn A oder B einen Strafantrag gestellt haben und dieser nicht zurückgenommen worden ist. Hier war schon der von B gestellte Strafantrag möglicherweise unwirksam, weil der Beschuldigte, gegen den sich der Antrag richtete, nicht genau bezeichnet war.[27] Durch die Rücknahme des Strafantrags wurde jedenfalls die Prozessvoraussetzung aufgehoben. Der fehlende Strafantrag kann bei dem Delikt, um das es hier geht, nicht durch Bejahung eines besonderen öffentlichen Verfolgungsinteresses ersetzt werden.

---

[25] MK-*Mitsch*, vor § 77 Rn. 10.
[26] MK-*Mitsch*, vor § 77 Rn. 4.
[27] MK-*Mitsch*, § 77b Rn. 40.

Fall 6 Wer kennt diese Frau?

Öffentlichkeitsfahndung – postmortales Recht am eigenen Bild – Durchsuchung von Räumen – Beschlagnahme – Zufallsfunde

In einem Wald im Berliner Umland findet ein Spaziergänger die unbekleidete Leiche einer jungen Frau. Spuren am Körper der Toten deuten auf ein Gewaltverbrechen als Todesursache hin. Die Polizei hat keinerlei Anhaltspunkte zur Identität der Frau. Die Staatsanwaltschaft will daher die Bevölkerung um Mithilfe bitten und zu diesem Zweck ein Foto der Verstorbenen in Zeitungen und im Internet verbreiten. Auf dem Foto soll nur das Gesicht der Frau zu sehen sein.

Die Obduktion der Leiche bringt zutage, dass die Frau erwürgt wurde und vor ungefähr einem halben Jahr einen Schwangerschaftsabbruch hatte. Die Staatsanwältin Sabine Streng-Bauernfeind (S) erwägt daher, in Berlin alle Kliniken und Arztpraxen, in denen Schwangerschaftsabbrüche vorgenommen werden, durchsuchen zu lassen, um auf diese Weise die Identität der Toten aufzuklären.

Bei der Recherche im Internet nach Ärzten, die auf Webseiten über Schwangerschaftsabbrüche informieren, stößt Staatsanwältin S auf die Frauenärztin Dr. Helga Hoppe (H). Auf der Homepage der Ärztin findet sich ein Informationstext, mit dem die Ärztin darauf hinweist, dass in ihrer Praxis legale Schwangerschaftsabbrüche durchgeführt werden. S leitet daraufhin gegen H ein Strafverfahren wegen des Verdachts der unerlaubten Werbung für Schwangerschaftsabbrüche ein. Vom zuständigen Richter am Amtsgericht erwirkt S einen Beschluss zur Durchsuchung der Praxis der H. Ziel der Durchsuchung ist das Auffinden von Druckschriften, mit denen H ihre Patientinnen über Schwangerschaftsabbrüche informiert. Im Sprechzimmer der H stehen auf dem Schreibtisch mehrere Fotos, die offenbar Verwandte der H abbilden. Ein Foto zeigt ein junges Ehepaar mit zwei kleinen Kindern. Die Frau auf dem Foto ähnelt in frappierender Weise der unbekannten Toten aus dem Wald bei Berlin. Staatsanwältin S, die bei der Durchsuchung anwesend ist und ihr Smartphone dabei hat, fragt die H, ob sie das Foto mitnehmen dürfe. H lehnt das ab. „Dann muß ich das Bild leider beschlagnahmen", erklärt S und steckt das Foto in ihre Aktentasche. „Das dürfen Sie nicht, auf dem Foto sind Verwandte von mir und ich habe ein Zeugnisverweigerungsrecht", protestiert H. „Irrtum, Sie sind nicht Zeugin, sondern Beschuldigte", erwidert S.

Die weiteren Ermittlungen ergeben, dass die Frau auf dem Familienfoto Elena (E), die Ehefrau von Bertram (B), eines Bruders der H, ist. Tatsächlich hatte die Schwägerin in der Praxis der H einen Schwangerschaftsabbruch vornehmen lassen.

Letztendlich stellt sich heraus, dass E von ihrem eigenen Ehemann B – dem auf dem Foto abgebildeten Bruder der H – erwürgt und in den Wald gebracht worden war.

1. Durfte das Foto der getöteten Frau in Zeitungen und im Internet präsentiert werden, um die Mithilfe der Bevölkerung bei der Identifizierung der unbekannten Toten zu ermöglichen?
2. War die Durchsuchung der Arztpraxis der H rechtmäßig?
3. War die Beschlagnahme des Fotos in der Arztpraxis rechtmäßig?

Lösung

Frage 1: Zulässigkeit der Veröffentlichung des Fotos in Zeitungen und im Internet

I. § 131b Abs. 2 StPO

1. Veröffentlichung von Abbildungen
Das Foto von der verstorbenen Frau ist eine Abbildung. Durch die Aufnahme in den redaktionellen Teil einer Zeitung wird infolge deren Verbreitung die Abbildung veröffentlicht. Dasselbe gilt für das Hochladen des Fotos ins Internet. Presseerzeugnisse und Internet sind Medien, derer sich die Strafverfolgungsbehörde zur Öffentlichkeitsfahndung iSd § 131 Abs. 3 S. 1 StPO bedienen kann, vgl. RiStBV 40 Abs. 2 Anh B 1.1. 3.2.[1]

2. Aufklärung einer Straftat von erheblicher Bedeutung
Die amtliche Veröffentlichung der Abbildung einer Person ist ein Eingriff in das Persönlichkeitsrecht in seiner Ausprägung als Recht am eigenen Bild, Art. 1, Art. 2 Abs. 1 GG. Aus Gründen der Verhältnismäßigkeit ist diese Maßnahme nur zulässig, sofern sie zur erfolgreichen Verfolgung schwerer Straftaten erforderlich ist. Zur Konkretisierung dieser generalklauselartigen Umschreibung kann bei § 98a Abs. 1 StPO angeknüpft werden.[2] Hier geht es um die Aufklärung einer Tat, die mutmaßlich in die Kategorie der Straftaten gegen das Leben (§§ 211 ff. StGB) fällt. Dies ist gem. § 98a Abs. 1 S. 1 Nr. 4 StPO im Regelfall eine Straftat von erheblicher Bedeutung.[3]

---

[1] *Beulke/Swoboda*, Strafprozessrecht, Rn. 259a; MKStPO-*Gerhold*, § 131 Rn. 11.
[2] *Meyer-Goßner/Schmitt*, § 131 Rn. 2.
[3] *Meyer-Goßner/Schmitt*, § 98a Rn. 6.

3. Abbildung eines Zeugen

Grundsätzlich normieren die §§ 131 ff. StPO Maßnahmen, die sich auf Beschuldigte und auf Nichtbeschuldigte richten. Dabei konkretisiert und verengt das Gesetz die Kategorie der nicht beschuldigten Personen, indem allein auf die Verfahrensstellung als „Zeuge" abgestellt wird, §§ 131a Abs. 3, 131b Abs. 2 StPO. Das hat zur Folge, dass Personen, die weder Beschuldigte sind noch als Zeugen in Betracht kommen, auf der Grundlage der §§ 131a Abs. 3, 131b Abs. 2 StPO nicht zum Objekt von Fahndungsmaßnahmen gemacht werden können. Im vorliegenden Fall ist fraglich, ob die verstorbene Frau Zeugin ist. Der Begriff des Zeugen ist in der Strafprozessordnung nicht definiert. Dennoch besteht über den Bedeutungsgehalt des Begriffs kein Zweifel. Zeuge ist eine Person, die Wahrnehmungen gemacht hat, die für die Aufklärung einer Tat, wegen der ein Strafverfahren läuft, erheblich sein können und die über diese Wahrnehmungen im Strafverfahren Auskunft geben kann.[4] Sollte die Frau tatsächlich Opfer eines gegen ihr Leben gerichteten Verbrechens geworden sein, hat sie den Täter möglicherweise gesehen und erkannt. Hätte die Frau den Anschlag überlebt, hätte sie im Strafverfahren gegen einen Verdächtigen bedeutsame Angaben machen können. Sie wäre also Zeugin. Im Zeitpunkt des Strafverfahrens ist die Frau aber tot. Als Zeugin kommt sie nicht in Betracht. Vielmehr fungiert ihr Leichnam im Wahrheitsfindungsprozess als Augenscheinsobjekt[5] sowie als Bezugsobjekt gutachterlicher Sachverständigenausführungen, vgl. § 87 StPO.[6] Die Anwendbarkeit des § 131b Abs. 2 StPO hängt also davon ab, ob mit dem Begriff „Zeuge" eine lebende Person gemeint ist, nach der gefahndet wird, damit sie im Strafverfahren Aussagen macht oder ob auch verstorbene Menschen, die vor ihrem Tod Zeugeneigenschaft hatten, erfasst sind. Aus der Verwendung des Terminus „Zeuge" ist zu schließen, dass die Vorschrift nicht auf jedwede Person, die nicht Beschuldigter ist, anwendbar sein soll. Zur entsprechenden Erweiterung des personbezogenen Anwendungsbereichs wäre eine eindeutige Textfassung sinnvoll und möglich gewesen, wie z. B. in § 81c Abs. 1 StPO: „Andere Personen als Beschuldigte". Zudem deutet die ausdrückliche Erwähnung des Fahndungszwecks „Feststellung der Identität des Zeugen" darauf hin, dass die Maßnahme das Ziel hat, den Zeugen zu finden und zu einer Aussage im Verfahren zu veranlassen. Aufschlussreich ist schließlich der Umstand, dass der Objektsbereich der Fahndungsmaßnahmen auf menschliche Lebewesen beschränkt ist und Sachen (einschließlich Tieren), die zur Tataufklärung in einem Strafverfahren auch große praktische Bedeutung (z. B. Tatwerkzeuge, Kleidungsstücke, entwendete Schmuckstücke) haben können, nicht einbezieht. Das könnte seinen Grund darin haben, dass die Funktion der §§ 131 ff. StPO vor allem als verfassungsrechtlich notwendige formalgesetzliche Legalisierung von Eingriffen in das Persönlichkeitsrecht in seiner speziellen Ausprägung als Recht am eigenen Bild verstanden wird. Informationen über Sachen (z. B. Grundstücke, Gebäude, Fahrzeuge, Waffen) haben zu dieser verfassungsrechtlich geschützten Position (Art. 1, Art. 2 Abs. 1 GG) allenfalls eine mittelbare

---
[4] *Beulke/Swoboda*, Strafprozessrecht, Rn. 181.
[5] *Beulke/Swoboda*, Strafprozessrecht, Rn. 181, 204.
[6] *Meyer-Goßner/Schmitt*, § 86 Rn. 5.

Beziehung. Auch ein Leichnam ist nicht mehr Träger des Persönlichkeitsrechts, sondern nur noch dessen postmortaler Fortwirkung. Zudem erstreckt sich auch der Schutzbereich des Datenschutzrechts auf „personenbezogene Daten", Art. 1 DS-GVO. Personenbezogene Daten in diesem Sinne sind nur solche lebender natürlicher Personen, Art. 4 Abs. 1 DS-GVO.[7] Schließlich ist darauf hinzuweisen, dass die Identifizierung unbekannter Verstorbener in § 88 StPO geregelt und dort keine explizite Verweisung auf §§ 131 ff. StPO enthalten ist.

4. Ergebnis
§ 131b Abs. 2 StPO ist keine Rechtsgrundlage für die Veröffentlichung des Fotos der verstorbenen Frau in Zeitungen und im Internet.

II. § 88 Abs. 1 S. 2 StPO

1. Zusammenhang mit Leichenöffnung
Die Identifizierung ist nach dieser Vorschrift „zu diesem Zweck" zulässig. Damit wird auf § 88 Abs. 1 S. 1 StPO verwiesen, also auf die Identitätsfeststellung vor einer Leichenöffnung. Hier hat eine Obduktion der Leiche stattgefunden. Die Veröffentlichung des Fotos zur Feststellung der Identität dient zwar in erster Linie dazu, einen Ermittlungsansatz zu finden. Zugleich kann damit aber auch der Soll-Vorschrift des § 88 Abs. 1 S. 1 StPO Rechnung getragen werden.

2. Zulässige Maßnahmen
Die Veröffentlichung von Abbildungen ist in § 88 Abs. 1 StPO nicht explizit erwähnt. Durch das Wort „insbesondere" vor den exemplarisch hervorgehobenen Angehörigenbefragungen und erkennungsdienstlichen Maßnahmen wird zum Ausdruck gebracht, dass grundsätzlich jede geeignete Maßnahme in Erwägung gezogen werden kann. Die ausdrückliche Verweisung auf § 81b StPO erlaubt zudem den zwingenden Schluss, dass jedenfalls die Aufnahme von „Lichtbildern" eine zulässige Maßnahme ist. Damit ist klargestellt, dass dieser Eingriff in das postmortale Recht am eigenen Bild grundsätzlich gestattet ist. Allerdings haben Herstellung der Aufnahme und ihre Veröffentlichung unterschiedliche Eingriffsintensitäten. Anderenfalls wäre nicht erklärbar, wieso § 131b Abs. 1 StPO die Öffentlichkeitsfahndung mit Abbildungen sogar bei Beschuldigten restriktiv normiert. Dennoch könnte § 81b StPO implizit auch der Weitergabe von Lichtbildern eine rechtliche Grundlage geben. Denn dem Zweck der Identifizierung kann die hergestellte Aufnahme nur dadurch dienen, dass sie jemandem vorgelegt wird, der die unbekannte Person kennt und anhand des Fotos identifizieren kann. Um eine solche Person aus dem Bekanntenkreis des Toten zu finden, muss ein Kontakt zu ihr hergestellt werden. Das ist wegen der Anonymität des Toten jedoch nur auf die Weise möglich, dass die Person mittels der Aufnahme aufgefordert wird sich bei der Behörde zu melden. Die unterschiedlich hohen Anforderungen an die Veröffentlichungsbefugnis in § 88 iVm § 81b StPO einerseits und in § 131b StPO andererseits können damit erklärt werden,

---
[7] *Albrecht/Jotzo*, Teil 3 Rn. 23.

dass das Interesse an Wahrung der Privatheit bei einem lebenden Menschen stärker ist als bei einem Verstorbenen. Dies zeichnet sich z. B. deutlich in § 201a StGB ab, wo anerkanntermaßen Verstorbene als geschützte Objekte nicht erfasst sind.[8] Ist aber – wie hier – sogar das Erfordernis einer „Straftat von erheblicher Bedeutung" erfüllt, bestehen im Ergebnis keine Bedenken gegen die Legalität der Veröffentlichung des Fotos. Bestätigt wird das auch durch § 24 KUG: danach dürfen von Behörden zum Zwecke der Rechtspflege oder der öffentlichen Sicherheit Bildnisse auch ohne Einwilligung der Angehörigen der verstorbenen Person[9] verbreitet und öffentlich zur Schau gestellt werden. Die Aufklärung eines mutmaßlichen Tötungsverbrechens ist selbstverständlich ein „Zweck der Rechtspflege".[10]

3. Ergebnis
Die Veröffentlichung des Fotos in Zeitungen und im Internet ist gemäß § 88 Abs. 1 StPO zulässig.

Frage 2: Rechtmäßigkeit der Durchsuchung der Arztpraxis

I. § 102 StPO

1. Verdächtiger
Der von der Durchsuchung Betroffene müßte als Täter oder Teilnehmer einer Straftat usw. verdächtig sein. Ausreichend dafür ist ein Verdachtssachverhalt, der gem. § 152 Abs. 2 StPO die Durchführung der Ermittlungen legitimiert und die Möglichkeit einer strafrechtlichen Verantwortlichkeit des Betroffenen impliziert.[11] Dabei braucht der gegen ihn gerichtete Verdacht noch nicht einmal das Format zu haben, das Grundlage dafür ist ihn zum Beschuldigten zu machen.[12] Hier kommt ein Verdacht einer Straftat nach § 219a StGB in Betracht. H hat auf ihrer Homepage damit geworben, dass sie in ihrer Praxis Schwangerschaftsabbrüche durchführt. Dieser Befund ist mehr als ein Verdacht, sondern es ist eine offenkundige Tatsache, dass H Urheberin dieses Internetauftritts ist.

Das Vorliegen eines tragfähigen Verdachts kann deshalb allein daran scheitern, dass diese an potenzielle Patientinnen gerichtete Verlautbarung keine Straftat ist. Dieses Thema ist seit der Entscheidung des Amtsgerichts Gießen vom 24.11.2017[13] nicht nur in der Rechtswissenschaft heftig umstritten, sondern wird auch in Politik und Gesellschaft kontrovers diskutiert. Entscheidend für die Zulässigkeit der Durchsuchung kann aber nur sein, wie das geltende Strafrecht den Fall qualifiziert. § 219a

---
[8] *Lackner/Kühl*, § 201a Rn. 3.
[9] Die §§ 22 ff KUG schützen – anders als § 201a StGB – auch Bildnisse von Toten, *Dreier/Schulze-Specht*, § 22 Rn. 1.
[10] *Dreier/Schulze-Specht*, § 24 KUG Rn. 1.
[11] *Beulke/Swoboda*, Strafprozessrecht, Rn. 256.
[12] *Meyer-Goßner/Schmitt*, § 102 Rn. 3.
[13] AG Gießen, NStZ 2018, 416.

StGB pönalisiert die Ansprache der Adressaten, sofern sie öffentlich, in einer Versammlung oder durch Verbreiten von Schriften erfolgt. Die Äußerung auf einer Internethomepage ist eine Form öffentlicher Kundgabe.[14] H hat eigene Dienste zur Vornahme des Schwangerschaftsabbruchs angeboten. Da sie diese Dienste nicht unentgeltlich erbringt, handelt sie ihres Vermögensvorteils wegen. Es ist nicht erforderlich, dass ein rechtswidriger Vermögensvorteil erstrebt wird.[15] Allerdings ist fraglich, ob eine Werbung für Leistungen strafbar sein kann, die ihrerseits nicht nur nicht strafbar, sondern nicht einmal rechtswidrig sind. Das StGB anerkennt rechtmäßige Schwangerschaftsabbrüche in § 218a StGB. Wenn eine Werbung sich eindeutig und ausschließlich auf rechtskonforme Schwangerschaftsabbrüche bezieht, wäre es ein Wertungswiderspruch, dies zu pönalisieren.[16] Die h.M. beurteilt das indessen anders.[17] Es stellt sich also die Frage, welche strafrechtliche Beurteilung der Entscheidung über die Zulässigkeit der Durchsuchung zugrunde zu legen ist.

Die Feststellung eines Verdachts als Voraussetzung für eine strafprozessuale Maßnahme im Ermittlungsverfahren ist keine geeignete Plattform zum kompetitiven Diskurs um die beste Lösung einer materiellstrafrechtlichen Streitfrage. Nach h.M. darf ein Staatsanwalt nicht einmal bei der Entscheidung über die Einleitung des Ermittlungsverfahrens oder über die Erhebung der öffentlichen Klage seine eigene beschuldigtenfreundliche Sondermeinung über die bestrafungsfreundliche Linie der herrschenden Rechtsprechung stellen. Hält er das verfahrensgegenständliche Verhalten des Beschuldigten für straflos, muss er gleichwohl anklagen, wenn dies der herrschenden Anschauung in der Rechtsprechung entspricht.[18] Diese Ansicht ist zustimmungswürdig. Denn die Klärung rechtlicher Meinungsdivergenzen muss im gerichtlichen Verfahren stattfinden, gegebenenfalls in der Revisionsinstanz. Das Gericht muss die Gelegenheit erhalten, sich mit der abweichenden Auffassung der Staatsanwaltschaft auseinanderzusetzen. Wenn also Zweifel über die rechtliche Richtigkeit der zugrunde liegenden materiellstrafrechtlichen Tatbewertung der Anklageerhebung nicht entgegenstehen, dann könne sie auch die Zulässigkeit einer einzelnen Ermittlungsmaßnahme nicht verhindern. Ein Straftatverdacht auf der Grundlage des § 219a StGB ist hier also zu bejahen, obwohl es möglich ist, dass die Beurteilung der Tat als erlaubte straflose Werbung für medizinische Dienstleistungen richtig ist. H ist also Verdächtige.

2. Durchsuchungsobjekt
Durchsucht werden dürfen neben Wohnungen andere Räume aller Art, auch beruflich und gewerblich genutzte Räumlichkeiten.[19] Praxisräume von Ärzten sind davon nicht ausgenommen, obwohl die Wahrscheinlichkeit, dass bei der Durchsuchung eines solchen Raumes überwiegend Gegenstände gefunden werden, die gemäß § 97

---

[14] *Hilgendorf/Valerius*, Rn. 360; *Lackner/Kühl*, § 80a Rn. 3.
[15] MK-*Gropp*, § 219a Rn. 8.
[16] AnwK-*Mitsch*, § 219a Rn. 1.
[17] *Lackner/Kühl*, § 219a Rn. 1.
[18] *Beulke/Swoboda*, Strafprozessrecht, Rn. 90.
[19] *Meyer-Goßner/Schmitt*, § 102 Rn. 7.

Abs. 1 StPO einem Beschlagnahmeverbot unterliegen, größer ist als bei sonstigen Räumen, vgl. § 108 Abs. 2 StPO.[20] Allerdings ist dieser Umstand bei der Verhältnismäßigkeitsprüfung zu beachten.[21]

3. Durchsuchungszweck

Zulässiger Durchsuchungszweck ist gemäß § 102 StPO das Auffinden von Beweismitteln. Dabei muss es sich um Beweismittel handeln, die in dem Verfahren, dessen Bestandteil die Durchsuchung ist, verwertet werden können. H ist von der Durchsuchung als Verdächtige betroffen, soweit es um die Verfolgung der Straftat Werbung für Schwangerschaftsabbruch (§ 219a StGB) geht. Die Begehung dieser Straftat kann mit Werbematerial bewiesen werden, das z. B. im Wartezimmer für die Patientinnen ausgelegt ist. Gegenstände, die Beweismittelfunktion in dem Strafverfahren bezüglich der unbekannten toten Frau haben könnten (Foto auf dem Schreibtisch im Sprechzimmer), sind im Rahmen der auf § 102 StPO gestützten Durchsuchung hingegen unbeachtlich.

Darüber hinaus kann die Durchsuchung zwecks Auffinden von Werbematerial auch aus einem anderen rechtlichen Grund zulässig sein: als „Schriften" iSd § 11 Abs. 3 StGB – auf den § 219a StGB verweist – können die Informationspapiere gem. § 74 Abs. 2 StGB und § 74d Abs. 1 StGB eingezogen werden.[22] Zur Sicherung der gerichtlichen Einziehungsentscheidung kann bereits im Ermittlungsverfahren eine Beschlagnahme dieser Gegenstände angeordnet werden, § 111b Abs. 1 S. 1 StPO. Soweit sich die Gegenstände in Räumlichkeiten der H befinden, ist deren Durchsuchung gem. § 111b Abs. 2 iVm § 102 StPO zulässig.

4. Ergebnis

Die Durchsuchung der Arztpraxis ist gemäß § 102 StPO zulässig.

II. § 103 StPO

1. Nichtverdächtige

Auf der Grundlage des § 103 StPO kann eine Durchsuchung der Arztpraxis auch in einem Strafverfahren zulässig sein, in dem H nicht die Stellung der Tatverdächtigen hat.[23] Das trifft auf das Strafverfahren wegen mutmaßlicher Tötung der unbekannten Frau zu. H ist nicht verdächtigt, an dieser Tat beteiligt zu sein.

2. Durchsuchungsobjekt

Abweichend von § 102 StPO beschränkt § 103 StPO die Objekte, auf die sich die Durchsuchung beziehen darf, auf Räume. Da der Gesetzestext diesbezüglich keine Konkretisierung enthält, ist zu schließen, dass § 103 StPO insoweit an § 102 StPO

---

[20] *Beulke/Swoboda*, Strafprozessrecht, Rn. 258c.
[21] *Meyer-Goßner/Schmitt*, § 102 Rn. 15a.
[22] *Schönke/Schröder/Eser*, § 74 Rn. 13.
[23] *Meyer-Goßner/Schmitt*, § 103 Rn. 1.

anknüpft und den dort definierten Kreis durchsuchungsfähiger Objekte übernimmt.[24] Daher kann auch eine Arztpraxis durchsucht werden.

3. Durchsuchungszweck

Zulässiger Durchsuchungszweck ist das Auffinden bestimmter Gegenstände, die zur Beschlagnahme bestimmt sind. Das Foto auf dem Schreibtisch könnte diese Eigenschaft haben, weil es als Hilfsmittel zur Identifizierung der unbekannten toten Frau in Betracht kommt. Daher wäre eine Beschlagnahme gem. § 94 Abs. 2 StPO zulässig. Allerdings müssen der Durchsuchungsanordnung Tatsachen zugrunde liegen, aus denen zu schließen ist, dass diese Sache sich in den zu durchsuchenden Räumen befindet. Das trifft auf das Foto nicht zu, da es erst anlässlich des Vollzugs der Durchsuchung zufällig aufgefunden wurde. Sonstige Indizien eines zu erwartenden Durchsuchungserfolges lagen bei Anordnung der Durchsuchung durch das Amtsgericht nicht vor. Daher sind die Voraussetzungen des § 103 Abs. 1 StPO nicht erfüllt.

4. Ergebnis

Auf der Grundlage des § 103 StPO ist die Durchsuchung der Artpraxis nicht zulässig.

Frage 3: Rechtmäßigkeit der Beschlagnahme des Fotos

I. § 94 Abs. 2 StPO

1. Beweismittelbedeutung

Das Foto müßte ein Gegenstand sein, der für die Untersuchung als Beweismittel von Bedeutung sein kann, § 94 Abs. 1 StPO. Der Terminus „Untersuchung" kommt in der StPO an verschiedenen Stellen vor und hat dort unterschiedliche Bedeutung. Mit der „körperlichen Untersuchung" iSd §§ 81a, 81c StPO hat das Wort in § 94 Abs. 1 StPO nichts zu tun. Gemeint ist vielmehr die „gerichtliche Untersuchung" iSd § 151 StPO. Hier wird das Foto benötigt, um die unbekannte tote Frau identifizieren zu können. Darüber hinausgehender Erkenntnisgewinn, der für ein Strafverfahren erheblich sein könnte, ist von dem Foto nicht zu erwarten. Ob die Feststellung der Identität des Opfers eine Verwendung als Beweismittel im Sinne des § 94 Abs. 1 StPO ist, kann bezweifelt werden. An dieser Stelle braucht das aber nicht geklärt zu werden, da die Voraussetzungen des § 94 Abs. 1 StPO aus einem anderen Grund nicht erfüllt sind: die Durchsuchungsaktion in der Arztpraxis findet im Kontext des Strafverfahrens statt, das gegen H wegen des Verdachts einer Straftat aus § 219a StGB durchgeführt wird. Die Durchsuchung kann – wie oben festgestellt wurde – nicht gemäß § 103 StPO als Maßnahme im Strafverfahren bezüglich der unbekannten toten Frau angeordnet werden. „Untersuchung" iSd § 94 Abs. 1 StPO ist hier das Strafverfahren wegen § 219a StGB. In diesem Verfahren hat das Foto

---

[24] *Meyer-Goßner/Schmitt*, § 103 Rn. 3.

aber eindeutig keinerlei Beweisbedeutung. Das Auffinden des Fotos in der Arztpraxis ist wegen möglicher Beweisbedeutung im Strafverfahren bezüglich Tötung der unbekannten Frau ein „Zufallsfund", § 108 Abs. 1 StPO. Zwar hätte S vor Ort gegebenenfalls in Bezug auf dieses andere Strafverfahren gemäß § 98 Abs. 1 StPO wegen Gefahr in Verzug selbst die Beschlagnahme anordnen dürfen. Das hat sie aber ersichtlich nicht getan, wie die Bemerkung, dass H nicht Zeugin, sondern Beschuldigte sei, zeigt.

2. Ergebnis
Die Beschlagnahme des Fotos ist nicht gemäß § 94 Abs. 2 StPO rechtmäßig.

II. § 108 StPO
Als einstweilige Beschlagnahme könnte die Mitnahme des Fotos gemäß § 108 Abs. 1 StPO rechtmäßig gewesen sein.

1. Zufallsfund
Das Familienfoto ist ein Gegenstand, der in keinerlei Beziehung zu dem Strafverfahren steht, das die Durchsuchung der Arztpraxis veranlasst hat (s. o. I 1). Es wurde bei Gelegenheit der Durchsuchung gefunden.

2. Hinweis auf andere Straftat
Die einstweilige Beschlagnahme ist zulässig, wenn das Foto ein Gegenstand ist, der auf die Verübung einer anderen Straftat hindeutet. Die andere Straftat ist die mutmaßliche Tötung der unbekannten Frau. Auf Grund der Ähnlichkeit der auf dem Foto abgebildeten erwachsenen Frau mit der im Wald gefundenen Toten besteht ein Zusammenhang mit dieser Straftat. Dieser Zusammenhang muss jedoch konkret so beschaffen sein, dass letztendlich eine auf § 94 Abs. 2 StPO gestützte Beschlagnahme des Fotos in dem anderen Strafverfahren zulässig wäre. Es muß sich um einen potenziellen Beweismittelzusammenhang handeln. Das Foto müßte also Beweismittelqualität in dem anderen Strafverfahren haben können.[25] Das ist aber nicht der Fall. Mehr als die äußerliche Ähnlichkeit der auf dem Foto abgebildeten Frau mit der unbekannten Toten lässt sich mittels des Fotos nicht nachweisen. Dies ist eine Tatsache, die in dem Strafverfahren gegen einen Beschuldigten, der der Tötung der Frau verdächtig ist, irrelevant ist. Der einzige verfahrensfördernde Effekt, der durch die Verwendung des Fotos erzeugt werden kann, ist die Aufdeckung der Identität der unbekannten Toten, indem das Foto veröffentlicht wird und auf diese Weise Personen, die die Familie kennen, sich bei der Behörde melden. Zur Erreichung dieses Ziels ist aber die Beschlagnahme des Fotos nicht erforderlich. Zum einem hätte es gereicht, wenn S mit ihrem Smartphone das Bild abfotografiert hätte. Zum anderen hatte die Bemerkung der H, dass die auf dem Foto abgebildeten Personen „Verwandte" sind, eine Spur gelegt, auf der die Strafverfolgungsbehörde Informationen über die Identität der toten Frau auch ohne unmittelbare Verwendung dieses Fotos erlangen konnten. Durch einen Blick in das Personenstandsregister beim

---
[25] *Meyer-Goßner/Schmitt*, § 108 Rn. 2.

zuständigen Standesamt sowie Zeugenbefragungen im sozialen Umfeld der H hätte sich ohne weiteres ermitteln lassen, dass H einen verheirateten Bruder und somit eine Schwägerin hat. Den befragten Personen könnte die Aufnahme der unbekannten Toten gezeigt und auf diese Weise aufgedeckt werden, dass es sich um die Schwägerin der H handelt. Der Eingriff in das Eigentum der H mittels Beschlagnahme wäre also nicht notwendig gewesen.

3. Ergebnis
Eine einstweilige Beschlagnahme des Fotos gemäß § 108 Abs. 1 StPO war nicht zulässig.

Fall 7 Dr. Porno

Kinderpornographische Schriften – Unternehmensdelikt – Besitzdelikt – untauglicher Versuch – agent provocateur – Rücktritt beim Unternehmensdelikt – Einziehung von Gegenständen

Der in Hamburg wohnende pensionierte Lehrer Dr. Paul Portnoy (P) steht im Verdacht Konsument kinderpornografischer Filme und Fotos zu sein. Die polizeilichen Erkenntnisse reichen aber nicht aus, um die Einleitung eines Strafverfahrens zu rechtfertigen. Daher möchte Kriminalkommissar Kurt Konrad (K) dem P eine Falle stellen: Verkleidet als Kleinganove macht sich K in einer verrufenen Hafenkneipe an P heran und verwickelt ihn in ein Gespräch über „Pornographie und anderen Schweinekram". Beiläufig lässt K Bemerkungen zu einem in Dänemark lebenden Bekannten fallen, der einen Versandhandel mit harten pornografischen Artikeln betreibe. Auch kinderpornografische DVDs könne man dort bestellen. P zeigt sich daraufhin interessiert und fragt nach der Anschrift dieses Versandunternehmens. K nennt ihm darauf Adresse, Telefon- und E-mail-Kontaktdaten des Jesper Jensen (J) in Kopenhagen. J ist kein wirklicher Porno-Versandhändler, sondern arbeitet in Kopenhagen mit der dortigen Kriminalpolizei zusammen. Die Kopenhagener Kriminalpolizei wiederum arbeitet mit der Hamburger Polizei – insbesondere mit K – zusammen.

P sendet noch am selben Abend eine E-mail an J mit der Bitte um Zusendung eines Katalogs. J schickt den gewünschten Katalog postwendend mit einer E-mail an P. Der Katalog enthält keine Abbildungen, nur Kurzbeschreibungen der einzelnen Angebote. Nachdem P den Katalog aufmerksam studiert hat, schickt er seine Bestellung per E-mail an J. P bestellt fünf verschiedene Filme, die ausweislich der Beschreibung in dem Katalog kinderpornografischen Charakter haben und tatsächliche Geschehnisse wiedergeben. J informiert sofort die Polizei von der eingegangenen Bestellung des P. Am nächsten Tag schickt J per Kurierdienst ein Paket mit fünf DVDs an die Adresse des P. Die Filme auf den DVDs sind alle pornografisch („weiche Pornographie"), aber nicht kinderpornografisch. Der Kurierdienstfahrer Fritz (F) weiß nicht, welchen Inhalt das von J an P gesandte Paket hat. P nimmt das Paket in Empfang und packt es sogleich aus. Als er feststellt, dass die Filme nicht kinderpornografischen Inhalt haben, ist er etwas enttäuscht.

K wusste, dass J dem P keine kinderpornografischen Filme, sondern DVDs mit Filmen der Gattung „weiche Pornographie" schicken würde. Denn diese

Vorgehensweise ist zwischen der Hamburger und der Kopenhagener Polizei abgesprochen. Von der gegen P gerichteten Aktion der Kopenhagener und Hamburger Polizei hat Sieglinde (S), die Sekretärin des Hamburger Polizeipräsidenten, erfahren. S ist die Nichte des P. Sie warnt daher den P, der daraufhin die fünf DVDs in ein sicheres Versteck bringt und damit dem Zugriff der Strafverfolgungsbehörden entzieht. Es lässt sich später nicht aufklären, ob die S den P vor der Übergabe des Pakets mit den DVDs warnte oder erst zu einem Zeitpunkt, zu dem P die DVDs bereits ausgehändigt bekommen hatte.

1. Hat sich P aus § 184b StGB strafbar gemacht?
2. Hat sich K aus § 184b StGB strafbar gemacht?
3. Hat sich S strafbar gemacht?
4. Können oder müssen die fünf DVDs eingezogen werden?
5. (*Abwandlung*) Kurier Fritz (F) bringt dem P das von J versandte Paket. „Wunderbar, endlich!" ruft der am Gartentor stehende P dem F zu und streckt die Hand zur Entgegennahme des Pakets aus. Im selben Moment biegt die vom Einkaufen kommende Ehefrau des P um die Ecke. P bekommt einen Riesenschreck, zieht die ausgestreckte Hand zurück und flüchtet mit dem an F gerichteten Ruf: „Nehmen Sie das wieder mit!" ins Haus. F bringt daraufhin das Paket zurück zu J.

Wie hat sich P strafbar gemacht?

Lösung

Frage 1: Strafbarkeit des P

I. Sich-Verschaffen des Besitzes kinderpornografischer Schriften, § 184b Abs. 3 Alt. 1 iVm § 11 Abs. 1 Nr. 6 Alt. 2 StGB

P könnte sich dadurch, dass er das ihm von F übergebene Paket in Empfang nahm, wegen (materiell vollendeten) Besitzverschaffens an kinderpornografischen Schriften gemäß § 184b Abs. 3 Alt. 1 iVm § 11 Abs. 1 Nr. 6 Alt. 2 StGB strafbar gemacht haben.

1. Objektiver Tatbestand
a) Schrift
Die DVD (Digital versatile disc) fällt nach der Verweisung gemäß § 184b Abs. 1 Nr. 1 in die Kategorien „Tonträger", „Bildträger" und „Datenspeicher" iSd § 11 Abs. 3 StGB.[1] Sie steht daher der „Schrift" gleich.[2]

b) Kinderpornographisch
Der auf DVD gespeicherte Film müsste kinderpornografischen Charakter haben. Der Begriff ist in § 184b Abs. 1 Nr. 1 StGB legaldefiniert. Im vorliegenden Fall braucht die Definition nicht herangezogen werden, da der Aufgabentext vorgibt,

---

[1] MK-*Radtke*, § 11 Rn. 170 ff.
[2] MK-*Radtke*, § 11 Rn. 166.

dass die Filme nicht kinderpornografisch sind. Daher konnte P die Tat nicht materiell vollenden.

2. Ergebnis
P hat sich nicht aus § 184b Abs. 3 Alt. 1 iVm § 11 Abs. 1 Nr. 6 Alt. 2 StGB strafbar gemacht.

II. Materiell versuchtes Sich-Verschaffen des Besitzes an kinderpornografischen Schriften, § 184b Abs. 3 Alt. 1 iVm § 11 Abs. 1 Nr. 6 Alt. 1 StGB
P könnte sich dadurch, dass er das ihm von F übergebene Paket in Empfang nahm, wegen (materiell versuchten) Besitzverschaffens an kinderpornografischen Schriften gemäß § 184b Abs. 3 Alt. 1 iVm § 11 Abs. 1 Nr. 6 Alt. 1 StGB strafbar gemacht haben.

1. Keine Vollendung
Eine materielle Vollendung der Tat liegt nicht vor (s. o. I.).

2. Versuchsstrafdrohung
Die Strafbarkeit des materiellen Versuchs ergibt sich bereits aus § 11 Abs. 1 Nr. 6 Alt. 1 StGB. Auf § 23 Abs. 1 StGB ist daher nicht abzustellen. Entsprechend steht auch § 184b Abs. 4 Hs. 2 StGB der Versuchsstrafbarkeit nicht entgegen. Diese Vorschrift stellt mit der Verweisung auf Absatz 3 lediglich klar, dass § 184b Abs. 4 Hs. 1 StGB bei dem Unternehmensdelikt der Besitzverschaffung keine über § 11 Abs. 1 Nr. 6 Alt. 1 StGB hinaus gehende Ausdehnung der Strafbarkeit durch Versuchspönalisierung („Versuch des Versuchs")[3] anordnet. Die dem Begriff des Unternehmensdelikts immanente Versuchsstrafbarkeit soll nicht ausgeschlossen werden.[4]

3. Tatentschluss
P müsste den Vorsatz gehabt haben eine Tat zu begehen, die sämtliche objektiven Tatbestandsmerkmale einer materiell vollendeten Tat gemäß § 184b Abs. 3 Alt. 1 iVm § 11 Abs. 1 Nr. 6 Alt. 2 StGB erfüllt. P müsste also mit Wissen (intellektuelles Element) und Wollen (voluntatives Element) um die Tatbestandsverwirklichung gehandelt haben.[5]

a) Kinderpornographische Schrift
Laut Sachverhalt stellte sich P vor, das Paket enthalte DVDs, auf denen Filme mit kinderpornografischem Inhalt gespeichert sind. Also hatte er diesbezüglich Vorsatz.

---
[3] Dazu vgl. *Baumann/Weber/Mitsch/Eisele*, § 22 Rn. 18.
[4] Vgl. den Gesetzentwurf der Bundesregierung BT-Dr. 18/2954, S. 12.
[5] LK-*Hillenkamp*, § 22 Rn. 31 ff.; *Schönke/Schröder/Eser/Bosch*, § 22 Rn. 13; krit. *Streng*, ZStW 109 (1997), 862 (870), der dem § 22 Abs. 1 StGB allein ein voluntatives Vorsatzelement entnimmt; hingegen *Roxin*, Strafrecht Allgemeiner Teil II, § 29 Rn. 60 in der „Vorstellung" gemäß § 22 StGB ausschließlich ein intellektuelles Element verortet.

Zudem erstreckte sich der Vorsatz auch auf die Wiedergabe tatsächlicher Geschehnisse. Dass die DVDs keine kinderpornografischen Filme enthielten, ist an dieser Stelle irrelevant (s. u. 4 c).

b) Sich den Besitz verschaffen
P wollte die tatsächliche Sachherrschaft an dem Paket und seinem Inhalt erlangen. Also richtete sich sein Vorsatz auf die Verschaffung des Besitzes an kinderpornografischen Schriften.

4. Unmittelbares Ansetzen zur Tatbestandsverwirklichung
P müsste nach seiner Vorstellung von der Tat unmittelbar zur Verwirklichung des Tatbestandes angesetzt haben, § 22 StGB.

a) Vorstellung
Da P von dem wahren Inhalt des Paketes nicht informiert war, stellte er sich vor, das Paket enthalte DVDs mit kinderpornografischen Filmen, auf denen wirkliche kinderpornografische Handlungen zu sehen sind.

b) Unmittelbares Ansetzen
Hätte das Paket kinderpornografisches Material enthalten, hätte P mit der Übergabe durch F Besitz daran erlangt – es sich also verschafft – und den objektiven Tatbestand vollständig verwirklicht. Also ist auf der Grundlage des subjektiven Vorstellungsbildes (oben a) das Ausstrecken der Hand zur Entgegennahme des von F überreichten Pakets das unmittelbare Ansetzen zur Verwirklichung dieses Tatbestandes.

c) Untauglicher Versuch[6]
Fraglich ist, ob die Erfüllung der Voraussetzung „unmittelbares Ansetzen zur Tatbestandsverwirklichung" daran scheitert, dass das Paket kein tatbestandserfüllungstaugliches Material enthielt. Die Frage ist also, ob auch ein untauglicher Versuch unmittelbares Ansetzen zur Erfüllung des Tatbestandes sein kann. Zu erörtern ist deshalb, ob der untaugliche Versuch von § 11 Abs. 1 Nr. 6 StGB erfasst ist.[7] Wären allein die wirklichen Gegebenheiten maßgebend, könnte der Tatbestand nicht verwirklicht und somit dazu auch nicht unmittelbar angesetzt werden. Da es aber auf die Vorstellung des Täters von der Tat ankommt, ist die wirkliche Untauglichkeit des Tatobjekts unbeachtlich. Stattdessen ist das Tatobjekt zugrunde zu legen, das sich der Täter (irrtümlich) vorstellt. Auf dieser Grundlage hat die Tat die Qualität eines unmittelbaren Ansetzens zur Tatbestandsverwirklichung. Dass nach dem geltenden StGB der untaugliche Versuch grundsätzlich tatbestandsmäßig und daher

---

[6] Im Prüfungsaufbau ist das Thema „Untauglichkeit des Versuchs" beim unmittelbaren Ansetzen zu erörtern. Denn es geht darum, ob die Tat trotz Untauglichkeit die Voraussetzungen eines tatbestandsmäßigen Versuchs erfüllt. Die einzige Stelle, wo die objektive Untauglichkeit Zweifel daran aufkommen lassen kann, ist das unmittelbare Ansetzen, so auch *Seier/Gaude*, JuS 1999, 456 (458).
[7] Dies aufgrund der Anwendbarkeit der allgemeinen Versuchsregelung bejahend: MK-*Radtke*, § 11 Rn. 137; a.A. *Burkhardt*, JZ 1971, 352 (355 ff.).

strafbar ist, ergibt sich auch aus § 23 Abs. 3 StGB. Diese Vorschrift wäre sinnlos und unanwendbar, wenn es nach geltendem Recht gar keine strafbaren untauglichen Versuche geben könnte.[8]

Im vorliegenden Fall steht aber nicht ein „allgemeiner" Versuch iSd §§ 22 ff. StGB zur Debatte, sondern der Sonderfall des in den Begriff des „Unternehmens" eingebetteten Versuchs gemäß § 11 Abs. 1 Nr. 6 Alt. 1 StGB. Dieser Versuch begründet letztlich eine (formell) vollendete Tat. Da deshalb die fakultative Strafmilderung gemäß § 23 Abs. 2 StGB ausgeschlossen ist,[9] ist die Frage berechtigt, ob auch ein untauglicher Versuch ein „Unternehmen" iSd § 11 Abs. 1 Nr. 6 StGB sein kann. Obwohl § 11 StGB eine Vorschrift ist, deren Funktion in der allgemeingültigen Definition häufig wiederkehrender Begriffe ist, werden die Begriffe „Vollendung" und „Versuch" hier nicht definiert. Vielmehr setzt § 11 Abs. 1 Nr. 6 StGB die Existenz eines anerkannten Begriffsverständnisses voraus und übernimmt dieses in seinen eigenen Regelungsbereich. Grundlage dieses Begriffsverständnisses können allein die §§ 22 ff. StGB sein. Wie oben dargelegt wurde, umfasst der dort begründete Begriff des Versuchs auch den untauglichen Versuch. Da der Wortlaut des § 11 Abs. 1 Nr. 6 StGB keinen Anknüpfungspunkt für ein abweichendes Begriffsverständnis gibt, muss die Einbeziehung des untauglichen Versuchs in den Anwendungsbereich des § 11 Abs. 1 Nr. 6 Alt. 1 StGB anerkannt werden.[10]

5. Rechtswidrigkeit
Da die Tat nicht gerechtfertigt ist, ist sie rechtswidrig.

6. Schuld
P hat schuldhaft gehandelt.

7. Ergebnis
P hat sich aus § 184b Abs. 3 Alt. 1 iVm § 11 Abs. 6 Alt. 1 StGB strafbar gemacht.[11]

Frage 2: Strafbarkeit des K

Anstiftung zum Sich-Verschaffen des Besitzes kinderpornografischer Schriften, §§ 184b Abs. 3 Alt. 1, 11 Abs. 1 Nr. 6 Alt. 1 iVm § 26 StGB
K könnte sich dadurch, dass er den P auf die Möglichkeit des Bezugs kinderpornografischer Schriften bei J aufmerksam machte, wegen Anstiftung zum Verschaffen

---

[8] *Kaspar*, AT, § 8 Rn. 64.
[9] *Schönke/Schröder/Eser/Hecker*, § 11 Rn. 45.
[10] MK-*Radtke*, § 11 Rn. 137; *Schönke/Schröder/Eser/Hecker*, § 11 Rn. 44.
[11] Eine Strafbarkeit wegen Teilnahme an der Einfuhr pornographischer Schriften im Wege des Versandhandels (§§ 184 Abs. 1 Nr. 4, 26 StGB) kommt nicht in Betracht, da P insofern „notwendiger Teilnehmer" ist, OLG Hamm, NJW 2000, 1965 (1966); *Schönke/Schröder/Eisele*, § 184 Rn. 42; im Ergebnis ebenso, aber gegen die Argumentation mit „notwendige Teilnahme" MK-*Hörnle*, § 184 Rn. 79.

des Besitzes an kinderpornografischen Schriften gemäß §§ 184b Abs. 3 Alt. 1, 11 Abs. 1 Nr. 6 Alt. 1 iVm § 26 StGB strafbar gemacht haben.

1. Objektiver Tatbestand
a) Haupttat
P hat eine objektiv tatbestandsmäßige, vorsätzliche und rechtswidrige Tat gemäß § 184 b Abs. 3 Alt. 1 iVm § 11 Abs. 1 Nr. 6 Alt. 1 StGB begangen (s. o. Frage 1 II).

b) Bestimmung
Die Informationen, die K dem P über den Versandhandel des J gegeben hat, haben in P den Entschluss geweckt, bei J Filme mit kinderpornografischem Inhalt zu bestellen und sich den Besitz an den von J gelieferten Filmen zu verschaffen. P war zwar allgemein bereits entschlossen, Gelegenheiten zur Verschaffung von derartigen Filmen wahrzunehmen. Dadurch wurde er aber nicht zu einem „omnimodo facturus"[12] in Bezug auf die konkrete Tat, die Gegenstand der hier zu prüfenden Anstifterstrafbarkeit des K ist. „Bestimmung" iSd § 26 StGB ist die Hervorrufung des Tatentschlusses zur Begehung einer konkreten Tat. Einen Tatentschluss zu der tatsächlich begangenen Tat konnte P gar nicht gehabt haben, weil er von J und seinem angeblichen Versandhandel keine Kenntnis hatte. Also hat K ihn zur Begehung dieser Tat bestimmt.

2. Subjektiver Tatbestand
K müsste Vorsatz in Bezug auf die von P begangene Haupttat sowie in Bezug auf die Bestimmung gehabt haben („doppelter Anstiftervorsatz").[13] Hinsichtlich der Haupttat des P ist ein Vollendungsvorsatz erforderlich.[14] Indem P versuchte, sich den Besitz an kinderpornografischen Schriften, die ein tatsächliches Geschehen wiedergeben, zu verschaffen, beging er eine vollendete Tat. Auf diese Tat war der Vorsatz des K gerichtet. Dennoch ist fraglich, ob dieser Vorsatz eine Anstifterstrafbarkeit des K begründen kann. Ein Anstifter ist „gleich einem Täter" strafbar, weil er wie der Täter das geschützte Rechtsgut mit Verletzungswillen angreift. Der Vorsatz des Anstifters muss daher eine „materielle Vollendung" der Haupttat umfassen, weil durch die lediglich „materiell versuchte" Haupttat das geschützte Rechtsgut nicht verletzt wird.[15] Bei einem echten Unternehmensdelikt iSd § 11 Abs. 1 Nr. 6 StGB ist zwar der materielle Versuch formell eine vollendete Tat, rechtsgutsverletzend ist dieser materielle Versuch aber nicht. Deswegen hat ein Anstifter, der den Täter nur zur Begehung eines materiellen Versuchs veranlassen will, keinen Rechtsgutsverletzungsvorsatz. Seine haupttatbezogene innere Einstellung ist die eines „agent

---

[12] Dazu MK-*Joecks*, § 26 Rn. 28 ff.

[13] *Geppert*, Jura 1997, 358 (358); *Maaß*, Jura 1981, 514 (514); *Schönke/Schröder/Heine/Weißer*, § 26 Rn. 17.

[14] *Geppert*, Jura 1997, 358 (360).

[15] *Maaß*, Jura 1981, 514 (518); im Ergebnis ebenso, aber auf den (fehlenden) Vorsatz bezüglich des Erfolgsunrechts abstellend *Sommer*, JR 1986, 485 (489).

provocateur" und erfüllt den subjektiven Tatbestand einer Anstiftung nicht.[16] Die von P begangene Tat ist nur formell eine vollendete Tat (Unternehmensdelikt). Diese Tat war vom Vorsatz des K umfasst, nicht aber eine materiell vollendete, rechtsgutsverletzende Tat. Daher wird K wie ein „agent provocateur" behandelt. Denn materiell ist die Tat des P ein bloßer Versuch.[17]

3. Ergebnis
K hat sich nicht aus §§ 184b Abs. 3 Alt. 1, 11 Abs. 1 Nr. 6 Alt. 1 iVm § 26 StGB strafbar gemacht.

Frage 3: Strafbarkeit der S

I. Beihilfe zum Sich-Verschaffen des Besitzes kinderpornografischer Schriften, §§ 184b Abs. 3 Alt. 1, 11 Abs. 1 Nr. 6 Alt. 1 iVm § 27 Abs. 1 StGB
S könnte sich dadurch, dass sie den P vor polizeilichen Maßnahmen warnte, wegen Beihilfe zum Besitzverschaffen an kinderpornografischen Schriften gemäß §§ 184b Abs. 3 Alt. 1, 11 Abs. 1 Nr. 6 Alt. 1 iVm § 27 Abs. 1 StGB strafbar gemacht haben.

1. Objektiver Tatbestand
a) Haupttat
P hat vorsätzlich und rechtswidrig den Tatbestand des § 184b Abs. 3 Alt. 1 iVm § 11 Abs. 1 Nr. 6 Alt. 1 StGB verwirklicht. Diese Tat ist eine beihilfetaugliche Haupttat.

b) Hilfeleistung
Fraglich ist, ob S dem P bei Begehung der Tat Hilfe geleistet hat. Hilfeleistung ist eine Handlung, die in Bezug auf die Haupttat eine kausale Förderungswirkung erzeugt, indem sie dem Haupttäter die Begehung der Tat ermöglicht oder erleichtert.[18] Der Hilfeleistungseffekt muss sich in den zur Haupttat gehörenden Umständen entfalten, die zur tatbestandsmäßigen Vollendung erforderlich sind. Hier müsste sich die Warnung der S also als Hilfeleistung bei der Besitzerlangung ausgewirkt haben. Es ist jedoch nicht zu erkennen, inwiefern die Warnung der S den Besitzverschaffungsvorgang des P erleichtert haben könnte. Da die Polizei gegen P erst nach der Übergabe des Pakets mit den DVDs vorgehen wollte, hätte P den Besitz auch ohne die Warnung der S ungehindert erlangt. Zudem ist nicht aufklärbar, ob die Warnung der S den P überhaupt vor der Lieferung des Pakets erreicht hat. Eine Warnung nach Abschluss des Besitzverschaffungsvorgangs kann sich allenfalls auf die Aufrechterhaltung des Besitzes auswirken.[19] Diese erfüllt aber nicht den Tatbestand des § 184b

---

[16] *Geppert*, Jura 1997, 354 (362); MK-*Joecks*, § 26 Rn. 68; vgl. BGH, StV 1981, 549 (549).
[17] *Mitsch*, Straflose Provokation strafbarer Taten, S. 194 ff.; MK-*Radtke*, § 11 Rn. 141; MK-*Joecks*, § 26 Rn. 72; Satzger/Schluckebier/Widmaier-*Satzger*, § 11 Rn. 50.
[18] *Schönke/Schröder/Heine/Weißer*, § 27 Rn. 6.
[19] Zur „sukzessiven Beihilfe" vgl. *Schönke/Schröder/Heine/Weißer*, § 27 Rn. 20.

Abs. 3 Alt. 1 StGB,[20] sondern den Tatbestand des § 184b Abs. 3 Alt. 2 StGB (dazu unten II.).

2. Ergebnis
S hat sich nicht aus §§ 184b Abs. 3 Alt. 1, 11 Abs. 1 Nr. 6 Alt. 1 iVm § 27 Abs. 1 StGB strafbar gemacht.

II. Beihilfe zum Besitz kinderpornografischer Schriften, §§ 184b Abs. 3 Alt. 2, 27 Abs. 1 StGB
S könnte sich dadurch, dass sie den P vor polizeilichen Maßnahmen warnte, wegen Beihilfe zum Besitz kinderpornografischer Schriften gemäß §§ 184b Abs. 3 Alt. 2, 27 Abs. 1 StGB strafbar gemacht haben.

1. Objektiver Tatbestand
P hatte keinen Besitz an kinderpornografischen Schriften. Denn die Filme auf den DVDs hatten keinen kinderpornografischen Charakter. Solange P dies noch nicht erkannt hatte, beging er den untauglichen Versuch kinderpornografische Schriften zu besitzen. Dieser ist aber nicht mit Strafe bedroht. Aus § 11 Abs. 1 Nr. 6 Alt. 1 StGB ergibt sich eine Versuchsstrafbarkeit nicht, weil § 184b Abs. 3 Alt. 2 StGB kein Unternehmensdelikt ist. Zwar ist gemäß § 184b Abs. 4 Hs. 1 StGB der Versuch mit Strafe bedroht (§ 23 Abs. 1 StGB). Ausdrücklich davon ausgenommen sind aber Taten nach Absatz 3 (§ 184b Abs. 4 Hs. 2 StGB). Daher ist der versuchte Besitz kinderpornografischer Schriften keine straftatbestandsmäßige Tat. Beihilfe zu dieser Tat ist deshalb nicht strafbar.

2. Ergebnis
S hat sich nicht aus §§ 184b Abs. 3 Alt. 2, 27 Abs. 1 StGB strafbar gemacht.

III. Begünstigung, § 257 Abs. 1 StGB
S könnte sich dadurch, dass sie den P vor polizeilichen Maßnahmen warnte, wegen Begünstigung gemäß § 257 Abs. 1 StGB strafbar gemacht haben.

1. Objektiver Tatbestand
a) Vortat
P hat durch die formell vollendete Verschaffung des Besitzes an (vermeintlich) kinderpornografischen Schriften eine Vortat begangen. Die Vortat braucht nicht gegen fremdes Vermögen gerichtet zu sein.[21] Erforderlich ist nur, dass aus der Vortat Vorteile hervorgegangen sind, zu deren Sicherung die Begünstigung geeignet sein

---

[20] Das der Besitzverschaffung nachfolgende Besitzen ist auch keine sich der Vollendung des Besitzverschaffens anschließende „Beendigungs"-Phase, dazu allgemein *Rengier*, AT, § 33 Rn. 13 *Kühl*, AT, § 14 Rn. 21 ff.; *Rengier*, AT, § 33 Rn. 13; *Schönke/Schröder/Eser/Bosch*, vor § 22 Rn. 4 ff., speziell zur Beihilfe in der Beendigungsphase *Kaspar*, AT, § 6 Rn. 100; *Kühl*, AT, § 20 Rn. 233; *Schönke/Schröder/Heine/Weißer*, Rn. 10; *Wessels/Beulke/Satzger*, Rn. 909 ff.
[21] *Schönke/Schröder/Stree/Hecker*, § 257 Rn. 4, 18.

könnte. P hat durch die Begehung der Tat den Besitz an den DVDs erlangt. Zwar haben die Filme nicht die Qualität kinderpornografischer Schriften. Ein Vorteil, der unmittelbar aus der Vortat herrührt,[22] sind sie gleichwohl. Vermögensqualität braucht der Vorteil nicht zu haben.[23]

b) Hilfeleistung
Hilfeleistung ist eine Handlung, die konkret geeignet ist, dem Vortäter die erlangten Vorteile zu sichern, also den Verlust dieser Vorteile abzuwenden.[24] Dabei sind nur solche Verlustursachen beachtlich, die auf rechtmäßigen Maßnahmen des durch die Vortat Verletzten oder von Amtsträgern beruhen, die der Beseitigung vortatbedingter rechtswidriger Zustände oder der Wiederherstellung durch die Vortat beeinträchtigter Rechtspositionen dienen.[25] In erster Linie richtet sich die Hilfeleistung daher gegen Selbsthilfe des Geschädigten sowie Sicherstellungen und Beschlagnahmen durch staatliche Rechtspflege- und Sicherheitsorgane.[26]

Die Warnung der S war geeignet, den P davor zu schützen, dass ihm durch eine polizeiliche Maßnahme die DVDs entzogen werden. Fraglich ist jedoch, ob es überhaupt zulässig gewesen wäre, dem P die DVDs wegzunehmen. Wäre das nicht der Fall, hätte die Warnung der S die Wirkung einer Nothilfe iSd § 32 StGB und wäre deshalb vielleicht schon gar keine tatbestandsmäßige Hilfeleistung.[27] Eine Sicherstellung mittels Beschlagnahme könnte gemäß § 111b Abs. 1 StPO zulässig sein. Voraussetzung ist einzig das Bestehen eines einfachen Tatverdachts dahingehend, dass es sich bei den Zugriffsobjekten – hier den DVDs – um Gegenstände handelt, die der Einziehung (§§ 74 ff. StGB) unterliegen.[28] Da die praktische Bedeutung der Maßnahme nach § 111b StPO auf ihrer sanktionssichernden Wirkung in einem frühen Stadium des Strafverfahrens beruht,[29] hängt ihre Zulässigkeit nicht davon ab, dass die Voraussetzungen der Einziehung zur Überzeugung eines Gerichts (§ 261 StPO) erfüllt sind. Die Beschlagnahme gemäß § 111b Abs. 1 S. 1 StPO kann auch rechtmäßig sein und bleiben, wenn sich im weiteren Verlauf des Verfahrens herausstellen sollte, dass die Sanktionsvoraussetzungen nicht erfüllt sind. Ausreichende Anordnungsgrundlage sind Tatsachen, die den einfachen Verdacht begründen, dass die Voraussetzungen der Einziehung vorliegen.[30]

---

[22] Zu diesem Erfordernis vgl. *Schönke/Schröder/Stree/Hecker*, § 257 Rn. 18.
[23] BT-Dr. 7/550, S. 248; NK-*Altenhain*, § 257 Rn. 16.
[24] *Schönke/Schröder/Stree/Hecker*, § 257 Rn. 11.
[25] *Schönke/Schröder/Stree/Hecker*, § 257 Rn. 19.
[26] Instruktiv NK-*Altenhain*, § 257 Rn. 3 zum kriminellen Zweck der Begünstigung: „... ein Eingreifen des Verletzten oder des Staates zu verhindern, die dem Vortäter den Vorteil wieder entziehen könnten".
[27] Indiz dafür ist, dass in den Kommentierungen des § 257 StGB der Punkt „Rechtswidrigkeit" keine Berücksichtigung findet, vgl. z. B. MK-*Cramer/Pascal*; NK-*Altenhain*; *Schönke/Schröder/Stree/Hecker*.
[28] *Huber*, in: *Graf*, § 111b Rn. 5.
[29] MKStPO-*Bittmann*, vor §§ 111b ff. Rn. 1.
[30] MKStPO-*Bittmann*, § 111b Rn. 7.

Als Rechtsgrundlage für die Einziehung der DVDs kommt hier § 74d StGB nicht in Betracht. Zwar sind die DVDs Schriften iSd § 11 Abs. 3 StGB. Auch ist ihre öffentliche Verbreitung oder gleichwertige öffentliche Zugänglichmachung gemäß § 184 Abs. 1 Nr. 5 StGB mit Strafe bedroht. Die dem P gelieferten DVDs sind aber weder verbreitet noch sonst öffentlich zugänglich gemacht worden, vgl. § 74d Abs. 1 S. 1, Abs. 4 StGB. Auch ist nicht ersichtlich, dass ein anderes Exemplar („Stück") dieser Schrift „durch eine rechtswidrige Tat verbreitet oder zur Verbreitung bestimmt worden ist", § 74d Abs. 1 S. 1 StGB. Die individuelle Weitergabe einer Schrift weist nicht die für das Verbreiten und die gleichgestellten Aktionen charakteristische Streu- und Breitenwirkung auf.[31] Auch die Voraussetzungen einer Einziehung gemäß § 74 Abs. 1 StGB liegen nicht vor. Die DVDs sind weder zur Begehung einer vorsätzlichen Straftat „gebraucht oder bestimmt" (instrumenta sceleris)[32] noch sind sie durch eine Straftat „hervorgebracht" worden (producta sceleris).[33] Sie sind vielmehr „Beziehungsgegenstände", auf die sich eine Straftat bezieht, weil zur Erfüllung des Tatbestandes die Involvierung der Schrift notwendig ist.[34] Rechtsgrundlage kann daher allenfalls § 184b Abs. 6 S. 1 StGB sein. Gegen P besteht – wie oben festgestellt wurde – der begründete Verdacht einer Straftat gemäß § 184b Abs. 3 Alt. 1 iVm § 11 Abs. 1 Nr. 6 Alt. 1 StGB. Auf diese Strafvorschrift verweist § 184b Abs. 6 S. 1 StGB. Da P mit der Annahme des von F überbrachten Pakets den Tatbestand erfüllte, scheint das Paket samt Inhalt auch in der einziehungsrelevanten Beziehung zu der Tat zu stehen: Die DVDs sind Gegenstände, auf die sich eine Straftat nach Absatz 3 „bezieht". Gleichwohl bestehen gegen die Zulässigkeit einer Einziehung Bedenken. Diesen braucht hier aber nicht nachgegangen zu werden. Denn im Kontext der verfahrenssichernden Beschlagnahme nach § 111b Abs. 1 S. 1 StPO ist eine vollständige Klärung der Einziehungsvoraussetzungen weder möglich noch erforderlich. Schließlich genügt für die Legalisierung der vorläufigen Maßnahme die begründete Annahme, dass die Voraussetzungen der Einziehung oder Unbrauchbarmachung des Gegenstands vorliegen§ 111b Abs. 1 S. 1 StPO. In Anbetracht der scheinbar eindeutigen Aussage des § 184b Abs. 6 S. 2 StGB dürfte sich diese sogar zu einer dringenden Annahme nach § 111b Abs. 1 S. 2 StPO verdichten, sodass eine Beschlagnahme erfolgen „soll", mithin eine Beschlagnahme im Regelfall anzuordnen bleibt (näher dazu unten bei Frage 4).[35]

Hilfeleistung kann nach h.M. auch ein Beitrag zur Vorteilssicherung sein, der materiell die Struktur einer Beihilfe zur eigennützigen Selbstbegünstigung des Vortäters hat. Da die täterschaftliche Selbstbegünstigung den objektiven Tatbestand des § 257 Abs. 1 StGB nicht erfüllt, kann der Helfer nicht wegen Beihilfe zur (Selbst-)Begünstigung (§§ 257 Abs. 1, 27 StGB) strafbar sein. Tätige Unterstützung des sich selbst begünstigenden Vortäters ist aber zu täterschaftlicher Fremdbegünstigung

---

[31] *Schönke/Schröder/Eisele*, § 184b Rn. 5.
[32] *Schönke/Schröder/Eser*, § 74 Rn. 9 ff.
[33] *Schönke/Schröder/Eser*, § 74 Rn. 8.
[34] *Schönke/Schröder/Eser*, § 74 Rn. 12a.
[35] *Huber*, in: *Graf*, StPO, § 111b Rn. 6.

aufgewertet worden und daher tatbestandsmäßig.[36] Die Warnung der S hat den P in die Lage versetzt, selbstbegünstigende Handlungen zu vollziehen und damit selbst die DVDs dem Zugriff staatlicher Behörden zu entziehen.

Nach dem Sachverhalt ist nicht aufklärbar, ob S den P vor Empfang des Paketes warnte oder danach. Dem Wesen der Begünstigung als „Anschlussdelikt" ist immanent, dass die Begünstigung der Vortat nachfolgt, weil nur unter dieser Voraussetzung eine Sicherung bereits erlangter Vorteile möglich ist. Allerdings kommt es dafür nicht auf den Zeitpunkt der Begünstigungshandlung, sondern den Zeitpunkt der Begünstigungswirkung an. Diese muss zur Entfaltung kommen, nachdem der Begünstigte durch seine Tat einen Vorteil erzielt hat. Auch eine „vorweggenommene" Hilfeleistung kann somit Begünstigung sein, wenn sie sich vorteilssichernd auswirkt, nachdem der Begünstigte durch seine Vortat den Vorteil oder die Vorteile erlangt hat.[37] Daher hat hier die Unaufklärbarkeit des Zeitpunkts der Warnung keine Erheblichkeit für die Bewertung der Tat als Begünstigung.

2. Subjektiver Tatbestand
a) Vorsatz, § 15 StGB
Auf Grund ihrer Kenntnis von den im Vorfeld des zwischen J und P getätigten Geschäfts getroffenen polizeilichen Maßnahmen hielt die S es für möglich, dass P eine begünstigungstaugliche Vortat begehen und aus ihr Vorteile erlangen würde.[38] Ihrer Warnung legte sie daher den Sinn einer Hilfeleistung bei. Also handelte S vorsätzlich.

b) Vorteilssicherungsabsicht
S beabsichtigte mit ihrer Warnung den P davon in Kenntnis zu setzen, dass ihm polizeiliche Maßnahmen drohen, mit denen ihm die gekauften DVDs entzogen werden könnten. Bereits diese Information ist der Ansatz einer Sicherung der Tatvorteile gegen den Verlust auf Grund polizeilichen Zugriffs. Darüber hinaus wollte die S den P veranlassen, die DVDs beiseite zu schaffen und dadurch den Beschlagnahmeversuch zu vereiteln. Also handelte S mit Vorteilssicherungsabsicht.

3. Rechtswidrigkeit
Die Tat war rechtswidrig.

4. Schuld
S handelte schuldhaft.

---

[36] *Schönke/Schröder/Stree/Hecker*, § 257 Rn. 15; NK-*Altenhain*, § 257 Rn. 27.
[37] NK-*Altenhain*, § 257 Rn. 13.
[38] NK-*Altenhain*, § 257 Rn. 29 m.w.N.: dolus eventualis genügt.

5. Ergebnis
S hat sich aus § 257 Abs. 1 StGB strafbar gemacht. Die Verwandtschaft mit P hat keinen Einfluss auf die Strafbarkeit, da § 257 StGB anders als § 258 Abs. 6 StGB die Angehörigenbeziehung nicht privilegiert.[39]

Frage 4: Einziehung der DVDs

I. § 74d StGB
Eine Einziehung der fünf DVDs könnte auf der Grundlage des § 74d StGB zulässig sein.

1. Schriften
Die dem P gelieferten DVDs sind Tonträger, Bildträger und Datenspeicher und somit Schriften iSd § 11 Abs. 3 StGB.

2. Krimineller Inhalt
Die auf den DVDs gespeicherten Filme müssten einen Inhalt haben, auf Grund dessen Qualität jede vorsätzliche Verbreitung in Kenntnis dieses Inhalts den Tatbestand eines Strafgesetzes verwirklichen würde. Der Verbreitung gleichgestellt sind Ausstellen, Anschlagen, Vorführen und öffentliche Zugänglichmachung in anderer Weise, § 74d Abs. 4 StGB. Da die Filme keine kinderpornografischen Schriften sind, kommt § 184b StGB als Grundlage der Strafbarkeit vorsätzlicher Schriftenverbreitung nicht in Betracht. Rechtsgrundlage einer Verbreitensstrafbarkeit können allein § 184 StGB sowie § 27 Abs. 1 JuSchG sein. Sowohl § 184 Abs. 1 Nr. 5 StGB als auch § 27 Abs. 1 Nr. 1 iVm § 15 Abs. 1 Nr. 6, Abs. 2 Nr. 1 JuSchG[40] stellen die öffentliche Verbreitung einfach-pornografischer Schriften unter Strafdrohung. Diese Strafbarkeit hängt allerdings nach beiden Vorschriften von der Erfüllung zusätzlicher Tatbestandsmerkmale ab. Die Tat muss außerhalb des Geschäftsverkehrs mit dem einschlägigen Handel öffentlich an einem Ort begangen werden, der Personen unter achtzehn Jahren zugänglich ist. Indessen steht gemäß § 74d Abs. 3 S. 1 StGB die Erforderlichkeit des Hinzutretens weiterer Tatumstände der Einziehung nicht entgegen. Das gilt auch für die Tatumstände des § 184 Abs. 1 Nr. 5 StGB und des § 27 Abs. 1 Nr. 1 iVm § 15 Abs. 1 Nr. 6 JuSchG.[41]

3. Anlasstat
Die Einziehung der Schriften ist nur zulässig, „wenn mindestens ein Stück durch eine rechtswidrige Tat verbreitet oder zur Verbreitung bestimmt worden ist", § 74d Abs. 1 S. 1 a.E. StGB. Gleichgestellt sind die Handlungen des § 74d Abs. 4

---
[39] NK-*Altenhain*, § 257 Rn. 35.
[40] Zum Jugendmedienschutz vgl. MK-*Hörnle*, § 184 Rn. 83 ff.
[41] Vgl. – teilweise mit überholter Bezugnahme auf §§ 4, 21 GjS – Matt/Renzikowski/*Altenhain*, § 74d Rn. 6; MK-*Joecks*, § 74d Rn. 21; MK-*Hörnle*, § 184 Rn. 87; NK-*Saliger*, § 74d Rn. 13; *Schönke/Schröder/Eser*, § 74d Rn. 12; *Schönke/Schröder/Eisele*, § 184 Rn. 94.

Lösung 71

StGB. Auf die Filme, die J dem P geschickt hat, trifft das nicht zu. Die Lieferung an einen Kunden ist keine Verbreitung und erfüllt auch nicht die Merkmale des § 74d Abs. 4 StGB. Ob in Bezug auf andere Stücke derselben Gattung eine relevante rechtswidrige Tat begangen worden ist, kann dahinstehen, weil insofern die einschränkende Voraussetzung des § 74d Abs. 3 S. 2 StGB nicht erfüllt wäre.

4. Ergebnis
Eine Einziehung der dem P gesandten Filme nach § 74d StGB ist nicht zulässig.

II. § 74 Abs. 1 StGB
Eine Einziehung der fünf DVDs könnte auf der Grundlage des § 74 Abs. 1 StGB zulässig sein.

1. Vorsätzliche Straftat
P hat mit dem Versuch sich den Besitz an kinderpornografischen Schriften zu verschaffen, eine vorsätzliche Straftat begangen (s. o. Frage 1, II.).

2. Instrumenta vel producta sceleris
Die DVDs müssten entweder durch die Straftat hervorgebracht oder zu ihrer Begehung oder Vorbereitung gebraucht oder bestimmt gewesen sein. Ersteres ist nicht der Fall, da die DVDs schon existierten, bevor sie von J an P geschickt wurden. Ob die DVDs zur Begehung oder Vorbereitung der Straftat gebraucht worden sind, hängt davon ab, was unter „Gebrauch" zu verstehen ist. Zu unterscheiden ist ein zur Tatbestandserfüllung notwendiger Gebrauch von einer Gegenstandsverwendung, die zur Erfüllung des Tatbestandes nicht notwendig ist. Dass eine Art der Gegenstandsverwendung, die nicht bereits vom Tatbestand erfasst ist, unter § 74 Abs. 1 Alt. 2 StGB fällt, steht außer Frage. Dagegen ist der tatbestandsimmanente Gebrauch eine Erscheinungsform der „Beziehung" im Sinne der „Beziehungsgegenstände".[42] Diese sollen aber gemäß § 74 Abs. 2 StGB nicht generell von §§ 74 ff. StGB erfasst sein, wie die Existenz spezieller Einziehungsvorschriften mit Bezug auf Beziehungsgegenstände bestätigt, vgl z. B. § 184b Abs. 6 StGB. Daher ist davon auszugehen, dass mit „Gebrauch" in § 74 Abs. 1 StGB nur Gegenstandsverwendungen gemeint sind, die zu der Tatbestandsverwirklichung hinzukommen ohne selbst ein Tatbestandsmerkmal zu erfüllen. Da die Involvierung kinderpornografischer Schriften in die Tatbegehung zur Erfüllung des Tatbestandes des § 184b Abs. 3 Alt. 1 StGB notwendig sind, haben diese Gegenstände nicht die Funktion von instrumenta sceleris.

3. Ergebnis
Eine Einziehung der dem P gesandten Filme nach § 74 Abs. 1 StGB ist nicht zulässig.

---

[42] *Schönke/Schröder/Eser*, § 74 Rn. 10.

III. § 184b Abs. 6 S. 1 StGB
Eine Einziehung der fünf DVDs könnte auf der Grundlage des § 184b Abs. 6 S. 1 StGB zulässig sein.

1. Straftat nach Absatz 1 Nummer 2 oder 3 oder Absatz 3
P hat eine Straftat begangen, die den Tatbestand des § 184b Abs. 3 erfüllt.

2. Beziehungsgegenstand
Fraglich ist, ob die DVDs zu dem Tatbestand des § 184b Abs. 3 Alt. 1 StGB in einer einziehungsrelevanten Beziehung stehen. Im Normalfall des § 184b Abs. 6 S. 1 StGB ist von der Einziehung eine kinderpornografische Schrift betroffen. Da § 184b Abs. 3 Alt. 1 StGB ein echtes Unternehmensdelikt normiert und deshalb durch den bloßen Versuch des Verschaffens und nach h.M. sogar durch einen untauglichen Versuch verwirklicht wird, kann nach dem Wortlaut des § 184b Abs. 6 S. 1 StGB jeder beliebige Gegenstand in der Beziehung zu der Straftat stehen. Im vorliegenden Fall ist der Gegenstand eine Schrift mit einfach-pornografischem Inhalt. Ein solcher Gegenstand ist taugliches Tatbegehungsobjekt nur im Rahmen des § 184 Abs. 1 StGB, steht also objektiv nur mit Taten nach § 184 Abs. 1 StGB in tatbestandsmäßiger Beziehung. Auf der Grundlage einer Tat nach § 184 Abs. 1 StGB sind Schriften aber allein als Tatterzeugnisse und Tatinstrumente gemäß § 74 Abs. 1 StGB oder gemäß § 74d StGB einziehbar.[43] Dagegen ist eine Straftat nach § 184 Abs. 1 StGB keine Grundlage für die Einziehung von Beziehungsgegenständen.

Insbesondere die Tatsache, dass nach § 184b Abs. 6 S. 1 StGB die Einziehung sogar obligatorisch ist, spricht für eine teleologische Reduktion dahingehend, dass auf dieser Rechtsgrundlage nur kinderpornografische Schriften einzuziehen sind. Gegen eine Einziehung der DVDs mit lediglich „weich" pornografischem Inhalt ist des Weiteren einzuwenden, dass deren Besitz durch P nicht illegal ist. Wäre § 184b Abs. 6 S. 1 StGB auf Taten anwendbar, die den Tatbestand des § 184b Abs. 3 Alt. 1 StGB durch Besitzverschaffung eines untauglichen Objekts erfüllen, müsste jeder beliebige Gegenstand, den der Täter für eine kinderpornografische Schrift hält, eingezogen werden. Dem läge aber kein legitimierender Sanktionszweck zugrunde. Im Normalfall ist die Anordnung der Einziehung eine Ermessensentscheidung (§ 74 Abs. 1 StGB, § 295 S. 1 StGB, § 21 Abs. 3 StVG: „kann/können eingezogen werden").[44] Obligatorisch ist die Einziehung allein bei manchen[45] Beziehungsgegenständen. Das hat seinen Grund darin, dass es sich bei den betroffenen Objekten um gefährliche Gegenstände handelt, die zur Tatbestandserfüllung tauglich sind (vgl z. B. § 150 StGB: falsches Geld, falsche oder entwertete Wertzeichen, Fälschungsmittel; § 282 S. 2: Fälschungsmittel). Ungefährliche Gegenstände, mit denen der Tatbestand eines untauglichen Versuchs nur deswegen erfüllt werden kann, weil der Täter sie irrtümlich für gefährlich hält, werden von der obligatorischen Einziehungsanordnung nicht erfasst. Hat der Täter mit irrig für Falschgeld gehaltenem

---

[43] *Schönke/Schröder/Eisele*, § 184 Rn. 94.
[44] MK-*Joecks*, § 74 Rn. 56; *Schönke/Schröder/Eser*, § 74 Rn. 42.
[45] Nicht bei allen, vgl. §§ 109k S. 1 Nr. 2; 282 S. 1; 322 Nr. 2; 330c S. 1 Nr. 2 StGB.

echten Geld einen strafbaren Versuch gemäß § 146 Abs. 1 iVm § 23 Abs. 1 StGB begangen, unterfällt das echte Geld nach dem eindeutigen Wortlaut nicht der Einziehungsregelung des § 150 StGB. Die dieser Beschränkung zugrunde liegende ratio gilt auch für § 184b Abs. 6 S. 1 StGB. Diese Einziehungsvorschrift erfasst deshalb nur echte kinderpornografische Schriften.

3. Ergebnis
Eine Einziehung der dem P gesandten Filme nach § 184b Abs. 6 S. 1 StGB ist nicht zulässig.

Frage 5: Strafbarkeit des P

I. § 184b Abs. 3 Alt. 1 iVm § 11 Abs. 1 Nr. 6 Alt. 1 StGB
P könnte sich dadurch, dass er dem F die Hand zur Annahme des Pakets entgegenstreckte, wegen materiell-versuchten Sich-Besitzverschaffens an kinderpornografischen Schriften gemäß § 184b Abs. 3 Alt. 1 iVm § 11 Abs. 1 Nr. 6 Alt. 1 StGB strafbar gemacht haben.

1. Keine materielle Vollendung, Strafdrohung, Tatentschluss
Die Tat erfüllt nicht die Voraussetzungen einer materiell vollendeten Besitzverschaffung. Die Strafbarkeit des materiell-versuchten Besitzverschaffens beruht auf § 11 Abs. 1 Nr. 6 Alt. 1 StGB. P hatte den Tatentschluss zur Begehung einer Tat, die den objektiven Tatbestand einer materiell vollendeten Besitzverschaffung erfüllen würde (siehe oben Frage 1 II. 3.).

2. Unmittelbares Ansetzen zur Tatbestandsverwirklichung
Hätte P das ihm von F entgegengestreckte Paket mit den DVDs ergriffen, wäre nach seiner Vorstellung von der Tat diese materiell vollendet. Das Ausstrecken der Hand zur Inempfangnahme des gelieferten Paketes war also der letzte Akt vor der Vollendung. Weitere Zwischenakte zum Eintritt in das Vollendungsstadium waren nicht erforderlich. Damit hat P mit dem Ausstrecken der Hand unmittelbar zur Verwirklichung des Tatbestandes angesetzt.

3. Rechtswidrigkeit
Die Tat war nicht gerechtfertigt.

4. Schuld
P handelte schuldhaft.

5. Rücktritt
Da P im letzten Moment die Annahme des ihm angebotenen Pakets verweigerte, könnte er von dem materiellen Versuch strafbefreiend zurückgetreten sein. Das setzt voraus, dass bei der Art von Delikt, das P begangen hat, ein Rücktritt überhaupt möglich ist. Die Tat des P ist nach § 184b Abs. 3 Alt. 1 iVm § 11 Abs. 1 Nr. 6 Alt. 1

StGB strafbar. Es handelt sich um ein materiell versuchtes Unternehmensdelikt. Formell ist die Tat indessen eine vollendete Straftat. Aus diesem Grund ist § 24 StGB nicht unmittelbar anwendbar.[46] Für eine analoge Anwendung des § 24 StGB fehlt bereits die methodologische Basis. Erforderlich wäre eine auf gesetzgeberisches Versehen rückführbare planwidrige Regelungslücke. Davon, dass der Gesetzgeber Vorschriften über Unternehmensdelikte geschaffen und dabei die Thematik des Rücktritts und der tätigen Reue schlicht übersehen haben könnte, kann aber nicht die Rede sein. Das Thema ist in der Strafrechtsliteratur seit langem präsent und auch die Gesetzgebung hat bei einigen Unternehmensdeliktstatbeständen Spezialvorschriften über tätige Reue geschaffen (z. B. §§ 83a, 275 Abs. 3 iVm § 149 Abs. 2 und 3, 314a, 320 StGB). Bei der letzten Novellierung des § 184b durch das Gesetz zur Reform der strafrechtlichen Vermögensabschöpfung und des § 184c StGB durch das 49. Strafrechtsänderungsgesetz vom 13.04.2017 wäre es möglich gewesen, entsprechende Regelungen zu kreieren. Dass dies nicht geschehen ist, muss als bewusste gesetzgeberische Entscheidung gegen eine Berücksichtigung der Vollendungsverhinderung aufgefasst werden. Daher können auch Spezialvorschriften wie z. B. § 314a StGB nicht entsprechend angewendet werden.[47] P ist nicht strafbefreiend von seiner Tat zurückgetreten.

6. Ergebnis
P hat sich wegen materiell versuchten Sich-Verschaffens des Besitzes an kinderpornografischen Schriften strafbar gemacht.

II. § 184b Abs. 1 Nr. 2 iVm § 11 Abs. 1 Nr. 6 Alt. 1 iVm § 25 Abs. 1 Alt. 2 StGB
P könnte sich dadurch, dass er den F veranlasste, das Paket wieder zu J zurückzubringen, wegen des materiell versuchten Unternehmens, einer anderen Person den Besitz an einer kinderpornografischen Schrift zu verschaffen, in mittelbarer Täterschaft strafbar gemacht haben.

1. Keine materielle Vollendung
P hat die Tat nicht materiell vollendet, da Objekt der Tat keine kinderpornografischen Schriften waren.

2. Versuchsstrafdrohung
Die Strafbarkeit der materiell versuchten Tat ergibt sich aus dem Unternehmensdeliktscharakter und somit aus § 11 Abs. 1 Nr. 6 Alt. 1 StGB. Die Pönalisierung des Versuchs wird also nicht durch § 184b Abs. 4 Hs. 1 StGB iVm § 23 Abs. 1 StGB begründet. Deshalb ist auch § 184b Abs. 4 Hs. 2 StGB hier nicht einschlägig. Diese Vorschrift setzt also nicht § 11 Abs. 1 Nr. 6 Alt. 1 StGB außer Kraft. Die Bezugnahme

---

[46] Satzger/Schluckebier/Widmaier-*Satzger*, § 11 Rn. 47; *Schönke/Schröder/Eser/Hecker*, § 11 Rn. 46.
[47] Satzger/Schluckebier/Widmaier-*Satzger*, § 11 Rn. 48; *Schönke/Schröder/Eser/Hecker*, § 11 Rn. 46.

in § 184b Abs. 4 Hs. 2 StGB auf § 184b Abs. 1 Nr. 2 StGB dient nur der Klarstellung, dass § 184b Abs. 4 Hs. 1 StGB nicht eine über § 11 Abs. 1 Nr. 6 Alt. 1 StGB noch hinausgehende Vorverlagerung der Strafbarkeit anordnet. Der materielle Versuch ist mit Strafe bedroht.

3. Tatentschluss
P müsste den Vorsatz gehabt haben eine Tat zu begehen, die alle objektiven Tatbestandsmerkmale einer materiell vollendeten Besitzverschaffung gemäß § 184b Abs. 1 Nr. 2 iVm § 11 Abs. 1 Nr. 6 Alt. 2 StGB erfüllt.

a) P stellte sich vor, das Paket enthält Schriften (§ 11 Abs. 3 StGB), die ein tatsächliches oder wirklichkeitsnahes kinderpornografisches Geschehen wiedergeben.

b) P müsste den Vorsatz gehabt haben, einer anderen Person den Besitz an den vermeintlichen kinderpornografischen Schriften zu verschaffen. P wollte, dass F das Paket wieder zu J zurückbringt. Also stellte er sich vor, J werde das Paket zurückerhalten und somit Besitz daran erlangen. Allerdings setzt eine Besitzverschaffung voraus, dass derjenige, dem der Besitz verschafft wird oder werden soll, zuvor noch nicht Besitzer des Gegenstandes gewesen ist. Hier war jedenfalls bis zur Versendung des Pakets J Besitzer der DVDs. P will mit der Veranlassung der Rücksendung diesen ursprünglichen Zustand wiederherstellen. Es ist fraglich, ob eine Handlung mit dieser Zielsetzung strafbar sein kann, zumal sie zugleich den Zweck hat, eigene strafbare Besitzerlangung zu verhindern. Die Frage ist zu verneinen, weil während des ganzen Versendungs- und Rücksendungsvorganges J Besitzer der DVDs gewesen und geblieben ist. P hatte niemals Besitz an den DVDs erlangt, da er die Annahme im letzten Moment verweigert hat. F, der das Paket mit den DVDs transportiert hat, war nicht Besitzer geworden, weil er im Verhältnis zum Versender J nur die Funktion eines Besitzdieners (§ 855 BGB) hatte. Besitzer war somit auch während des nicht abgeschossenen Versendungsvorgangs ausschließlich der J. Die Rücksendung diente also nicht der Besitzverschaffung, sondern lediglich der Aufrechterhaltung des Besitzes. P hatte deshalb nicht den Vorsatz, dem J den Besitz an kinderpornografischen Schriften zu verschaffen.

4. Ergebnis
P hat sich nicht wegen materiell versuchten Verschaffens des Besitzes an kinderpornografischen Schriften strafbar gemacht.

Fall 8 Lynchjustiz per Internet

Anstiftung – öffentliche Aufforderung zu Straftaten – Wahlfeststellung – Strafverfolgung im Internet – Staatsanwaltschaft und Medien

Am 24.03.2018 wurde in einem Parkhaus in einer brandenburgischen Kleinstadt die Leiche eines 11-jährigen Mädchens entdeckt. Schon am 27.03.2018 nahm die Polizei den 17-jährigen Berufsschüler Alex (A) als Tatverdächtigen fest. Die Polizeiaktion blieb in der Stadt und ihrer Umgebung nicht verborgen, so dass noch am Abend desselben Tages ein großer Teil der Bevölkerung davon Kenntnis hatte, dass sich auf der Polizeiwache ein Tatverdächtiger in behördlichem Gewahrsam befindet. Am selben Abend rief der 18-jährige Tom (T) via Facebook dazu auf, die Polizeiwache der Kleinstadt zu stürmen und den dort einsitzenden Tatverdächtigen zu lynchen (*„Aufstand! Alle zu den Bullen. Da stürmen wir. Lass uns das Schwein tothauen!"*). Daraufhin fanden sich vor dem Polizeigebäude etwa 50 Menschen ein, die bis in den frühen Morgen des nächsten Tages vor der Polizeiwache verharrten und lautstark die Herausgabe des jungen Mannes forderten. Aus der Menschenmenge wurden Parolen wie *„Hängt ihn auf! Steinigt ihn!"* skandiert.

Obwohl T bei Facebook unter einem Pseudonym auftrat, gelang es der Polizei, seine Identität zu ermitteln und ihn festzunehmen. Nicht mehr aufklärbar ist allerdings, ob T seinen Aufruf an einen geschlossenen Kreis von Facebook-Nutzern richtete und diese Adressaten ihrerseits weitere Personen zum Mitmachen animierten oder ob der Adressatenkreis unbeschränkt war. Ebenfalls ungeklärt bleibt, ob T sich einen beschränkten Adressatenkreis vorstellte oder ob es ihm egal war, wen sein Aufruf erreicht.

Die Tatsache der Inhaftierung eines Tatverdächtigen, der im Internet zu Lynchjustiz aufgerufen haben soll, verbreitete sich in der Region wie ein Lauffeuer. Sofort bedrängten zahlreiche Vertreter von Presse und Rundfunk die Staatsanwaltschaft mit der Forderung nach Auskünften. Der Pressesprecher der zuständigen Staatsanwaltschaft – Staatsanwalt Prokop (P) – trat daher vor die versammelten Medienvertreter und verkündete, man habe einen jungen Mann wegen des dringenden Tatverdachtes in Untersuchungshaft genommen. Den Namen des Verdächtigen nannte P nicht, wohl aber seinen Beruf und den Namen des kleinen Dorfs in der Nähe der Kreisstadt, in dem der Mann lebt. Dieses Dorf hat ca. 200 Einwohner. Es gibt dort nur einen jungen Mann, der den von P erwähnten Beruf ausübt. Auf Grund dieser

Informationen erfuhr die Öffentlichkeit bereits eine Stunde später den Namen des Verdächtigen sowie zahlreiche Details aus seinem Leben.

1. Wie ist das Verhalten des T – unter Berücksichtigung der Aufklärungsdefizite und damit verbundenen Sachverhaltsalternativen – strafrechtlich zu beurteilen?

2. Auf welche Weise konnte die Polizei ermitteln, dass T für den Aufruf zur Lynchjustiz bei Facebook verantwortlich war?

3. Wie sind die den Medienvertretern erteilten Auskünfte der Staatsanwaltschaft bezüglich T rechtlich zu beurteilen?

Lösung

Frage 1

I. Versuchte Anstiftung zum Totschlag/Mord, §§ 211, 212, 30 Abs. 1 StGB

Indem T via Facebook dazu aufforderte, die Polizeistation zu stürmen und den A umzubringen, könnte er sich wegen versuchter Anstiftung zum Totschlag/Mord gemäß §§ 211, 212, 30 Abs. 1 StGB strafbar gemacht haben.

1. Nichtvollendung

Da niemand dem Aufruf des T gefolgt ist, liegt keine vollendete Anstiftung zum – vollendeten oder versuchten – Mord oder Totschlag vor.[1]

2. Gesetzliche Versuchsstrafdrohung

Mord und Totschlag sind Verbrechen, § 12 Abs. 1 StGB. Daher ist die versuchte Anstiftung zum Mord oder zum Totschlag mit Strafe bedroht, § 30 Abs. 1 StGB.

3. Subjektiver Tatbestand

T müsste den Vorsatz gehabt haben, eine Tat zu begehen, die den objektiven Tatbestand der Anstiftung zum Mord oder zum Totschlag erfüllt.

a) T hatte den Vorsatz, dass der in Polizeigewahrsam befindliche A von einer das Polizeigebäude stürmenden Menschenmenge getötet wird. Ob sich T dabei die Erfüllung eines Mordmerkmals vorstellte, ist nach dem Sachverhalt nicht eindeutig zu beantworten.

aa) Naheliegend ist die Qualifizierung der den T treibenden Motive als „niedrige Beweggründe". Auf der anderen Seite stößt die Empörung, die von einem abscheulichen Verbrechen, wie der Tötung eines 11-jährigen Mädchens ausgelöst wird, auch auf berechtigtes Verständnis. Daher kann man niedrige Beweggründe hier nicht annehmen.

bb) Der Vorsatz des T umfasste auch kein anderes Mordmerkmal. Zwar kann ein mordlüsterner Mob gewaltbereiter Angreifer eine ähnliche Gefahrqualität und

---

[1] *Ostendorf/Frahm/Doege*, NStZ 2012, 529 (533); zu den verschiedenen Erscheinungsformen unvollendeter Verbrechensanstiftung vgl. *Schönke/Schröder/Heine/Weißer*, § 30 Rn. 20.

Gefahrintensität haben wie ein „gemeingefährliches Mittel". Dennoch verbietet es die Wortlautgebundenheit der Strafrechtsanwendung, eine Ansammlung von Menschen als „Mittel" zu bezeichnen.

b) T müsste den Vorsatz gehabt haben, einen anderen oder mehrere andere zur Begehung eines Totschlags zu bestimmen. Diese Bestimmung braucht nicht an eine individuell bestimmte Person adressiert zu sein. Erforderlich ist aber, dass die Tatbegehungsaufforderung an einen individuell bestimmten Personenkreis gerichtet ist.[2] Entsprechend muss der Vorsatz zumindest einen abgegrenzten Kreis von Personen und die Tatentschlussfassung einer oder mehrerer diesem Kreis angehörender Person(en) umfassen. Verbreitet sich der Tatbegehungsaufruf dagegen in einer grenzenlosen Weise, sodass ein unbestimmbarer Kreis von Personen von ihm erreicht und zur Tatbegehung veranlasst werden kann, handelt es sich nicht um ein Bestimmen iSd § 26 StGB, sondern eventuell um eine öffentliche Aufforderung iSd § 111 StGB.[3] Soweit der Vorsatz des T eine derartige Breitenwirkung seines Facebook-Aufrufs umfasste, ist es kein Anstiftungsvorsatz. Denn Anstiftung gemäß § 26 StGB und öffentliche Aufforderung gemäß § 111 StGB schließen sich aus (Exklusivitätsverhältnis).[4] Eine Aufforderung iSd § 111 StGB ist weitestgehend so zu verstehen, wie das Bestimmen iSd § 26 StGB.[5] § 111 StGB erfordert nicht notwendigerweise das Hervorrufen eines Tatentschlusses bei einem anderen, der Aufforderung kommt aber ein Appellcharakter zu und der Auffordernde muss sich die Aussage erkennbar zu eigen machen.[6] Der Appellcharakter ist am Grundrecht der freien Meinungsäußerung nach Art. 5 Abs. 1 GG zu messen.[7] Im Gegensatz zur Anstiftung besteht das Wesen einer Aufforderung insbesondere in der Unkontrollierbarkeit der ausgelösten Konsequenzen.[8]

Nach dem Sachverhalt kommen zwei alternative Vorsatzinhalte in Betracht: T könnte den Vorsatz gehabt haben, dass nur ein geschlossener Kreis von Facebook-Nutzern seinen Aufruf lesen kann. Dann wäre der Personenkreis, an den sich die Aufforderung richtete, individuell bestimmbar. Möglich ist aber auch, dass T sich vorstellte, jeder Facebook-Nutzer würde seinen Aufruf lesen können. Dann hätte T keinen Vorsatz bezüglich einer „Bestimmung" iSd § 26 StGB gehabt. Grundsätzlich müsste auf diese Unaufklärbarkeit mit der Anwendung des Prinzips „in dubio pro reo" reagiert und als Ergebnis festgestellt werden, dass sich T nicht wegen versuchter

---

[2] *B. Heinrich*, FS Heinz, 2012, S. 728 (736); *Schönke/Schröder/Heine/Weißer*, § 26 Rn. 19.

[3] *Eisele*, Computer- und Medienstrafrecht, 6. Kap. Rn. 150; *B. Heinrich*, in: Wandtke/Ohst, Medienrecht Praxishandbuch, Bd. 4. Kap. 6, Rn. 278; *ders.*, FS Heinz, 2012, S. 728 (736); MK-*Bosch*, § 111 Rn. 11; *Ostendorf/Frahm/Doege*, NStZ 2012, 529 (532); *Schönke/Schröder/Eser*, § 111 Rn. 4.

[4] *Ostendorf/Frahm/Doege*, NStZ 2012, 529 (532); dazu, dass eine öffentliche Aufforderung auch eine individuelle Anstiftung einschließen kann, *B. Heinrich*, FS Heinz, 2012, S. 728 (738).

[5] *Schönke/Schröder/Eser*, § 111 Rn. 3; für einen engeren Aufforderungsbegriff LK-*Rosenau*, § 111 Rn. 46.

[6] OLG Celle NStZ 2013, 720, 721; *Schönke/Schröder/Eser*, § 111 Rn. 3.

[7] OLG Celle NStZ 2013, 720, 721.

[8] *Schönke/Schröder/Eser*, § 111 Rn. 4.

Anstiftung zum Mord oder zum Totschlag strafbar gemacht hat. Andererseits könnte die bloße Möglichkeit einer strafbaren versuchten Anstiftung zum Totschlag für eine Strafbarkeit auf der Grundlage einer Wahlfeststellung ausreichen.[9] Dafür wäre erforderlich, dass alle in Betracht kommenden Sachverhaltsalternativen Strafbarkeit begründen.[10] Deshalb müssen alle zueinander in einem Alternativitätsverhältnis stehenden Sachverhalte einer strafrechtlichen Prüfung unterzogen werden. Hier ist somit die Prüfung der versuchten Anstiftung zum Totschlag fortzusetzen.

4. Objektiver Tatbestand
Indem T seinen Tötungsaufruf bei Facebook „gepostet" hat, setzte er unmittelbar zur Verwirklichung des Anstiftungstatbestandes an.[11]

5. Rechtswidrigkeit
Die Tat war nicht gerechtfertigt.

6. Schuld
T handelte schuldhaft. Da T kein Jugendlicher mehr ist (§ 1 Abs. 2 JGG), ist seine Verantwortlichkeit nicht von den Voraussetzungen des § 3 S. 1 JGG abhängig.

7. Ergebnis
Auf der Grundlage der einen Sachverhaltsalternative (Vorsatz bzgl. beschränktem Facebook-Nutzer-Adressatenkreis) hat sich T wegen versuchter Anstiftung zum Totschlag (§§ 212, 30 Abs. 1 StGB) strafbar gemacht.

II. Erfolglose öffentliche Aufforderung zur Begehung eines Totschlags, § 111 Abs. 2 iVm § 212 StGB
T könnte sich wegen erfolgloser öffentlicher Aufforderung zur Begehung eines Totschlags nach § 111 Abs. 2 iVm § 212 StGB strafbar gemacht haben.

1. Erfolglosigkeit
Da niemand den Tötungsaufruf des T befolgt hat und weder ein vollendeter noch ein versuchter Totschlag begangen wurde, liegt eine vollendete öffentliche Aufforderung zur Begehung eines Totschlags nicht vor.[12] Nach zutreffender Ansicht genügt für die Vollendung nicht, dass die Aufforderung den Adressaten zugegangen ist. Anderenfalls wäre die Gleichstellung mit der Anstiftung (§ 26 StGB) nicht legitim.[13]

---

[9] *Ostendorf/Frahm/Doege*, NStZ 2012, 529 (533).
[10] *Schönke/Schröder/Eser/Hecker*, § 1 Rn. 79.
[11] *Ostendorf/Frahm/Doege*, NStZ 2012, 529 (533); *Fischer*, § 30 Rn. 9a; *Schönke/Schröder/Heine/Weißer*, § 30 Rn. 18.
[12] NK-*Paeffgen*, § 111 Rn. 28.
[13] Zusätzlich einen Unmittelbarkeitszusammenhang fordernd: MK-*Bosch*, § 111 Rn. 19.

2. Gesetzliche Strafdrohung

Da das Delikt ein Vergehen ist (§ 12 Abs. 2 StGB) und eine ausdrückliche gesetzliche Anordnung „Der Versuch ist strafbar" (§ 23 Abs. 1 StGB) fehlt, ist der allgemeine Versuch nicht mit Strafe bedroht.[14] An die Stelle des Versuchs tritt die in § 111 Abs. 2 StGB unter Strafdrohung gestellte erfolglose Aufforderung.[15] Diese hat den Charakter eines beendeten Versuchs.[16]

3. Objektiver Tatbestand

Voraussetzung der in § 111 Abs. 2 StGB normierten Straftat ist eine vollendete öffentliche Aufforderung, die einen unbestimmten Adressatenkreis tatsächlich erreicht haben muss.[17] Hier hat der Aufruf des T tatsächlich andere Facebook-Nutzer erreicht. Nicht aufklärbar ist jedoch, ob die Aufforderung des T an einen geschlossenen oder einen offenen Empfängerkreis gerichtet war. Nur in letzterem Fall wäre der objektive Tatbestand erfüllt.[18] Da die Alternative „geschlossener Empfängerkreis" jedoch eine strafbare versuchte Anstiftung zum Totschlag ist (s. o. I.), kommt eine Strafbarkeit auf der Grundlage der Wahlfeststellung in Betracht. Die andere mögliche Sachverhaltsalternative „offener Empfängerkreis" trägt eine objektiv tatbestandsmäßige erfolglose öffentliche Aufforderung des T.

4. Subjektiver Tatbestand

T handelte mit dem Vorsatz, andere zur Begehung eines Totschlags zum Nachteil des A zu bestimmen. Der Vorsatz müsste eine Aufforderung an einen unbestimmten Kreis von möglichen Adressaten umfasst haben. Das ist nicht aufklärbar, da T auch den Vorsatz gehabt haben könnte, nur einen begrenzten Kreis von Adressaten zur Tötung des A zu bestimmen.[19] Es ist also möglich, dass T eine Tat begangen hat, die den objektiven Tatbestand des § 111 Abs. 2 StGB und den subjektiven Tatbestand der §§ 212, 30 Abs. 1 StGB erfüllt. Diese Tat wäre nicht strafbar. Denn es ist nicht möglich, den Anstiftungsvorsatz (§§ 212, 30 Abs. 1 StGB) mit dem objektiven Tatbestand der erfolglosen öffentlichen Straftataufforderung (§ 111 Abs. 2 StGB) zusammenzufügen. Das ist kein Problem der Wahlfeststellung, sondern der tatbestandlichen Anforderungen an eine strafbare Tat. Eine Tat, die objektiv eine öffentliche Aufforderung ist, aber von einem Anstiftungsvorsatz begleitet wird, erfüllt nicht die Strafbarkeitsvoraussetzungen des § 111 Abs. 2 StGB. Versuchte Anstiftung und erfolglose öffentliche Aufforderung sind nicht Unterfälle eines einheitlichen überwölbenden Delikts „erfolglose Aufforderung zur Straftatbegehung", sodass bei Vorsatzabweichungen die Grundsätze des „Irrtums über

---

[14] NK-*Paeffgen*, § 111 Rn. 28.
[15] *B. Heinrich*, in: Wandtke/Ohst, Medienrecht Praxishandbuch, Bd. 4, Kap. 6 Rn. 277.
[16] NK-*Paeffgen*, § 111 Rn. 39.
[17] NK-*Paeffgen*, § 111 Rn. 39.
[18] *B. Heinrich*, FS Heinz, 2012, S. 728 (738).
[19] Zu den daraus resultierenden Problemen instruktiv *Ostendorf/Frahm/Doege*, NStZ 2012, 529 (532).

Tatbestandsalternativen"[20] anwendbar wären.[21] Vielmehr ist hier davon auszugehen, dass T eine Tat begangen haben könnte, bei der die subjektive Vorstellung zu der objektiv tatbestandsmäßigen Deliktsverwirklichung nicht passt. Denn Anstiftung und öffentliche Aufforderung stehen in einem Exklusivitätsverhältnis.[22] Aus diesem Grund scheitert die Anwendung der „Wahlfeststellung" zwischen der Anstiftung zum Mord/Totschlag (§§ 211, 212, 30 Abs. 1 StGB) und der öffentlichen Aufforderung zur Begehung eines Totschlags (§ 111 Abs. 2 iVm § 212 Abs. 1 StGB)

5. Ergebnis
T hat sich nicht wegen erfolgloser öffentlicher Aufforderung zu Straftaten strafbar gemacht.

III. Anstiftung zur Bedrohung, §§ 241 Abs. 1, 26 StGB
Durch dieselbe Tathandlung könnte sich T wegen Anstiftung zur Bedrohung nach §§ 241, 26 StGB strafbar gemacht haben.

1. Objektiver Tatbestand
a) Die Menschen vor dem Polizeigebäude haben mit ihrem gegenseitigen Aufstacheln zur Tötung (§§ 212, 211 StGB) des A („Hängt ihn auf! Steinigt ihn!") zugleich Todesdrohungen gegen A ausgesprochen. Unterstellt, A konnte in seiner Haftzelle diese Rufe hören, haben die Aggressoren eine Verbrechensandrohung gem. § 241 Abs. 1 StGB begangen.[23]

b) Fraglich ist, ob T die Täter zu ihrer Tat bestimmt hat. Dies ist nicht eindeutig aufklärbar, aber immerhin möglich, da nicht auszuschließen ist, dass der Facebook-Beitrag des T nur von einer individuell bestimmbaren Gruppe zur Kenntnis genommen wurde. Die andere in Betracht kommende Sachverhaltsalternative unterscheidet sich insofern, als eine unbestimmbare Vielzahl von Facebook-Nutzern den Aufruf des T wahrgenommen hat. Auf dieser Basis hätte T die Täter nicht zu ihrer Tat bestimmt. In Betracht käme aber evtl. eine öffentliche Aufforderung zu Straftaten (§ 111 StGB). Im Hinblick auf eine mögliche Wahlfeststellung muss die Strafbarkeit wegen Anstiftung zur Bedrohung weiter geprüft werden.

2. Subjektiver Tatbestand
a) T hatte den Vorsatz, dass jemand aus dem Kreis der von seinem Lynchaufruf angesprochenen Facebook-Nutzer den T mit Tötungsvorsatz angreifen würde. Es ist anzunehmen, dass dieser Vorsatz auch eine dieser Aggression immanente Tötungsandrohung umfasste. Daher handelte T bezüglich der tatsächlich begangenen Bedrohung (§ 241 Abs. 1 StGB) vorsätzlich.

---

[20] MK-*Joecks*, § 16 Rn. 110 ff.; NK-*Puppe*, § 16 Rn. 114 ff.; *Schönke/Schröder/Sternberg-Lieben/Schuster*, § 16 Rn. 12.
[21] Dafür aber *Ostendorf/Frahm/Doege*, NStZ 2012, 529 (532) Fn. 39.
[22] LK-*Rosenau*, § 111 Rn. 9, 29; vgl. *Schönke/Schröder/Eser*, § 111 Rn. 3.
[23] *Schönke/Schröder/Eser/Eisele*, § 241 Rn. 15.

b) T müsste den Vorsatz gehabt haben, die Täter zu ihrer Tat zu bestimmen. Das setzt die Vorstellung voraus, dass der Tatbegehungsaufruf eine individuell bestimmte Person oder eine individuell bestimmbare Gruppe von Personen erreichen würde. Dass T eine solche Vorstellung von der Wirkung seines Facebook-Beitrags hatte, ist nach dem Ermittlungsergebnis möglich, aber nicht mit der für eine eindeutige Verurteilung notwendigen Sicherheit erwiesen. T könnte auch den Vorsatz gehabt haben, einen unbestimmten Kreis von Facebook-Nutzern anzusprechen und zur Tatbegehung aufzufordern. Dann wäre sein Vorsatz auf eine öffentliche Aufforderung zu Straftaten iSd § 111 StGB gerichtet.

Da schon objektiv nicht aufklärbar war, ob T mit einem bestimmten oder einem unbestimmten Adressatenkreis kommunizierte, ergeben sich vier Sachverhaltsalternativen: Aufforderung eines bestimmten oder unbestimmten Personenkreises jeweils mit dazu passendem oder mit zu der anderen Alternative passenden Vorsatz. Die Alternative objektive Aufforderung an einen unbestimmten Personenkreis mit dem Vorsatz, einen bestimmten Personenkreis zur Tat zu bestimmen, hat die Struktur einer versuchten Anstiftung zur Bedrohung. Da Bedrohung ein Vergehen (§ 12 Abs. 2 StGB) und kein Verbrechen (§ 12 Abs. 1 StGB) ist, ist der Versuch der Anstiftung zur Bedrohung nicht mit Strafe bedroht, § 30 Abs. 1 StGB. Da somit eine der in Betracht kommenden Tatalternativen straflos ist, fehlt für eine Verurteilung auf der Grundlage der Wahlfeststellung eine Voraussetzung.

3. Ergebnis
T hat sich nicht wegen Anstiftung zur Bedrohung strafbar gemacht. Aus demselben Grund scheidet auch eine Strafbarkeit wegen Anstiftung zum Landfriedensbruch (§§ 125, 26 StGB)[24] aus.

IV. Öffentliche Aufforderung zur Bedrohung, § 111 Abs. 1 iVm § 241 Abs. 1 StGB
Durch dieselbe Tathandlung könnte sich T wegen öffentlicher Aufforderung zur Bedrohung nach § 111 Abs. 1 iVm § 241 Abs. 1 StGB strafbar gemacht haben.

1. Objektiver Tatbestand
Die Tat „Bedrohung" wurde von den Menschen, die sich vor dem Polizeigebäude zusammengerottet hatten, begangen (s. o. III. 1. a). Ob der Entschluss zur Begehung dieser Tat durch eine „Bestimmung" iSd § 26 StGB oder durch eine öffentliche Aufforderung iSd § 111 Abs. 1 StGB hervorgerufen wurde, ist nicht aufklärbar. Dennoch muss geprüft werden, ob eine der möglichen Sachverhaltsalternativen eine Strafbarkeit aus § 111 Abs. 1 iVm § 241 Abs. 1 StGB trägt, weil davon die Möglichkeit einer Wahlfeststellung abhängt. Die Verlautbarung der Aufforderung in einem sozialen Netzwerk per Internet ist eine Form der „öffentlichen" Aufforderung.[25]

---

[24] Dazu *Ostendorf/Frahm/Doege*, NStZ 2012, 529 (536).
[25] MK-*Bosch*, § 111 Rn. 18, 11; *Malek/Popp*, Strafsachen im Internet, Rn. 377: internettypische Verbreitung.

2. Subjektiver Tatbestand
T müsste Vorsatz bezüglich sämtlicher objektiver Tatbestandsmerkmale gehabt haben. Der zu prüfende Sachverhalt enthält keine eindeutige Angabe zu einem Vorsatz, der das Merkmal der „Aufforderung" umfasst. Denn T könnte stattdessen den Vorsatz gehabt haben, die Angehörigen eines bestimmten begrenzten Adressatenkreises zur Begehung einer Bedrohung zu bestimmen iSd § 26 StGB. Dieser Vorsatzinhalt wäre keine objektiv-tatbestandsmäßige öffentliche Aufforderung iSd § 111 StGB, sondern eine Anstiftung iSd §§ 241 Abs. 1, 26 StGB. Vorsatz und objektiv-tatbestandsmäßige Tat sind nicht kongruent. Zwischen den beiden alternativen Vorsatzinhalten besteht auch kein plus-minus- oder Einschlussverhältnis, auf dessen Grundlage eine eindeutige Verurteilung aus dem übergeordneten allgemeinen Tatbestand zulässig wäre. Die von einem Anstiftungsvorsatz iSd § 26 StGB getragene öffentliche Aufforderung iSd § 111 Abs. 1 StGB ist keine Straftat. Daher kommt auch eine Wahlfeststellung im Verhältnis zwischen §§ 241 Abs. 1, 26 StGB einerseits und § 111 Abs. 1 StGB iVm § 241 Abs. 1 StGB andererseits nicht in Betracht.

3. Ergebnis
T hat sich nicht wegen öffentlicher Aufforderung zur Bedrohung strafbar gemacht.

V. Beleidigung, § 185 StGB
T könnte sich wegen Beleidigung nach § 185 StGB strafbar gemacht haben.

1. Objektiver Tastbestand
Die Bezeichnung eines Menschen als „Schwein" ist Ausdruck der Nichtachtung dieses Menschen seitens des Täters. Dass der Betroffene im Verdacht steht, ein Kind ermordet zu haben, hebt seinen Anspruch auf Wahrung seiner persönlichen Ehre nicht auf.[26] Da die Äußerung bei Facebook von einer Vielzahl anderer Facebook-Nutzer wahrgenommen werden konnte, liegt eine vollendete Kundgabe vor.

2. Subjektiver Tatbestand
T handelte vorsätzlich, § 15 StGB.

3. Rechtswidrigkeit
Die Tat war nicht gerechtfertigt, insbesondere kann sich T nicht auf Wahrnehmung berechtigter Interessen (§ 193 StGB) berufen.

4. Schuld
T handelte schuldhaft.

5. Ergebnis
T hat sich wegen Beleidigung strafbar gemacht.

---

[26] *Ostendorf/Frahm/Doege*, NStZ 2012, 529 (534).

VI. Zusammenfassung und Wahlfeststellung

Die Unaufklärbarkeit der exakten strafrechtlichen Aufforderungskategorie (Bestimmen iSd § 26 StGB oder öffentliche Aufforderung iSd § 111 StGB) hat zur Folge, dass sich eine alternative Strafbarkeit allein in Bezug auf Straftaten feststellen ließe, die keine Kongruenz von Vorsatz und objektivem Tatbestand voraussetzen. Dies trifft hier allein auf die versuchte Anstiftung zum Totschlag bzw. Mord (§§ 211, 212, 30 Abs. 1 StGB) zu. Dagegen stand bei der Prüfung einer Strafbarkeit auf der Grundlage des § 111 StGB stets die Sachverhaltsalternative einer mit inkongruentem Vorsatz (bzgl. Bestimmung iSd § 26 StGB) begangenen Tat im Raum. Da eine Tat mit inkongruentem Vorsatz nicht strafbar ist, scheidet eine Strafbarkeitsbegründung auf der Basis ungleichartiger Wahlfeststellung aus. T ist daher nur wegen Beleidigung (§ 185 StGB) strafbar.

Frage 2

I. Wahrnehmung des Lynchjustizaufrufs

Um den T als Urheber des Aufrufs zur Lynchjustiz zu ermitteln, musste zunächst einmal dieser Aufruf selbst zur Kenntnis der Strafverfolgungsbehörden gelangen. Möglich ist, dass ein Amtsträger der Polizei oder der Staatsanwaltschaft selbst unmittelbar den Aufruf bei Facebook wahrgenommen hat. Dazu bedarf es keiner besonderen rechtlichen Gestattung. Was jeder Nutzer im Internet ohne besondere Anmeldung und Zugangskontrolle wahrnehmen kann, steht in gleicher Weise den Strafverfolgungsbehörden offen, soweit sie sich als Nutzer im Internet bewegen. Diese sog. „Streifenfahrt im Internet" hat keinen Eingriffscharakter und ist daher auf der Grundlage von §§ 161, 163 StPO ohne weiteres zulässig.[27]

II. Ermittlung der IP-Adresse

Weil T nicht unter seinem bürgerlichen Namen bei Facebook auftrat, sondern sich ein Pseudonym zulegte, konnten die Strafverfolgungsbehörden die Identität des für den Lynchaufruf verantwortlichen Facebooknutzers nicht ohne zusätzliche Ermittlungsmaßnahmen feststellen. Dazu bedurfte es zunächst der Ermittlung der IP-Adresse, die dem Lynchaufruf zugeordnet ist.[28] Rechtliche Grundlage für diese Maßnahme, mit der in das Telekommunikationsgeheimnis (Art. 10 GG) eingegriffen wird, ist § 100g StPO.[29] Unter den dort aufgestellten Voraussetzungen kann die Staatsanwaltschaft auf Grund richterlicher Anordnung (§ 100g Abs. 2 S. 1 iVm § 100b Abs. 1 S. 1 StPO) von dem Telekommunikationsdienstleister Auskunft über die Verkehrsdaten iSd § 96 TKG verlangen, § 100g Abs. 2 S. 1 iVm § 100b Abs. 3 S. 1 StPO. Tatsächlich gelingt der Zugriff der Strafverfolgungsbehörden aber nur auf Verkehrsdaten während der relativ kurzen Phase ihrer Speicherung beim

---

[27] *Malek/Popp*, Strafsachen im Internet, Rn. 420; *Ostendorf/Frahm/Doege*, NStZ 2012, 529 (537).
[28] *Ostendorf/Frahm/Doege*, NStZ 2012, 529 (537).
[29] *Malek/Popp*, Strafsachen im Internet, Rn. 448 ff.

Telekommunikationsdienstleister.[30] Eine längerfristige Datenspeicherung „auf Vorrat" ist infolge der Nichtigerklärung des § 113a TKG durch das BVerfG im Jahr 2010 und in Ermangelung einer gültigen gesetzlichen Regelung gegenwärtig nicht möglich.[31]

III. Ermittlung des Namens des T

Da die IP-Adresse keine unmittelbare Aussage über die Person enthält, der diese IP-Adresse zugeordnet ist, bedarf es eines weiteren Ermittlungsaktes, um die Identität des für den Lynchjustizaufruf Verantwortlichen aufzudecken. Zu diesem Zweck muss Zugriff auf die beim Internet-Provider vorhandenen Bestandsdaten genommen werden. Die erforderliche Rechtsgrundlage ist der 2013 neu eingeführte § 100j StPO.[32] Die Kenntnis einer statischen oder dynamischen IP-Adresse (§ 100j Abs. 2 StPO)[33] ermöglicht es der Strafverfolgungsbehörde, von dem Telekommunikationsdienstleister Auskunft zu den relevanten Bestandsdaten zu verlangen.[34]

Frage 3

I. Die Information der Öffentlichkeit über Strafverfahren

1. Öffentlichkeitsgrundsatz

Die Erlangung von Informationen über den Gang und die Ergebnisse eines Strafverfahrens durch unmittelbare Beobachtung des Verfahrensverlaufs ist möglich auf der Grundlage und im Rahmen des Öffentlichkeitsgrundsatzes gem. § 169 Abs. 1 S. 1 GVG. Nutznießer des daraus erwachsenden Rechts auf beobachtende Teilnahme an einem Teil des Strafverfahrens ist jedermann ohne die Bedingung eines bestimmten berechtigten Interesses oder bestimmter sonstiger Qualifikationen wie z. B. Sachkunde. Somit können sich auch Medienmitarbeiter die für ihre Arbeit benötigten Informationen über das Strafverfahren durch Ausübung des in § 169 Abs. 1 S. 1 GVG verankerten Rechts verschaffen.[35]

Der prozessuale Geltungsbereich des § 169 Abs. 1 S. 1 GVG ist aber beschränkt auf die strafgerichtliche Hauptverhandlung. Diese ist Teil des Hauptverfahrens, das dem Ermittlungsverfahren und dem Zwischenverfahren folgt. Das Ermittlungsverfahren und das Zwischenverfahren sind nichtöffentliche Verfahrensabschnitte.[36]

---

[30] *Ostendorf/Frahm/Doege*, NStZ 2012, 529 (538).
[31] *Malek/Popp*, Strafsachen im Internet, Rn. 449.
[32] *Malek/Popp*, Strafsachen im Internet, Rn. 464 ff.; von der Gesetzgebung überholt sind daher die einschlägigen Ausführungen bei *Ostendorf/Frahm/Doege*, NStZ 2012, 529 (537 f.).
[33] Dazu, dass § 100j Abs. 2 StPO auch statische IP-Adressen erfasst, MKStPO-*Günther*, § 100j Rn. 13.
[34] *Meyer-Goßner/Schmitt*, § 100 j Rn. 4.
[35] *C. von Coelln*, Zur Medienöffentlichkeit der Dritten Gewalt, S. 225 ff.
[36] *C. von Coelln*, Zur Medienöffentlichkeit der Dritten Gewalt, S. 84 ff.; *N. Fischer*, Die Medienöffentlichkeit im strafrechtlichen Ermittlungsverfahren, S. 54.

Informationen, die diese der Hauptverhandlung vorausgehenden Abschnitte des Strafverfahrens betreffen, können Medienvertreter nur mittels Auskunftserteilung der am Verfahren beteiligten Behörden erlangen. § 169 Abs. 1 S. 1 GVG ist dafür keine rechtliche Grundlage. Im vorliegenden Fall befand sich das Strafverfahren im Stadium des Ermittlungsverfahrens, als der Staatsanwalt die Medien über den Verdacht gegen T unterrichtete. Die rechtliche Beurteilung dieses Vorgangs hängt davon ab, ob die Staatsanwaltschaft zur Erteilung von Auskünften aus dem Ermittlungsverfahren berechtigt ist bzw. ob Medienvertreter gegen die Staatsanwaltschaft auf Erteilung von Auskünften einen Anspruch haben.

2. Presserechtlicher Auskunftsanspruch
a) Art. 5 Abs. 1 GG

Die Existenz eines Rechts der Presse auf Erteilung von Informationen über das Ermittlungsverfahren und einer korrespondierenden Auskunftserteilungspflicht der Staatsanwaltschaft könnte bereits aus den Grundrechten der Informationsfreiheit (Art. 5 Abs. 1 S. 1 GG) und der Pressefreiheit (Art. 5 Abs. 1 S. 2 GG) ableitbar sein.[37] Allerdings gibt diese Rechtsgrundlage keinerlei Kriterien für die im Einzelfall notwendigen Differenzierungen und Abwägungen, die vor allem mit Rücksicht auf die schutzwürdigen Informationszurückhaltungsinteressen des Beschuldigten erforderlich sind.[38] Letztere haben ihrerseits eine verfassungsrechtliche Verankerung in dem allgemeinen Persönlichkeitsrecht (Art. 1 Abs. 1 iVm Art. 2 Abs. 1 GG).[39] Daraus folgt, dass es auf der Grundlage des Art. 5 Abs. 1 GG kein absolutes Recht zur Informationsweitergabe an Medien geben kann.

b) Presserechtlicher Informationsanspruch

Eine spezialgesetzliche Regelung, die speziell, unmittelbar und ausschließlich die Rechtsverhältnisse zwischen Behörden der Strafrechtspflege und Vertretern der Medien in Bezug auf die Weitergabe von Informationen aus dem Strafverfahren – insbesondere dem Ermittlungsverfahren – reglementieren, gibt es gegenwärtig nicht.[40] Daher ist auf allgemeine Vorschriften zurückzugreifen, die neben der Thematik strafverfahrensrelevanter Informationen auch Auskunftserteilungen aus anderen Bereichen der staatlichen Verwaltung betreffen.

Eine einfachgesetzliche Grundlage hat der Anspruch der Presse auf behördliche Auskunfterteilung in den Pressegesetzen der Bundesländer,[41] z. B. in § 5 des brandenburgischen Pressegesetzes (BbgPG).[42] Diese landesrechtlich begründete

---

[37] *N. Fischer*, Die Medienöffentlichkeit, S. 60 ff.; *B. Heinrich*, in: Wandtke/Ohst, Medienrecht Praxishandbuch, Bd. 4. Kap. 6 Rn. 422; *Kerscher*, Gerichtsberichterstattung und Persönlichkeitsschutz, Diss. Hamburg, 1982, S. 310 ff.
[38] *Peifer/Dörre*, Übungen im Medienrecht, 2. Aufl. 2012, S. 93.
[39] *Kerscher*, Gerichtsberichterstattung und Persönlichkeitsschutz, Diss. Hamburg, 1982, S. 299 ff.
[40] *N. Fischer*, Die Medienöffentlichkeit, S. 56.
[41] *N. Fischer*, Die Medienöffentlichkeit, S. 65.
[42] § 5 Abs. 1 Landespressegesetz Brandenburg: „Die Behörden sind verpflichtet, den Vertretern der Presse die der Erfüllung ihrer öffentlichen Aufgabe dienenden Auskünfte zu erteilen."

Informationspflicht besteht für alle Landesbehörden einschließlich der Justiz.[43] Die Staatsanwaltschaft, die für das Ermittlungsverfahren gegen T zuständig ist, ist eine Behörde des Landes Brandenburg. Sachlich ist die Auskunftspflicht beschränkt auf Informationen, die der „Erfüllung der öffentlichen Aufgabe" der Presse dienen. Die „öffentliche Aufgabe der Presse" umfasst die Beschaffung und Verbreitung von Nachrichten, die Stellungnahme, Kritik sowie sonstige Mitwirkung an der freien individuellen und öffentlichen Meinungsbildung, vgl. § 3 S. 1 BbgPG. Gegenstand der Berichterstattung kann auch die Tätigkeit von Polizei, Staatsanwaltschaft und Gericht im Zusammenhang mit der Verfolgung und Aufklärung von Straftaten sein.

II. Einschränkungen

Der presserechtliche Anspruch auf behördliche Auskunftserteilung besteht nicht schrankenlos. Daher hat die um Auskunft ersuchte Staatsanwaltschaft in jedem Einzelfall zu prüfen, ob und inwieweit der Informationsweitergabe rechtliche Beschränkungen entgegenstehen.

1. § 5 Abs. 2 BbgPG

Nach den Landespressegesetzen kann die Behörde die von Vertretern der Presse beantragte Auskunft verweigern, wenn anderenfalls ein überwiegendes öffentliches oder schutzwürdiges privates Interesse verletzt würde, vgl. § 5 Abs. 2 Nr. 3 BbgPG. Bei Auskünften der Staatsanwaltschaft über den Stand eines Ermittlungsverfahrens stehen dem Informationsinteresse die Informationszurückhaltungsinteressen des Beschuldigten entgegen.[44] Welches Gewicht diese haben und in welchem Verhältnis sie zu dem Auskunftsinteresse der Presse stehen, ist einzelfallabhängig. Ausschlaggebende Kriterien sind in erster Linie die Schwere der Tat, der Bekanntheitsgrad des Tatverdächtigen, die Stärke des Verdachts und die Empfindlichkeit der von der Auskunft berührten privaten Interessen. Dabei ist die Ausstrahlungswirkung der Unschuldsvermutung (Art. 6 Abs. 2 MRK) ein Gesichtspunkt, der die Strafrechtspflegeorgane zur Zurückhaltung bei jeder Maßnahme auffordert, die für den Beschuldigten eine Belastung erzeugen könnte, die auch nach einem Freispruch fortwirken würde. Daher ist insbesondere die Nennung des Namens des Beschuldigten ein massiver Eingriff, der nur durch überragende Informationsinteressen der Presse und der Allgemeinheit gerechtfertigt werden kann.

2. Nr. 23 RiStBV

In den Richtlinien für das Strafverfahren und das Bußgeldverfahren sind die Verfolgungsbehörden unter anderem dazu aufgerufen, eine unnötige Bloßstellung des Beschuldigten zu vermeiden, Nr. 23 Abs. 1 S. 4 RiStBV. Ausdrücklich ist festgelegt, dass dem allgemeinen Informationsinteresse der Öffentlichkeit in der Regel ohne Namensnennung entsprochen werden könne, Nr. 23 Abs. 1 S. 5 RiStBV.

---

[43] *C. von Coelln*, Zur Medienöffentlichkeit der Dritten Gewalt, S. 503.
[44] *Saliger*, JZ 2016, 824 (825).

3. §§ 169 ff. GVG

Eine mittelbare richtungweisende Wirkung für die Gestaltung des Ermittlungsverfahrens haben schließlich die Vorschriften über die Öffentlichkeit bzw. Nichtöffentlichkeit der Hauptverhandlung, §§ 169 ff. GVG. Soweit das Gesetz Gründe aufgreift, die den Ausschluss der Öffentlichkeit in der Hauptverhandlung gebieten oder rechtfertigen, sind diese auch im Hinblick auf eine Information der Öffentlichkeit im Ermittlungsverfahren beachtlich. Denn wenn das Informationsinteresse der Allgemeinheit nicht einmal im Verhältnis zu einem Beschuldigten den Vorrang hat, gegen den das Hauptverfahren eröffnet worden ist, dann müssen die berechtigten Schutzinteressen des Beschuldigten im Ermittlungsverfahren erst recht das Übergewicht haben.

4. Abwägung

Im vorliegenden Fall hat der Staatsanwalt P zwar den Namen des Beschuldigten T nicht ausdrücklich genannt. Die Informationen über Beruf und Wohnort haben hier aber eine so starke Identifizierungswirkung, dass sie der Preisgabe des Namens gleichkommen. Dass eine ausreichende Befriedigung des berechtigten Informationsinteresses der Allgemeinheit ohne Identifizierung des Tatverdächtigen nicht möglich wäre, ist nicht zu erkennen. Zudem erfolgte die Information der Presse in einem Frühstadium des Ermittlungsverfahrens, in dem der Verdachtsgrad naturgemäß noch nicht die Stärke hat, die für eine Anklageerhebung erforderlich ist. Missachtet hat P schließlich, dass es sich bei T um fast noch einen Jugendlichen handelt. Als 18-jähriger ist er der Altersklasse der Jugendlichen iSd § 1 Abs. 2 JGG gerade entwachsen und gehört in der Altersklasse der Heranwachsenden zu der jüngsten Gruppe. In der Hauptverhandlung wäre zwar die Öffentlichkeit nicht kraft Gesetzes gem. § 48 Abs. 1 JGG zwingend ausgeschlossen. Gemäß § 109 Abs. 1 S. 4 JGG kann aber die Öffentlichkeit ausgeschlossen werden, wenn dies im Interesse des Heranwachsenden geboten ist. Selbst wenn eine totale Informationssperre zum Schutz des Beschuldigten nicht geboten ist, sollte die Unterrichtung der Medien so schonend wie möglich erfolgen. Dabei hat die Wahrung der Anonymität des Beschuldigten oberste Priorität. Diese Abwägungsprinzipien hat P bei seiner Unterrichtung der Pressevertreter nicht beachtet. Seine Auskunftserteilung war daher rechtswidrig.

Fall 9 Der grenzüberschreitende Neonazi

Strafanwendungsrecht – Mediendistanzdelikte – Tatort bei Internettaten – Verwendung von Kennzeichen verfassungswidriger Organisationen – Garantenstellung – Einziehung von Gegenständen

Albert Axt (A) lebt in einer oberfränkischen Kleinstadt K-Burg. Von dort ist es nicht weit bis zur Tschechischen Republik. Daher gründete A im Sommer 2015 von einem Computer in Tschechien aus auf dem Internet-Videoportal YouTube eine Plattform mit der Bezeichnung „Arische Musikfreunde". Auf diese lud er unter anderem Abbildungen von Hakenkreuzen hoch. Während der Betriebsdauer von mindestens drei Monaten, während der A als Betreiber eine ständige Zugriffsmöglichkeit auf die Plattform hatte, wurden durch mindestens 2 Personen von Deutschland aus deren Inhalte abgerufen.

Die Hakenkreuzabbildungen hatte Hubert Holz (H), ein Freund des A in seinem Atelier in K-Burg gezeichnet, vervielfältigt und dort auch dem A für seine Plattform „Arische Musikfreunde" zur Verfügung gestellt. H ist Mieter einer Wohnung in einem Mehrfamilienhaus, in dem außer H noch der Vermieter, ein kinderloses Ehepaar und eine vierköpfige Familie mit zwei schulpflichtigen Kindern wohnt. Auf Grund von Mietrückständen und Beschwerden anderer Mieter über das Verhalten des H kündigte der Vermieter den Mietvertrag mit H. Aus Verärgerung darüber malte H im Hausflur mit einem dicken Filzstift ein Hakenkreuz an die Wand. Dies konnten die Mitbewohner wahrnehmen.

Eigentümer des Computers, mit dem A in Tschechien seine Plattform betrieb, ist der tschechische Freund Frantisek (F).
1. Wie haben sich A und H strafbar gemacht?
2. Darf der Computer des F eingezogen werden?

Lösung

Frage 1: Strafbarkeit des A

I. Verwenden von Kennzeichen verfassungswidriger Organisationen, § 86a Abs. 1 Nr. 1 StGB

1. Objektiver Tatbestand
a) **Kennzeichen**
Tatobjekt muss ein „Kennzeichen" sein. Dies ist in § 86a Abs. 2 S. 1 StGB definiert. Mit dem Wort „namentlich" wird im Gesetzestext angezeigt, dass die exemplarische Aufzählung von Erscheinungsformen des Kennzeichens nicht abschließend ist.[1] Entscheidend ist, dass mit dem Tatgegenstand durch eine tatbestandsmäßige Handlung (Verbreiten, Verwenden) die Zugehörigkeit zu einer tatbestandsmäßig relevanten Partei oder Vereinigung in optisch oder akustisch wahrnehmbarer Form zum Ausdruck gebracht werden kann.[2] Auf die Abbildung des von der NSDAP als Parteiabzeichen verwendeten Hakenkreuz trifft das zu.

b) **Organisationsbezug**
Es muss sich um das Kennzeichen einer der in § 86 Abs. 1 Nr. 1, 2 und 4 bezeichneten Parteien oder Vereinigungen handeln. Das Hakenkreuz ist Kennzeichen der ehemaligen nationalsozialistischen Organisation NSDAP. Damit steht das Kennzeichen in Beziehung zu einer Partei iSd § 86 Abs. 1 Nr. 4 StGB.[3]

c) **Verbreitung oder Verwendung**
Unter „Verbreiten" ist die mit einer körperlichen Weitergabe des Tatgegenstandes verbundene Tätigkeit zu verstehen, die darauf gerichtet ist, den Gegenstand in seiner physischen Substanz einem größeren Personenkreis zugänglich zu machen.[4] Die unkörperliche Zugänglichmachung des Inhalts im Wege der Internetnutzung (oder Rundfunkübertragung)[5] erfüllt diese Voraussetzung nicht.[6] „Verwenden" im Sinne des Straftatbestandes ist jede Art von Gebrauch – auch unkörperlicher Natur –, der das Kennzeichen wahrnehmbar macht.[7] Das Hochladen der

---

[1] *Hilgendorf/Valerius*, Computer- und Internetstrafrecht, Rn. 409; NK-*Paeffgen*, § 86a Ren. 6; *Schönke/Schröder/Sternberg-Lieben*, § 86a Rn. 3.
[2] *Eisele*, Computer- und Medienstrafrecht, 6. Kap. Rn. 107; MK-*Steinmetz*, § 86a Rn. 7.
[3] BGHSt 28, 394 (395); *Eisele*, Computer- und Medienstrafrecht, 6. Kap. Rn. 102; NK-*Paeffgen*, § 86 Rn. 22.
[4] BGH, NStZ 2012, 564.
[5] *B. Heinrich*, NStZ 2000, 533 (534).
[6] *Eisele*, Computer- und Medienstrafrecht, 6. Kap. Rn. 101; *Schönke/Schröder/Sternberg-Lieben*, § 86a Rn. 8.
[7] KG, NJW 1999, 3500 (3502); *Eisele*, Computer- und Medienstrafrecht, 6. Kap. Rn. 108; *Hilgendorf/Valerius*, Computer- und Internetstrafrecht, Rn. 413; *Lackner/Kühl*, § 86a Rn. 4; LK-*Laufhütte/Kuschel*, § 86a Rn. 13.

Hakenkreuzabbildungen auf die Plattform „Arische Musikfreunde" ist eine Verwendung des Kennzeichens.[8] Da A nicht in einer Versammlung handelte oder Schriften verbreitete, muss die Verwendung öffentlich geschehen sein. Dafür ist erforderlich, dass das Kennzeichen von einem größeren, nicht überschaubaren und nicht durch persönliche Beziehungen verbundenen Personenkreis wahrgenommen werden kann.[9] Dies trifft auf die Bereitstellung der Inhalte auf der Internet-Plattform zu.[10]

d) Inlandsbezug
Die Verwendung müsste im „Inland" erfolgt sein. Inland ist das Staatsgebiet der Bundesrepublik Deutschland.[11] Der Tatort der Verwendung muss also auf deutschem Territorium liegen.[12] Maßgeblich ist dabei die auf dem Ubiquitätsprinzip beruhende Definition des Tatortes in § 9 StGB.[13] A müsste entweder in Deutschland gehandelt haben (§ 9 Abs. 1 Alt. 1 StGB) oder es müsste ein zum Tatbestand gehörender Erfolg in Deutschland eingetreten sein (§ 9 Abs. 1 Alt. 3 StGB). Tathandlung ist das Hochladen der Hakenkreuzbilder auf die Internet-Plattform. Diese Handlung hat A in Tschechien ausgeführt, also im Ausland. Dass die Hakenkreuzbilder dadurch in Deutschland wahrnehmbar gemacht wurden, ist eine Folge dieser Handlung und nicht Bestandteil des Handlungsvollzugs. Zwar wird in Rechtsprechung und Literatur vereinzelt angenommen, dass die mediale Übertragung einer Kennzeichenverwendung noch Teil derselben sei, sodass auch der Ort, wo ein Medienkonsument das Kennzeichen wahrnehmen kann, noch Handlungsort sei.[14] Damit wird jedoch der Handlungsbegriff überdehnt und die Abgrenzung von Handlung und Erfolg aufgehoben.[15] Sobald der Täter keine Körperbewegungen mehr ausführt, ist seine Handlung beendet. Noch andauernde Geschehensverläufe, die durch die Handlung in Gang gesetzt worden sind, können nur noch als Erfolg tatortrelevant sein. Ein inländischer Tatort gem. § 9 Abs. 1 Alt. 1 StGB liegt daher nicht vor.[16] Die Tat wäre jedoch im Inland begangen, wenn in Deutschland ein zum Tatbestand des § 86a Abs. 1 Nr. 1 StGB gehörender Erfolg eingetreten wäre, § 9 Abs. 1 Alt. 3 StGB. Dass die von A hochgeladenen Hakenkreuzabbildungen von Internetnutzern in Deutschland wahrgenommen werden konnten, ist eine Folge der von A

---

[8] BGH, NStZ 2015, 81 (82).
[9] BGH, NStZ 2011, 575 (576); *Eisele*, Computer- und Medienstrafrecht, 6. Kap. Rn. 108; *Hilgendorf/Valerius*, Computer- und Internetstrafrecht, Rn. 415; LK-*Laufhütte/Kuschel*, § 86a Rn. 19; *Schönke/Schröder/Lenckner/Eisele*, § 186 Rn. 19.
[10] BGH, NStZ 2015, 81 (82).
[11] *Schönke/Schröder/Eser*, vor § 3 Rn. 44 ff.
[12] MK-*Steinmetz*, § 86a Rn. 6.
[13] *Eisele*, Computer- und Medienstrafrecht, 2. Kap. Rn. 5.
[14] KG, NJW 1999, 3500 (3502); LK-*Laufhütte/Kuschel*, § 86a Rn. 24; *Schönke/Schröder/Sternberg-Lieben*, § 86a Rn. 9.
[15] BGH, NStZ 2015, 81 (82); *Eisele*, Computer- und Medienstrafrecht, 2. Kap. Rn. 11; 6. Kap. Rn. 109; *B. Heinrich*, NStZ 2000, 533 (534); *Hilgendorf/Valerius*, Computer- und Internetstrafrecht, Rn. 414.
[16] BGH, NStZ 2015, 81 (82); *Eisele*, Computer- und Internetstrafrecht, 6. Kap. Rn. 109; *Satzger*, JURA (JK), 2015, S. 1011, §§ 9, 86a StGB.

begangenen Tat. Damit diese Folge ein „Erfolg" ist, der zum Tatbestand des Delikts gehört, müsste es in der gesetzlichen Tatbeschreibung einen Anknüpfungspunkt in Gestalt eines Erfolgsmerkmals geben. Der Gesetzestext enthält aber allein das Merkmal „verwendet". Dieses ist ein reines Handlungsvollzugsmerkmal ohne Erfolgskomponente. Das Verwenden von Kennzeichen iSd § 86a StGB ist deshalb ein abstraktes Gefährdungsdelikt.[17] Zwar können Taten, die den Tatbestand eines abstrakten Gefährdungsdelikts erfüllen, Erfolge verursachen, deren Verhinderung Zweck des Straftatbestandes ist.[18] Diese Erfolge stehen somit auch in einem inneren Zusammenhang mit dem Tatbestand. Sie gehören aber nicht im dogmatischen Sinne[19] zu diesem Tatbestand. Auf diese Art der Zugehörigkeit zum Tatbestand muss aber die Tatortvariante des § 9 Abs. 1 Alt. 3 StGB beschränkt werden, da anderenfalls der Anwendungsbereich dieser Norm uferlos würde. Auf abstrakte Gefährdungsdelikte ist § 9 Abs. 1 Alt. 3 StGB nicht anwendbar.[20]

A hat daher die Kennzeichen nicht im Inland verwendet. Der objektive Tatbestand ist nicht erfüllt.

2. Ergebnis
A hat sich nicht aus § 86a Abs. 1 Nr. 1 StGB strafbar gemacht.

II. Verwenden von Kennzeichen verfassungswidriger Organisationen durch Unterlassen, §§ 86a Abs. 1 Nr. 1, 13 Abs. 1 StGB

1. Objektiver Tatbestand
a) Kennzeichen und Organisationsbezug
Die Tatbestandsmerkmale sind erfüllt (s. o. I. 1. a, b).

b) Öffentliche Verwendung durch Unterlassen
aa) Nichtverhinderung eines Erfolges
Damit A das Tatbestandsmerkmal „öffentlich verwendet" durch Unterlassen erfüllen kann, müßte sich die Verwendung durch aktives Tun in eine Nichtverhinderung des Verwendungserfolgs umdeuten lassen, vgl. § 13 Abs. 1 StGB. Fraglich ist das hier vor allem deswegen, weil das Delikt des § 86a StGB ein abstraktes Gefährdungsdelikt ohne Erfolgsmerkmal ist (s. o. I. 1. d).[21] Allerdings ist anerkannt, dass der Begriff des „Erfolges" in § 13 Abs. 1 StGB nicht identisch ist mit dem Erfolgsbegriff der Tatbestandsgattung „Erfolgsdelikt" im Sinne der allgemeinen Tatbestandslehre.[22] Deswegen kann als „Erfolg" im Zusammenhang mit § 86a

---

[17] BGH, NStZ 2015, 81 (82); KG, NJW 1999, 3500 (3502); *Lackner/Kühl*, § 86a Rn. 1; LK-*Laufhütte/Kuschel*, § 86a Rn. 2.
[18] *B. Heinrich*, NStZ 2000, 533 (534).
[19] Dazu *Baumann/Weber/Mitsch/Eisele*, § 6 Rn. 16.
[20] BGH, NStZ 2015, 81 (82); KG, NJW 1999, 3500 (3502); *Satzger*, JURA (JK), 2015, S. 1011, §§ 9, 86a StGB.
[21] Offen gelassen trotz Andeutung von Zweifeln in BGH, NStZ 2015, 81 (82).
[22] *Baumann/Weber/Mitsch/Eisele*, § 21 Rn. 46.

Abs. 1 eventuell ein Zustand anerkannt werden, der auch bei der Verwirklichung des Tatbestandsmerkmals „öffentliche Verwendung" durch aktives Tun dessen Resultat ist: die Wahrnehmbarkeit für einen größeren unbegrenzten Personenkreis. Dass dieser Zustand – auf Grund des Hochladens der Hakenkreuzabbildungen – erzeugt worden ist, wurde oben festgestellt. A hat nichts zur Verhinderung oder Beseitigung dieses Zustands unternommen.

bb) Garantenstellung
Das Unterlassen steht einer Tatbestandsverwirklichung durch aktives Tun jedoch nur unter der Voraussetzung einer Garantenstellung gleich. Auf welchen Tatsachen eine Garantenstellung beruhen kann, ist gesetzlich nicht geregelt.[23] Überwiegend wird als ausreichend angesehen, dass jemand die Funktion eines Gefahrenquellenüberwachers (Überwachergarant) oder eines Rechtsgutsbeschützers (Beschützergarant) tatsächlich übernommen hat und ihm infolgedessen das Vertrauen entgegengebracht wird, er werde drohende tatbestandsmäßige Erfolge aktiv verhindern.[24] Breite Anerkennung genießt die Garantenstellung aus Ingerenz.[25] Entstehungsgrund dieser Garantenstellung ist ein gefahrbegründendes Verhalten, das nach h. M. gegen eine objektive Sorgfaltspflicht verstoßen und rechtswidrig sein muss.[26] A könnte die Voraussetzungen der Ingerenz-Garantenstellung dadurch erfüllt haben, dass er auf seiner Internet-Plattform Hakenkreuzabbildungen hochgeladen und damit die Gefahr unkontrollierbarer Wahrnehmung durch Internetnutzer geschaffen hat. Allerdings erfüllte – wie oben festgestellt – dieses Verhalten mangels Inlandsbezugs nicht den objektiven Tatbestand des § 86a Abs. 1 Nr. 1. Aus der Perspektive des deutschen Rechts war dieses Verhalten des A auf tschechischem Territorium kein strafwürdiges Unrecht. Deswegen kann die Gefahrschaffung auch nicht als unrechtsbegründende Pflichtwidrigkeit bewertet werden. Dass diese Handlung, hätte A sie auf deutschem Staatsgebiet vollzogen, nicht nur Unrecht, sondern sogar eine Straftat wäre, ändert daran nichts. Erforderlich ist, dass die gefahrbegründende Handlung unter den konkreten Gegebenheiten ihrer Ausführung das Urteil der Pflichtwidrigkeit verdient. Das ist hier wegen der Beschränkung des Tatbestandes auf Taten im Inland nicht der Fall.[27] Diese Einschränkung der Strafbarkeit darf nicht dadurch unterlaufen werden, dass ein auf ausländischem Territorium vollzogenes Gefährdungsverhalten als Basis einer Garantenstellung aus Ingerenz anerkannt wird. Allein ein pflichtwidriges Verhalten auf deutschem Staatsgebiet wäre geeignet die Garantenstellung aus Ingerenz zu begründen.

Eine Garantenstellung anderen Ursprungs ist nicht ersichtlich. Insbesondere lässt sich A nicht als Garant kraft Herrschaft über eine Gefahrenquelle qualifizieren. Zwar könnte man erwägen, in dem Internet als solchem eine Gefahrenquelle zu se-

---

[23] Zur Kritik daran im Lichte des Art. 103 II GG *Baumann/Weber/Mitsch/Eisele*, § 21 Rn. 41 ff.
[24] *Kaspar*, AT, § 10 Rn. 46; *Schönke/Schröder/Stree/Bosch*, § 13 Rn. 9; zur Kritik *Baumann/Weber/ Mitsch/Eisele*, § 21 Rn. 55.
[25] *Schönke/Schröder/Stree/Bosch*, § 13 Rn. 32 ff.
[26] *Kaspar*, AT, § 10 Rn. 62; *Rengier*, AT, § 50 Rn. 70 ff.; *Wessels/Beulke/Satzger*, Rn. 1022 ff.
[27] BGH, NStZ 2015, 81 (83).

hen.[28] Dann müsste vorliegend aber eine Gefahr entstanden sein, die dem immanenten Gefahrenpotenzial dieser Gefahrenquelle entspringt und nicht durch Nutzerverhalten erzeugt worden ist. Hier hat A durch aktives Verhalten die Gefahr verursacht, weshalb allein unter den Voraussetzungen der Ingerenz eine Garantenstellung begründbar wäre.

Da A keine Garantenstellung hatte, hat er den objektiven Tatbestand nicht durch Unterlassen erfüllt.

2. Ergebnis
A hat sich nicht aus §§ 86a Abs. 1 Nr. 1, 13 Abs. 1 StGB strafbar gemacht.

Frage 1: Strafbarkeit des H

I. Verwenden von Kennzeichen verfassungswidriger Organisationen, § 86a Abs. 1 Nr. 1 StGB
Durch das Anbringen des Hakenkreuzzeichens im Hausflur des Mietshauses könnte sich H aus § 86a Abs. 1 Nr. 1 StGB strafbar gemacht haben.

1. Objektiver Tatbestand
a) Kennzeichen
Das Hakenkreuz ist ein zur Tatbestandserfüllung taugliches Kennzeichen (s. o. A I 1 a).

b) Öffentliche Verwendung
Durch das Anbringen der Hakenkreuzzeichnung an der Wand im Hausflur hat H dieses Kennzeichen für andere Personen wahrnehmbar gemacht. Damit hat er das Kennzeichen verwendet (s. o. A I 1 c). Allerdings ist fraglich, ob nach den Umständen eine *öffentliche* Verwendung angenommen werden kann. Dass der Ort der Kennzeichenverwendung ein in Privateigentum stehendes Wohnhaus ist, steht der Öffentlichkeit nicht zwingend entgegen. Worauf es ankommt, ist die tatsächliche Möglichkeit der Kenntnisnahme von dem Kennzeichen für einen größeren, nicht durch persönliche Beziehungen zusammenhängenden Personenkreis. Hier ist diese Wahrnehmbarkeit nur für die Bewohner des Hauses geschaffen worden. Mit diesen war H auf Grund der Mietverhältnisse in dem Haus nachbarschaftlich und damit persönlich verbunden. Zudem war die Hakenkreuzschmiererei erkennbar an die anderen Bewohner und nicht an quivis ex populo adressiert, weil H damit seine Verärgerung über die Kündigung des Mietverhältnisses zum Ausdruck bringen wollte. Daher handelt es sich nicht um eine öffentliche Verwendung.[29]

2. Ergebnis
H hat sich nicht aus § 86a Abs. 1 Nr. 1 StGB strafbar gemacht.

---

[28] *Hilgendorf/Valerius*, Computer- und Internetstrafrecht, Rn. 242.
[29] BGH, NStZ 2011, 575 (576).

II. Verwenden von Kennzeichen verfassungswidriger Organisationen, § 86a Abs. 1 Nr. 2 StGB

Durch das Zeichnen und Vervielfältigen der Hakenkreuzabbildungen könnte sich H aus § 86a Abs. 1 Nr. 2 StGB strafbar gemacht haben.

1. Objektiver Tatbestand
a) Gegenstände
Die von H in seinem Atelier gezeichneten und vervielfältigten Gegenstände stellen das nationalsozialistische Hakenkreuzsymbol dar.

b) Herstellung
H hat diese Gegenstände als Vorlage für die Verwendung durch A auf seiner Internet-Plattform hergestellt.

c) Inlandsbezug
Fraglich ist, ob der Tatbestand des § 86a Abs. 1 Nr. 2 ebenso wie der des § 86a Abs. 1 Nr. 1 StGB auf Inlandstaten beschränkt ist. Aus dem Wortlaut des Gesetzes ergibt sich eher das Gegenteil:[30] da die Bedingung „im Inland" ausschließlich in § 86a Abs. 1 Nr. 1 StGB enthalten ist, drängt sich ein entsprechender Umkehrschluss auf. Sollte die räumliche Tatortbeschränkung für beide Alternativen des § 86a Abs. 1 StGB gelten, hätten die Worte „im Inland" vor die Nr. 1 platziert werden müssen. Dennoch ist ein Inlandsbezug der Tatbegehung jedenfalls in den Fällen zu fordern, in denen eine Verbreitung oder Verwendung ausschließlich im Ausland vorgesehen ist. Denn wenn die Verbreitung oder Verwendung selbst bei fehlendem Inlandsbezug straflos bleibt, muss die ihrer Vorbereitung dienende Tat ebenso straflos bleiben, wenn jeglicher Inlandsbezug fehlt.[31] Hier hat H die Herstellungshandlungen in seinem in der deutschen Stadt gelegenen Atelier ausgeführt. Daher hat er im Inland gehandelt.

2. Subjektiver Tatbestand
a) Vorsatz
Gemäß § 15 StGB ist nur vorsätzliche Tatbegehung strafbar.[32] Nach dem Sachverhalt hat H bezüglich sämtlicher objektiv-tatbestandsmäßiger Tatsachen vorsätzlich gehandelt.

b) Verbreitungs- oder Verwendungsabsicht
H stellte die Hakenkreuzabbildungen her, damit A sie auf seiner Internet-Plattform verwenden kann. Es ist nicht erforderlich, dass H die Kennzeichen selbst verbreiten oder verwenden will.[33] Nach dem eindeutigen Wortlaut des Gesetzes ist es auch unschädlich, dass ausschließlich eine Verwendung im Ausland beabsichtigt war.

---

[30] LK-*Laufhütte/Kuschel*, § 86a Rn. 25.
[31] MK-*Steinmetz*, § 86a Rn. 6; *Schönke/Schröder/Sternberg-Lieben*, § 86 Rn. 15, § 86a Rn. 9c.
[32] LK-*Laufhütte/Kuschel*, § 86a Rn. 37; MK-*Steinmetz*, § 86a Rn. 34.
[33] *Schönke/Schröder/Sternberg-Lieben*, § 86a Rn. 9c.

Unerheblich ist des Weiteren, ob die beabsichtigte Verbreitung oder Verwendung im Ausland nach dem ausländischen Strafrecht – also hier nach tschechischem Strafrecht – strafbar ist.[34]

3. Rechtswidrigkeit
Die Tat ist nicht gerechtfertigt.

4. Schuld
H hat schuldhaft gehandelt.

5. Ergebnis
H hat sich aus §§ 86a Abs. 1 Nr. 2 StGB strafbar gemacht.

III. Beihilfe zum Verwenden von Kennzeichen verfassungswidriger Organisationen, § 86a Abs. 1 Nr. 1, 27 Abs. 1 StGB
Durch das Zurverfügungstellen der hergestellten Hakenkreuzabbildungen könnte sich H aus §§ 86a Abs. 1 Nr. 1, 27 Abs. 1 StGB strafbar gemacht haben.

1. Objektiver Tatbestand
Als Haupttat, zu der H Beihilfe geleistet haben könnte, kommt nur das Hochladen der Hakenkreuzabbildungen auf der YouTube-Plattform in Betracht. Die Haupttat muss gem. § 27 Abs. 1 StGB den objektiven Tatbestand erfüllen, sowie vorsätzlich und rechtswidrig begangen worden sein. Oben (A I 1) wurde jedoch festgestellt, dass A den objektiven Tatbestand des § 86a Abs. 1 Nr. 1 StGB nicht erfüllt hat, weil er seine Tat nicht im Inland beging. Bereits daran scheint eine Strafbarkeit des H wegen Beihilfe zu der Tat zu scheitern.

Etwas anderes ergäbe sich, wenn die Strafbarkeitsbedingung „im Inland" nicht zum objektiven Tatbestand des § 86a Abs. 1 Nr. 1 StGB gehörte, sondern eine der Tatbestandsmäßigkeit vorgelagerte Geltungsbereichsbestimmung wäre. Diese Rechtsnatur haben nämlich allgemein die auf inländische oder ausländische Tatbegehung abstellenden Vorschriften in §§ 3 ff StGB. Wenn eine Tat nur deswegen nicht strafbar ist, weil sie nicht die in § 3 StGB normierte Voraussetzung „im Inland" erfüllt, bedeutet das nicht, dass der objektive Tatbestand der Strafnorm nicht erfüllt ist.[35] Im Gegenteil: der objektive Tatbestand der Strafvorschrift ist erfüllt, auf Grund des ausländischen Tatorts ist aber der räumliche Geltungsbereich der Vorschrift nicht berührt. Daher kann jemand tatbestandsmäßige Beihilfe dadurch leisten, dass er dem Täter bei der Begehung seiner Auslandstat hilft. Gemäß § 9 Abs. 2 S. 2 StGB ist eine Bestrafung des in Deutschland handelnden Gehilfen nach deutschem Strafrecht sogar dann möglich, wenn auf die Tat des im Ausland handelnden Täters das deutsche Strafrecht nicht anwendbar ist.

Auf die Unterstützung des in Tschechien handelnden A durch H trifft das aber nicht zu. Indem das Gesetz das Inlandserfordernis ausdrücklich in den tatbeschreibenden

---
[34] MK-*Steinmetz*, § 86a Rn. 35.
[35] MK-*Ambos*, vor § 3 Rn. 3; *Schönke/Schröder/Eser*, vor § 3 Rn. 6, 79.

Text aufgenommen hat, ist dieses Bestandteil des objektiven Tatbestandes geworden.[36] Der inländische Tatort hat also in § 86a Abs. 1 Nr. 1 StGB eine andere Rechtsnatur als in § 3 StGB. Deshalb kann das Fehlen eines inländischen Ortes der Haupttat auch nicht durch § 9 Abs. 2 S. 2 StGB überbrückt werden: diese Vorschrift greift ein, wenn die Haupttat nach dem Recht des ausländischem Tatortstaates nicht strafbar ist.[37] Hier aber ergibt sich die Straflosigkeit der von A begangenen Auslandstat aus dem deutschen Strafrecht, nämlich unmittelbar aus § 86a Abs. 1 Nr. 1 StGB.

2. Ergebnis
H hat sich nicht aus §§ 86a Abs. 1 Nr. 1, 27 Abs. 1 StGB strafbar gemacht.

Frage 2: Einziehung des Computers gem. § 92b StGB

Der Computer des F darf eingezogen werden, wenn die Voraussetzungen des § 92b StGB erfüllt sind.

I. Anlasstat
Nach dem Wortlaut des § 92b S. 1 StGB müsste eine „Straftat" begangen worden sein, die einen im 1. Abschnitt des StGB-BT normierten Straftatbestand erfüllt. Der Begriff „Straftat" umfasst hier auch nicht schuldhaft begangene rechtswidrige Taten, wenn die Einziehungsvoraussetzungen des § 74b Abs. 1 Nr. 1 StGB erfüllt sind.[38] Wie zu Frage 1 herausgearbeitet wurde, hat A weder eine Straftat begangen noch überhaupt den objektiven Tatbestand des § 86a Abs. 1 Nr. 1 StGB verwirklicht. Sein Verhalten scheidet daher als Anlasstat einer Einziehung von vornherein aus. Eine Straftat gem. § 86a Abs. 1 Nr. 2 StGB hat hingegen H begangen, indem er die Hakenkreuzabbildungen zeichnete und vervielfältigte.

II. Tatbezug des Gegenstands
Zwischen dem einzuziehenden Gegenstand und der Anlasstat muss ein Zusammenhang bestehen, der die Einziehung entweder als repressive oder als präventive Massnahme legitimiert. Der Gegenstand muss entweder als productum oder instrumentum sceleris (§ 92b S. 1 Nr. 1 StGB) oder als „Beziehungsgegenstand" (§ 92b S. 1 Nr. 2 StGB) in die Tat verstrickt sein. Zwar war der Computer zur Begehung der Tat des A bestimmt. Diese Tat ist aber nicht die Anlasstat. Mit der Tat des H bestehen keine von § 92b S. 1 Nr. 1 StGB erfasste Zusammenhänge. Weder ist der Computer ein Erzeugnis dieser Tat noch ist er ein zur Begehung oder Vorbereitung der Tat bestimmtes Werkzeug. Ein „Beziehungsgegenstand" iSd § 92b S. 1 Nr. 2 StGB ist eine Sache, auf die sich der Tatbestand der Anlasstat bezieht, ohne dass der Gegenstand Erzeugnis oder Werkzeug der Tat zu sein braucht.[39] Das ist der Fall,

---
[36] MK-*Steinmetz*, § 86a Rn. 6.
[37] MK-*Steinmetz*, § 86a Rn. 6.
[38] *Lackner/Kühl*, § 74 Rn. 3; *Schönke/Schröder/Sternberg-Lieben*, § 92b Rn. 4.
[39] *Schönke/Schröder/Sternberg-Lieben*, § 92b Rn. 5.

wenn der Tatbestand ein Merkmal enthält, unter das der Gegenstand subsumiert werden kann. Auch eine derartige Beziehung besteht zwischen dem Computer des F und dem Tatbestand des § 86a S. 1 Nr. 2 StGB nicht. Die Voraussetzungen einer Einziehung des Computers sind daher nicht erfüllt.

III. Ergebnis
Der Computer des F darf nicht eingezogen werden.

Fall 10 Muslim Markt

Öffentliche Aufforderung zu Straftaten – Anstiftung – agent provocateur – Verantwortlichkeit von Providern

Ali Abubakar (A) betreibt ein jedermann zugängliches Internetforum „muslim-markt". Im Rahmen einer Forumdiskussion über Aussagen, die der Schriftsteller Sam Smith (S) zum Islam gemacht hat, veröffentlicht A auf „muslim-markt" folgende Textpassage:

„Lassen Sie uns doch gemeinsam folgendes Gebet sprechen: Wenn der Islam so ist, wie S es immer wieder vorstellt, dann möge der allmächtige Schöpfer alle Anhänger jener Religion vernichten! Wenn aber Herr S ein Hassprediger und Lügner ist, dann soll ihn der gerechte Zorn des Allmächtigen treffen. Jeder treue Diener des allmächtigen Schöpfers gehe hin und vollstrecke, was ein göttliches Gebot ist: Tod dem Ungläubigen!"

Drei Tage nachdem der Text im Internet erschienen ist, verüben Ben (B) und Carlos (C) mit Tötungsvorsatz einen Brandanschlag auf das Wohnhaus des S. Da S nicht zu Hause ist, entsteht nur Sachschaden. S hatte vor der Tat einen anonymen Anruf erhalten und daraufhin das Haus verlassen. Bei ihrer polizeilichen Beschuldigtenvernehmung geben B und C an, sie hätten den im Internet veröffentlichten Text gelesen und als Aufforderung verstanden, den S zu töten. Sie hätten sich aber nicht sofort entschließen können, dem Aufruf Folge zu leisten. Im Laufe der weiteren polizeilichen Ermittlungen stellt sich heraus, dass der Text von über hundert Besuchern des Internetforums gelesen wurde. Die Polizei ermittelt zwölf weitere Nutzer, die den Text ebenfalls als Mordaufruf gegenüber S verstanden haben, darauf aber nicht reagiert haben.

Im Verlauf ihrer Ermittlungen stößt die Polizei auf den David (D), der den Text im „muslim-markt" auch gelesen hat. D hatte danach an B eine E-Mail geschickt und ihn aufgefordert, am Abend desselben Tages das Wohnhaus des S in Brand zu stecken und den S auf diese Weise zu töten. Daraufhin hatte sich B zu der Tat entschlossen und auch noch seinen Bekannten C zum Mitmachen motiviert. Bei seiner Vernehmung durch die Polizei gibt D an, er habe an dem Tag des Brandanschlages bei S anonym angerufen und ihm vorgespiegelt, ein Journalist wolle sich am Abend mit S treffen und ein Interview mit ihm führen. Auf diese Weise habe D den S zum Verlassen des Hauses veranlasst und verhindert, dass S bei dem Brandanschlag getötet wird. S bestätigt bei seiner Zeugenvernehmung, dass er tatsächlich an dem Tattag anonym angerufen worden sei und daraufhin das Haus verlassen habe, um sich mit dem Journalisten zu treffen. Die genaue Uhrzeit des anonymen Anrufs kann er aber nicht mehr sagen.

Die Staatsanwaltschaft ist davon überzeugt, dass D einerseits den B zu dem Brandanschlag auf S aufgefordert hat, andererseits aber auch den anonymen Anruf bei S getätigt hat, mit dem er verhinderte, dass S getötet wird. Da sich der Zeitpunkt des Anrufes nicht mehr aufklären lässt, sind nach dem Ermittlungsergebnis zwei alternative Abläufe möglich:

Alternative 1: D hatte von vornherein vor, die Tötung des S zu verhindern und hat diesen daher mit dem anonymen Anruf gewarnt, bevor er den B zu dem Brandanschlag aufforderte.

Alternative 2: D wollte zunächst, dass S von B durch einen Brandanschlag getötet wird. Nachdem er den B aufgefordert hatte, bereute er aber seine Tat und rief den S an, um dessen Tötung zu verhindern.

1. Wie hat sich A strafbar gemacht, wenn er damit gerechnet und es gewollt hat, dass sein Text von einer zahlenmäßig unbestimmten Menschengruppe als ernsthafte Aufforderung zur Tötung des S aufgefasst wird und wenn er damit gerechnet und es gewollt hat, dass daraufhin jemand den S töten wird?

2. Hat sich D strafbar gemacht und – wenn ja – wie?

3. Wie ist Frage 1 zu beantworten, wenn der Text „Lassen Sie uns doch ..." in dem Internetforum „muslim-markt" von dem Nutzer Emil (E) auf das von A eingerichtete Gästebuch eingetragen worden ist und A nichts dagegen unternommen hat, diesen Gästebucheintrag – von dem er einen Tag vor dem Brandanschlag gegen S Kenntnis bekam – zu entfernen?

4. *Fallabwandlung:* A hat damit gerechnet und gewollt, dass sein Text von einer zahlenmäßig unbestimmten Menschengruppe als ernsthafte Aufforderung zur Tötung des S aufgefasst wird und er hat auch damit gerechnet und es gewollt, dass daraufhin jemand den S töten wird. Als er aber zufällig glaubhaft erfuhr, dass B und C planen, den S mittels eines Brandanschlags auf sein Haus zu töten, rief A den S anonym an und forderte ihn auf, sofort sein Haus zu verlassen. Kurz zuvor hatte S bereits den anonymen Anruf des D erhalten. Als B und C das Haus des S in Brand setzten, war dieser nicht zu Hause.

Lösung

Frage 1: Strafbarkeit des A

I. Anstiftung zum versuchten Mord, §§ 211, 22, 26 StGB

A könnte sich dadurch, dass er den Text auf seine Webseite „muslim markt" gestellt hat, gem. §§ 211, 22, 26 StGB wegen Anstiftung zum versuchten Mord strafbar gemacht haben.

Eine mögliche Reduzierung der rechtlichen Verantwortlichkeit nach den Vorschriften über die Providerhaftung in §§ 7 ff TMG braucht hier nicht erörtert zu werden, da A zweifellos „eigene Informationen" zur Nutzung bereitgehalten hat und deshalb gem. § 7 Abs. 1 TMG der allgemeinen strafrechtlichen Verantwortlichkeit unterfällt.

1. Objektiver Tatbestand
a) Haupttat
B und C haben gemeinsam unmittelbar dazu angesetzt, den S mittels eines Brandanschlags auf sein Wohnhaus zu töten. Das ist der Versuch der Tötung mit einem gemeingefährlichen Mittel. Außerdem handelten B und C aus niedrigen Beweggründen. Die Tat war rechtswidrig und ist somit eine anstiftungstaugliche Haupttat.

b) Bestimmung
A müsste in B und C den Entschluss zur Begehung dieser Haupttat hervorgerufen haben. Der Text auf der Webseite hat B und C nicht unmittelbar zur Begehung der Tat veranlasst. Den Tatentschluss rief erst die von D an B gesandte E-Mail hervor. Dies steht jedoch einer Bestimmung seitens A nicht entgegen. Denn sofern D durch den Text dazu veranlasst wurde, B zu dem Anschlag auf S aufzufordern, könnte die Konstellation der „Kettenanstiftung" vorliegen. Diese mittelbare Anstiftung zur Haupttat steht der unmittelbaren Anstiftung der Haupttäter gleich.[1] Da D den Text im „muslim markt" gelesen und danach die E-Mail an B geschickt hatte, ist anzunehmen, dass der Impuls dazu von dem Text ausging. Allerdings ist fraglich, ob der Inhalt des von A verfassten Textes den Anforderungen einer „Bestimmung" entspricht. Erforderlich ist nämlich eine Tataufforderung, die an eine bestimmte konkrete oder zumindest bestimmbare Person oder Personenmehrheit gerichtet ist.[2] Sofern der Aufruf mehr als einen Adressaten hat, muss der Kreis der angesprochenen Personen geschlossen und überschaubar sein.[3] Das ist bei einem für jedermann zugänglichen Internetforum nicht der Fall. Auch ist der Text nicht so individuell verfasst, dass sich nur bestimmte Personen angesprochen fühlen können. Aus der Perspektive eines beliebigen Besuchers des Internetforums kann jeder die Aufforderung auf sich beziehen. Daher ist der Text auf der Webseite keine Bestimmung iSd § 26 StGB.

2. Ergebnis
A hat sich nicht aus §§ 211, 22, 26 StGB strafbar gemacht.

II. Öffentliche Aufforderung zu Straftaten, § 111 Abs. 1 StGB
A könnte sich dadurch, dass er den Text auf seine Webseite „muslim markt" gestellt hat, gem. § 111 Abs. 1 StGB wegen öffentlicher Aufforderung zu Straftaten strafbar gemacht haben. Auf §§ 7 ff TMG braucht nicht näher eingegangen zu werden (s. o. I).

---

[1] BGHSt 6, 359 (361); *B. Heinrich*, AT, Rn. 1341.
[2] BGH, NStZ 1998, 403 (4040); *Geppert*, Jura 1997, 299 (303).
[3] BGHSt 6, 359 (360).

1. Objektiver Tatbestand
a) Haupttat
Da der Täter des § 111 Abs. 1 StGB „wie ein Anstifter (§ 26) bestraft" wird und § 111 Abs. 2 StGB die erfolglose Aufforderung eigenständig unter Strafdrohung stellt, muss die erfolgreiche öffentliche Aufforderung des § 111 Abs. 1 StGB eine Haupttat veranlasst haben. Das ist der von B und C begangene Mordversuch gegen S (s. o. I.). Weitere Tatbestände, die der von B und C begangenen Tat Haupttatcharakter verleihen, sind § 306 Abs. 1 Nr. 1 StGB, § 306a Abs. 1 Nr. 1 StGB, § 305 Abs. 1 und § 303 Abs. 1 StGB.

b) Aufforderung
Der von A in das Internetforum gestellte Text hat trotz seiner verklausulierten Formulierung eindeutigen Appellcharakter.[4] Auch konkludente, verschleierte oder nur für bestimmte Gruppen von Adressaten verständliche öffentliche Aufrufe können eine tatbestandsmäßige Aufforderung sein.[5] Der an „jeden treuen Diener des allmächtigen Schöpfers" gerichtete Auftrag zur Vollstreckung eines „göttlichen Gebotes" ist als Aufruf zur Tötung des S mit den Worten „Tod dem Ungläubigen!" jedenfalls für die der Gruppe „treuer Diener" angehörenden Aufrufempfänger hinreichend unmissverständlich ausgedrückt.[6] Es unterliegt keinem Zweifel, dass mit „treuen Dienern" streng gläubige Muslime gemeint sind, das „göttliche Gebot" die Tötung von Ungläubigen umfasst und Opfer der das göttliche Gebot vollstreckenden Tötung der „ungläubige" S sein soll. Damit ist die Tat, zu deren Begehung aufgefordert wird, ihrer Art und ihrem rechtlichen Wesen nach konkretisiert.[7] Eine darüber hinausgehende Konkretisierung – etwa nach Zeit und Ort[8] – ist grundsätzlich nicht erforderlich.[9] Bestätigung findet diese rechtliche Bewertung des Textes darin, dass zahlreiche Besucher des Internetforums den Sinn des Textes tatsächlich als Tötungsaufruf verstanden haben. Entscheidend ist letztendlich, dass D sich durch den Text dazu motivieren ließ, den B zur Tötung des S aufzufordern und B daraufhin zusammen mit C den Mordversuch gegen S beging. Dass D bei seiner an B gerichteten Aufforderung möglicherweise von vornherein ohne Haupttatvollendungsvorsatz handelte, berührt die strafrechtliche Qualität der von A begangenen Aufforderung

---

[4] Zweifelhaft war dies bei dem – hier abgewandelten – Originaltext, auf den sich die Entscheidung OLG Oldenburg, NStZ 2007, 99 (99) bezog. Dazu *Eisele*, Computer- und Medienstrafrecht, § 32 Rn. 149: „... fehlt es jedenfalls an der Bestimmtheit der in Aussicht genommenen Taten, die überhaupt nicht weiter präzisiert sind."

[5] OLG Oldenburg, NStZ 2007, 99 (99).

[6] Vgl. demgegenüber den nach BGHSt 32, 310 ff. fragwürdigen Aufforderungscharakter der Parolen „Tod dem Klerus", „Tod Wehner und Brandt", „Tötet Cremer", „Hängt Brandt".

[7] BGH, NStZ 1998, 403 (404).

[8] Enger – den Besonderheiten des konkreten Falles geschuldet – OLG Stuttgart, NStZ 2008, 36 (37): „... dass bei öffentlichen Aufrufen, welche die Ankündigung einer Meinungskundgebung mit Demonstrationscharakter mit einem Aufruf zur Begehung bestimmter Straftaten verbinden, eine Aufforderung i. S. d. § 111 StGB nur dann vorliegt, wenn zeitgleich mindestens die Mitteilung eines bestimmten Tatortes und einer bestimmten Tatzeit erfolgt".

[9] BGHSt 32, 310 (312); *Eisele*, Computer- und Medienstrafrecht, § 32 Rn. 149.

nicht. Denn der Kausalzusammenhang zwischen dem von A ins Internet gestellten Text und der von B begangenen Tat ist unabhängig davon, welche Intention D beim Versenden seiner E-Mail hatte. Keinen Aufforderungscharakter hat der Text in Bezug auf die von B und C tatsächlich praktizierte Tötungsaktion mittels schwerer Brandstiftung einschließlich Zerstörung von Bauwerken.

c) Öffentlich
Bei der Herausgabe eines Textes in einem jedermann zugänglichen Internetforum handelt es sich um eine öffentliche Äußerung (§ 111 Abs. 1 Alt. 1 StGB). Dagegen ist die dritte Alternative „Verbreiten von Schriften" nicht erfüllt. Zwar ist der Rechner des A, auf dem er den Text in das Internetforum eingestellt hat ein „Datenspeicher" und damit eine Schrift iSd § 11 Abs. 3 StGB.[10] Durch die Tat wurde aber nicht der Datenspeicher – also das Trägermedium – verbreitet, sondern der Text selbst. Dies ist keine Verbreitung einer Schrift, sondern die öffentliche Zugänglichmachung.[11] Im Text des § 111 Abs. 1 StGB wird das durch die Alternative „öffentlich" erfasst. Das zentrale Kriterium der „Öffentlichkeit" ist die Unbegrenztheit und Unbestimmbarkeit des von der Aufforderung erreichten Personenkreises.[12] Dadurch unterscheidet sich die öffentliche Aufforderung des § 111 StGB von der Anstiftung des § 26 StGB[13] (s. o. I.).

2. Subjektiver Tatbestand
A hatte den Vorsatz bezüglich des Aufforderungscharakters seines Textes. Außerdem wollte er, dass jemand infolge der Aufforderung eine vollendete Tötung des S begeht. Da A hinsichtlich der Ausführungsart der Tötung keine Vorstellungen hatte, kann ein Vorsatz bezüglich des Mordmerkmals „mit gemeingefährlichem Mittel" nicht angenommen werden. Allerdings haben B und C auch das Mordmerkmal „niedrige Beweggründe" erfüllt. Dieses erfüllt auch A selbst, sodass es hier dahingestellt bleiben kann, ob insofern auf § 28 Abs. 1, § 28 Abs. 2 oder § 29 StGB abzustellen ist.[14] Unerheblich ist, dass A möglicherweise davon ausging, der oder die Täter würde(n) unmittelbar durch den Text zu ihrer Tat motiviert werden. Dass der Tatentschluss erst durch die „zwischengeschaltete" Aufforderung des D und somit in der Manier der „Kettenaufforderung" geweckt wird, liegt nicht außerhalb des Vorhersehbaren und rechtfertigt auch keine andere Bewertung der Tat. Deshalb ist eine etwaige Fehlvorstellung des A ein unwesentlicher Irrtum über den Kausalverlauf, der den Vorsatz unberührt lässt.[15]

Hinsichtlich der von B und C begangenen (schweren) Brandstiftung (§§ 306 Abs. 1 Nr. 1, 306a Abs. 1 Nr. 1 StGB) einschließlich der Zerstörung von Bauwerken

---

[10] *Eisele*, Computer- und Medienstrafrecht, § 19 Rn. 5; *Sieber*, JZ 1996, 494 (495).
[11] *Eisele*, Computer- und Medienstrafrecht, § 21 Rn. 38; *Sieber*, JZ 1996, 494 (495).
[12] OLG Stuttgart, NStZ 2008, 36 (37); *Eisele*, Computer- und Medienstrafrecht, § 32 Rn. 151.
[13] BGH, NStZ 1998, 403 (404); *Ostendorf/Frahm/Doege*, NStZ 2012, 529 (532).
[14] Dazu vgl. *Eisele*, BT I, Rn. 141 ff.; *Rengier*, BT II, § 5 Rn. 3 ff.
[15] BGHSt 7, 325 (329).

(§ 305 StGB) hatte A keinen Vorsatz. Zudem fehlt insofern bereits eine hinreichend konkrete Aufforderung.

3. Rechtswidrigkeit
Die Tat kann weder durch das Grundrecht der Bekenntnisfreiheit (Art. 4 GG) noch durch das Grundrecht der Meinungsfreiheit (Art. 5 Abs. 1 GG) gerechtfertigt werden. Allgemeine Rechtfertigungsgründe (§§ 32, 34 StGB) greifen nicht ein. Daher war die Tat rechtswidrig.

4. Schuld
A hat schuldhaft gehandelt. Eine möglicherweise religiös motivierte Vorstellung zu diesem Tötungsaufruf berechtigt zu sein, wäre ein vermeidbarer Verbotsirrtum, § 17 S. 2 StGB.

5. Ergebnis
A hat sich aus § 111 Abs. 1 StGB strafbar gemacht. Der Bestrafung ist auf Grund der doppelten Verweisung nach § 26 StGB und von dort nach §§ 211, 22 StGB der Strafrahmen von drei bis fünfzehn Jahren (§§ 23 Abs. 2, 49 Abs. 1 Nr. 1, 38 Abs. 2 StGB) bzw. die in § 211 Abs. 1 StGB angedrohte lebenslange Freiheitsstrafe zugrunde zu legen.

III. Erfolglose öffentliche Aufforderung zu Straftaten, § 111 Abs. 2 S. 1 StGB
A könnte sich dadurch, dass er den Text auf seine Webseite „muslim markt" gestellt hat, gem. § 111 Abs. 2 S. 1 StGB wegen erfolgloser öffentlicher Aufforderung zu Straftaten strafbar gemacht haben. Auf §§ 7 ff. TMG braucht nicht näher eingegangen zu werden (s. o. I).

1. Objektiver Tatbestand
a) Aufforderung ohne Erfolg
Da viele Internetnutzer den Text zwar als Tötungsaufruf verstanden haben, ohne darauf zu reagieren, ist die öffentliche Aufforderung insoweit ohne Erfolg geblieben.

b) Öffentliche Aufforderung zur Begehung einer rechtswidrigen Tat
A hat öffentlich zur Begehung eines Mordes gegenüber S aufgerufen (s. o. II).

2. Subjektiver Tatbestand
A handelte vorsätzlich, § 15 StGB.

3. Rechtswidrigkeit
Die Tat war rechtswidrig.

4. Schuld
A handelte schuldhaft.

5. Ergebnis
A hat sich aus § 111 Abs. 2 S. 1 StGB strafbar gemacht. Da A aber auch wegen einer erfolgreichen öffentlichen Aufforderung zu Straftaten strafbar ist (s. o. II), tritt § 111 Abs. 2 StGB dahinter zurück.[16]

Frage 2: Strafbarkeit des D

I. Anstiftung zur Brandstiftung, schweren Brandstiftung, Zerstörung von Bauwerken und Sachbeschädigung, §§ 306 Abs. 1 Nr. 1, 306a Abs. 1 Nr. 1, 305 Abs. 1, 303 Abs. 1, 26 StGB

Durch das Versenden der E-Mail an B könnte sich D gem. §§ 306 Abs. 1 Nr. 1, 26 StGB wegen Anstiftung zur Brandstiftung, gem. §§ 306a Abs. 1 Nr. 1, 26 StGB wegen Anstiftung zur schweren Brandstiftung, gem. §§ 305 Abs. 1, 26 StGB wegen Anstiftung zur Zerstörung von Bauwerken und gem. §§ 303 Abs. 1, 26 StGB wegen Anstiftung zur Sachbeschädigung strafbar gemacht haben.

1. Objektiver Tatbestand
a) Haupttat
B und C haben das Haus des S in Brand gesetzt und damit eine anstiftungstaugliche Haupttat begangen.

b) Bestimmung
Durch die Zusendung der E-Mail hat D in B den Entschluss zur Begehung der Tat geweckt. Da B daraufhin den C zur Beteiligung an der Tat motiviert hat, liegt in Gestalt einer „Kettenanstiftung" auch eine Bestimmung des C seitens des D vor.

2. Subjektiver Tatbestand
D hatte Vorsatz in Bezug auf eine vollendete Haupttat und in Bezug auf die Hervorrufung des Tatentschlusses. Sofern D nicht damit rechnete, dass B noch einen Mittäter einbeziehen würde, fehlte ihm insoweit der Vorsatz. Irrelevant ist in diesem Zusammenhang die Warnung des S durch einen anonymen Anruf des D. Dieser dient allein der Verhinderung eines vollendeten Mordes und schließt den Vorsatz des D bezüglich einer vollendeten Brandstiftung und Bauwerkzerstörung nicht aus (näher dazu unten II 2 a).

3. Rechtswidrigkeit
Die Tat war nicht gerechtfertigt.

4. Schuld
D handelte schuldhaft.

---

[16] *Schönke/Schröder/Sternberg-Lieben/Bosch*, Vorbem. §§ 52 ff. Rn. 110: Subsidiarität des Versuchs gegenüber der Vollendung.

5. Ergebnis
D hat sich aus §§ 306 Abs. 1 Nr. 1, 306a Abs. 1 Nr. 1, 305 Abs. 1, 303 Abs. 1, 26 StGB strafbar gemacht.

6. Konkurrenzen
Im Rahmen der Konkurrenzen verdrängt die Anstiftung zur schweren Brandstiftung (§§ 306a Abs. 1 Nr. 1, 26 StGB) die Anstiftung zur Brandstiftung nach §§ 306 Abs. 1 Nr. 1, 26 StGB. Erstere steht mit der Anstiftung zur Zerstörung eines Gebäudes gem. §§ 305 Abs. 1 26 StGB und der Anstiftung zur Sachbeschädigung an den im Gebäude befindlichen Gegenständen nach §§ 303 Abs. 1, 26 StGB in Idealkonkurrenz, mithin Tateinheit. Daneben verdrängt die Anstiftung zur Zerstörung des Gebäudes nach §§ 305 Abs. 1, 26 StGB die Anstiftung zur Sachbeschädigung an diesem gemäß §§ 303 Abs. 1, 26 StGB.

Die Sanktionierung der Sachbeschädigung an den durch den Brand zerstörten oder beschädigten Sachen im Gebäude (z. B. Möbel, Kleidungsstücke) setzt gem. § 303c StGB einen Strafantrag voraus.

II. Anstiftung zum versuchten Mord, §§ 211, 22, 26 StGB
Durch das Versenden der E-Mail an B könnte sich D gem. §§ 211, 22, 26 StGB wegen Anstiftung zum versuchten Mord strafbar gemacht haben, indem er bei B und C den Entschluss zum Mord des S hervorrief.

1. Objektiver Tatbestand
a) Haupttat
B und C haben durch den Brandanschlag auf das Haus des S einen Mordversuch begangen.

b) Bestimmung
D hat in B den Entschluss zur Begehung der Tat durch die per E-Mail übermittelte Aufforderung hervorgerufen. Mittelbar hat D auch den C zur Tatbegehung bestimmt (Kettenanstiftung).

2. Subjektiver Tatbestand
a) Vorsatz bzgl. Haupttat
D müsste beim Vollzug der Bestimmungshandlung den Vorsatz gehabt haben, dass B eine anstiftungstaugliche Haupttat begeht. Sicher ist, dass D den Vorsatz bezüglich eines von B zu begehenden Mordversuchs hatte. Selbst wenn D den S bereits zuvor durch den anonymen Anruf veranlasst hatte, sich zur Tatzeit außerhalb des eigenen Hauses aufzuhalten, erfasste der Vorsatz des D im Zeitpunkt der E-Mail-Kommunikation einen versuchten Mord des B. Allerdings würde dieser Vorsatzinhalt nicht ausreichen, um den subjektiven Tatbestand der Anstiftung zu erfüllen. Der Vorsatz des Anstifters muss sich immer auf eine vollendete Haupttat

beziehen.[17] Ein lediglich auf einen Haupttatversuch gerichteter Vorsatz genügt nicht (agent provocateur).[18]

aa) Sofern also D den S schon vor Absendung der E-Mail anonym angerufen hatte, entfällt eine Strafbarkeit mangels Haupttatvollendungsvorsatzes.

bb) Dagegen hatte D einen ausreichenden Vorsatz, wenn er den anonymen Anruf bei S erst nach dem Versenden der E-Mail an B ausgeführt hatte. Dann ging er nämlich zunächst davon aus, dass B den S töten, also einen vollendeten Mord begehen würde. Der spätere Sinneswandel ändert daran nichts. Zur Klärung der Frage, ob sich D auf der Grundlage dieser Sachverhaltsalternative strafbar gemacht hat, ist die Prüfung fortzusetzen.

b) Vorsatz bzgl. Bestimmung
D handelte mit dem Vorsatz, den B zur Begehung der Tat zu bestimmen. Hinsichtlich C ist davon auszugehen, dass D keinen Bestimmungsvorsatz hatte.

3. Rechtswidrigkeit
Die Tat war nicht gerechtfertigt.

4. Schuld
D handelte schuldhaft.

5. Rücktritt
Die Strafbarkeit des D könnte aber durch einen Rücktritt aufgehoben worden sein. Als Rücktrittsverhalten kommt der (nachträgliche) anonyme Anruf bei S in Betracht.

a) § 24 Abs. 2 StGB oder § 31 Abs. 1 Nr. 1 StGB
Fraglich ist, ob als Maßstab für die Beurteilung des Rücktritts § 24 Abs. 2 StGB oder § 31 Abs. 1 Nr. 1 StGB in Betracht kommt. Für die Anwendbarkeit des § 31 Abs. 1 Nr. 1 StGB spricht, dass im Zeitpunkt des anonymen Anrufes die Haupttat des B noch nicht in das Versuchsstadium gelangt und daher noch keine Strafbarkeit des D aus §§ 211, 22, 26 StGB begründet worden war. Vielmehr hatte sich D bis zu diesem Zeitpunkt nur aus §§ 211, 30 Abs. 1 StGB strafbar gemacht. Auf der anderen Seite war eine Strafbarkeit des D aus §§ 211, 22, 26 StGB in dem Moment begründet worden, als B zur Verwirklichung des Mordtatbestandes unmittelbar angesetzt hatte. Diese Strafbarkeit kann nicht durch einen Rücktritt nach § 31 Abs. 1 Nr. 1 StGB, sondern durch einen Rücktritt nach § 24 Abs. 2 StGB aufgehoben werden. Der Wortlaut dieser Vorschrift schließt die Berücksichtigung eines Rücktrittsverhaltens, das vor dem Eintritt der Haupttat in die Versuchszone vollzogen wird, nicht aus.[19]

---

[17] *Geppert*, Jura 1997, 354 (360); *Schönke/Schröder/Heine/Weißer*, § 26 Rn. 21.
[18] *Geppert*, Jura 1997, 354 (360); *B. Heinrich*, AT, Rn. 1315; *Kühl*, AT, § 20 Rn. 201.
[19] Ausführlich dazu *Mitsch*, FS Herzberg, 2008, S. 443 (445 ff.).

b) Freiwillige Vollendungsverhinderung

Indem D den S anonym anrief und dadurch zum Verlassen des Hauses veranlasste, bewirkte er, dass die Tat des B nur noch ein untauglicher Mordversuch sein konnte. Er hat also die Begehung eines vollendeten Mordes verhindert, § 24 Abs. 2 S. 1 StGB. Dies geschah freiwillig. Somit ist D strafbefreiend zurückgetreten.

6. Ergebnis

D hat sich nicht aus §§ 211, 22, 26 StGB strafbar gemacht. Nach der einen Sachverhaltsalternative steht der Strafbarkeit schon das Fehlen des Haupttatvollendungsvorsatzes entgegen (s. o. 2 a aa). Nach der anderen Sachverhaltsalternative ist D strafbefreiend gemäß § 24 Abs. 2 StGB zurückgetreten. Eine Strafbarkeit aus §§ 211, 30 Abs. 1 StGB entfällt ebenfalls. Entweder hatte D von vornherein nicht den erforderlichen Haupttatvollendungsvorsatz (anonymer Anruf vor der E-Mail) oder er ist von dem Anstiftungsversuch durch den späteren anonymen Anruf gem. § 31 Abs. 1 Nr. 1 StGB zurückgetreten.

Frage 3: Strafbarkeit des A

Beihilfe zur öffentlichen Aufforderung zu Straftaten, §§ 111 Abs. 1, 27 StGB

A könnte sich gem. § 111 Abs. 1, 27 StGB wegen Beihilfe[20] zur öffentlichen Aufforderung zu Straftaten strafbar gemacht haben, indem er es mit Einrichtung des Gästebuchs auf seiner Homepage dem E ermöglichte, andere zur Begehung von Straftaten öffentlich aufzufordern.

1. Objektiver Tatbestand
a) Verantwortlichkeit des A als Diensteanbieter gem. §§ 7 ff. TMG als „Vorfilter"?

Bevor eine Prüfung der Strafbarkeitsvoraussetzungen erfolgt, könnte eine spezielle Verantwortlichkeitsprüfung nach dem Telemediengesetz erforderlich sein. Nach §§ 7 ff. TMG ist die rechtliche Verantwortlichkeit von Diensteanbietern im Verhältnis zu den allgemeinen Verantwortlichkeitsregeln eingeschränkt. Dies gilt rechtsgebietsübergreifend und betrifft somit auch das Strafrecht.[21] Teilweise werden die Kriterien der §§ 7 ff. TMG im Verhältnis zu den allgemeinen Strafbarkeitsvoraussetzungen nach dem StGB als ein „Vorfilter" qualifiziert, den die Prüfung zuerst durchlaufen muss, bevor die Prüfung der Tatbestandsmäßigkeit, Rechtswidrigkeit und Schuld stattfinden kann.[22] Letzterer ist die Prüfung der §§ 7 ff. TMG

---

[20] Dazu, dass Täterschaft nicht in Betracht kommt, vgl. *Hilgendorf/Valerius*, Computer- und Internetstrafrecht, Rn. 247.

[21] *Lackner/Kühl*, § 184 Rn. 7a; *Mitsch*, Medienstrafrecht, § 6 Rn. 24; MK-*Altenhain*, Band 7, vor § 7 TMG Rn. 2; *Peifer*, Übungen im Medienrecht, Rn. 444.

[22] *Altenhain*, FS Puppe, 2011, S. 343 ff.; *ders.*, in: MK, Bd. 7, vor § 7 TMG Rn. 7; *Paal*, in: Gersdorf/Paal, Informations- und Medienrecht, § 7 TMG Rn. 6.

vorgeschaltet.[23] Nach anderer Ansicht sind die §§ 7 ff. TMG in die Prüfung der Tatbestandsmäßigkeit zu integrieren.[24] Für dieses „Integrationsmodell" spricht, dass die §§ 7 ff. TMG nicht losgelöst von dem Rechtsgebiet angewendet werden können, dem die konkrete Rechtsfolge, in der sich die rechtliche Verantwortlichkeit manifestieren soll, zugehörig ist. Geht es um eine Verantwortlichkeit in Form von Bestrafung, müssen §§ 7 ff. TMG mit den strafrechtlichen Verantwortlichkeitskriterien verknüpft werden. Daher sind die §§ 7 ff. TMG im Rahmen des objektiven Tatbestandes zu prüfen.

b) Haupttat
E müsste eine beihilfetaugliche Haupttat begangen haben. Wie bereits bei Frage 1 festgestellt wurde, ist der ins Internet gestellte Text eine öffentliche Aufforderung zur Begehung eines Totschlags oder Mordes. Da diese Aufforderung den von B und C begangenen Mordversuch veranlasst hat, hat E den Tatbestand des § 111 Abs. 1 StGB iVm §§ 211, 22 StGB erfüllt. Da die Tat rechtswidrig war, liegt eine Haupttat vor.

c) Hilfeleistung
A könnte dem E bei der Begehung seiner Tat Hilfe geleistet haben, indem er ihm die Nutzung des Gästebuchs ermöglichte. An dieser Stelle ist auf die spezielle Verantwortlichkeitsregelung in §§ 7 ff. TMG einzugehen.

aa) Diensteanbieter
Die §§ 7 ff. TMG gelten für „Diensteanbieter".[25] Diese Eigenschaft hat „jede natürliche oder juristische Person, die eigene oder fremde Telemedien zur Nutzung bereithält oder den Zugang zur Nutzung vermittelt", § 2 S. 1 Nr. 1 TMG. Auf den Betreiber einer Internetplattform, auf der Nutzer mittels eines „Gästebuchs" mit anderen Nutzern kommunizieren können, trifft dies zu.[26]

bb) Eigene oder fremde Informationen
Eine Einschränkung der Verantwortlichkeit von Diensteanbietern enthalten die §§ 7 ff. TMG nur in Bezug auf Taten, in die „Informationen" involviert sind, die nicht „eigene" Informationen des Diensteanbieters sind. Geht es um eine Straftat, deren Strafbarkeitsvoraussetzungen durch eigene Informationen des Diensteanbieters erfüllt worden sind, richtet sich die Verantwortlichkeit ausschließlich nach den „allgemeinen Gesetzen", § 7 Abs. 1 TMG. Insoweit hat § 7 Abs. 1 TMG

---

[23] *Peifer*, Übungen im Medienrecht, Rn. 444.
[24] *Eisele*, Computer- und Medienstrafrecht, § 7 Rn. 2; *Haft/Eisele*, JuS 2001, 112 (117); *Hilgendorf/Valerius*, Computer- und Internetstrafrecht, Rn. 192; *Lackner/Kühl*, § 184 Rn. 7a; *Mitsch*, Medienstrafrecht, § 6 Rn. 25; *Paal*, in: Gersdorf/Paal, Informations- und Medienrecht, § 7 TMG Rn. 6.1; S/S/W-*Hilgendorf*, § 184 Rn. 23.
[25] *Paal*, in: Gersdorf/Paal, Informations- und Medienrecht, § 7 TMG Rn. 17.
[26] LG Trier, MMR 2002, 694 (694) m. Anm. *Gercke*; *Eisele*, Computer- und Medienstrafrecht, § 4 Rn. 7.

deklaratorischen Charakter.²⁷ Handelt es sich dagegen um fremde Informationen, kommt eine Strafbarkeit des A allein unter den Voraussetzungen der §§ 8 ff. TMG in Betracht. Entscheidend ist daher, ob der von E in das elektronische Gästebuch geschriebene Text für A die Qualität „eigene Informationen" iSd § 7 Abs. 1 TMG hat oder nicht. Da der Text von E stammt und A auf den Inhalt und die sprachliche Ausdrucksform keinen Einfluss genommen hat, scheint es sich für A um fremde Informationen zu handeln. Allerdings können ursprünglich fremde Informationen auch zu eigenen werden, wenn der Diensteanbieter sie sich zueigen macht.²⁸ Die Voraussetzungen des Zu-Eigen-machens sind umstritten. Die weiteste Ansicht lässt es genügen, dass jemand durch Einrichtung eines Gästebuchs andere zu Einträgen einlädt. Dann müsse er damit rechnen, dass diese Einrichtung für strafrechtlich relevante Inhalte genutzt wird. Lasse er solche Einträge längere Zeit ungeprüft stehen, schaffe er nach außen den Anschein der Identifikation mit dem Inhalt und mache sich diesen somit zueigen.²⁹ Damit werden aber die Privilegierungen, die das TMG in Bezug auf fremde Informationen gewährt, unterlaufen. Zum einen wird dem Betreiber der Internetplattform eine Pflicht zu proaktiver Kontrolle aufgebürdet, von der er gem. § 7 Abs. 2 S. 1 TMG gerade befreit sein soll.³⁰ Außerdem ergibt sich aus § 10 S. 1 Nr. 1 TMG, dass die positive Kenntnis von rechtswidrigen Inhalten deren Fremdheit nicht aufhebt. Fremde Informationen werden also nicht schon dadurch zu eigenen, dass der Diensteanbieter von ihnen Kenntnis hat. Ein Zu-Eigen-machen kann deshalb nicht damit begründet werden, dass der Diensteanbieter von fremden Informationen Kenntnis hat oder gar nur mit ihnen rechnen muss.³¹ Der von E in das Gästebuch geschriebene Text ist für A also fremd.

cc) Verantwortlichkeit für fremde Informationen

Da der von E verfasste Text keine eigene Information des A ist, kann eine strafrechtliche Verantwortlichkeit des A nur unter den Voraussetzungen des § 10 TMG begründet werden.³² A ist sog. „Host-Provider".³³ Die Speicherung in dem Gästebuch kann eine „Hilfeleistung" iSd § 27 Abs. 1 StGB also nur sein, wenn A Kenntnis von dem Text hatte, § 10 S. 1 Nr. 1 TMG. „Kenntnis" bedeutet dolus directus 2. Grades.³⁴ Hier hat A von dem Gästebucheintrag des E einen Tag vor dem Brandanschlag auf das Haus des S Kenntnis erlangt. Da A nicht unverzüglich nach

---

²⁷ MK-*Altenhain*, Bd. 7, § 7 TMG Rn. 2.
²⁸ *Eisele*, Computer- und Medienstrafrecht, § 4 Rn. 10; *Hilgendorf/Valerius*, Computer- und Internetstrafrecht, Rn. 199; gegen die Figur des Zueigenmachens MK-*Altenhain*, Bd. 7, vor § 7 TMG Rn. 24; *Paal*, in: Gersdorf/Paal, Informations- und Medienrecht, § 7 TMG Rn. 30.
²⁹ LG Trier, MMR 2002, 694 (695).
³⁰ *Paal*, in: Gersdorf/Paal, Informations- und Medienrecht, § 7 TMG Rn. 35.2.
³¹ *Eisele*, Computer- und Medienstrafrecht, § 4 Rn. 10; *Gercke*, MMR 2002, 695 (696); *Hilgendorf/Valerius*, Computer- und Internetstrafrecht, Rn. 203.
³² *Eisele*, Computer- und Medienstrafrecht, § 4 Rn. 16.
³³ *Mitsch*, Medienstrafrecht, § 6 Rn. 29.
³⁴ *Eisele*, Computer- und Medienstrafrecht, § 4 Rn. 17; *Paal*, in: Gersdorf/Paal, Informations- und Medienrecht, § 10 TMG Rn. 24.

Kenntniserlangung tätig geworden ist, um die Information zu entfernen (§ 10 S. 1 Nr. 2 TMG), greift die Haftungsprivilegierung des § 10 TMG nicht ein.

dd) Tun oder Unterlassen
Die rechtliche Bedeutung der in § 10 S. 1 Nr. 2 TMG angesprochenen Untätigkeit ist auf die Aufhebung der Haftungsprivilegierung der §§ 7 ff. TMG beschränkt. Keineswegs ergibt sich daraus bereits, dass A den Tatbestand der Beihilfe zur öffentlichen Aufforderung zu Straftaten erfüllt hat. Dies richtet sich nach den allgemeinen strafrechtlichen Regeln, deren Anwendung jetzt keine Schranken des TMG mehr entgegenstehen.[35] Tatbestandsmäßig kann das Verhalten des A entweder als aktive Hilfeleistung oder als Hilfeleistung durch Unterlassen sein. Da ein Unterlassen tatbestandsmäßige Hilfeleistungsqualität allein unter der Voraussetzung einer Garantenstellung (§ 13 StGB) haben kann, ist zunächst zu klären, ob das Verhalten des A aktives Tun oder Unterlassen ist. Aktivität ist die Zurverfügungstellung des Gästebuches sowie gegebenenfalls weiteres Handeln, mit dem die Möglichkeit der Nutzung aufrechterhalten wird. Dabei handelt es sich aber um erlaubtes sozialadäquates Tun.[36] Zudem ist hier keine aktive Handlung des A ersichtlich, mit der er nach Erlangung der Kenntnis von dem inkriminierten Gästebucheintrag die Tat des E unterstützt haben könnte. Hilfeleistungseffekt könnte daher nur das Nichteinschreiten nach Kenntniserlangung haben.[37]

ee) Garantenstellung
Damit das Unterlassen des A eine tatbestandsmäßige Hilfeleistung ist, müsste A eine Garantenstellung gehabt haben, § 13 Abs. 1 StGB. Fraglich ist, ob sich eine Garantenstellung des A aus seiner Funktion als Host-Service-Provider ergibt. Eine dahingehende gesetzliche Regelung existiert nicht, insbesondere begründen §§ 7 ff. TMG keine Garantenstellung.[38] Garantenstellungsbegründendes Verhalten (Ingerenz) ist ebenfalls nicht ersichtlich. Zwar ist nicht zu bezweifeln, dass die Ermöglichung der Kommunikation mittels Internet die Gefahr der Begehung von Straftaten im Netz schafft. Insofern ist das Handeln eines Host-Providers durchaus gefahrbegründend im Sinne der Ingerenz.[39] Jedoch ist dieses Handeln weder sorgfaltspflichtwidrig noch rechtswidrig, sondern sozialadäquat.[40] Dies ist keine ausreichende Grundlage einer Garantenstellung.[41] Soweit Dritte durch Handlungen von Internetnutzern (Content-Provider) gefährdet werden, die ein Diensteanbieter durch sozialadäquate Leistungen technischer Art ermöglicht oder erleichtert hat, realisiert sich für den Dritten ein allgemeines Lebensrisiko, für das der Diensteanbieter nicht

---
[35] *Hilgendorf/Valerius*, Computer- und Internetstrafrecht, Rn. 234.
[36] MK-*Altenhain, Band 7*, § 7 TMG Rn. 23 f.; *Sieber*, JZ 1996, 494 (499).
[37] *Lackner/Kühl*, § 184 Rn. 7; *Malek/Popp*, Rn. 109.
[38] *Hilgendorf/Valerius*, Computer- und Internetstrafrecht, Rn. 240.
[39] *Schönke/Schröder/Stree/Bosch*, § 13 Rn. 32.
[40] Zu der rechtlichen Qualität des gefährdenden Verhaltens *Schönke/Schröder/Stree/Bosch*, § 13 Rn. 35 ff.
[41] *Hilgendorf/Valerius*, Computer- und Internetstrafrecht, Rn. 241; *Sieber*, JZ 1996, 494 (500).

einzustehen hat, weil es aus seiner Position ein erlaubtes Risiko ist. Letztendlich lässt sich eine Garantenstellung des A auch nicht aus dem Gesichtspunkt der Gefahrenquellenherrschaft[42] ableiten.[43] Wenn Dritten mittels Internet Schäden zugefügt werden, beruht dies auf eigenverantwortlicher missbräuchlicher Nutzung des Mediums. Dafür ist der Nutzer strafrechtlich verantwortlich, nicht jedoch der Provider.[44] Eine Überwachergarantenstellung zu seinen Lasten wäre nur dann legitim, wenn das Internet eine Gefahrenquelle wäre, deren spezifisches Schädigungspotenzial in erster Linie ohne menschliches Zutun (technische Anlagen, Tiere) oder durch die Nutzung seitens nicht verantwortlicher Personen (Kinder, Jugendliche, Geisteskranke) zur Entfaltung käme. Das ist indessen nicht der Fall.[45] Daher ist eine Garantenstellung des A zu verneinen.[46] Mangels Garantenstellung hat A den objektiven Tatbestand der Beihilfe zur öffentlichen Aufforderung zu Straftaten nicht erfüllt.

2. Ergebnis
A hat sich nicht aus §§ 111 Abs. 1, 27 StGB strafbar gemacht.

Frage 4: Strafbarkeit des A

I. Öffentliche Aufforderung zu Straftaten, § 111 Abs. 1 StGB
A könnte sich dadurch, dass er den Text auf seine Webseite „muslim markt" gestellt hat, gemäß § 111 Abs. 1 StGB wegen öffentlicher Aufforderung zu Straftaten strafbar gemacht haben. Auf §§ 7 ff. TMG braucht nicht näher eingegangen zu werden (s. o. I).

1. Objektiver Tatbestand
A hat mit dem von ihm erstellten Text den objektiven Tatbestand erfüllt (s. o. Frage 1 II 1).

2. Subjektiver Tatbestand
A hatte auch vorsätzlich gehandelt (s. o. Frage 1 II 2).

3. Rechtswidrigkeit
Die Tat war rechtswidrig.

---

[42] Dazu eingehend *Schönke/Schröder/Stree/Bosch*, § 13 Rn. 43 ff.

[43] Nach *Hilgendorf/Valerius*, Computer- und Internetstrafrecht, Rn. 242 „erwägenswert"; vgl. auch *Lackner/Kühl*, § 184 Rn. 7.

[44] Zu diesem einschränkenden Kriterium im Rahmen der Ingerenz-Garantenstellung *Schönke/Schröder/Stree/Bosch*, § 13 Rn. 39, *Sieber*, JZ 1996, 494 (500), sowie im Rahmen der Gefahrenquellen-Garantenstellung *Schönke/Schröder/Stree/Bosch*, § 13 Rn. 43; *Sieber*, JZ 1996, 494 (502).

[45] *Malek/Popp*, Strafsachen im Internet, Rn. 116.

[46] *Malek/Popp*, Strafsachen im Internet, Rn. 118; *Sieber*, JZ 1996, 494 (502).

4. Schuld
A handelte schuldhaft.

5. Rücktritt
Zunächst fraglich ist, ob die Regeln über den Rücktritt vom Versuch (§ 24 StGB) oder über den Rücktritt vom Versuch der Beteiligung (§ 31 StGB) anwendbar sind.

a) Nichtvollendung
Erste Voraussetzung eines strafbefreienden Rücktritts ist, dass die Tat noch nicht zur Vollendung gekommen ist. Teilweise wird bereits aus diesem Grund bei § 111 StGB die Möglichkeit eines strafbefreienden Rücktritts verneint. Als friedensstörende Tat sei die Aufforderung schon bei Kenntnisnahme von wenigstens einem Aufgeforderten zur Vollendung gelangt.[47] Dem könte man aber den Anstiftungscharakter entgegenhalten und darauf hinweisen, dass gem. § 24 Abs. 2 StGB ein strafbefreiender Rücktritt von einer Anstiftung zum Versuch noch möglich ist, obwohl mit Begehung des Haupttatversuchs die Anstiftung bereits eine vollendete Tat – und kein bloßer Anstiftungsversuch iSd § 30 Abs. 1 StGB – ist. Daher kann man auch im Fall des § 111 StGB von einer rücktrittstauglichen Situation so lange sprechen, wie der Aufforderung entweder noch gar niemand Folge geleistet hat (dann § 31 StGB) oder die vom Aufgeforderten begangene Tat das Vollendungsstadium noch nicht erreicht hat (dann § 24 Abs. 2 StGB).[48]

b) Rücktrittsvorschrift
Nach verbreiteter Ansicht kommt ein Rücktritt bei § 111 StGB schon deswegen nicht in Betracht, weil das Gesetz für diesen Fall gar keine Rücktrittsvorschrift enthält.[49] Tatsächlich ist aber eine spezielle Rücktrittsvorschrift, die z. B. als Absatz 3 in § 111 StGB eingefügt werden könnte, nicht erforderlich. Denn die in Absatz 1 enthaltene Verweisung „wird wie ein Anstifter (§ 26) bestraft" besagt u. a., dass Umstände, die bei einer Anstiftung die Strafbarkeit ausschließen würden, auch bei der Strafbarkeit aus § 111 StGB zu beachten sind. Dies wirkt sich bereits dahingehend aus, dass die Strafbarkeit aus § 111 Abs. 1 StGB eine tatsächlich begangene Haupttat voraussetzt, da andernfalls § 111 Abs. 2 StGB („ohne Erfolg") einschlägig ist.[50] Der Text des § 111 Abs. 1 StGB erwähnt das Erfordernis einer Haupttat aber nicht, sondern berücksichtigt die „rechtswidrige Tat" nur als Inhalt der Aufforderung. Die wirklich begangene Haupttat wird also erst über die Verweisung „wie ein Anstifter" in den Rang eines objektiven Tatbestandsmerkmals des § 111 Abs. 1 StGB erhoben. Ohne Haupttat könnte auch nicht der Strafrahmen, den das Gesetz mit dem der Haupttat zugrunde liegenden Straftatbestand verknüpft, zur Anwendung kommen. Die Verweisung „wie ein Anstifter" bezieht somit auch die Rücktrittsvorschriften § 24 Abs. 2 StGB und § 31 Abs. 1 Nr. 1 StGB in den

---
[47] LK-*Rosenau*, § 111 Rn. 73; S/S/W-*Fahl*, § 111 Rn. 11.
[48] MK-*Bosch*, § 111 Rn. 35; NK-*Paeffgen*, § 111 Rn. 41; *Schönke/Schröder/Eser*, § 111 Rn. 17.
[49] *Dreher*, FS Gallas, 1973, S. 307 (313).
[50] LK-*Rosenau*, § 111 Rn. 61; NK-*Paeffgen*, § 111 Rn. 28.

Anwendungsbereich des § 111 StGB ein.[51] Dabei betrifft § 24 Abs. 2 StGB den Fall, dass der den Tatbestand des § 111 Abs. 1 StGB erfüllende Aufforderungs-„Erfolg" (vgl. § 111 Abs. 2 S. 1 StGB) eine versuchte Haupttat ist, deren Vollendung durch den Rücktritt verhindert wird. § 31 Abs. 1 Nr. 1 StGB betrifft § 111 Abs. 2 S. 1 StGB und schließt die Strafbarkeit aus, wenn noch niemand der Aufforderung gefolgt ist und der Auffordernde durch einen öffentlichen Widerruf seiner Aufforderung die Gefahr beseitigt, dass jemand infolge der Aufforderung eine rechtswidrige Tat begeht. Im vorliegenden Fall ist also § 24 Abs. 2 StGB einschlägig.[52]

c) Vollendungsverhinderung, § 24 Abs. 2 S. 1 StGB

A müsste mit seinem anonymen Anruf die Vollendung des Mordes durch B und C verhindert haben, § 24 Abs. 2 S. 1 StGB. Der Anruf müsste die Ursache dafür sein, dass der Versuch von B und C fehlgeschlagen ist. Das ist aber nicht der Fall. Die Vollendung der Tötung blieb aus, weil S das Haus verlassen hatte. Dazu war S bereits durch den anonymen Anruf des D veranlasst worden. S war in Bezug auf diese Handlung schon „omnimodo facturus", als der Anruf des A ihn erreichte. Die Vollendung der Tat ist also „ohne Zutun" des A verhindert worden.

d) Verhinderungsbemühen, § 24 Abs. 2 S. 2 StGB

Ausreichende Rücktrittsleistung kann hier ein freiwilliges und ernsthaftes Bemühen um Vollendungsverhinderung sein. Der anonyme Anruf bei S war von dem Bestreben getragen, den Erfolg der von B und C geplanten Tötung abzuwenden. Zur Erreichung dieses Ziels hätte es gewiss noch effektivere Maßnahmen gegeben, z. B. die Offenlegung des Mordplanes gegenüber S sowie die Informierung der Polizei. Entscheidend ist aber, dass die Veranlassung zum Verlassen des Hauses ein absolut sicheres Mittel ist, eine vollendete Tötung zu verhindern.[53] Die Wahl dieses Mittels manifestiert die Ernsthaftigkeit des Verhinderungsbemühens seitens A. Dem Sachverhalt sind auch keine Umstände zu entnehmen, die Zweifel an der Freiwilligkeit des Rücktrittsentschlusses begründen könnten. Daher ist A wirksam zurückgetreten und hat die zuvor begründete Strafbarkeit aus § 111 Abs. 1 StGB aufgehoben.

6. Ergebnis

A hat sich nicht aus § 111 Abs. 1 iVm §§ 211, 22 StGB strafbar gemacht.

II. Beihilfe durch Unterlassen zur (schweren) Brandstiftung, Zerstörung von Bauwerken und Sachbeschädigung, §§ 306 Abs. 1 Nr. 1, 306a Abs. 1 Nr. 1, 305 Abs. 1, 303 Abs. 1, 27, 13 Abs. 1 StGB

A könnte sich dadurch, dass er nicht gegen den Brandanschlag von B und C einschritt, gem. §§ 306 Abs. 1 Nr. 1 respektive 306a Abs. 1 Nr. 1, 27, 13 Abs. 1 wegen Beihilfe durch Unterlassen zur (schweren) Brandstiftung gem. §§ 305 Abs. 1, 27, 13

---

[51] Nach *Lackner/Kühl*, § 111 Rn. 8 scheidet ein Rücktritt analog § 31 aus.
[52] Zum hier vorliegenden „antizipierten Rücktritt" ausführlich *Mitsch*, FS Herzberg, 2008, S. 443 (445 ff.).
[53] *Schönke/Schröder/Eser/Bosch*, § 24 Rn. 103.

Abs. 1 zur Zerstörung von Gebäuden und gem. §§ 303 Abs. 1, 27, 13 Abs. 1 strafbar gemacht haben.

1. Objektiver Tatbestand
a) Haupttat
B und C haben vorsätzlich den objektiven Tatbestand des § 306 Abs. 1 Nr. 1, des § 306a Abs. 1 Nr. 1, des § 305 Abs. 1 und des § 303 Abs. 1 StGB verwirklicht. Das dem S gehörende Haus als auch die in diesem befindlichen Gegenstände sind ein taugliches Tatobjekt. Sie erfüllen das Tatbestandsmerkmal „fremd" in § 306 Abs. 1 Nr. 1 StGB, § 305 Abs. 1 StGB und § 303 Abs. 1 StGB, weil S jeweils Eigentümer ist. Das Wohnhaus des S erfüllt des Weiteren das Tatbestandsmerkmal „der Wohnung von Menschen dient" gem. § 306a Abs. 1 Nr. 1 StGB. Dem steht nicht entgegen, dass sich S zur Zeit der Tat nicht in dem Haus aufhielt.[54] Um einen Fall „absolut ungefährlicher Tatausführung"[55] handelt es sich nicht. Die Handlungsmerkmale „in Brand setzt" (§§ 306 Abs. 1, 306a Abs. 1 StGB) und „ganz oder teilweise zerstört" (§ 305 Abs. 1 StGB) wurden auch erfüllt. Die Tat war rechtswidrig. Eine beihilfetaugliche Haupttat liegt also vor.

b) Hilfeleistung durch Unterlassen
A hat sich an der Tat von B und C nicht aktiv beteiligt. Beihilfe kann aber auch durch garantenpflichtwidriges Unterlassen begangen werden.[56] A hatte durch seinen ins Internet gestellten Aufruf zur Tötung des S die Gefahr begründet, dass auf das Leben des S ein Anschlag unternommen wird, bei dem sich die Täter des gemeingefährlichen Mittels der Brandstiftung bedienen. Auf Grund dieser pflicht- und rechtswidrigen Gefahrschaffung war A zum Garanten aus Ingerenz geworden.[57] Daraus erwuchs ihm die Pflicht, die Gefahr abzuwenden und einen Brandanschlag auf das Haus des S zu verhindern. A hat es unterlassen, die Brandstiftung zu verhindern, obwohl ihm das – z. B. durch Benachrichtigung der Polizei – möglich gewesen wäre. Fraglich ist allein, ob A auf Grund dieser Unterlassung sogar Täter des Brandstiftungs-, Gebäudezerstörungs- und Sachbeschädigungsdelikts ist.[58] Bedenken gegen eine Qualifikation als Täter beruhen darauf, dass B und C Täter durch aktives Tun sind und das Tatgeschehen aktiv beherrschen. Demgegenüber ist A nur eine „Randfigur", denn er hat keine positive Tatherrschaft und auch seine Fähigkeit, die Tat oder ihren Erfolg zu verhindern, ist begrenzt.[59] Allein und aus eigener Kraft hätte A gegen die Tat nicht erfolgreich einschreiten können, sondern nur in Verbindung mit Sicherheitskräften, in Bezug auf deren Handeln sich der Einfluss des A auf

---

[54] Arzt/Weber/Heinrich/Hilgendorf-Hilgendorf, § 37 Rn. 23.
[55] Dazu Arzt/Weber/Heinrich/Hilgendorf-Hilgendorf, § 37 Rn. 30 ff.
[56] Kühl, AT, § 20 Rn. 229; Schönke/Schröder/Heine/Weißer, § 27 Rn. 19.
[57] B. Heinrich, AT, Rn. 954; Schönke/Schröder/Stree/Bosch, § 13 Rn. 32 ff.
[58] Ausführlich dazu B. Heinrich, AT, Rn. 1212 ff.; MK-Freund, § 13 Rn. 266 ff.; Roxin, AT II, § 31 Rn. 125 ff.; Schönke/Schröder/Heine/Weißer, Vorbem. §§ 25 ff. Rn. 90 ff.
[59] Kühl, AT, § 20 Rn. 230; Lackner/Kühl, § 27 Rn. 5; a.A. Roxin, AT II, § 31 Rn. 140: Garant ist immer Täter.

die Alarmierung beschränkte. Daher hat der Beitrag des A das Format einer Tatbegehungserleichterung. Dies ist der typische Beitrag eines Gehilfen.[60]

2. Subjektiver Tatbestand
A hat es vorsätzlich unterlassen, gegen die Tat von B und C einzuschreiten.

3. Rechtswidrigkeit
Das Verhalten des A war nicht gerechtfertigt.

4. Schuld
A handelte schuldhaft.

5. Ergebnis
A hat sich aus §§ 306 Abs. 1 Nr. 1, 306a Abs. 1 Nr. 1, 305 Abs. 1, § 303 Abs. 1, 27, 13 StGB strafbar gemacht. Das zu den Konkurrenzen unter Frage 2 I 6 Gesagte beansprucht auch für die Strafbarkeit des D in dieser Abwandlung Geltung.

III. Nichtanzeige geplanter Straftaten, § 138 Abs. 1 Nr. 5, Nr. 8 StGB
A könnte sich gem. § 138 Abs. 1 Nr. 5 und Nr. 8 StGB wegen Nichtanzeige geplanter Straftaten strafbar gemacht haben, indem er die von B und C geplanten Straftaten nicht rechtzeitig den Ordnungsbehörden anzeigte.

1. Objektiver Tatbestand
a) Vorhaben einer Katalogtat
B und C hatten den Entschluss gefasst, das Haus des S in Brand zu setzen und den S dabei zu töten. Das ist ein Vorhaben zur Begehung eines Mordes (§ 138 Abs. 1 Nr. 5 StGB) sowie einer (schweren) Brandstiftung (§ 138 Abs. 1 Nr. 8 StGB). Allerdings richtet sich das Tötungsvorhaben objektiv nur noch auf die Begehung eines untauglichen Mordversuchs, nachdem S infolge der anonymen Anrufe beschlossen hatte, zur Tatzeit nicht zu Hause zu sein. Da die strafbewehrte Anzeigepflicht den Zweck hat, die bedrohten Rechtsgüter zu schützen, ist der untaugliche Versuch im Wege teleologischer Reduktion aus dem objektiven Tatbestand des § 138 Abs. 1 StGB auszugrenzen.[61] Ein anzeigerelevantes Tatvorhaben ist somit allein die geplante Begehung der (schweren) Brandstiftung (§ 138 Abs. 1 Nr. 8 StGB).

b) Glaubhafte Kenntnis
A hatte laut Sachverhalt von dem Brandstiftungsplan glaubhaft erfahren.

c) Anzeigepflicht
Fraglich ist, ob A überhaupt eine Anzeigepflicht hat. Der Gesetzestext des § 138 StGB enthält keine explizite Beschränkung des Kreises anzeigepflichtiger Personen.

---

[60] MK-*Joecks*, § 25 Rn. 281; a.A. *Roxin*, AT II, § 31 Rn. 170: schon die Nichtwahrnehmung der Chance zur Erfolgsverhinderung (Unterlassung der Taterschwerung) begründe Täterschaft.
[61] LK-*Hanack*, § 138 Rn. 12; NK-*Ostendorf*, § 138 Rn. 13; S/S/*Sternberg-Lieben*, § 138 Rn. 2.

Gleichwohl wird überwiegend eine Anzeigepflicht von Personen verneint, die an der anzuzeigenden Tat in strafbarer Weise beteiligt sind.[62] Umstritten ist dies zwar in Bezug auf Beteiligte, deren Strafbarkeit durch einen Rücktritt wieder beseitigt worden ist.[63] Im vorliegenden Fall trifft das hinsichtlich der Strafbarkeit des A wegen Beihilfe durch Unterlassen zur schweren Brandstiftung und zur Zerstörung von Bauwerken nicht zu (s. o. Frage 4 II). Insoweit besteht keine Anzeigepflicht.

2. Ergebnis
A hat sich nicht aus § 138 Abs. 1 StGB strafbar gemacht.

---

[62] NK-*Ostendorf*, § 138 Rn. 6; S/S/*Sternberg-Lieben*, § 138 Rn. 20/21; *Lackner/Kühl*, § 138 Rn. 6.
[63] Für Strafbarkeit: LK-*Hanack*, § 138 Rn. 44.

Fall 11 Schule macht Spaß

Recht am eigenen Bild – Einwilligung – üble Nachrede – Strafbarkeit des verantwortlichen Redakteurs – objektive Strafbarkeitsbedingung – interlokales Strafrecht – Gerichtsstand im Strafverfahren – fliegender Gerichtstand – Strafantrag

Im Lokalteil der Zeitung „Potsdamer Zeitung" (PZ) erscheint im Juni 2018 ein Artikel mit der Überschrift „Schule macht Spaß". Die „Potsdamer Zeitung"wird in ganz Brandenburg und in Berlin gelesen. Verlag und Redaktion haben ihren Sitz in Potsdam, auch die Druckerei, in der die Zeitung hergestellt wird, ist in Potsdam. Der Artikel befasst sich mit einer Umfrage, die an Grundschulen im Landkreis Potsdam-Mittelmark über die Zufriedenheit der Schüler und deren Eltern mit ihrer Schulsituation durchgeführt wurde. Das Ergebnis der Umfrage war, dass die Schüler und Eltern in der Gemeinde Kleinmachnow am meisten zufrieden mit ihren Schulen sind. In der Mitte des Artikels ist ein ca. 12 × 16 cm großes Foto mit dem Gesicht eines ca. achtjährigen Jungen in Großaufnahme eingeklinkt. Der Junge schaut fröhlich grinsend in die Kamera. Es handelt sich um den in die 2. Klasse der Eigenherd-Schule in Kleinmachnow gehenden Schüler Anton (A).

Der Artikel wurde von dem PZ-Lokalredakteur Bert Braun (B) verfasst. Das Foto war von dem Fotografen Franz Fleck (F) aufgenommen worden. F hatte eines Tages das Schulgelände aufgesucht und während der großen Pause den A angesprochen. F fragte ihn, ob er Lust hätte, „in die Zeitung zu kommen". Er würde von ihm ein Foto machen und das würde demnächst in der PZ erscheinen. In welchem Zusammenhang das Foto in der Zeitung stehen würde, teilte F dem A nicht mit. A ist begeistert und posiert bereitwillig vor der Kamera des F. Die Eltern des A sind darüber nicht informiert und werden erst infolge des am 28.06.2018 erschienenen Zeitungsartikels auf den Vorgang aufmerksam.

In derselben Ausgabe der PZ vom 28.06.2018 erscheint ein von dem Redakteur Daniel Dorn (D) verfasster Artikel über den Kommunalwahlkampf in Brandenburg. D schreibt über die Aussichten des von der Partei „Die Neue Mitte" als Kandidaten für das Amt des Landrats im Landkreis Potsdam-Mittelmark aufgestellten Dr. Sebastian Stumpf (S). Der als Kinderarzt praktizierende S war vor kurzem vom Landgericht Potsdam rechtskräftig vom Vorwurf des Abrechnungsbetrugs freigesprochen worden. Trotz erheblichen Belastungsmaterials hatte sich die Strafkammer nicht von der Schuld des S überzeugen können und nach dem Zweifelsgrundsatz „in dubio pro reo" geurteilt. D bezeichnet den S in dem Artikel mehrmals als „Abrechnungsbetrüger".

Valentin Voss (V) ist verantwortlicher Redakteur der PZ. Sein Büro befindet sich im Verlagsgebäude in Potsdam. Er hatte den von B verfassten Entwurf des Artikels mit dem Foto gelesen, sich aber keine Gedanken darüber gemacht, ob die Eltern des fotografierten Jungen der Aufnahme und ihrer Veröffentlichung zugestimmt haben. Den von D verfassten Artikel über S hatte V nur kurz überflogen. Bei der oberflächlichen Lektüre war ihm das im Text mehrmals verwendete Wort „Abrechnungsbetrüger" nicht aufgefallen.

Weder die Eltern des A noch S haben Strafantrag gestellt.

1. Wie ist das Verhalten des V strafrechtlich und – gegebenenfalls ordnungswidrigkeitenrechtlich – zu bewerten? Legen Sie auch dar, wovon es abhängt, ob die Tat eine Straftat oder eine Ordnungswidrigkeit ist!

2. In Brandenburg gibt es vier Landgerichte (Cottbus, Frankfurt an der Oder, Neuruppin, Potsdam) und zahlreiche Amtsgerichte. Die Potsdamer Zeitung mit den Artikeln von B und D wird in sämtlichen Landgerichts- und Amtsgerichtsbezirken verkauft und gelesen. Könnte die Staatsanwaltschaft gegen V vor dem zum Landgerichtsbezirk Cottbus gehörenden Amtsgericht Königs Wusterhausen Anklage erheben?

3. Darf gegen V ein Straf- oder Bußgeldverfahren durchgeführt werden?

Auszug aus dem Landespressegesetz des Landes Brandenburg:
§ 6 Sorgfaltspflichten der Presse

Der Inhalt eines Presseerzeugnisses ist von den dafür Verantwortlichen vor der Verbreitung mit der nach den Umständen gebotenen Sorgfalt auf Herkunft und Wahrheitsgehalt sowie den Schutz überwiegender öffentlicher oder privater Interessen hin zu überprüfen. Die Presse ist verpflichtet, Druckwerke von strafbarem Inhalt freizuhalten.

§ 7 Begriffsbestimmungen

(1) Druckwerke im Sinne dieses Gesetzes sind alle mittels eines zur Massenherstellung geeigneten Vervielfältigungsverfahrens hergestellten und zur Verbreitung bestimmten Schriften, […].

(2) […]

(3) […]

(4) Periodische Druckwerke sind Zeitungen, Zeitschriften und andere in ständiger, wenn auch unregelmäßiger, Folge und dem Abstand von nicht mehr als sechs Monaten erscheinende Druckwerke.

§ 14 Strafrechtliche Verantwortung

(1) Die Verantwortlichkeit für Straftaten, die mittels eines Druckwerks begangen werden, bestimmt sich nach den allgemeinen Gesetzen.

(2) Ist durch ein Druckwerk der Tatbestand eines Strafgesetzes verwirklicht worden und hat

1. bei periodischen Werken die verantwortliche Redakteurin oder der verantwortliche Redakteur oder
2. bei sonstigen Druckwerken die Verlegerin oder der Verleger

vorsätzlich oder fahrlässig ihre oder seine Verpflichtung verletzt, Druckwerke von strafbarem Inhalt freizuhalten, so kann eine Freiheitsstrafe bis zu einem Jahr oder eine Geldstrafe verhängt werden, soweit sie oder er sich nicht wegen dieser Handlung nach Absatz 1 als Täterin oder Täter beziehungsweise Teilnehmerin oder Teilnehmer strafbar gemacht hat.

Auszug aus dem Landespressegesetz des Landes Berlin:
§ 19 Strafrechtliche Verantwortung

(1) Die Verantwortlichkeit für Straftaten, die mittels eines Druckwerks begangen werden, bestimmt sich nach den allgemeinen Gesetzen.

(2) Ist mittels eines Druckwerks eine rechtswidrige Tat begangen worden, die den Tatbestand eines Strafgesetzes verwirklicht, so wird, soweit er nicht wegen dieser Handlung schon nach Absatz 1 als Täter oder Teilnehmer strafbar ist,

1. bei periodischen Druckwerken der verantwortlichen Redakteure, wenn sie ihre Verpflichtung verletzt haben, Druckwerke von strafbarem Inhalt freizuhalten,
2. bei sonstigen Druckwerken die Verleger, wenn sie ihre Aufsichtspflicht verletzt haben und die rechtswidrige Tat hierauf beruht,

mit Freiheitsstrafe bis zu einem Jahr oder mit Geldstrafe bestraft. Wird die rechtswidrige Tat nur auf Antrag oder mit Ermächtigung verfolgt, so ist eine Strafverfolgung nach den Nummern 1 und 2 nur auf Antrag oder mit Ermächtigung zulässig.

§ 21 Ordnungswidrigkeiten

(1) Ordnungswidrig handeln diejenigen, die [...]

(2) Ordnungswidrig handelt auch, wer fahrlässig eine der in § 19 Abs. 2 oder § 20 bezeichneten Handlungen begeht.

Lösung

Frage 1

I. Straftat des V: Strafbarkeit gem. § 14 Abs. 2 Nr. 1 BbgPG

V könnte sich gemäß § 14 Abs. 2 Nr. 1 BbgPG strafbar gemacht haben, weil er die Zeitungsartikel von B und D nicht ordnungsgemäß geprüft hat.

1. Objektiver Tatbestand
a) Täter
Die Potsdamer Zeitung müsste ein periodisches Druckwerk und V müsste bei der Potsdamer Zeitung verantwortlicher Redakteur sein. Die Potsdamer Zeitung ist gemäß der Definition in § 7 Abs. 1 BbgPG ein Druckwerk. Da es sich um eine Tageszeitung handelt, liegt ein periodisches Druckwerk iSd § 7 Abs. 4 BbgPG vor. V ist zum verantwortlichen Redakteur der Potsdamer Zeitung bestellt worden und übt dieses Amt auch tatsächlich aus.

b) Pflichtverletzung
Gemäß § 6 BbgPG hat der verantwortliche Redakteur die Ausgabe der PZ vom 28.06.2018 vor deren Verbreitung mit der nach den Umständen gebotenen Sorgfalt zu prüfen. Als verantwortlicher Redakteur war V verpflichtet, den redaktionellen Teil der für den 28.06.2018 bestimmten Ausgabe der Potsdamer Zeitung umfassend zu überprüfen und gegebenenfalls auf die Beseitigung von Inhalten, die den Tatbestand einer Straftat erfüllen könnten, hinzuwirken. V hat die Artikel des B und des D nur oberflächlich durchgesehen und dabei insbesondere die Bestandteile, die strafrechtlich bedenklich sein können, nicht sorgfältig zur Kenntnis genommen. Er hat dadurch seine Pflicht, das Druckwerk von strafbarem Inhalt freizuhalten, verletzt.

2. Subjektiver Tatbestand
Strafbar ist die Pflichtverletzung nach § 14 Abs. 2 Nr. 1 BbgPG sowohl als vorsätzliches als auch als fahrlässiges Fehlverhalten. Vorsatz wäre gegeben, wenn sich V bewusst gewesen wäre, dass er die Artikel des B und des D nicht ordnungsgemäß geprüft hat. Ob dies der Fall ist, lässt sich dem Sachverhalt nicht mit der für eine Verurteilung erforderlichen Eindeutigkeit entnehmen. Dagegen sind die Voraussetzungen von Fahrlässigkeit zweifelsfrei abgebildet. Vorsatz und Fahrlässigkeit schließen sich nicht aus.[1] Es bedarf keiner „Wahlfeststellung", um einen gerichtlichen Schuldspruch gegen V zu begründen.[2] V hat bei der Wahrnehmung seiner Aufgabe als verantwortlicher Redakteur die erforderliche Sorgfalt nicht angewandt. Sein Verhalten war sorgfaltspflichtwidrig. Auf der Basis dieses Verhaltens

---
[1] MK-*Hardtung*, § 222 Rn. 1; aA MK-*Duttge*, § 15 Rn. 104 (Aliud-Verhältnis).
[2] *Lackner/Kühl*, § 15 Rn. 56.

war die Erfüllung des objektiven Tatbestandes vorhersehbar. V hat also fahrlässig gehandelt.

3. Objektive Strafbarkeitsbedingung
a) Dogmatische Bedeutung
Es müsste mittels des Druckwerkes „Potsdamer Zeitung" eine rechtswidrige Tat begangen worden sein, die den Tatbestand eines Strafgesetzes verwirklicht. Diese Strafbarkeitsvoraussetzung gehört nicht zum Tatbestand des Redakteursdelikts, sondern ist eine objektive Strafbarkeitsbedingung.[3] Im Aufbau des strafrechtlichen Gutachtens wird diese Strafbarkeitsvoraussetzung überwiegend als „Tatbestandsannex" behandelt[4] und deshalb im Anschluss an die festgestellte Tatbestandsmäßigkeit erörtert.[5]

b) Presseinhaltsdelikt
Da die Pflicht des verantwortlichen Redakteurs darauf bezogen ist, das Druckwerk von strafbaren Inhalten freizuhalten, muss die Inkriminierung der „rechtswidrigen Tat" auf deren Inhalt beruhen. Es muss sich also um eine Tat handeln, deren Strafbarkeit dadurch begründet wird, dass Leser des Druckwerkes von dem Inhalt Kenntnis erlangen. In Betracht kommen daher nur Presseinhaltsdelikte.

aa) Artikel des B
Eine strafrechtliche Relevanz des von B verfassten Artikels kann sich nicht aus dem Text, sondern allenfalls aus dem beigefügten Foto ergeben. Dadurch kann der Tatbestand des Vergehens nach § 33 Abs. 1 iVm § 22 KUG verwirklicht werden. Dieses Foto zeigt ein Bildnis des A. Ohne eine wirksame Einwilligung des A bzw. seiner Eltern als gesetzliche Vertreter (§ 1629 BGB) ist die Verbreitung oder öffentliche Zurschaustellung dieses Bildes eine rechtswidrige straftatbestandsmäßige Tat. Als Mittel der Verbreitung oder öffentlichen Zurschaustellung ist auch ein Zeitungsartikel geeignet. Mit der Einbeziehung des Fotos in einen Zeitungsartikel wird das Bildnis zum Inhalt des Druckwerkes. Der Tatbestand des § 33 Abs. 1 iVm § 22 KUG kann also „durch ein Druckwerk" verwirklicht werden. Fraglich könnte hier allenfalls sein, ob es für den verantwortlichen Redakteur bei ordnungsgemäßer Erfüllung seiner Kontrollpflicht erkennbar war, dass durch dieses Bildnis der Tatbestand des § 33 Abs. 1 iVm § 22 KUG rechtswidrig verwirklicht wird. Denn die Rechtswidrigkeit hängt davon ab, dass der Abgebildete bzw. sein gesetzlicher Vertreter in die Bildnisverbreitung nicht eingewilligt hat. Vorhandensein oder Fehlen der Einwilligung ist durch bloßes Betrachten des Druckwerkes nicht feststellbar. Erkennbar ist jedoch, dass es sich um eine Abbildung handelt, deren Rechtmäßigkeit von einer Einwilligung abhängt, die also nicht bereits aus anderen Gründen

---
[3] Löffler/*Kühl*, LPG § 20 Rn. 144; *Mitsch*, Medienstrafrecht, § 7 Rn. 24.
[4] *Rönnau*, JuS 2011, 697 (699); *Wessels/Beulke/Satzger* Rn. 214.
[5] Vertretbar ist auch die Prüfung nach der Schuld, *Rengier*, AT, § 12 Rn. 13.

gerechtfertigt ist. Der verantwortliche Redakteur hat deshalb bei sorgfaltspflichtgemäßer umfassender Überprüfung des Druckwerkes hinreichend Anlass, sich vom Vorliegen einer wirksamen Einwilligung zu überzeugen. Ergibt sich dabei die Erteilung einer wirksamen Einwilligung nicht, muss er gegen die Verwendung des Bildnisses in dem Druckwerk einschreiten.

bb) Artikel des D
Die Bezeichnung des S als „Abrechnungsbetrüger" ist eine ehrenrührige Tatsachenbehauptung und erfüllt daher den Tatbestand der Üblen Nachrede gemäß § 186 StGB. Kern des Unrechts einer üblen Nachrede ist die Kundgabe der ehrverletzenden Tatsachenbehauptung. Die Strafbarkeit resultiert also unmittelbar aus dem Inhalt der Äußerung. Wird die Äußerung zum Gegenstand eines Presseartikels gemacht, fungiert das Druckwerk als Instrument dieser straftatbestandsmäßigen Tat. Sie hat deshalb die Qualität eines Presseinhaltsdelikts. Da die Tat hier durch Verbreiten von Schriften (§ 11 Abs. 3 StGB) begangen worden ist, ist sie gemäß § 186 Hs. 2 StGB sogar qualifiziert.[6] Ob darüber hinaus auch die Qualifikation des § 188 Abs. 1 StGB erfüllt ist, hängt von den Beweggründen des D ab, die sich aus dem Sachverhalt nicht ergeben.

c) Rechtswidrige Tat
Nach dem Wortlaut des § 14 Abs. 2 Nr. 1 BbgPG braucht durch die Tat nur der „Tatbestand eines Strafgesetzes verwirklicht" worden zu sein. Diese missverständliche Formulierung könnte die Annahme bestärken, dass es auf die weiteren Strafbarkeitsvoraussetzungen Rechtswidrigkeit und Schuld nicht ankäme. Tatsächlich muss die Veröffentlichung des Inhalts mittels Druckwerk jedoch auch rechtswidrig sein.[7] Denn die Pflichterfüllung des verantwortlichen Redakteurs dient dem Zweck, das Druckwerk von „strafbaren" Inhalten freizuhalten. Strafbar ist ein Inhalt aber nicht, wenn die Verbreitung gerechtfertigt ist. Gegen rechtmäßige Inhalte einzuschreiten ist der verantwortliche Redakteur weder verpflichtet noch berechtigt. Andererseits kommt es auf Schuldhaftigkeit der rechtswidrigen Inhaltsverbreitung nicht an.[8]

aa) Artikel des B
Die Verbreitung des den A zeigenden Fotos ist rechtswidrig, wenn A oder seine gesetzlichen Vertreter nicht wirksam eingewilligt haben. Die Einwilligung ist nach h. M. ein Rechtfertigungsgrund.[9] Da die Einwilligung keine positivgesetzliche Grundlage hat, sondern ihre Geltungskraft aus Gewohnheitsrecht ableitet,[10] sind

---

[6] *Schönke/Schröder/Lenckner/Eisele*, § 186 Rn. 18, 20.
[7] Löffler/*Kühl*, LPG § 20 Rn. 147.
[8] Löffler/*Kühl*, LPG § 20 Rn. 145; *Mitsch*, Medienstrafrecht, § 7 Rn. 24.
[9] Baumann/Weber/*Mitsch*/Eisele, § 15 Rn. 122; a.A. vgl. Dreier/Schulze-*Specht*, § 22 KUG, Rn. 16; *Eisele*, Computer- und Medienstrafrecht, 7. Kap. Rn. 31: negatives Tatbestandsmerkmal; allgemein dazu Baumann/Weber/*Mitsch*/Eisele, § 6 Rn. 33.
[10] Baumann/Weber/*Mitsch*/Eisele, § 15 Rn. 117.

ihre Wirksamkeitsvoraussetzungen nicht gesetzlich festgelegt. Ungeschriebene Voraussetzung der Einwilligung ist die Einwilligungsfähigkeit des Einwilligenden.[11] Da eine wirksame Einwilligung nur vom Inhaber des betroffenen Rechtsgutsobjektes erteilt werden kann,[12] kommt es auf dessen Einwilligungsfähigkeit an. Schutzgut des § 33 Abs. 1 iVm § 22 KUG ist das Recht am eigenen Bild als Ausschnitt aus dem allgemeinen Persönlichkeitsrecht.[13] Inhaber des Rechtsgutes, hinsichtlich dessen das Vorliegen einer wirksamen Einwilligung strafbarkeitserheblich ist, ist also A. Sehr fraglich ist die Einwilligungsfähigkeit bei Minderjährigen, insbesondere wenn es um Eingriffe in das Recht am eigenen Bild geht.[14] Zwar sind die zivilrechtlichen Altersstufen und Altersgrenzen nicht unmittelbar rechtserheblich, wenn es um Begründung oder Ausschluss der Strafrechtswidrigkeit geht.[15] Ausschlaggebend ist die konkrete Urteils- und Einsichtsfähigkeit im Einzelfall. Diese variiert je nach Alter, nach Art des betroffenen Rechtsgutes und Art des Eingriffs in das Rechtsgut einschließlich der daraus resultierenden Folgen. Im vorliegenden Fall kann man davon ausgehen, dass dem A die Lebenserfahrung fehlt um einschätzen zu können, welche Folgen die Veröffentlichung seines Fotos in einer Tageszeitung, die in ganz Brandenburg gelesen wird, haben kann. Er wird wahrscheinlich nicht einmal ahnen, dass überhaupt schutzwürdige Interessen seiner Person berührt sind, wenn eine solche Aufnahme der Betrachtung durch jedermann zugänglich gemacht wird. Hinzu kommt, dass A von dem Fotografen F nicht darüber aufgeklärt worden ist, in welchem thematischen Zusammenhang das Bild in der Zeitung stehen wird. Dies ist aber eine ganz wesentliche Bedingung für eine verständige Entscheidung über die Erteilung der Publikationserlaubnis einer Bildaufnahme. Eine wirksame rechtfertigende Einwilligung des A liegt daher nicht vor.

Anstelle des A hätten seine Eltern als gesetzliche Vertreter über die Einwilligung entscheiden müssen.[16] Das ist hier nicht geschehen, zumal die Eltern erst nach Erscheinen der Publikation davon Kenntnis erlangt haben. Eine nachträgliche rechtfertigende Einwilligung ist nicht möglich.[17] Die Voraussetzungen einer Rechtfertigung durch mutmaßliche Einwilligung liegen nicht vor. Denn es ist nicht ersichtlich, dass es unmöglich gewesen ist, die Eltern vor Veröffentlichung des Artikels um ihre Erlaubnis zu ersuchen.[18] Auch ein Ausschluss des Unrechts auf Grundlage der sehr umstrittenen Konstruktion „hypothetische Einwilligung"[19] kommt hier nicht in

---

[11] Baumann/Weber/*Mitsch*/Eisele, § 15 Rn. 132.
[12] Baumann/Weber/*Mitsch*/Eisele, § 15 Rn. 130.
[13] Dreier/Schulze-*Specht*, vor § 22 KUG, Rn. 3; *Eisele*, Computer- und Medienstrafrecht, 7. Kap. Rn. 28.
[14] Eingehend *Dasch*, Die Einwilligung zum Eingriff in das Recht am eigenen Bild, S. 97 ff.
[15] Baumann/Weber/*Mitsch*/Eisele, § 15 Rn. 132.
[16] Baumann/Weber/*Mitsch*/Eisele, § 15 Rn. 131.
[17] Baumann/Weber/*Mitsch*/Eisele, § 15 Rn. 135 m.w.N.
[18] Zu dieser Voraussetzung der mutmaßlichen Einwilligung Baumann/Weber/*Mitsch*/Eisele, § 15 Rn. 150.
[19] *Murmann*, Grundkurs, § 25 Rn. 132; *Rengier*, AT, § 23 Rn. 62.

Betracht. Von den grundsätzlichen Bedenken gegen diese Rechtsfigur[20] abgesehen fehlt es hier an der grundlegenden Voraussetzung, dass nach Lage der Dinge die Eltern eingewilligt hätten, wenn sie vor der Veröffentlichung des Zeitungsartikels dazu aufgefordert worden wären.

Die Verwirklichung des Straftatbestandes des § 33 Abs. 1 iVm § 22 KUG war somit nicht gerechtfertigt, sondern rechtswidrig.

bb) Artikel des D
Die in dem Artikel aufgestellte Behauptung, S habe die Straftat „Abrechnungsbetrug" (§ 263 StGB)[21] begangen, erfüllt den objektiven und subjektiven Tatbestand der üblen Nachrede gemäß § 186 StGB. Der gemäß § 15 StGB erforderliche Vorsatz braucht sich nur auf den ehrenrührigen Charakter der aufgestellten Tatsachenbehauptung zu beziehen. Nicht Gegenstand des Vorsatzes ist der Wahrheitsgehalt bzw die Unwahrheit dieser Tatsachenbehauptung.[22] Denn die Wahrheit der Behauptung hat auf die Strafbarkeit allein als Bezugsgröße der – nicht zum objektiven Tatbestand gehörenden – objektiven Strafbarkeitsbedingung „Nichterweislichkeit der Wahrheit" Einfluss.[23]

Ob die objektive Strafbarkeitsbedingung zu den Strafbarkeitsvoraussetzungen gehört, von deren Erfüllung die Strafbarkeit des verantwortlichen Redakteurs gemäß § 14 Abs. 2 Nr. 1 BbgPG abhängt, lässt sich dem Gesetzeswortlaut nicht entnehmen. Denn der Tatbestand des Strafgesetzes § 186 StGB ist auch dann erfüllt, wenn die Wahrheit der Tatsachenbehauptung erwiesen ist, die objektive Strafbarkeitsbedingung also nicht erfüllt ist. In einem solchen Fall ist der Urheber der Behauptung aber nicht strafbar und es ist kein sachlicher Grund ersichtlich, diese Straflosigkeit nicht auf den verantwortlichen Redakteur im Rahmen des § 14 Abs. 2 Nr. 1 BbgPG zu erstrecken. § 186 StGB schützt den Betroffen vor einer Beschädigung seines Anspruchs auf gesellschaftliche Achtung.[24] Dieser Schutz umfasst sogar einen möglicherweise nicht begründeten Anspruch, solange die Tatsachen, deren Bekanntwerden der Wertschätzung Abbruch tun könnten, nicht erwiesen sind. Steht hingegen die Wahrheit einer ehrenrührigen Behauptung fest, hat der Betroffene keinen Anspruch auf strafrechtlichen Schutz mehr. Das Ansehen, dessen Unantastbarkeit er für sich beanspruchen würde, existiert unter diesen Voraussetzungen nicht. Es besteht dann auch kein legitimer Grund für einen „Maulkorb" der Presse und sonstiger Medien. Daher muss die Prüfung der Strafbarkeit aus § 14 Abs. 2 Nr. 1 BbgPG auch die objektive Strafbarkeitsbedingung des § 186 StGB miteinbeziehen. Was das Gesetz negativ mit den Worten „wenn nicht diese Tatsache erweislich wahr ist" umschreibt, bedeutet umgekehrt, dass der Täter nicht aus § 186 StGB strafbar

---

[20] Dazu Baumann/Weber/*Mitsch*/Eisele, § 15 Rn. 144.
[21] Dazu instruktiv MK-*Hefendehl*, § 263 Rn. 677 ff.
[22] *Lackner/Kühl*, § 186 Rn. 10.
[23] *Schönke/Schröder/Lenckner/Eisele*, § 186 Rn. 10.
[24] *Schönke/Schröder/Lenckner/Eisele*, § 186 Rn. 1.

ist, wenn die Tatsache erweislich wahr ist.[25] Das Risiko der Nichterweislichkeit trägt der Täter. Ob dieses Risiko sich verwirklicht, stellt sich erst in dem Strafverfahren gegen den Täter heraus.

Allerdings könnte hier schon unabhängig von einem solchen Verfahren feststehen, dass die Wahrheit nichterweislich und die von D begangene Tat deshalb aus § 186 StGB strafbar ist. Denn Gegenstand der in dem Zeitungsartikel aufgestellten Behauptung ist eine von S begangene Straftat. Vom Vorwurf dieser Straftat ist S aber rechtskräftig freigesprochen worden. Das hat die Anwendung der Beweisregel[26] des § 190 S. 2 StGB zur Folge: infolge des Freispruchs ist der Wahrheitsbeweis in Bezug auf das Gegenteil (Strafbarkeit des S aus § 263 StGB) absolut ausgeschlossen. Selbst ein von S abgelegtes Geständnis könnte nicht mehr zum Beweis des behaupteten Abrechnungsbetrugs verwertet werden. Auch ein unrichtiger Freispruch sperrt die Führung des Wahrheitsbeweises.[27] Eine – grundsätzlich mögliche – Rechtfertigung durch Wahrnehmung berechtigter Interessen (§ 193 StGB) scheidet hier aus, weil der Freispruch in dem Artikel keine Erwähnung gefunden hat. D hätte das Recht gehabt, die Entscheidung des Gerichts zu kritisieren und in diesem Zusammenhang den S als einen des Abrechnungsbetruges dringend Verdächtigen und zu Unrecht Freigesprochenen zu bezeichnen. Die den Freispruch völlig ignorierende Bezichtigung des S ist aber eine Missachtung des § 190 S. 2 StGB und kann nicht als Wahrnehmung berechtigter Interessen gerechtfertigt werden. Daraus folgt, dass die Wahrheit der von D aufgestellten abwertenden Behauptung endgültig nichterweislich ist. Die objektive Strafbarkeitsbedingung ist deshalb erfüllt.

4. Rechtswidrigkeit
Die Pflichtverletzung des V ist nicht gerechtfertigt, also ist sie rechtswidrig.

5. Schuld
Umstände, die die Schuldhaftigkeit des Verhaltens ausschließen könnten, sind nicht ersichtlich. Zudem besaß V die individuellen Kenntnisse und Fähigkeiten, seine Sorgfaltspflichten einzuhalten (subjektive Sorgfaltspflichtverletzung) und konnte die Möglichkeit des Erfolgseintritt bei Vernachlässigung seines Pflichtenkanons erkennen (subjektive Vorhersehbarkeit). V hat seine Pflicht schuldhaft verletzt.

6. Ergebnis
V hat sich aus § 14 Abs. 2 Nr. 1 BbgPG strafbar gemacht.

II. Straftat des V: § 19 Abs. 2 Nr. 1 BerlPG
V könnte sich gemäß § 19 Abs. 2 Nr. 1 BerlPG strafbar gemacht haben, weil er die Zeitungsartikel von B und D nicht ordnungsgemäß geprüft hat.

---

[25] MK-*Regge/Pegel*, § 186 Rn. 25, 31.
[26] *Lackner/Kühl*, § 190 Rn. 1.
[27] MK-*Regge/Pegel*, § 190 Rn. 20.

1. Objektiver Tatbestand
Die objektiven Tatbestandsmerkmale des § 19 Abs. 2 Nr. 1 BerlPG sind dieselben wie die des § 14 Abs. 2 Nr. 1 BbgPG. Daher hat V den objektiven Tatbestand des § 19 Abs. 2 Nr. 1 BerlPG erfüllt.

2. Subjektiver Tatbestand
Die Voraussetzungen der subjektiven Tatbestandsmäßigkeit richten sich nach § 15 StGB: strafbar ist nur vorsätzliches Handeln, es sei denn, das Gesetz ordnet Strafe auch gegen fahrlässiges Handeln an. Anders als § 14 Abs. 2 Nr. 1 BbgPG enthält der Text des § 19 Abs. 2 Nr. 1 BerlPG nicht ausdrücklich den Hinweis auf „vorsätzliches und fahrlässiges" Handeln. Die Erwähnung von „vorsätzlich" ist wegen § 15 StGB stets überflüssig. Die Nichterwähnung von „fahrlässig" hingegen hat Bedeutung: sie legt die Beschränkung der Strafbarkeit auf vorsätzliche Taten fest. Nach § 19 Abs. 2 Nr. 1 BerlPG ist also die fahrlässige Pflichtverletzung nicht strafbar.

Da vorsätzliche Pflichtverletzung des V nicht feststellbar ist, hat V den subjektiven Tatbestand der Straftat nach § 19 Abs. 2 Nr. 1 BerlPG nicht erfüllt.

3. Ergebnis
V hat sich nicht aus § 19 Abs. 2 Nr. 1 BerlPG strafbar gemacht.

III. Ordnungswidrigkeit des V: § 21 Abs. 2 iVm § 19 Abs. 2 Nr. 1 BerlPG
V könnte eine Ordnungswidrigkeit gemäß § 21 Abs. 2 iVm § 19 Abs. 2 Nr. 1 BerlPG begangen haben, weil er die Zeitungsartikel von B und D nicht ordnungsgemäß geprüft hat.

1. Objektiver Tatbestand
Der objektive Tatbestand der Ordnungswidrigkeit ist identisch mit dem objektiven Tatbestand der Straftat gemäß § 19 Abs. 2 Nr. 1 BerlPG. Daher hat V den objektiven Tatbestand erfüllt.

2. Subjektiver Tatbestand
Subjektiv tatbestandsmäßig ist die fahrlässige Verletzung der Pflicht des verantwortlichen Redakteurs. V hat bei der Prüfung der Artikel von B und D die erforderliche Sorgfalt nicht beachtet. Daher war sein Verhalten fahrlässig.

3. Objektive Ahndbarkeitsbedingung
Durch Veröffentlichung der Artikel von B und D sind Presseinhaltsdelikte begangen worden. Die objektive Ahndbarkeitsbedingung[28] ist daher erfüllt.

4. Rechtswidrigkeit
Die Tat war nicht gerechtfertigt.

---
[28] Allgemein dazu *Blum*, in: Blum/Gassner/Seith, Ordnungswidrigkeitengesetz, § 122 Rn. 8.

5. Vorwerfbarkeit
Umstände, die die Vorwerfbarkeit der Tat ausschließen könnten, sind nicht ersichtlich.

6. Ergebnis
V hat eine Ordnungswidrigkeit gemäß § 21 Abs. 2 iVm § 19 Abs. 2 Nr. 1 BerlPG begangen.

IV. Straftat oder Ordnungswidrigkeit?
Die obige Würdigung des Verhaltens des V hat ergeben, dass eine Straftat nach § 14 Abs. 2 Nr. 1 BbgPG sowie eine Ordnungswidrigkeit gemäß § 21 Abs. 2 iVm § 19 Abs. 2 Nr. 1 BerlPG vorliegt. Voraussetzung dieses Ergebnisses ist jedoch, dass der Anwendungsbereich dieser Vorschriften eröffnet ist. Betroffen ist der räumliche Anwendungsbereich. Da das Presserecht einschließlich des Pressestrafrechts gemäß Art. 70 GG zur Gesetzgebungszuständigkeit der Bundesländer gehört, existieren in Deutschland 16 Landesgesetze, die das Pressewesen einschließlich der Pressestraftaten und Presseordnungswidrigkeiten regeln.[29] Der räumliche Geltungsbereich dieser Gesetze ist Thema des sog. „interlokalen Strafrechts".[30] Dieses hat in Deutschland keine positivgesetzliche Normierung erfahren und basiert deshalb auf Gewohnheitsrecht.[31] Maßgeblicher Anknüpfungspunkt ist danach der Tatort: das Pressestrafrecht des Bundeslandes ist auf den konkreten Fall anwendbar, auf dessen Territorium der Tatort liegt.[32] Die Bestimmung des Tatortes richtet sich nach § 9 StGB. Das von V begangene Delikt ist seinem Wesen nach ein Unterlassungsdelikt.[33] Deshalb ist der Tatort des Unterlassungsdelikts und somit § 9 Abs. 1 Alt. 2 StGB einschlägig. Wo V seine Pflicht zu erfüllen hatte, dort ist der Ort seiner Tat. V musste die Pflicht in Potsdam erfüllen, wo die redaktionelle Arbeit der Potsdamer Zeitung verrichtet wird. Tatort ist also Potsdam. Daraus folgt, dass nur das Pressegesetz des Landes Brandenburg anzuwenden ist. Die Tat des V ist demgemäß eine Straftat nach § 14 Abs. 2 Nr. 1 BbgPG. Der Bußgeldtatbestand des § 21 Abs. 2 iVm § 19 Abs. 2 Nr. 1 BerlPG ist nicht anwendbar.

Frage 2: Örtliche Zuständigkeit des Amtsgerichts Königs Wusterhausen

Die Anklage ist bei dem sachlich und örtlich zuständigen Gericht zu erheben, § 170 Abs. 1 StPO.[34] Gegen die sachliche Zuständigkeit des Amtsgerichts bestehen keine Bedenken, vgl. § 24 GVG. Fraglich ist indessen, ob das Amtsgericht in Königs

---

[29] *Eisele*, Computer- und Medienstrafrecht, 3. Kap. Rn. 27.
[30] Zum Ordnungswidrigkeitenrecht *Blum*, in: Blum/Gassner/Seith, § 5 Rn. 7.
[31] Löffler-*Kühl*, LPG vor § 20 Rn. 19.
[32] Löffler-*Kühl*, LPG vor § 20 Rn. 20.
[33] Löffler-*Kühl*, LPG vor § 20 Rn. 128.
[34] *Meyer-Goßner/Schmitt*, § 170 Rn. 4.

Wusterhausen örtlich zuständig ist. In der Terminologie der Strafprozessordnung wird die örtliche Zuständigkeit „Gerichtsstand" genannt, vgl. §§ 7 ff. StPO.[35] Örtlich zuständig ist ein Gericht, bei dem ein Gerichtsstand begründet ist. Da über den Wohnsitz des V nichts bekannt ist (§ 8 StPO), kommt hier nur ein Gerichtsstand auf der Grundlage des Tatorts in Betracht, § 7 StPO. Zugrunde liegt der Tatortbegriff des § 9 StGB.[36] Da V im Bezirk des Amtsgerichts Königs Wusterhausen weder gehandelt noch pflichtwidrig etwas unterlassen hat, kommt allenfalls ein Tatort auf der Grundlage des tatbestandsmäßigen Erfolgs in Betracht, § 9 Abs. 1 Alt. 3 StGB. Das einzige Ereignis im Bereich der Stadt Königs Wusterhausen, das die Eigenschaft eines tatortbegründenden Erfolgs haben könnte, ist der Verkauf der Potsdamer Zeitung mit den inkriminierten Artikeln des B und des D. Wie oben unter I. 3. b) festgestellt wurde, wurde durch die Verbreitung dieser Artikel der Straftatbestand des § 33 Abs. 1 iVm § 22 KUG und der Straftatbestand Üble Nachrede (§ 186 StGB) verwirklicht. Diese Delikte wurden durch Verbreitung des Bildnisses und durch Kundgabe einer ehrverletzenden Äußerung begangen und sind mit Eintritt des Kundgabeerfolgs vollendet.[37] Diese Verbreitungs- und Kundgabeerfolge sind im Bezirk des Amtsgerichts Königs Wusterhausen eingetreten. Allerdings stützt sich der strafrechtliche Vorwurf und damit die Anklage gegen V nicht auf § 33 Abs. 1 iVm § 22 KUG und § 186 StGB. Die Straftat des V, die Gegenstand der Anklage ist, ist die nach § 14 Abs. 2 Nr. 1 BbgPG strafbare Verletzung der Pflicht des verantwortlichen Redakteurs. Im Kontext des § 14 Abs. 2 Nr. 1 BbgPG sind die Verletzungen des Rechts am eigenen Bild und die Üble Nachrede objektive Strafbarkeitsbedingungen. Sie sind keine Merkmale des objektiven Tatbestands. Daraus folgt, dass der Verbreitungserfolg und der Kundgabeerfolg im Rahmen des § 14 Abs. 2 Nr. 1 BbgPG keine „zum Tatbestand gehörende Erfolge" sind. Andererseits wird bei der Auslegung des § 9 Abs. 1 Alt. 3 StGB die Auffassung vertreten, dass die Tatbestandszugehörigkeit in einem erweiterten Sinne zu verstehen ist und daher auch Ereignisse, die Erfolgskomponente einer objektiven Strafbarkeitsbedingung sind, tatortbegründender Erfolg sein können. Dies ist in Bezug auf das Rauschtatmerkmal des § 323a StGB anerkannt.[38] Folglich kann auch der Erfolg des Presseinhaltsdelikts als Teil der objektiven Strafbarkeitsbedingung des § 14 Abs. 2 Nr. 1 BbgPG nach § 9 Abs. 1 Alt. 3 StGB den Tatort des presserechtlichen Sonderdelikts begründen.[39] Die Voraussetzungen des § 7 Abs. 1 StPO sind also in Bezug auf das Amtsgericht Königs Wusterhausen erfüllt.

Die Anwendung des § 7 Abs. 1 StPO könnte aber nach § 7 Abs. 2 S. 1 StPO ausgeschlossen sein. Diese Vorschrift bewirkt eine Gerichtsstandskonzentration für die Verhandlung und Aburteilung von Presseinhaltsdelikten[40] und soll den nach § 7

---

[35] *Meyer-Goßner/Schmitt*, vor § 7 Rn. 1.
[36] *Meyer-Goßner/Schmitt*, § 7 Rn. 2.
[37] *Schönke/Schröder/Lenckner/Eisele*, § 186 Rn. 17.
[38] BGHSt 42, 235 (242); *Schönke/Schröder/Eser*, § 9 Rn. 6c.
[39] *Fischer*, § 9 Rn. 4b.
[40] LR-*Erb*, § 7 Rn. 18.

Abs. 1 StPO möglichen „fliegenden Gerichtsstand" verhindern.[41] Fraglich ist, ob die strafbare Pflichtverletzung des V ein Delikt ist, für das § 7 Abs. 2 StPO gilt. Denn nicht die Pflichtverletzung des V ist Presseinhaltsdelikt, sondern die Verletzung des Rechts am eigenen Bild sowie die üble Nachrede, die von B und von D begangen worden ist. „Verwirklicht" wurde die Straftat des V nicht durch Verbreitung des Bildnisses des A oder durch eine üble Nachrede zum Nachteil des S, sondern durch die unsorgfältige Wahrnehmung der Prüfpflicht. Dennoch passt die ratio des § 7 Abs. 2 StPO auch zu der strafbaren Pflichtverletzung des verantwortlichen Redakteurs. So wie es ohne § 7 Abs. 2 StPO auf der Grundlage des § 7 Abs. 1 StPO eine Vielzahl paralleler Strafverfahren bei verschiedenen Gerichten wegen des Presseinhaltsdelikts geben würde, wären auch wegen § 14 Abs. 2 Nr. 1 BbgPG viele Verfahren bei verschiedenen Gerichten möglich. Dass eine derartige Verfahrens- und Urteilskumulation vermieden werden muss, folgt aus dem Prinzip „ne bis in idem" (Art. 103 Abs. 3 GG) und schlägt sich im System der Zuständigkeitsregeln in § 12 StPO nieder. Alleiniger Gerichtsstand ist hier somit bei dem Gericht, in dessen Bezirk die Potsdamer Zeitung mit den inkriminierten Artikeln zuerst erschienen ist.[42] Das ist Potsdam, folglich ist allein das Amtsgericht Potsdam örtlich zuständig.

Frage 3: Zulässigkeit eines Straf- oder Bußgeldverfahrens gegen V

Nach dem im Strafprozessrecht geltenden Legalitätsprinzip (§ 152 Abs. 2 StPO) muss grundsätzlich wegen des Verdachts einer Straftat ein Strafverfahren durchgeführt werden.[43] Im Ordnungswidrigkeitenrecht gilt das Opportunitätsprinzip, sodass es im Ermessen der Behörde liegt, ob wegen des Verdachts einer Ordnungswidrigkeit ein Bußgeldverfahren durchgeführt wird, § 47 OWiG. Die Frage danach, ob ein Verfahren durchgeführt werden darf, stellt sich in beiden Verfahrenszweigen, wenn Anlass für die Annahme besteht, dass eine Prozessvoraussetzung fehlt oder ein Prozesshindernis besteht.

Hier könnte der Durchführung eines Verfahrens die Tatsache entgegenstehen, dass weder A bzw. seine Eltern noch S einen Strafantrag gestellt haben. Der Strafantrag ist eine Prozessvoraussetzung, ohne die bei sog. „absoluten"[44] – oder: „reinen"[45] – Antragsdelikten die Durchführung eines Strafverfahrens nicht zulässig ist. Sowohl die Verletzung des Rechts am eigenen Bild (§ 33 Abs. 1 iVm § 22 KUG) als auch die üble Nachrede (§ 186 StGB) sind absolute Antragsdelikte, § 33 Abs. 2

---

[41] *Meyer-Goßner/Schmitt*, § 7 Rn. 7; LR-*Erb*, § 7 Rn. 7; SKStPO-*Weßlau*, § 7 Rn. 5.
[42] Löffler-*Kühl*, LPG vor § 20 Rn. 16.
[43] *Volk/Engländer*, Grundkurs, § 18 Rn. 7.
[44] *Lackner/Kühl*, § 77 Rn. 1.
[45] *Volk/Engländer*, Grundkurs, § 18 Rn. 3.

KUG, § 194 Abs. 1 StGB.[46] Da kein Strafantrag gestellt wurde, kann weder B noch D strafrechtlich verfolgt werden, § 77 b Abs. 1 StGB.

Dies wirkt sich jedoch nicht auf die Zulässigkeit eines Verfahrens gegen V aus. Dessen Strafbarkeit ist nicht davon abhängig, dass das Presseinhaltsdelikt verfolgt wird bzw. verfolgt werden darf. Ein Strafverfahren gegen V ist nur dann unzulässig, wenn in Bezug auf das diesem vorwerfbare Delikt das Erfordernis eines Strafantrags besteht. In den Presse- und Mediengesetzen der Länder sind für das Sonderdelikt des verantwortlichen Redakteurs keine Strafantragserfordernisse aufgestellt. Andererseits besteht zwischen diesem Delikt und dem impliziten Presseinhaltsdelikt insofern ein Zusammenhang, als der Sonderdeliktstatbestand nur zur Anwendung kommt, wenn der verantwortliche Redakteur nicht für das Presseinhaltsdelikt selbst strafrechtlich zur Verantwortung gezogen werden kann. Der Sonderdeliktstatbestand ist subsidiär.[47] Wäre also eine Strafbarkeit des V als Täter oder Teilnehmer aus § 33 Abs. 1 iVm § 22 KUG oder aus § 186 StGB begründet, schiede § 14 Abs. 2 Nr. 1 BbgPG als Bestrafungsgrundlage aus. Andererseits könnte wegen § 33 Abs. 1 iVm § 22 KUG und wegen § 186 StGB gegen V kein Strafverfahren durchgeführt werden, weil der dafür erforderliche Strafantrag nicht gestellt wurde. Daraus folgt jedoch nicht, dass § 14 Abs. 2 Nr. 1 BbgPG nun doch als Grundlage von Strafverfolgung und Bestrafung zur Anwendung kommt. Denn die Funktion des § 14 Abs. 2 Nr. 1 BbgPG als Auffangtatbestand greift allein ein, wenn Strafbarkeit aus dem Presseinhaltsdeliktstatbestand wegen Nichterfüllung materiellrechtlicher Strafbarkeitsvoraussetzungen nicht möglich ist. Dagegen sperrt das Fehlen des Strafantrags bezüglich des Presseinhaltsdelikts auch die Durchführung eines Strafverfahrens aus § 14 Abs. 2 Nr. 1 BbgPG. Denn der verantwortliche Redakteur darf nicht schlechter stehen als er stünde, wenn er sich materiellstrafrechtlich aus dem Tatbestand des Presseinhaltsdelikts strafbar gemacht hätte.[48] Die Durchführung eines Strafverfahrens gegen V ist also nicht zulässig.

Wäre das Pressegesetz Berlins einschlägig, hätte V – wie oben gesehen – eine Ordnungswidrigkeit gemäß § 21 Abs. 2 iVm § 19 Abs. 2 Nr. 1 BerlPG begangen. Diese wäre Gegenstand eines Bußgeldverfahrens gemäß §§ 35 ff. OWiG. Allerdings stellt sich auch insoweit die Frage der Unzulässigkeit der Verfahrensdurchführung wegen Nichtstellung eines Strafantrags. Explizit sieht das Ordnungswidrigkeitenrecht ein Antragserfordernis nur bei den Ordnungswidrigkeiten der §§ 122 OWiG und 130 OWiG vor, vgl. § 131 Abs. 2 OWiG. Aus den oben dargelegten Gründen muss die Ausdehnung des Antragserfordernisses von dem in Bezug genommenen Straftatbestand auf den akzessorischen Bußgeldtatbestand aber auch für § 21 Abs. 2 BerlPG gelten. Anderenfalls stünde der verantwortliche Redakteur nach Berliner Presserecht bei vorsätzlicher Verletzung seiner Pflicht besser als bei fahrlässiger Verletzung dieser Pflicht. Da die vorsätzliche Pflichtverletzung Straftat ist

---

[46] Der Ausdruck „Beleidigung" in § 194 Abs. 1 S. 1 StGB bezieht sich auf sämtliche Straftatbestände des 14. Abschnitts, *Lackner/Kühl*, § 194 Rn. 1.
[47] Löffler/*Kühl*, LPG § 20 Rn. 150.
[48] Löffler/*Kühl*, LPG § 20 Rn. 155.

und deshalb im Falle eines erforderlichen und nicht gestellten Strafantrags unverfolgbar bleibt, könnte die fahrlässige Pflichtverletzung als Ordnungswidrigkeit auch ohne Antrag verfolgt werden. Das wäre ein Wertungswiderspruch. Das Fehlen des Strafantrags hat also zur Folge, dass die Durchführung eines Bußgeldverfahrens unzulässig ist.

Fall 12 Gerangel um die Kamera

Recht am eigenen Bild – Notwehr – Defensivnotstand – Privatklage – presserechtliche Verjährung

Am Mittwoch den 03.05.2017 fand um 9 Uhr eine amtsgerichtliche Hauptverhandlung gegen Anton Angerer (A) wegen des Vorwurfs einer Körperverletzung statt. Es ging um einen Nachbarschaftsstreit, bei dem auch Hunde eine Rolle spielten. Das Verfahren stand auf der Presseliste der Staatsanwaltschaft, so dass auch Horst Hollmann (H) anwesend war. H ist Fotograf der Boulevard-Zeitung „Picture". Als A um 8.45 Uhr im Treppenhaus des Gerichtsgebäudes erschien, begann H ihn zu fotografieren. A war hierüber erbost und forderte den H lautstark auf, sein Tun einzustellen. H reagierte hierauf nicht, sondern fotografierte den A weiter. Auch die erneute Aufforderung, das Fotografieren einzustellen, ignorierte H. A hielt sich zunächst die Hand vor das Gesicht.

Da H weiter fotografierte, ging A wütend auf ihn zu, holte mit dem rechten Arm aus und schlug mit bedingtem Verletzungsvorsatz mit der flachen Hand wuchtig gegen das Objektiv der Kamera, die der H gerade vor sein Gesicht hielt. Durch den Schlag wurde die Kamera in das Gesicht des H gedrückt. H erlitt infolge des Schlages Schmerzen im Oberkiefer, Kopfschmerzen und ein Taubheitsgefühl im Bereich der Frontzähne. Auch die Kamera, die der Verlags-GmbH Picture gehört, war durch den Schlag des A beschädigt worden. Dies hatte A für möglich gehalten und billigend in Kauf genommen.

Einen Tag nach der Gerichtsverhandlung erschien in der Zeitung „Picture" ein Artikel über den Prozess, dem ein Bild des A beigefügt war. Auf dem Foto hält sich A schützend die rechte Hand vor das Gesicht. Dennoch ist A auf dem Foto zu erkennen.

A war in dem Nachbarschaftsstreit-Strafverfahren freigesprochen worden. H und der Geschäftsführer der Verlags-GmbH Picture stellen gegen A Strafantrag. A stellt eine Woche nach dem Vorfall im Amtsgericht Strafantrag gegen H und gegen „die für die Veröffentlichung der Abbildung in der Zeitung Verantwortlichen des Verlages". Drei Wochen nach Stellung des Strafantrags erhält A ein Schreiben der Staatsanwaltschaft, das er nicht versteht und daher gleich weglegt. In dem Schreiben teilt die Staatsanwaltschaft mit, dass A „den Privatklageweg" beschreiten könne.

Die Angelegenheit gerät dann bei A in Vergessenheit. Im Juli 2019 bekommt A Besuch von seinem in Australien lebenden Neffen Norbert (N). Dieser erzählt, er habe vor kurzem beim Surfen im Internet ein Foto des A gesehen. A halte sich auf dem Bild die Hand vor das Gesicht, sei aber dennoch zu erkennen. Jetzt erinnert sich A wieder an die Auseinandersetzung mit H in dem Gericht und wundert sich nun, dass die Staatsanwaltschaft seitdem „nichts gemacht" habe. Am nächsten Tag sucht A die Staatsanwaltschaft auf und fragt, was denn mit dem Strafverfahren gegen H und die Verlags-GmbH „los ist". A erhält die Antwort, er solle „Privatklage erheben".

1. Hat sich A durch den Schlag gegen die Kamera strafbar gemacht?

2. Welche Aussichten hat A, auf dem Privatklageweg eine Verurteilung des H oder des Verlagsmitarbeiters zu erreichen, der für die Veröffentlichung des Fotos in der Zeitung verantwortlich ist?

Lösung

Frage 1: Strafbarkeit des A

I. Körperverletzung, § 223 Abs. 1 StGB

1. Objektiver Tatbestand

Der Schlag mit der flachen Hand gegen die Kamera könnte eine körperliche Misshandlung sein. Da dieser Schlag dem H die Kamera schmerzhaft ins Gesicht drückte, ist er nicht nur eine unmittelbare Einwirkung auf die Kamera, sondern auch eine – mittelbare – Einwirkung auf den Körper des H. Die durch den Schlag verursachten Schmerzen und Taubheitsgefühle belegen, dass es sich um eine üble und unangemessene Behandlung handelt, die das körperliche Wohlbefinden des H erheblich beeinträchtigt.[1] Der Schlag ist also eine körperliche Misshandlung. Zudem sind die Folgen des Schlages auch ein pathologischer Zustand,[2] also eine Gesundheitsbeschädigung. Der Schlag war für die Gesundheitsbeschädigung kausal. Gründe für einen Ausschluss der objektiven Erfolgszurechnung bestehen nicht. A hat somit den objektiven Tatbestand der Körperverletzung erfüllt.

2. Subjektiver Tatbestand

A hat laut Sachverhalt mit bedingtem[3] Verletzungsvorsatz gehandelt. Damit hat er den subjektiven Tatbestand erfüllt, § 15 StGB.

---

[1] Das ist die geläufige Definition der körperlichen Misshandlung, vgl. *Arzt/Weber/Heinrich/Hilgendorf-Hilgendorf,* § 6 Rn. 21; *Lackner/Kühl,* § 223 Rn. 4.

[2] Definition der Gesundheitsschädigung, vgl. *Lackner/Kühl,* § 223 Rn. 5.

[3] Dolus eventualis ist ausreichend, vgl. *Lackner/Kühl,* § 223 Rn. 6; zu Begriff und Inhalt des bedingten Vorsatzes vgl. *B. Heinrich*, AT, Rn. 285.

3. Rechtswidrigkeit
Da die Tatbestandsmäßigkeit die Rechtswidrigkeit der Tat indiziert,[4] ist die von A begangene Körperverletzung rechtswidrig, es sei denn ein Rechtfertigungsgrund greift ein. Die Tat könnte durch Notwehr gerechtfertigt sein, § 32 StGB.[5]

a) Angriff
Das Verhalten des H müsste ein Angriff sein. Ein Angriff ist ein – typischerweise aktives[6] – menschliches Verhalten, das die Integrität eines notwehrfähigen Rechtsguts bedroht.[7] Notwehrfähige Rechtsgüter sind nur Individualgüter.[8] Unerheblich ist, ob das Individualgut durch eine Strafvorschrift geschützt wird oder nicht.[9] Hier könnte H das Recht am eigenen Bild (Recht auf bildliche Selbstbestimmung)[10] des A angegriffen haben. Das Recht am eigenen Bild ist ein Ausschnitt des allgemeinen Persönlichkeitsrechts.[11] Es beinhaltet die höchstpersönliche und ausschließliche Befugnis zur Gestattung oder Untersagung von Bildaufnahmen der Person. Verletzt wird das Recht durch die Herstellung, Übertragung, Speicherung und Weitergabe der Aufnahmen ohne Einwilligung des Betroffenen. Dass das Strafrecht dieses Recht nur fragmentarisch (in § 201a StGB, § 33 KUG) schützt, steht der Notwehrfähigkeit nicht entgegen.[12] Bereits der nicht unmittelbar gegen die Person, sondern gegen ihre Wohnung gerichtete Übergriff in Form unerlaubter Bildaufnahmen ist ein Angriff auf das Persönlichkeitsrecht, gegen den Notwehr zulässig sein kann.[13] Daher ist auch eine Handlung, die die Herstellung einer vom Betroffenen nicht gebilligten Bildaufnahme der Person zum Ziel hat, ein notwehrfähiger Angriff auf das Recht am eigenen Bild.[14] H hat mit seiner Kamera einen solchen Angriff begangen. Dass A mit der Hand sein Gesicht verdeckte und dieses deshalb möglicherweise auf den Aufnahmen nicht vollständig zu erkennen ist, hat keinen Einfluss auf die rechtliche Bewertung. Denn da es sich um eine typische Abwehrhaltung handelt, die H mit seinem aufdringlichen Vorgehen provoziert hat, wird der aggressive Charakter dieses Handelns dadurch noch unterstrichen.

b) Rechtswidrigkeit
Rechtswidrig ist ein Angriff, der eine nicht gerechtfertigte Beeinträchtigung des Rechtsgutes durch objektiv pflichtwidriges Verhalten herbeiführt oder herbeizuführen

---
[4] *B. Heinrich*, AT, Rn. 310.
[5] Zum Aufbau der Notwehrprüfung vgl. *B. Heinrich*, AT, Rn. 340; *Rengier*, AT, § 18 Rn. 4.
[6] Nach h.M. kann auch ein Unterlassen Angriffsqualität haben, vgl. *B. Heinrich*, AT, Rn. 343; *Rengier*, AT, § 18 Rn. 15.
[7] *Murmann*, Grundkurs, § 25 Rn. 73; *Rengier*, AT, § 18 Rn. 6.
[8] *B. Heinrich*, AT, Rn. 344; *Murmann*, Grundkurs, § 25 Rn. 76; *Rengier*, AT, § 18 Rn. 8.
[9] *B. Heinrich*, AT, Rn. 350; *Murmann*, Grundkurs, § 25 Rn. 85.
[10] *Beater*, Medienrecht, Rn. 1268.
[11] Ricker/Weberling-*Ricker*, 43. Kap. Rn. 1b.
[12] *Rengier*, AT, § 18 Rn. 9.
[13] OLG Düsseldorf, NJW 1994, 1971 (1972).
[14] *Baumann/Weber/Mitsch/Eisele*, § 15 Rn. 13; *Mitsch*, FS Schwind, 2006, 603 (609).

droht. Ausgeschlossen ist die Rechtswidrigkeit entweder wegen eines Rechtfertigungsgrundes[15] oder wegen Einhaltung aller in der Situation einschlägigen Verhaltensregeln (Sorgfaltspflicht), deren Zweck Schutz vor der Rechtsgutsbeeinträchtigung ist (erlaubtes Risiko[16]).[17] Das zweite Kriterium hat praktische Bedeutung nur für unvorsätzliche Angriffe. Wird der Angriff vorsätzlich ausgeführt, kann ihn nur ein Rechtfertigungsgrund von der Rechtswidrigkeit befreien. Hier hat sich H vorsätzlich über den deutlich zum Ausdruck gebrachten entgegenstehenden Willen des A hinweggesetzt. Als objektiv sorgfaltspflichtgemäß in Hinblick auf die Integrität des Rechts am eigenen Bild kann das Verhalten daher nicht bezeichnet werden. Die Entscheidung über die Rechtswidrigkeit des Angriffs hängt somit davon ab, ob sich H auf einen Rechtfertigungsgrund berufen kann.

Als spezielle Rechtfertigungsgründe für Eingriffe in das Recht am eigenen Bild kommen die in § 23 KUG geregelten Befugnisse in Betracht. Zwar beziehen diese sich ausdrücklich nur auf die in § 22 KUG unter Einwilligungsvorbehalt gestellten Handlungsformen des Verbreitens und öffentlichen Zurschaustellens. Wenn aber für diesen Umgang mit einem Bildnis eine Rechtfertigung begründet ist, dann erstreckt sich diese auch auf die vorausgehende Herstellung des Bildnisses, soweit diese ausschließlich für eine gerechtfertigte Verbreitung oder Zurschaustellung bestimmt ist. In Betracht kommt hier allein § 23 Abs. 1 Nr. 1 KUG. Dann müsste an der öffentlichen Darstellung von personenbezogenen Abbildungen aus Gründen der „Zeitgeschichte" ein gesteigertes Allgemeininteresse bestehen. Dies setzt voraus, dass A in ein bedeutendes zeitgeschichtliches Ereignis so stark involviert ist, dass eine das öffentliche Informationsinteresse befriedigende Berichterstattung ohne seine der Allgemeinheit zugänglich gemachte Abbildung nicht ausreichend wäre. Früher wurde aus dieser Interessenkonstellation eine Kategorisierung der abgebildeten Personen in „absolute und relative Person der Zeitgeschichte" abgeleitet.[18] Absolute Personen der Zeitgeschichte waren danach Menschen, die selbst „Geschichte geschrieben" haben, also so eng mit einem herausragenden geschichtlichen Ereignis verbunden waren, dass sie über ihren Tod hinaus als wichtige Gestalter der Weltgeschichte stets im Gedächtnis der Menschheit präsent sein werden.[19] Demgegenüber wecken relative Personen der Zeitgeschichte durch ihre Verwicklung in ein punktuelles Sensationsereignis oder sonstiges gesteigerte öffentliche Aufmerksamkeit erregendes Geschehen ein vorübergehendes kurzlebiges Betrachtungsbedürfnis, das dementsprechend nur eine zeitlich begrenzte Zurückdrängung ihres Interesses am Schutz ihrer Persönlichkeit rechtfertigt.[20]

---

[15] *Murmann*, Grundkurs, § 25 Rn. 86; *Rengier*, AT, § 18 Rn. 28.
[16] *Murmann*, Grundkurs, § 25 Rn. 84.
[17] *Rengier*, AT, § 18 Rn. 29.
[18] Dreier/Schulze-*Specht*, § 23 KUG Rn. 4 ff.; *Peifer*, Übungen im Medienrecht, Rn. 111 ff.; Ricker/Weberling-*Ricker*, 43. Kap. Rn. 11 ff.; Wandtke/Ohst-*Renner*, Bd. 4, Kap. 4 § 6 Rn. 75 ff.
[19] *Beater*, Medienrecht, Rn. 1285; Dreier/Schulze-*Specht*, § 23 KUG Rn. 5.
[20] Dreier/Schulze-*Specht*, § 23 UrhG Rn. 6.

Seit der „Caroline-Entscheidung" des EGMR aus dem Jahr 2004[21] rückt die deutsche Rechtsprechung immer entschiedener von der schematischen Einteilung der Betroffenen in die Gruppen der absoluten und relativen Personen der Zeitgeschichte ab.[22] Im Vordergrund steht nunmehr eine flexiblere Einzelfallabwägung zwischen den aus dem zeitgeschichtlichen Gegenstand öffentlichen Interesses hervorgehenden sachbezogenen Bedürfnissen nach öffentlicher Zugänglichmachung personenbezogener Abbildungen einerseits und den gegenläufigen Bildzurückhaltungsinteressen der betroffenen Person andererseits. Das Informationsinteresse wird stärker auf die Sache gerichtet und von der Person abgelöst, es sei denn die Person ist mit der Sache eng verwoben. Primär abwägungsleitend ist der zeitgeschichtliche Gegenstand und die Stärke seiner Verbindung mit der betroffenen Person. Ein in diesem Sinne relevantes Ereignis kann auch eine Straftat sein, hinsichtlich derer ein starkes Informationsinteresse der Allgemeinheit einschließlich Abbildungen des Tatverdächtigen besteht.[23] Die Lehre von den Personen der Zeitgeschichte bezieht (mutmaßliche und verurteilte) Straftäter grundsätzlich in die Klasse der relativen Personen der Zeitgeschichte ein.[24] Solange der Beschuldigte noch nicht rechtskräftig verurteilt ist, muss vor allem die Unschuldsvermutung (Art. 6 Abs. 2 MRK) als berichterstattungsbeschränkendes Gegenrecht des Betroffenen berücksichtigt werden.[25] Wichtigster Abwägungsfaktor ist die Schwere der Straftat.[26] Bei geringfügigen Vergehen ist dem Interesse des Tatverdächtigen am Schutz seiner Person regelmäßig Vorrang einzuräumen. Eine einfache Körperverletzung – die hier Gegenstand des Strafverfahrens gegen A ist – hat regelmäßig keine zeitgeschichtliche Bedeutung. Besondere Umstände der Tat oder des Tatverdächtigen, aus denen sich Gegenteiliges ergeben könnte, sind nicht ersichtlich. Hinzu kommt, dass A während des ganzen Verfahrens unter dem Schutz der Unschuldsvermutung stand und am Ende freigesprochen wurde. Ein schutzwürdiges Interesse der Allgemeinheit an bildlicher Information über die äußere Erscheinung des Beschuldigten in diesem amtsgerichtlichen Strafverfahren existiert somit nicht. H konnte aus § 23 Abs. 1 Nr. 1 KUG kein Recht auf einwilligungsunabhängige Eingriffe in das optische Selbstbestimmungsrecht des A ableiten. Sein Angriff auf den A war rechtswidrig.[27]

---

[21] EGMR, GRUR 2004, 1051 ff.

[22] Vgl. die Darstellung der aktuellen Rechtsprechungsentwicklung bei Dreier/Schulze-*Specht*, § 23 KUG Rn. 10 ff.; *Fechner*, Medienrecht, 4. Kapitel Rn. 47 ff.; Ricker/Weberling-*Ricker*, 43. Kap. Rn. 18 ff.; Wandtke/Ohst-*Renner*, Bd. 4, Kap. 4, § 6 Rn. 80.

[23] *Beater*, Medienrecht, Rn. 1319 ff.

[24] *Beater*, Medienrecht, Rn. 1332; *Fechner*, Medienrecht, 4. Kap. Rn. 54.

[25] *Beater*, Medienrecht, Rn. 1333; Dreier/Schulze-*Specht*, § 23 KUG Rn. 16; Wandtke/Ohst-*Renner*, Bd. 4, Kap. 4, § 6 Rn. 106.

[26] Wandtke/Ohst-*Renner*, Bd. 4, Kap. 4, § 6 Rn. 104.

[27] Die umstrittene Frage, ob § 23 KUG seit Geltung der DS-GVO überhaupt noch anwendbar ist (vgl. dazu z. B. *Benedikt/Kranig*, ZD 2019, 4 ff.), kann daher dahingestellt bleiben.

c) Gegenwärtigkeit

Ein Angriff ist gegenwärtig, wenn er während der Verteidigung zumindest unmittelbar bevorsteht oder schon im Gang ist und noch nicht endgültig abgeschlossen ist.[28] Hier schlug A den H, nachdem dieser bereits Aufnahmen gemacht hatte und den A weiter abfotografierte. Hinsichtlich der bereits gefertigten Fotos kann dahingestellt bleiben, ob sie Produkt eines bereits beendeten Angriffs sind oder ob die Angriffswirkung während der gesamten Speicherphase andauert.[29] Jedenfalls in Bezug auf die Fortsetzung des Fotografierens einschließlich der durch die Abwehr letztlich unterbundenen aber unmittelbar bevorstehenden Aufnahmen sind die Voraussetzungen eines gegenwärtigen Angriffs zweifelsfrei erfüllt.[30]

d) Verteidigung

Verteidigungsqualität hat eine Handlung, wenn sie zur Abwehr des Angriffs ex ante geeignet ist[31] und sich gegen den Angreifer bzw. gegen Rechtsgüter des Angreifers richtet.[32] Hier ist die Abwehrtauglichkeit des Schlages gegenüber dem noch stattfindenden sowie den unmittelbar bevorstehenden Fotoangriffen gegeben. Dass dies gegenüber den bereits hergestellten Aufnahmen möglicherweise nicht der Fall ist, kann unbeachtet bleiben. Die Abwehr richtet sich gegen den H, dessen körperliche Integrität von der Handlung betroffen ist. Da H Angreifer ist, hat die Körperverletzung die Eigenschaft einer Verteidigung. In diesem Zusammenhang unerheblich ist der Umstand, dass die durch den Schlag beschädigte Kamera nicht dem H, sondern der Picture-GmbH gehörte. Dies ist erst im Rahmen der Sachbeschädigung (§ 303 StGB) relevant (unten II. 3.).

e) Erforderlichkeit

Die konkret praktizierte Verteidigung ist erforderlich, wenn sie entweder die einzig geeignete oder von mehreren hinreichend geeigneten Maßnahmen die mildeste, also den Angreifer am wenigsten schädigende ist.[33] Bei der Prüfung des mildesten Mittels ist vor allem die Möglichkeit des Beistands Dritter, insbesondere von Polizisten und sonstigen Hoheitsträgern, zu berücksichtigen.[34] Da hier der Angriff innerhalb eines Gerichtsgebäudes stattfand, werden Beamte der Justiz und/oder Polizei in der Nähe gewesen sein. Diese hätten gegen den Angreifer H einschreiten und so den A vor weiteren unerwünschten Aufnahmen schützen können. Wäre A in der Lage gewesen, diesen Schutz tatsächlich in Anspruch zu nehmen, indem er auf seine bedrängte Lage aufmerksam macht und dadurch einen abwehrfähigen und abwehrwilligen Dritten zum Eingreifen gegen H veranlasst, wäre seine eigene gewaltsame Selbstverteidigung nicht erforderlich und deshalb nicht gerechtfertigt

---

[28] *Rengier*, AT, § 18 Rn. 19.
[29] OLG Düsseldorf, NJW 1994, 1971 (1972); *Mitsch*, FS Schwind, 603 (610).
[30] *Kächele*, Der strafrechtliche Schutz vor unbefugten Bildaufnahmen (§ 201a StGB), 216.
[31] *Baumann/Weber/Mitsch/Eisele*, § 15 Rn. 29.
[32] *Baumann/Weber/Mitsch/Eisele*, § 15 Rn. 30; *Rengier*, AT, § 18 Rn. 31.
[33] *Rengier*, AT, § 18 Rn. 36.
[34] *Rengier*, AT, § 18 Rn. 50.

gewesen.[35] Hier hat A zwar nicht nach fremder Hilfe gerufen, aber den H für Umstehende vernehmbar zur Einstellung des Fotografierens aufgefordert. Ein Beamter, der sich in unmittelbarer Nähe dieses Vorfalls aufgehalten hätte, wäre dadurch auf die Situation aufmerksam und zum Einschreiten aufgerufen geworden. Da dies jedoch nicht geschah, stand für A keine fremde Verteidigungshilfe zur Verfügung. Eigenes gewaltsames Vorgehen gegen den fotografierenden H war die einzige abwehrtaugliche Maßnahme. Diese war deshalb eine erforderliche Verteidigung.

f) Gebotenheit
Umstände, die der „Gebotenheit" der Notwehr entgegenstehen könnten, sind nicht ersichtlich.[36] Das unerwünschte Fotografieren des H ist weder bloßer belästigender Unfug noch ein vollkommen geringfügiger Angriff. H ist kein Angreifer, der für sein rechtswidrig angreifendes Verhalten nicht oder nur eingeschränkt verantwortlich ist. Zwar steht H gewiss unter erheblichem Druck, weil er seinem Arbeitgeber medial verwertbares Bildmaterial liefern muss, das wahrscheinlich auch Aufnahmen von dem Angeklagten A umfasst. Aber diese aus dem Verhältnis zwischen der Picture-GmbH und H resultierende Einschränkung der Angriffsvermeidefähigkeit strahlt nicht auf die Notwehrlage des A aus. Eine Einschränkung des Verteidigungsrechts aus Rücksicht auf die beruflich bedingten Zwänge, denen H unterworfen ist, ist rechtlich nicht begründet.

g) Subjektives Rechtfertigungselement
A kannte alle Tatsachen, auf die sich sein Notwehrrecht gegen H objektiv stützt. Daher war seine Tat von einem „Verteidigungswillen" getragen. Das subjektive Rechtfertigungselement ist erfüllt.[37]

h) Ergebnis zur Rechtfertigung
A hat alle Voraussetzungen des Rechtfertigungsgrundes Notwehr (§ 32 StGB) erfüllt. Seine Körperverletzung war deshalb nicht rechtswidrig. Dass die Tat gewiss auch auf der Grundlage des § 34 StGB gerechtfertigt wäre, braucht nicht erörtert zu werden.[38]

4. Ergebnis
A hat sich nicht aus § 223 Abs. 1 StGB strafbar gemacht.

---

[35] *Baumann/Weber/Mitsch/Eisele*, § 15 Rn. 42.
[36] Allgemein zur Bedeutung der „Gebotenheit" *Rengier*, AT, § 18 Rn. 54 ff.
[37] Allgemein zum subjektiven Rechtfertigungselement bei der Notwehr *Rengier*, AT, § 18 Rn. 103 ff.
[38] *Rengier*, AT, § 18 Rn. 3; § 19 Rn. 4.

II. Sachbeschädigung, § 303 I StGB

1. Objektiver Tatbestand
a) Fremde Sache
Da die Kamera im Eigentum der Picture-GmbH steht, ist sie eine für A fremde Sache.[39]

b) Beschädigung
Infolge des Schlages ist die Kamera beschädigt worden. Der Schlag war ursächlich für den Sachschaden, dieser ist der Handlung des A objektiv zuzurechnen. Die Rechtswidrigkeit ist kein objektives Tatbestandsmerkmal, sondern allgemeines Straftatmerkmal (unten 3.).[40]

2. Subjektiver Tatbestand
A müsste die Kamera vorsätzlich beschädigt haben, § 15 StGB. Ausreichend ist dolus eventualis.[41] A hielt es für möglich, dass seine Abwehrhandlung die Kamera beschädigen würde. Er nahm dies billigend in Kauf. Damit hatte er bedingten Beschädigungsvorsatz. Sein Vorsatz bezog sich auch auf die Fremdheit der Kamera. Unerheblich ist, dass er nicht wußte, wem genau – dem H oder dessen Auftrag- oder Arbeitgeber – die Kamera gehörte. Ausreichend ist, dass A allgemein eine Fremdheitsvorstellung bezüglich der Kamera hatte.

3. Rechtswidrigkeit
Die Sachbeschädigung könnte gerechtfertigt sein. In Betracht kommt eine Rechtfertigung durch Notwehr, § 32 StGB.

a) Notwehr, § 32 StGB
Wie oben (I 3 a-c) festgestellt wurde, hat H gegen A einen gegenwärtigen rechtswidrigen Angriff auf das Recht am eigenen Bild begangen. Fraglich ist, ob die Beschädigung der Kamera eine erforderliche Verteidigung ist. Der Begriff „Verteidigung" beinhaltet neben der ex ante zu bestimmenden Abwehrtauglichkeit auch den defensiven Charakter der Handlung. Diesen hat eine Handlung stets allein im Verhältnis zu einem Angreifer.[42] Soweit die Handlung Rechtsgüter eines Nichtangreifers beeinträchtigt, ist sie nicht defensiv, sondern selbst aggressiv. Zwar kann ein reduzierter Defensivcharakter auch einem Nichtangreifer gegenüber bestehen, wenn der Angreifer einen dem Nichtangreifer gehörenden Gegenstand als Angriffswerkzeug benutzt. Dieser Fall wird aber von § 228 BGB erfasst. Daher ist für eine Anwendung des § 32 StGB grundsätzlich kein Raum.[43]

---

[39] *Lackner/Kühl*, § 242 Rn. 4.
[40] *Lackner/Kühl*, § 303 Rn. 9.
[41] *Lackner/Kühl*, § 303 Rn. 8.
[42] *Mitsch*, NZWiSt 2015, 259 (260).
[43] *Baumann/Weber/Mitsch/Eisele*, § 15 Rn. 32.

Etwas anderes könnte sich möglicherweise daraus ergeben, dass die Picture-GmbH, der die Kamera gehört, dem H die Kamera zum Zwecke der Anfertigung von Aufnahmen überlassen hat und zwar – wie die Verwendung der Fotos in der Zeitung bestätigt – auch für Aufnahmen des A. Damit hat die Picture-GmbH den Angriff des H gefördert. Dies hat jedoch nicht zur Folge, dass die Picture-GmbH selbst zur Angreiferin wird.[44] Dazu wäre erforderlich, dass die Überlassung der Kamera ein gegenwärtiger rechtswidriger Angriff auf das Recht am eigenen Bild des A ist. Zumindest die Gegenwärtigkeit des Angriffs ist nicht gegeben, da die Übergabe der Kamera schon abgeschlossen war, bevor H mit den Aufnahmen des A begann und A daraufhin mit dem Schlag gegen die Kamera reagierte. Eine andere dogmatische Konstruktion, die einer Notwehr gegenüber der Picture-GmbH die rechtliche Grundlage verschaffen könnte, ist die Zurechnung des von H begangenen Angriffs zur Picture-GmbH. Diese Zurechnung könnte mit einer Parallele zum Recht der Einziehung begründet werden.[45] Zwar greifen weder § 74a Nr. 1 noch § 74e StGB hier unmittelbar ein. Aber erwägenswert wäre eine Übertragung des in diesen Normen umgesetzten Rechtsgedankens. Im Endeffekt hätte dies allerdings die Konsequenz, dass die Rechtfertigung der Beschädigung unabhängig wäre von einer Güter- und Interessenabwägung, denn eine solche setzt § 32 StGB nicht voraus.[46] Das widerspräche dem Recht der Einziehung, das gem. § 74f StGB in jedem Fall eine Verhältnismäßigkeitsprüfung vorschreibt. Diese fiele weg, wenn § 32 StGB anwendbar wäre. Aus diesem Grund ist eine Parallelisierung des Notwehr- und des Einziehungsrechts abzulehnen.[47] Eine Rechtfertigung der Sachbeschädigung durch Notwehr ist daher nicht möglich.

b) Rechtfertigender Defensivnotstand, § 228 BGB

Die Sachbeschädigung könnte durch Defensivnotstand gem. § 228 BGB gerechtfertigt sein. Diese zivilrechtliche Vorschrift ist auch im Strafrecht anwendbar.[48] A befand sich in der Gefahr der Verletzung seines Rechts am eigenen Bild. Diese Gefahr hatte sich bereits verwirklicht und drohte weiterhin, da H nicht aufhörte, Fotos von A zu machen. Die Kamera war als Werkzeug in die Gefahrenlage involviert. Da das Persönlichkeitsrecht einen hohen Rang hat und wegen der vielfältigen technischen Möglichkeiten seiner Verletzung auch ein erhebliches Präventionsbedürfnis besteht, steht die Beschädigung der Kamera nicht außer Verhältnis zu der Gefahr. Dennoch ist fraglich, ob die von der Kamera ausgehende Gefahr im Verhältnis zu dem Eigentümer der Kamera – der Picture-GmbH – die Eigenschaft einer Defensivnotstandslage hat. Denn es handelt sich nicht um eine reine verhaltensunabhängige Sachgefahr, sondern eine Gefahr, die durch aktives Handeln des H mit der Kamera hervorgerufen worden ist. Würde es sich bei H um einen Täter handeln, der die Kamera gestohlen hat und im Verhältnis zur Picture-GmbH unbefugt damit

---

[44] *Mitsch*, NZWiSt 2015, 259 (260); a.A. MK-*Erb*, § 32 Rn. 127.
[45] *Mitsch*, NZWiSt 2015, 259 (260).
[46] *Kühl*, AT, § 7 Rn. 116.
[47] *Mitsch*, NZWiSt 2015, 259 (261).
[48] *Kühl*, AT, § 9 Rn. 13.

Aufnahmen machen würde, wäre die Absenkung der Rechtfertigungsanforderungen zum Nachteil der GmbH nicht vertretbar.[49] Hier kann jedoch argumentativ auf § 74a Nr. 1 StGB zurückgegriffen und der aktive Beitrag der Picture-GmbH zu der Tat des H in Rechnung gestellt werden: indem sie dem H die Kamera überließ, trug die Picture-GmbH zu der Gefährdungslage des A bei. Dies rechtfertigt es, der GmbH eine Mitverantwortung zuzuschreiben, die sich in einer Reduzierung des rechtlichen Schutzes gegenüber der Gefahrabwendungshandlung des A niederschlägt.[50] A hat alle Tatsachen, die die Rechtfertigung seiner Sachbeschädigungshandlung begründen, erkannt. Damit hat er das subjektive Rechtfertigungselement erfüllt. Die Sachbeschädigung ist somit gem. § 228 BGB gerechtfertigt.

4. Ergebnis
A hat sich nicht aus § 303 Abs. 1 StGB strafbar gemacht.

III. Nötigung, § 240 Abs. 1 StGB

1. Objektiver Tatbestand
Der Schlag des A in das Gesicht des H ist ein Akt der Gewalt. H wurde dadurch genötigt, die Anfertigung weiterer Aufnahmen zu unterlassen.

2. Subjektiver Tatbestand
A handelte vorsätzlich, denn es war sein Ziel, den H an der Herstellung weiterer Bildaufnahmen zu hindern, § 15 StGB.

3. Rechtswidrigkeit
Die Rechtswidrigkeit einer Nötigung entfällt nicht nur, wenn die Voraussetzungen des § 240 Abs. 2 StGB nicht erfüllt sind, sondern auch infolge eines allgemeinen Rechtfertigungsgrundes.[51] Ebenso wie die Körperverletzung ist auch die Nötigung durch Notwehr gerechtfertigt, § 32 StGB.

4. Ergebnis
A hat sich nicht aus § 240 Abs. 1 StGB strafbar gemacht.

Frage 2

I. Privatklage
A hat Aussichten auf eine Verurteilung des H oder eines Mitarbeiters des Verlages im Privatklageverfahren, wenn die Straftat des H oder des Mitarbeiters ein Privatklagedelikt ist.

---

[49] *Baumann/Weber/Mitsch/Eisele*, § 15 Rn. 109.
[50] *Mitsch*, NZWiSt 2015, 259 (262).
[51] *Eisele*, BT I, Rn. 487.

1. Straftat
a) § 201a Abs. 1 Nr. 1, Abs. 2 StGB
H könnte sich aus § 201a Abs. 1 Nr. 1, Abs. 2 StGB strafbar gemacht haben. H hat in dem Gerichtsgebäude Bildaufnahmen von A hergestellt. Währenddessen hielt sich A aber nicht in einer Wohnung auf. Das Gerichtsgebäude ist auch kein der Wohnung vergleichbar gegen Einblick besonders geschützter Raum.[52] Bei öffentlichen Hauptverhandlungen ist der Angeklagte nicht einmal im Gerichtssaal dagegen abgeschirmt, von anderen betrachtet zu werden. Außerhalb des Sitzungszimmers ist der Sichtschutz noch schwächer. § 201a Abs. 1 Nr. 1 StGB entfällt also bereits wegen des tatbestandlich ungeeigneten Tatortes.

In der Tatbestandsalternative § 201a Abs. 2 StGB ist es gleichgültig, an welchem Ort die Bildaufnahme von dem Betroffenen hergestellt wurde. Erforderlich ist allein, dass die Aufnahme geeignet ist, dem Ansehen der abgebildeten Person erheblich zu schaden. Dass die Aufnahmen, die H von A gemacht hat, diese Qualität haben, ist dem Sachverhalt nicht zu entnehmen und nach den Umständen der Tat eher fern liegend. Daher hat H auch den Tatbestand des § 201a Abs. 2 StGB nicht erfüllt. Er hat sich nicht aus § 201a StGB strafbar gemacht.

b) § 33 Abs. 1 iVm § 22 KUG
H und/oder ein anderer Mitarbeiter des Verlages könnte sich aus § 33 iVm § 22 KUG strafbar gemacht haben.

Die von H hergestellten Aufnahmen des A sind Bildnisse iSd § 22 KUG. Eines dieser Bilder wurde in der Zeitung „Picture" veröffentlicht. Damit ist dieses Bildnis verbreitet und öffentlich zur Schau gestellt worden. A war damit nicht einverstanden, hat sich vielmehr ausdrücklich schon gegen die Herstellung der Aufnahmen verwahrt. Eine Einwilligung in die Verbreitung und Zurschaustellung ist daher erst recht nicht vorhanden. H hat durch die Ablieferung seiner Aufnahmen bei der zuständigen Redaktion die Verbreitung und Zurschaustellung ermöglicht. Sein Handeln hat den Charakter einer Beihilfe iSd § 27 Abs. 1 StGB, sofern der für die Veröffentlichung des Fotos zuständige Verlagsmitarbeiter vorsätzlich gehandelt hat. Sollte dieser gutgläubig von einer Einwilligung des A ausgegangen sein, hätte er keinen Vorsatz und wäre deshalb nicht strafbar. Die Beteiligung des H am Verbreitungsvorgang wäre dann mittelbare Täterschaft, § 25 Abs. 1 Alt. 2 StGB. H handelte vorsätzlich, rechtswidrig und schuldhaft und hat sich somit auf der Grundlage der §§ 33 Abs. 1 iVm 22 KUG strafbar gemacht.

2. Privatklagedelikt
Die von H begangene Straftat müsste auf dem Privatklageweg verfolgbar sein. Privatklagedelikte sind abschließend in § 374 StPO aufgeführt. § 33 KUG ist in § 374 Abs. 1 Nr. 8 StPO berücksichtigt. Strafbarkeit als Teilnehmer ist davon auch erfasst. Die Tat des H ist somit ein Privatklagedelikt.

Zur Erhebung der Privatklage berechtigt ist der durch die Tat Verletzte. Das ist der Inhaber des Rechtsgutes, das durch den verwirklichten Straftatbestand geschützt

---

[52] *Mitsch*, ZRP 2014, 137 (140).

wird.⁵³ § 33 Abs. 1 iVm § 22 KUG bezweckt den Schutz des Rechts am eigenen Bild. Also ist die abgebildete Person Verletzter. A ist zur Erhebung einer Privatklage befugt.

II. Verfolgbarkeit

1. Strafantrag
Eine Privatklage des A hat nur Aussicht auf Erfolg, wenn das Privatklagedelikt überhaupt verfolgbar ist. Dafür müssen alle Prozessvoraussetzungen erfüllt sein. Eine Prozessvoraussetzung ist der Strafantrag bei den Delikten, denen das Gesetz den Charakter von Antragsdelikten zugemessen hat.⁵⁴ Auf das Vergehen nach § 33 Abs. 1 iVm § 22 KUG trifft das zu, § 33 Abs. 2 KUG. Antragsberechtigt ist gem. § 77 Abs. 1 StGB A. Da A eine Woche nach dem Geschehen in dem Amtsgericht Strafantrag gestellt hat, ist die Antragsfrist des § 77b Abs. 1 S. 1 StGB gewahrt. Ein wirksamer Strafantrag liegt vor.

2. Verjährung
Die Tat ist auch dann nicht verfolgbar, wenn ein Verfahrenshindernis besteht. Ein Verfahrenshindernis ist die Verfolgungsverjährung, § 78 Abs. 1 StGB.⁵⁵ Sofern bezüglich der Tat des H Verjährung eingetreten ist, darf ein Strafverfahren nicht mehr durchgeführt werden. Der Eintritt der Verjährung ist unter anderem abhängig vom Ablauf der Verjährungsfrist. Die Verjährungsfrist richtet sich nach § 78 Abs. 3 StGB oder speziellen Vorschriften.

Hier würde die Verjährungsfrist gem. § 78 Abs. 3 Nr. 5 StGB drei Jahre betragen, da die Strafrahmenobergrenze des § 33 Abs. 1 KUG bei einem Jahr Freiheitsstrafe liegt. Die systematisch vorrangige Norm § 48 Abs. 1 KUG stimmt damit inhaltlich überein. Da der Lauf der Verjährung gem. § 48 Abs. 2 KUG an dem Tag beginnt, an dem die strafbare Handlung vollzogen wurde, ist diese Verjährungsfrist im Juli 2019 noch nicht abgelaufen.

Etwas anderes würde sich aber ergeben, wenn Maßstab für die Beurteilung der Verjährung das Presserecht wäre. Da das Bild des A in einer Zeitung veröffentlicht wurde, könnten die speziellen presserechtlichen Verjährungsregeln einschlägig sein. Diese sehen für Vergehen eine Verjährungsfrist von sechs Monaten vor, vgl. z. B. § 16 Abs. 1 Nr. 1 BbgPG.⁵⁶ Anwendungsvoraussetzung dieser Spezialregelung ist allerdings, dass die Tat den Charakter einer „Veröffentlichung oder Verbreitung eines Druckwerks strafbaren Inhalts" hat. Erfasst sind also nur Presseinhaltsdelikte. Bei dieser Gattung von Delikten liegt der Unrechtskern in dem durch die Verbreitung kundgegebenen Inhalt, der z. B. ehrverletzende Qualität hat, §§ 185ff StGB. Die unbefugte Bildnisverbreitung nach § 33 Abs. 1 iVm § 22 KUG ist aber nicht wegen eines per se strafwürdigen Inhalts strafbar. Denn das Bildnis eines Menschen als

---

⁵³ *Meyer-Goßner/Schmitt*, § 374 Rn. 5.
⁵⁴ MK-*Mitsch*, vor § 77 Rn. 10.
⁵⁵ MK-*Mitsch*, § 78 Rn. 1.
⁵⁶ *Soehring*, Presserecht, § 26 Rn. 18.

solches ist – sofern es nicht z. B. pornografischen Charakter hat (vgl. §§ 184ff. StGB) – grundsätzlich strafrechtlich neutral. Strafbar wird der Umgang mit dem Bildnis erst infolge der vom Betroffenen nicht gebilligten Verbreitung. Der Charakter des Bildnisses selbst ändert sich dadurch aber nicht, er bleibt strafrechtlich neutral. Daher ist die unbefugte Bildnisverbreitung kein Presseinhaltsdelikt. Die kurze Presseverjährung wäre bei einem Delikt wie § 33 Abs. 1 iVm § 22 KUG auch sachlich nicht gerechtfertigt. Ihre Legitimation findet die drastische Verkürzung der Verjährungsfrist in erster Linie in der Evidenz der Straftat auf Grund der Publizität ihres Vollzugs. Weil das veröffentlichte Druckwerk die Straftat für Strafverfolgungsorgane sichtbar macht, ist eine Verfolgungsverzögerung wegen längerer Verborgenheit der Tat in der Regel ausgeschlossen. Die Veröffentlichung einer Abbildung gibt hingegen die Strafbarkeit der zugrunde liegenden Handlung nicht ohne weiteres zu erkennen. Denn dem Bild sieht man nicht an, ob die abgebildete Person in die Bildverwendung eingewilligt hat oder nicht. Eine Vermutung fehlender Einwilligung ist nicht begründet. Daher liegt der Verjährung der Tat die dreijährige Verjährungsfrist zugrunde. Diese ist im Juli 2019 noch nicht abgelaufen. Die Tat ist nicht verjährt.

III. Ergebnis

A ist berechtigt, gegen H eine Privatklage zu erheben. Die Tat des H, die Gegenstand des Privatklageverfahrens wäre, ist verfolgbar, da sie insbesondere noch nicht verjährt ist. Das Privatklageverfahren hat also Aussicht auf Erfolg.

Fall 13 Unruhe im Gericht

Recht am eigenen Bild – Öffentlichkeit der Hauptverhandlung – Sitzungspolizei – Ordnungsmaßnahmen gegen Pressevertreter

Vor der Schwurgerichtskammer des Landgerichts Potsdam kommt es zu einem Strafverfahren gegen den bekannten Spitzensportler und Olympiasieger Silvio Suarez (S). Dieser ist angeklagt, seine Geliebte Gina Golombek (G) durch die geschlossene Toilettentür erschossen zu haben. S beteuert seine Unschuld. Er macht geltend, er habe in der Toilette einen Einbrecher vermutet, von dem er sich bedroht fühlte. Das Ganze sei ein „tragischer Irrtum".

Der Prozess erregt große Aufmerksamkeit in der Öffentlichkeit. Entsprechend groß ist die Medienpräsenz während der Hauptverhandlungstermine. Schon vor dem Gerichtsgebäude bildet sich eine Traube von Reportern und Kameraleuten, die mit Mikrofonen, Fotoapparaten und Filmkameras ausgerüstet sind und auf das Eintreffen des prominenten Angeklagten warten. Sobald S aus seiner Luxuslimousine ausgestiegen ist, wird er von der Medienmeute bis in den Sitzungssaal verfolgt.

Der Verteidiger Voss (V) des S will im Vorfeld des nächsten Hauptverhandlungstermins erreichen, dass die Justiz Maßnahmen trifft, um Film- und Fotoaufnahmen des S vom Betreten des Gerichtsgebäudes vor Beginn der Hauptverhandlung bis zum Verlassen des Gerichtsgebäudes nach Ende der Hauptverhandlung zu unterbinden. Das entgegengesetzte Anliegen trägt Rechtsanwalt Assmann (A) vor, der die Nebenkläger – Eltern der getöteten G – vertritt: im Namen der Eltern der G fordert er, dass „die Medien" in und außerhalb des Sitzungssaals alles filmen und aufnehmen dürfen, damit „die ganze Welt" hören und sehen kann, was für ein „Unmensch" der Angeklagte sei.

Im Sitzungssaal kommt es vor Aufruf der Sache zu einigem Lärm, weil sich mehrere Reporter lautstark um die besten Plätze prügeln. Der Vorsitzende ruft die Krachmacher zur Ordnung und droht ihnen Verweisung aus dem Sitzungssaal an, falls sie nicht sofort Ruhe gäben. Der bis dahin nicht durch ungebührliches Verhalten aufgefallene Journalist Jost (J) ist damit gar nicht einverstanden und protestiert, dass hier die „Pressefreiheit mit Füßen getreten" werde. Darauf entgegnet der Vorsitzende erbost, dass er sich „solche Renitenz" nicht gefallen lasse. Obwohl J auf diese Äußerung nicht reagiert, wird er auf Anweisung des Vorsitzenden durch zwei kräftige Justizwachtmeister aus dem Sitzungssaal befördert.

Der kleinwüchsige – 1,60 m große – Reporter Rupp (R) hat nur einen Stuhl in der hintersten Reihe bekommen. Um eine bessere Kameraposition zu haben, steigt er auf seinen Stuhl, um von dieser erhöhten Position den Angeklagten, die Richter, den Staatsanwalt und die Nebenkläger zu fotografieren. Diese Aktion geht nicht ganz geräuschlos vor sich und erzeugt einige Unruhe. Die vor dem R sitzenden Zuhörer drehen sich um, im Publikum bricht Heiterkeit aus. Als der Vorsitzende gegenüber R eine Ermahnung ausspricht und ihn auffordert, sich sofort wieder hinzusetzen, verliert R das Gleichgewicht und fällt mit lautem Geschepper vom Stuhl. R flucht laut und vernehmlich „Mist, verdammter!". Das Gelächter im Publikum schwillt daraufhin kurzfristig zum Orkan an.

Der Vorsitzende fordert den R daraufhin auf, sofort seine Kamera abzugeben. Anderenfalls werde er aus dem Sitzungssaal verwiesen.

1. An wen muss sich V mit seiner Forderung nach Maßnahmen gegen fotografierende, filmende und interviewende Reporter im Gerichtsgebäude wenden?

2. Kann Reportern untersagt werden, im Gerichtsgebäude Aufnahmen von dem Angeklagten S zu machen?

3. War die Maßnahme gegenüber J rechtmäßig und welche Rechtsschutzmöglichkeiten hat J?

Lösung

Frage 1

Die Frage betrifft die Zuständigkeit für Maßnahmen, die sich gegen die beanstandete Tätigkeit der Medienvertreter richten. Gesucht ist also das Justizorgan, dessen Aufgabe es ist, für den ordnungsgemäßen Ablauf des Verfahrens innerhalb und gegebenenfalls auch außerhalb des Gerichtsgebäudes zu sorgen.

I. In der Hauptverhandlung im Gerichtssaal
Für die von V begehrten Maßnahmen könnten der Vorsitzende der Strafkammer oder das Gericht zuständig sein.

1. Zuständigkeit des Vorsitzenden und des Gerichts
Nach § 176 GVG obliegt dem Vorsitzenden die Aufrechterhaltung der Ordnung in der Sitzung. Sofern es von der Aufgabe der Sitzungspolizei gedeckt ist, ist der Vorsitzende befugt, Personen im Sitzungssaal Anweisungen zu erteilen und von ihnen ein bestimmtes Verhalten zu verlangen. Besteht die Ausübung der Sitzungspolizei darin, eine Person aus dem Sitzungssaal zu entfernen, ist § 177 GVG zu beachten. Soweit davon Personen betroffen sind, die an der Verhandlung beteiligt sind, ist nicht der Vorsitzende, sondern gemäß § 177 S. 2 GVG das Gericht zuständig.[1]

---

[1] *Meyer-Goßner/Schmitt*, § 177 GVG Rn. 11.

2. Sachlicher und räumlicher Anwendungsbereich

Der sachliche Anwendungsbereich der Sitzungspolizei ist auf die Sitzung beschränkt. Darunter ist die gerichtliche Verhandlung zu verstehen, gleichviel an welchem Ort sie stattfindet.[2] Demgemäß erstrecken sich auch die Befugnisse des Gerichts und des Vorsitzenden auf den Bereich der Sitzung, das heißt alle für die Verhandlung erforderlichen Räumlichkeiten mit Einschluss des Beratungszimmers des Gerichts und der unmittelbar daran grenzenden Vorräume (Flur, Korridor).

3. Zeitlicher Anwendungsbereich

Die Sitzung beginnt nicht erst, wie die Hauptverhandlung, mit dem Aufruf der Sache (§ 243 Abs. 1 S. 1 StPO), sondern mit der bevorstehenden Bereitschaft zur amtlichen Tätigkeit, also praktisch mit der Öffnung des Gerichtssaals und dem Eintreffen der ersten Verfahrensbeteiligten, während sich die Richter noch im Beratungszimmer aufhalten. Sie endet nicht schon mit der Verkündung des Urteils und seiner Begründung (§ 260 Abs. 1 StPO), auch nicht schon mit der Erklärung des Vorsitzenden, die Sitzung sei geschlossen. Vielmehr gehört zur Sitzung auch die Zeit, die das Gericht und die übrigen Verfahrensbeteiligten brauchen, um ohne Eile die mit der endgültigen Abwicklung der verhandelten Sache zusammenhängenden Verrichtungen vorzunehmen und in Ruhe den Sitzungssaal zu verlassen.[3]

4. Persönlicher Anwendungsbereich

Der Sitzungspolizeigewalt unterliegen ausnahmslos alle Personen, soweit sie sich im räumlichen und zeitlichen Bereich der Sitzung befinden, gleich, ob sie am Verfahren beteiligt sind oder – wie Pressevertreter und sonstige Zuhörer – nicht. Der Sitzungspolizei unterworfen sind also grundsätzlich auch die Mitglieder des Gerichts, der Urkundsbeamte, die Vertreter der Staatsanwaltschaft, der Verteidiger sowie andere an dem Verfahren beteiligte Rechtsvertreter.[4]

5. Voraussetzungen für sitzungspolizeiliches Einschreiten

Die dem Vorsitzenden übertragene Aufgabe, die Ordnung im Sitzungssaal aufrechtzuerhalten, umfasst die Verpflichtung, einen Zustand zu wahren oder herzustellen, der dem Gericht und den Verfahrensbeteiligten eine störungsfreie Ausübung ihrer Funktionen ermöglicht, die Aufmerksamkeit der übrigen Anwesenden in der öffentlichen Verhandlung nicht beeinträchtigt und allgemein deren ungestörten Ablauf sichert.[5] Dazu gehört auch der Schutz der Persönlichkeitsrechte der Verhandlungsbeteiligten, insbesondere der Angeklagten, Geschädigten und sonstigen Zeugen.[6]

Maßnahmen nach § 176 GVG müssen der Aufrechterhaltung der Ordnung dienen. Das setzt zunächst voraus, dass eine Störung der Ordnung entweder gerade

---

[2] *Meyer-Goßner/Schmitt*, § 176 GVG Rn. 1.
[3] *Meyer-Goßner/Schmitt*, § 176 GVG Rn. 2.
[4] *Meyer-Goßner/Schmitt*, § 176 GVG Rn. 10.
[5] *Meyer-Goßner/Schmitt*, § 176 GVG Rn. 4.
[6] *Meyer-Goßner/Schmitt*, § 176 GVG Rn. 15.

stattfindet oder unmittelbar bevorsteht.[7] Störungen stellen auch Beeinträchtigungen der Rechte Dritter dar. Dies gilt selbstverständlich für körperliche Übergriffe, für die Begehung von Straftaten, für Beleidigungen, aber auch für aktuelle Gefährdungen der Persönlichkeitsrechte der Anwesenden. Schutzwürdige Belange der Allgemeinheit, der Prozessbeteiligten oder Dritter können daher im Einzelfall dem Recht der Presse, über Vorgänge in einer öffentlichen Gerichtsverhandlung durch Bildberichterstattung zu informieren, Grenzen setzen. Zu diesem Zweck kann der Vorsitzende das Fotografieren während der Sitzung untersagen.[8]

Das Einschreiten des Vorsitzende ist insbesondere dann geboten, wenn der Angeklagte oder andere Verfahrensbeteiligte durch unerlaubte Bildaufnahmen in eine Notwehrlage gedrängt werden, in der sie selbst – notfalls mit Gewalt – den Schutz ihrer Rechtsgüter durchsetzen dürften. Da dies aufgrund des immanenten Eskalationspotenzials gewaltsamer Selbstverteidigung zu massiven Störungen führen könnte, muss der Vorsitzende das staatliche Gewaltmonopol ausüben und auf diese Weise der privaten Notwehr die Grundlage – die Erforderlichkeit der Verteidigung[9] – entziehen.[10]

II. Außerhalb der Hauptverhandlung, außerhalb des Gerichtssaals, im Gerichtsgebäude, vor dem Gerichtsgebäude

1. Sitzungspolizei

Auch außerhalb von Hauptverhandlung, Gerichtssaal und Gerichtsgebäude hat der Vorsitzende die Aufgabe und Befugnisse nach § 176 GVG, falls der Anlass des Einschreitens noch die Sitzung betrifft. Findet eine Sitzung noch nicht oder nicht mehr statt, ist der Vorsitzende nicht zuständig und der Anwendungsbereich der Sitzungspolizei nicht berührt.

2. Hausrecht

Inhaber des Hausrechts im Gerichtsgebäude ist der Gerichtspräsident.[11] Das Hausrecht des Gerichtspräsidenten oder -direktors ist zunächst als Rechtsgrundlage für alle Maßnahmen im Gerichtsgebäude, aber außerhalb des eigentlichen Sitzungsbereichs von Bedeutung. Gegen Ausschreitungen im Eingangsbereich des Gerichtsgebäudes oder auf dessen Fluren sind nur Maßnahmen des Hausrechts, notfalls auch polizeiliche Maßnahmen, zulässig. Im Sitzungsbereich hat dagegen die Sitzungspolizei Vorrang vor dem Hausrecht.[12] Außerhalb des räumlichen Bereichs, auf den sich das Hausrecht des Gerichtspräsidenten bezieht, ist die Polizei für die Aufrechterhaltung öffentlicher Sicherheit und Ordnung zuständig, § 1 Abs. 1 S. 1 iVm § 10 Abs. 1 BbgPolG.

---

[7] *Meyer-Goßner/Schmitt*, § 176 GVG Rn. 6.
[8] *Meyer-Goßner/Schmitt*, § 176 GVG Rn. 7 und 15.
[9] Vgl. dazu *Rengier*, AT, § 18 Rn. 50.
[10] *Baumann/Weber/Mitsch/Eisele*, § 15 Rn. 44.
[11] *Meyer-Goßner/Schmitt*, § 176 GVG Rn. 3.
[12] *Meyer-Goßner/Schmitt*, § 176 GVG Rn. 3.

III. Ergebnis

V muss sich mit seinem Anliegen sowohl an den Vorsitzenden als auch an den Gerichtspräsidenten wenden. Letzterer ist für die begehrten Maßnahmen zuständig, soweit sie Vorgänge außerhalb der Sitzung betreffen. Für die Abwehr von unbefugten Foto- und Filmaufnahmen in der Sitzung ist hingegen der Vorsitzende zuständig. Das gilt auch für die gegebenenfalls erforderlich werdende Entfernung von Medienvertretern aus dem Sitzungssaal. Gegen Belästigungen, die in Bereichen stattfinden, in denen die Justiz keine Befugnisse hat, kann nur die Polizei Schutz bieten.

Frage 2

I. Aufnahmen während der Hauptverhandlung

1. § 169 Abs. 1 S. 2 GVG
Die Anfertigung von Bildaufnahmen des S könnte gemäß § 169 Abs. 1 S. 2 GVG unzulässig sein.

a) Verhandlung vor dem erkennenden Gericht
Gesetzlich untersagt sind Ton- und Fernseh-Rundfunkaufnahmen, Filmaufnahmen während der Hauptverhandlung. Das Verbot des § 169 Abs. 1 S. 2 GVG gilt nicht außerhalb der Verhandlung (Verhandlungspausen, vor und nach der Verhandlung) und damit auch nicht für bestimmte Zeiträume, in denen bereits die Verfahrensbeteiligten und das Gericht im Sitzungssaal sind.[13] Es gilt ferner nicht für den räumlichen Bereich außerhalb des Sitzungssaales unabhängig davon, ob sich die sitzungspolizeilichen Befugnisse auf diesen noch erstrecken oder ob insoweit nur der Gerichtspräsident kraft des Hausrechts eingreifen kann (dazu unten II).

b) Aufnahmen
Das Aufnahmeverbot des § 169 Abs. 1 S. 2 GVG erfasst nur „bewegte" Bilder, nicht hingegen „stehende Bilder" (Fotos).[14] Ton- und Filmaufnahmen sind untersagt, wenn sie zum Zwecke der öffentlichen Vorführung oder Veröffentlichung ihres Inhalts angefertigt werden. Zulässig sind daher Aufnahmen für ausschließlich justizinterne Zwecke.[15]

c) Aufhebung des Verbots
Das Verbot des § 169 Abs. 1 S. 2 GVG steht nicht zur Disposition des Gerichts oder der sonstigen an der Verhandlung Beteiligten. Eine Abwägung der durch § 169 Abs. 1 S. 2 GVG geschützten Interessen gegen die Informations- und Pressefreiheit findet nicht statt. Auch eine Einwilligung der von der Aufnahme betroffenen Person

---

[13] Meyer-Goßner/*Schmitt*, § 169 GVG Rn. 8a.
[14] Meyer-Goßner/*Schmitt*, § 169 GVG Rn. 10.
[15] Meyer-Goßner/*Schmitt*, § 169 GVG Rn. 11.

hat keine rechtliche Wirkung. Im Geltungsbereich des § 169 Abs. 1 S. 2 GVG ist die Forderung des A daher nicht durchsetzbar.

2. § 176 GVG

Soweit § 169 Abs. 1 S. 2 GVG nicht greift, weil es nicht um Film- und Videoaufnahmen, sondern um Fotografien geht (s. o. Frage 2 I. 1. b), kann der Vorsitzende mit sitzungspolizeilichen Anordnungen (§ 176 GVG) weitergehende Beschränkungen begründen, beispielsweise ein allgemeines Fotografier-, Film- und Tonaufnahmeverbot. Sachlicher Grund für eine derartige Maßnahme ist die „Ordnung in der Sitzung", die gestört werden kann, wenn unerlaubte Eingriffe in das Recht am eigenen Bild und dagegen gewalttätige Notwehrmaßnahmen der rechtswidrig Angegriffenen drohen. Allerdings könnten gerade Medienvertreter das Recht haben, Bildaufnahmen auch gegen den Willen der betroffenen Personen herzustellen. Als Grundlage dafür kommt das Grundrecht der Pressefreiheit in Betracht, Art. 5 Abs. 1 S. 2 GG. Der Vorsitzende hat daher bei der Entschließung über den Gebrauch seiner Befugnisse ein berechtigtes Informationsinteresse der Allgemeinheit und die Rundfunkfreiheit (Art. 5 Abs. 1 S. 2 GG) gegenüber den schutzwürdigen Persönlichkeitsbelangen der Beteiligten abzuwägen. Bei Widerspruch eines Verfahrensbeteiligten gegen Aufnahmen ihrer Person folgt aus dem Recht am eigenen Bild – soweit sie nicht Personen der Zeitgeschichte sind –, dass der Vorsitzende im Rahmen der gerichtlichen Fürsorgepflicht seine sitzungspolizeilichen Befugnisse zur Abwehr unerwünschter Aufnahmen einsetzt.

Bezüglich S könnte jedoch das Informationsinteresse der Allgemeinheit und in Verbindung damit die Pressefreiheit gegenüber dem Recht am eigenen Bild überwiegen, weil S eine Person ist, die in der Öffentlichkeit steht. Aus § 23 Abs. 1 Nr. 1 KUG könnte sich deshalb eine Duldungspflicht des S auch gegenüber von ihm nicht gewollten Aufnahmen ergeben.[16] Lange wurde dieser Gesichtspunkt von Theorie und Praxis in unmittelbare Verbindung gebracht mit den Rechtsfiguren der „absoluten Person der Zeitgeschichte" und der „relativen Person der Zeitgeschichte".[17] Danach kam es jedenfalls bei den „absoluten" Personen[18] der Zeitgeschichte nicht darauf an, ob die Person im Zusammenhang mit einem zeitgeschichtlich bedeutenden Ereignis oder in ihrem privaten Bereich abgelichtet wurde.[19] Anders verhielt es sich bei relativen Personen der Zeitgeschichte: zulässig waren Aufnahmen dieser Person allein in Zusammenhang mit dem konkreten Ereignis, auf dem die

---

[16] Umstritten ist, ob § 23 KUG als Umsetzung der Öffnungsklausel in Art. 85 DS-GVO anerkannt werden kann, vgl. *Benedikt/Kranig*, ZD 2019, 4 ff.

[17] *Eisele*, Computer- und Medienstrafrecht, 7. Kap. Rn. 33; *Kraenz*, Der strafrechtliche Schutz des Persönlichkeitsrechts, S. 101.

[18] „Absolute Personen der Zeitgeschichte sind alle, die über ihren Tod hinaus ständige Personen der Zeitgeschichte bleiben, also die unter den Mitmenschen außergewöhnlich hervorragen und die deshalb im Blickfeld der Öffentlichkeit stehen; *Dreier/Schulze-Specht*, § 23 KUG Rn. 5.

[19] *Dreier/Schulze-Specht*, § 23 KUG Rn. 5.

– vorübergehende – zeitgeschichtliche Bedeutung dieser Person beruht.[20] Im vorliegenden Fall wäre S auf Grund seiner Popularität als Spitzensportler und der Involvierung in den spektakulären Kriminalfall als relative Person der Zeitgeschichte zu qualifizieren. Da die Sportlerkarriere des S mit dem Strafverfahren nichts zu tun hat, könnte die Bildaufnahme gegen den Willen des S nicht mit dem Status als prominenter Akteur des Showgeschäfts gerechtfertigt werden. Aber auch ein Straftatverdächtiger kann infolge der von ihm mutmaßlich begangenen Straftat zur relativen Person der Zeitgeschichte avancieren.[21] Sofern die Bildaufnahme in sachlichem Zusammenhang mit dem diese Tat betreffenden Strafverfahren steht, ist eine Rechtfertigung gemäß § 23 Abs. 1 Nr. 1 KUG möglich. Die starre Kategorisierung mit dem Schema „absolute" und „relative" Person der Zeitgeschichte ist inzwischen im Anschluss an die Rechtsprechung des EGMR allerdings aufgegeben worden.[22] Nunmehr – auch im Lichte von Art. 6 Abs. 1 S. 1 lit. f DS-GVO[23] – ist in jedem Fall eine Abwägung der widerstreitenden Interessen vorzunehmen, auch bei Personen, die nach der alten Einteilung in die Gruppe der „absoluten" Personen der Zeitgeschichte einzuordnen wären.[24] Das Kriterium der „Zeitgeschichte" ist demnach überhaupt nur gegeben, wenn das Interesse an Information und Berichterstattung das Interesse an Achtung der Privatsphäre überwiegt. Ausschlaggebende Bedeutung kommt somit dem Zusammenhang zu, in dem das Bildnis steht. Bei der Abbildung eines mutmaßlichen Straftäters vor seiner rechtskräftigen Verurteilung sind auf der einen Seite Art und Schwere der Straftat, auf der anderen Seite die Ausstrahlungswirkung der Unschuldsvermutung vorrangig zu berücksichtigen.[25] Die Tatsache, dass es in dem Strafverfahren um Totschlag oder Mord geht, spricht für ein überwiegendes Bildberichterstattungsinteresse. Andererseits steht ein möglicher Tathergang im Raum, auf dessen Basis dem S nach „in dubio pro reo" ein vorsatzausschließender Erlaubnistatbestandsirrtum zugebilligt und demzufolge eine Verurteilung wegen Totschlags oder Mordes ausgeschlossen sein könnte. Die Tat könnte also auch lediglich eine fahrlässige Tötung sein.

Letztendlich obliegt es dem Vorsitzenden, eine Abwägungsentscheidung zu treffen und danach zu handeln. Dabei hat er in erster Linie die möglichen Auswirkungen seiner Entscheidung auf den ordnungsgemäßen Ablauf der Hauptverhandlung in Rechnung zu stellen. Ein Fotografierverbot zum Schutz des S wäre jedenfalls gut zu begründen.

---

[20] *Dreier/Schulze-Specht*, § 23 KUG Rn. 6; *Kraenz*, Der strafrechtliche Schutz des Persönlichkeitsrechts, S. 102.
[21] *Kraenz*, Der strafrechtliche Schutz des Persönlichkeitsrechts, S. 102.
[22] *Kraenz*, Der strafrechtliche Schutz des Persönlichkeitsrechts, S. 103 ff.
[23] *Benedikt/Kranig*, ZD 2019, 4 (6).
[24] *Dreier/Schulze-Specht*, § 23 KUG Rn. 10 ff.
[25] *Dreier/Schulze-Specht*, § 23 KUG Rn. 16.

II. Aufnahmen außerhalb der Sitzung

1. § 169 Abs. 1 S. 2 GVG

Für die Untersagung von Bildaufnahmen, die nicht während der Hauptverhandlung gemacht werden, ist § 169 Abs. 1 S. 2 GVG keine Rechtsgrundlage. In § 169 Abs. 1 S. 2 GVG wird das Prinzip der Öffentlichkeit eingeschränkt. Dieses hat seine Grundlage in § 169 Abs. 1 S. 1 GVG. Folglich wird der Geltungsbereich des § 169 Abs. 1 S. 2 GVG in § 169 Abs. 1 S. 1 GVG definiert. Demzufolge besteht das Verbot allein in und während der „Verhandlung vor dem erkennenden Gericht".

2. § 176 GVG

Nicht der „Verhandlung", sondern der „Sitzung" korrespondiert der Anwendungsbereich des § 176 GVG. Maßnahmen, die nicht unmittelbar die Ordnung in der Sitzung schützen, können nicht auf § 176 GVG gestützt werden. Ein Film- und Fotografierverbot außerhalb der Sitzung dient unmittelbar dem Schutz des Rechts am eigenen Bild von Personen, die sich wegen der Sitzung im Gerichtssaal oder dessen Umgebung aufhalten. Dass durch diese Rechtsverletzung oder die mögliche Notwehrreaktion der betroffenen Personen die Ordnung der Sitzung beeinträchtigt werden könnte, wenn dies vor Beginn der Sitzung geschieht, ist nicht ausgeschlossen. Dagegen wird man derartigen Vorfällen nach Beendigung der Sitzung kein Störungspotenzial attestieren können. Ein vom Vorsitzenden verhängtes Verbot im Vorfeld der Sitzung kann daher aus § 176 GVG abgeleitet werden, ein Verbot nach der Sitzung hingegen nicht.

3. Hausrecht

Das Hausrecht des Gerichtspräsidenten wird überlagert und verdrängt durch die verhandlungs- und sitzungsbezogenen Befugnisse des Vorsitzenden aus § 169 Abs. 1 S. 2 GVG und aus § 176 GVG.[26] Umgekehrt ist das Hausrecht die einzige rechtliche Basis für Maßnahmen zur Unterbindung von Film- und Fotografieraktionen außerhalb des von § 169 Abs. 1 S. 2 und § 176 GVG erfassten Bereichs. Kraft seines Hausrechts kann der Gerichtspräsident Personen den Zutritt zum Gericht verwehren oder sie zum Verlassen des Gebäudes auffordern. Grund und Anlass dieser Maßnahme kann die Verhinderung rechtswidriger Eingriffe in das Recht am eigenen Bild sein. Gegenüber Medienvertretern, die auch auf das Grundrecht der Pressefreiheit berufen können, ist der Platzverweis aber nur nach Maßgabe der oben skizzierten Abwägung zulässig.[27]

---

[26] *Meyer-Goßner/Schmitt*, § 176 GVG Rn. 3.
[27] *Meyer-Goßner/Schmitt*, § 176 GVG Rn. 15.

Frage 3

I. Rechtmäßigkeit der Maßnahme

Die gewaltsame Entfernung des J aus dem Gerichtssaal ist ein hoheitlicher freiheitsbeschränkender Eingriff, der einer gesetzlichen Grundlage bedarf. Diese könnte in § 177 GVG zu sehen sein. Die Voraussetzungen des § 177 GVG müssten erfüllt sein.

1. Sachlicher Anwendungsbereich

In räumlicher Hinsicht beschränkt sich der Anwendungsbereich des § 177 GVG auf das Sitzungszimmer, in dem die Verhandlung stattfindet und das dazugehörige Beratungszimmer und ausschließlich der Verhandlung dienende Nebenräume. Die Eigenschaft als „Sitzungszimmer" erhält ein Raum dadurch, dass in ihm die Gerichtsverhandlung oder ein Teil der Verhandlung durchgeführt wird.[28] Sitzungszimmer ist der Raum deshalb nur während der Verhandlung. Hier erfolgte die Maßnahme gegen J in der Hauptverhandlung im Gerichtssaal. Zwar geschah dies noch vor Aufruf der Sache, § 243 Abs. 1 S. 1 StPO, aber die Befugnis zu sitzungspolizeilichen Maßnahmen erstreckt sich auch auf das Vorfeld des eigentlichen Verhandlungsbeginns, soweit es zur Gewährleistung eines störungsfreien Sitzungsverlaufs erforderlich ist.[29] Das gilt sowohl für § 176 GVG als auch für § 177 GVG. Wäre gegen die lärmenden Reporter nicht eingeschritten worden, hätte die Hauptverhandlung nicht beginnen können.

2. Zuständigkeit des Vorsitzenden

Da hier der Vorsitzende die Entfernung des J aus dem Sitzungssaal angeordnet hat, ist zu klären, ob das Gericht oder der Vorsitzende zuständig war. Dies hängt gemäß § 177 S. 2 GVG davon ab, ob der Betroffene eine an der Verhandlung beteiligte Person ist oder nicht. Letzterenfalls ist der Vorsitzende zuständig. Zu den nicht an der Verhandlung beteiligten Personen gehören insbesondere Zuhörer und Pressevertreter.[30] Gegenüber J war also der Vorsitzende zuständig.[31]

3. Anlass, Zweck und Verhältnismäßigkeit der Maßnahme
a) Aufrechterhaltung der Ordnung

Die Maßnahme muss der Aufrechterhaltung der Ordnung in der Sitzung dienen. „Aufrechterhaltung" ist auch die Wiederherstellung einer bereits gestörten Ordnung. Hier stört der von den prügelnden Reportern verursachte Lärm die Ordnung der Sitzung erheblich. Die Entfernung von Personen aus dem Sitzungssaal ist eine Maßnahme, die zur Wiederherstellung der Ordnung geeignet sein kann.

---

[28] Zum Gesamten: *Kissel/Mayer*, § 176 Rn. 10; § 177 Rn. 2.
[29] *Kissel/Mayer*, § 176 Rn. 9; *Meyer-Goßner/Schmitt*, § 176 GVG Rn. 2.
[30] *Kissel/Mayer*, § 176 Rn. 47; § 177 Rn. 22; *Meyer-Goßner/Schmitt*, § 177 GVG Rn. 2.
[31] *Kissel/Mayer*, § 177 Rn. 26.

b) Richtung der Maßnahme

Fraglich ist, ob der Ordnungszweck eine Maßnahme gerade gegenüber J rechtfertigt. Denn J war weder durch lautes oder aggressives Auftreten noch durch sonstiges ungebührliches Verhalten aufgefallen. Allerdings könnte sein Protest als Solidarisierung mit den die Ordnung unmittelbar störenden Reporterkollegen und somit als Unterstützung deren tumultuösen Verhaltens aufgefasst werden. Diese Einmischung des J behinderte die Bemühungen des Vorsitzenden, sich gegenüber den prügelnden und lärmenden Journalisten Respekt zu verschaffen und eine Beruhigung der Gesamtsituation zu erreichen. Daher erscheint es nicht unvertretbar, auch gegen J sitzungspolizeilich vorzugehen.

c) Nichtbefolgung einer Anordnung

Die Entfernung aus dem Sitzungszimmer ist ein gravierender Eingriff, der nur als ultima ratio zulässig ist. Daher muss ihm eine Anordnung vorausgegangen sein, die der Betroffene nicht befolgt hat. Hier hatte der Vorsitzende die lärmenden Reporter aufgefordert Ruhe zu geben. Dies ist eine Anordnung zur Wiederherstellung der Ordnung in der Sitzung. Da aber J sich bis dahin keiner Unruhestiftung schuldig gemacht hatte, war die Anordnung des Vorsitzenden nicht direkt an ihn gerichtet. Allerdings impliziert die Aufforderung an die Störer zur Beendigung ihres lärmenden Tuns zugleich eine an alle adressierte Bitte um Ruhe einschließlich der Anwesenden, die sich bisher ruhig verhalten haben. Insofern wurde auch J von der Anordnung des Vorsitzenden angesprochen. Indem J lautstark protestierte, setzte er sich über diese Anordnung hinweg.

d) Verhältnismäßigkeit

Die Ausübung der Sitzungspolizei hinsichtlich des „ob" und des „wie" steht im pflichtgemäßen Ermessen des Vorsitzenden. Dabei ist der Grundsatz der Verhältnismäßigkeit zu beachten.[32] Unzulässig ist eine Maßnahme vor allem dann, wenn sie zu einem Zeitpunkt erfolgt, zu dem sie zur Erreichung des legitimen Zwecks nicht mehr erforderlich ist. Hier hatte J nach seinem anfänglichen Protest auf die Zurechtweisung des Vorsitzenden nicht mehr reagiert, obwohl dies der Situation durchaus adäquat gewesen wäre. Der Ordnungsruf des Vorsitzenden war überzogen und J hätte sich mit Recht dagegen deutlich verwahren können. Stattdessen schwieg er und brachte damit zum Ausdruck, dass von ihm eine Eskalation der Situation nicht zu befürchten war. Die gewaltsame Entfernung des J aus dem Sitzungssaal war deshalb nicht erforderlich. Zudem erscheint es mit Blick auf die anderen Journalisten als Fehlgebrauch des Auswahlermessens, ausgerechnet gegen eine der friedlicheren Personen vorzugehen, anstatt auf die echten Störenfriede Druck auszuüben. Hinzu kommt, dass der Vorsitzende die gewaltsame Entfernung des J anordnete, ohne den J angehört und ihm Gelegenheit zur Stellungnahme gegeben zu haben.[33] Insgesamt ist die Vorgehensweise gegen J unangemessen und daher rechtswidrig.

---

[32] *Kissel/Mayer*, § 177 Rn. 10.
[33] *Kissel/Mayer*, § 177 Rn. 7.

II. Anfechtungsmöglichkeit

1. Beschwerde
Gegen sitzungspolizeiliche Maßnahmen ist unter den Voraussetzungen des § 181 Abs. 1 GVG die sofortige Beschwerde statthaft.[34] Ausdrücklich wird als Anfechtungsgegenstand die Festsetzung von Ordnungsmitteln nach § 178 oder § 180 GVG genannt. Daraus folgt im Wege des Umkehrschlusses, dass sitzungspolizeiliche Maßnahmen auf anderer rechtlicher Grundlage nicht nur von § 181 GVG nicht erfasst sind, sondern überhaupt nicht mit einer Beschwerde angefochten werden können. Anordnungen nach §§ 176, 177 GVG sind daher (grundsätzlich)[35] nicht selbständig anfechtbar.[36]

2. Revision
Die Entfernung eines Zuhörers aus dem Sitzungssaal ist ein Eingriff in die Öffentlichkeit der Verhandlung iSd § 169 Abs. 1 S. 1 GVG. Sofern sie rechtswidrig ist, ist diese Beschneidung der Öffentlichkeit sogar ein absoluter Revisionsgrund, § 338 Nr. 6 StPO.[37] Revisionsberechtigt kann jedoch nur sein, wer durch das Urteil beschwert ist. Das trifft auf J als am Verfahren Unbeteiligten nicht zu.

3. Verfassungsbeschwerde
Da J durch die Entfernung aus dem Sitzungssaal an einer bestimmten Ausübung seines Berufes als Journalist gehindert worden ist, kann er Verletzungen seiner Grundrechte aus Art. 5 Abs. 1 S. 2 und Art. 12 Abs. 1 GG geltend machen. Deswegen kann er eine Verfassungsbeschwerde zum Bundesverfassungsgericht erheben.[38]

---

[34] *Kissel/Mayer*, § 181 Rn. 2.
[35] Weiterführend: *Meyer-Goßner/Schmitt*, § 176 GVG Rn. 16.
[36] *Kissel/Mayer*, § 177 Rn. 29; § 181 Rn. 1; *Meyer-Goßner/Schmitt*, § 176 GVG Rn. 16; § 177 GVG Rn. 15.
[37] *Meyer-Goßner/Schmitt*, § 176 GVG Rn. 17.
[38] *Meyer-Goßner/Schmitt*, § 176 GVG Rn. 16.

Fall 14 Fluchthilfe

Schutz des nichtöffentlich gesprochenen Wortes – erpresserischer Telefonanruf – aberratio ictus und error in persona – Notwehr – Notstand – Öffentlichkeit der Hauptverhandlung – Augenscheinsbeweis mit Tonaufnahme

I. Als Deutschland noch zweigeteilt war (Bundesrepublik Deutschland [BRD] und Deutsche Demokratische Republik [DDR]), betätigte sich Albert Aust (A) gewerbsmäßig als Fluchthelfer. Im April 1976 beauftragte ihn Franz Färber (F), ein Ärztehepaar und dessen Kind aus der DDR auszuschleusen. Hierfür sollte A ein Honorar von 45.000 DM (ca. 23.000 Euro) erhalten. Nachdem zwei Fluchtversuche, die A organisiert hatte, fehlgeschlagen waren, führte F selbst die Fluchthilfe am 05.09.1976 ohne die Beteiligung des A und ohne dessen Wissen durch.

Am Abend desselben Tages rief A aus Argwohn, dass er hintergangen worden sein könnte, bei F an. Für Aufwendungen, die er in Vorbereitung des Unternehmens gemacht hatte, verlangte er von F in erregtem und aggressivem Ton 5000 DM. Im Verlaufe des Telefongesprächs äußerte A, er hätte dem F einen Schlagring in das Gesicht geschlagen, wenn er ihm in Helmstedt begegnet wäre; er werde Aktionen anlaufen lassen, und F werde sein Leben lang an den Tag denken, an dem er ihn „beschissen" habe.

Wenige Tage später meldete sich ein Mann fernmündlich bei F, um ihm die Nummer des Kontos mitzuteilen, auf dem A den Eingang des geforderten Geldbetrages erwartete. Der Anrufer war Tonio (T), den A gebeten hatte, für ihn diesen Anruf zu tätigen. A hatte nämlich gerade eine schwere Erkältung und konnte nicht sprechen. Stimme und Aussprache des T klangen so ähnlich wie A. Daher nahm F an, der Anrufer sei A. Die Weigerung des F, die Kontonummer entgegenzunehmen und überhaupt Zahlungen zu leisten, beantwortete T auf Anweisung des A mit der Ankündigung, dass F nach der Kontonummer nicht nur suchen, sondern um diese sogar „bitten" werde. Dieses Telefongespräch nahm F, der sich von dem Anrufer ernstlich bedroht fühlte, auf ein Tonband auf. Das Tonband stellt F sogleich nach dem Telefongespräch der Polizei zur Verfügung.

II. Gegen A wird ein Strafverfahren wegen versuchter räuberischer Erpressung eingeleitet. Staatsanwalt Specht (S) vernimmt den F als Zeugen und hört sich das Tonband mit der Stimme des T an. Daraufhin erhebt er Anklage gegen A. In der Hauptverhandlung lässt der Vorsitzende Richter Rupert (R) das Tonband vorspielen. Verteidiger Viktor (V) hatte zuvor vergeblich den Ausschluss der Öffentlichkeit gefordert. Der Vorsitzende sieht dafür weder Anlass noch Rechtsgrundlage. Das Tonband mit der Aufnahme des Telefonats wird im Gerichtssaal vorgespielt, sodass alle im Gerichtssaal anwesenden Personen – u. a. zwölf im Zuhörerbereich sitzende Bürger und Pressevertreter – die von T und F am Telefon gesprochenen Worte deutlich hören können.

1. (zu I.) Wie ist das Verhalten des F auf der Grundlage des im Jahre 2019 geltenden StGB strafrechtlich zu würdigen?
2. (zu II.) a) Durfte das Tonband in der Hauptverhandlung vorgespielt werden?
   b) Wäre ein Ausschluss der Öffentlichkeit rechtlich geboten gewesen?

Lösung

Frage 1: Strafbarkeit des F

I. Verletzung der Vertraulichkeit des Wortes, § 201 Abs. 1 Nr. 1 StGB
Indem F das Telefonat mit dem T mittels eines Tonbandgeräts aufzeichnete, könnte er sich wegen Verletzung der Vertraulichkeit des Wortes nach § 201 Abs. 1 Nr. 1 StGB strafbar gemacht haben.

1. Objektiver Tatbestand
a) Die Worte, die F und T am Telefon gewechselt haben, sind beiderseitig nichtöffentlich gesprochene Worte. Denn sie sind für niemanden außer dem jeweiligen Gesprächspartner bestimmt.[1]

b) Für F sind die von T am Telefon gesprochenen Worte die eines anderen. Dagegen sind die eigenen Äußerungen des F gegenüber T vom Tatbestand nicht erfasst. Der Tatbestandsmäßigkeit steht auch nicht entgegen, dass T nicht eigene Gedankenerklärungen geäußert, sondern Inhalte, die ihm von A aufgetragen wurden, zum Ausdruck gebracht hat.[2]

c) F hat die Äußerungen des T auf einem Tonträger aufgenommen. Unerheblich ist, dass die Stimme des T nicht unmittelbar in ihrer natürlichen Ausdrucksform, sondern in der mittels Telefonverbindung übertragenen Form aufgenommen worden ist.[3] Ebenfalls ohne Einfluss auf die Tatbestandsmäßigkeit ist die Verstellung der Stimme. Ausreichend ist, dass die Laute einem Menschen zugerechnet werden können, der diese selbst mit seiner Stimme erzeugt hat.

---

[1] *Lackner/Kühl*, § 201 Rn. 2; MK-*Graf*, § 201 Rn. 14.
[2] MK-*Graf*, § 2091 Rn. 11.
[3] *Lackner/Kühl*, § 201 Rn. 3; MK-*Graf*, § 201 Rn. 12.

2. Subjektiver Tatbestand

Der subjektive Tatbestand setzt Vorsatz voraus, § 15 StGB.[4] Der Vorsatz muss alle objektiv tatbestandsmäßigen Tatsachen umfassen,[5] also auch, dass es sich um das gesprochene Wort „eines anderen" handelt. F hat wahrgenommen, dass am Telefon ein anderer Mensch zu ihm spricht. Allerdings hielt er diesen für A und irrte sich somit über die Identität seines Gesprächspartners. Daher stellt sich die Frage, ob diese Fehlvorstellung gem. § 16 Abs. 1 S. 1 StGB den Vorsatz ausschließt. Der Sachverhalt weist Elemente auf, die eine Nähe zu den Fällen der aberratio ictus[6] und des error in persona aufweisen und bei denen eine Zuordnung zu einer der beiden Irrtumsfiguren notwendig ist. Diese Abgrenzung ist deswegen wichtig, weil nach h. M. aberratio ictus und error in persona dogmatisch unterschiedlich behandelt werden.[7] Während eine aberratio ictus den Vorsatz bezüglich des tatsächlich betroffenen Objekts ausschließt,[8] ist bei einem error in persona der Vorsatz trotz Irrtums gegeben, wenn das tatsächlich betroffene Objekt die gleiche tatbestandsmäßige Qualität hat wie das vorgestellte Objekt.[9]

Der vorliegende Sachverhalt ähnelt den Fällen, in denen der Täter einen anderen mittels Telefonanruf beleidigen will, der Anruf aber – ohne dass der Täter das merkt – von einem anderen Menschen entgegengenommen wird.[10] Der Irrtum über die Identität des Angerufenen schließt den Vorsatz so lange nicht aus, wie bei dem „falschen" Opfer der vom Täter intendierte Beleidigungseffekt in gleicher Weise erzeugt wird wie der Täter es sich in Bezug auf das „richtige" Opfer vorgestellt hatte.[11] Der Fall wird daher als error in persona behandelt.[12] Im vorliegenden Fall ist die Aufnahme des Anrufs gegenüber T ein Eingriff in das von § 201 StGB geschützte Rechtsgut, der sich von einem Eingriff in das Rechtsgut des A nicht unterscheidet. Daher kann die den T treffende Tat dem auf A gerichteten Vorsatz des F zugerechnet werden. Die Personenverwechslung schließt den Vorsatz nicht aus. Unbeachtlich ist an dieser Stelle des Deliktsaufbaus auch der Umstand, dass F möglicherweise gegenüber A ein Recht zur Herstellung der Aufnahme hatte, das gegenüber T nicht besteht.

---

[4] MK-*Graf*, § 201 Rn. 58.
[5] *Rengier*, AT, § 14 Rn. 37.
[6] *Rengier*, AT, § 15 Rn. 27 ff.; *Wessels/Beulke/Satzger*, Rn. 375 ff.
[7] Zum Ganzen: *El-Ghazi*, JuS 2016, 303 ff; *Frister*, AT, 11. Kap. Rn. 55 ff.; *Kudlich/Koch*, JA 2017, 827 ff.; *Wessels/Beulke/Satzger*, Rn. 371 ff.
[8] *Rengier*, AT, § 15 Rn. 34 ff.
[9] *Rengier*, AT, § 15 Rn. 22; *Wessels/Beulke/Satzger*, Rn. 373.
[10] *El-Ghazi*, JuS 2016, 303 (305); *Streng*, JR 1987, 431 (433).
[11] BayObLG, JR 1987, 431; *Roxin*, AT I, § 12 Rn. 199: ein „würdiger Herr" wird auf Grund der Verwechslung als „dreckiges Weib" beschimpft.
[12] *El-Ghazi*, JuS 2016, 303 (307); *Küpper*, JA 1985, 453 (458); *Nussbaum*, ZJS 2019, 54 (55); *Roxin*, AT I, § 12 Rn. 198; SSW-*Sinn*, § 185 Rn. 18.

3. Rechtswidrigkeit
Die Tat ist nicht „unbefugt", wenn sie gerechtfertigt ist.[13]

a) Notwehr, § 32 StGB
Die Tat des F könnte durch Notwehr gerechtfertigt sein.[14]

aa) Angriff
Der von T im Auftrag des A getätigte erpresserische Anruf hat Bedrohungs- und Nötigungscharakter und ist daher ein Angriff auf die Willensentschließungsfreiheit des F.[15] Keine Rolle spielt dabei, dass T selbst den F nicht erpressen wollte, sondern nur als „Sprachrohr" des A fungierte. Da der Anruf den Zweck hat, den F zu einer sein Vermögen schmälernden Geldzahlung zu nötigen, liegt auch ein Angriff auf das Vermögen vor.[16]

bb) Gegenwärtigkeit
Allerdings ist der Angriff auf das Vermögen noch nicht gegenwärtig, da eine Vermögensschädigung nicht unmittelbar bevorsteht.[17] Anders verhält es sich mit dem Angriff auf die Willensentschließungsfreiheit: dieses Rechtsgut des F ist im Zeitpunkt des Anrufes betroffen.[18] Zwischen diesem Angriff und der zum Zwecke der Angriffsabwehr vorgenommenen Tonbandaufnahme besteht daher Gleichzeitigkeit.[19]

cc) Rechtswidrigkeit
Der Angriff war rechtswidrig, da A seinen Vergütungsanspruch – unterstellt, dieser besteht – nicht mittels Nötigung durchsetzen darf.

dd) Verteidigung
Fraglich ist, ob die Herstellung der Tonaufnahme eine Verteidigung ist. Dies hängt von zwei Voraussetzungen ab: die Tat muss ex ante gesehen geeignet sein, den

---

[13] Tatbestandsausschließend wirkt das Einverständnis des Betroffenen, vgl. *Lackner/Kühl*, § 201 Rn. 9; im Übrigen schließen Abhörbefugnisse die Rechtswidrigkeit aus, MK-*Graf*, § 201 Rn. 40 ff. Umfassend zur Unbefugtheit bei § 201 StGB *Kunze*, Das Merkmal „unbefugt" in den Strafnormen des Besonderen Teils des StGB, 2014, S. 110 ff.

[14] *Lackner/Kühl*, § 201 Rn. 12; MK-*Graf*, § 201 Rn. 47; SSW-*Bosch*, § 201 Rn. 14.

[15] *Arzt*, MDR 1965, 344; *Haug*, MDR 1964, 548 (551); *Kroß*, Notwehr gegen Schweigegelderpressung, S. 114; MK-*Erb*, § 32 Rn. 97.

[16] *Arzt*, MDR 1965, 344; *Haug*, MDR 1964, 548 (551); *Kroß*, Notwehr gegen Schweigegelderpressung, S. 115.

[17] MK-*Erb*, § 32 Rn. 98; *H.E. Müller*, NStZ 1993, 366 (368).

[18] *Eggert*, NStZ 2001, 225 (226); *Haug*, MDR 1964, 548 (551); a.A. MK-*Erb*, § 32 Rn. 98; *H.E. Müller*, NStZ 1993, 366 (368).

[19] *B. Heinrich*, AT, Rn. 345; a.A. *Arzt*, MDR 1965, 344 (345), *Baumann*, MDR 1965, 346 (347), nach denen der Angriff auf die Willensfreiheit mit Aussprechen der Drohung schon abgeschlossen ist; dagegen *Kroß*, Notwehr gegen Schweigegelderpressung, S. 121 ff.

Angriff abzuwenden,[20] und sie muss sich gegen den Angreifer – gegen Rechtsgüter des Angreifers – richten.[21] Die zweite Voraussetzung ist erfüllt, weil die Stimme des T aufgenommen wurde und T Angreifer ist. Dass T mit dem Angriff keine eigene feindliche Einstellung gegenüber F zum Ausdruck brachte, sondern nur als „Sprachrohr" des A fungierte, beseitigt seine Angreifereigenschaft nicht. Zweifelhaft ist hingegen die Angriffsabwendungstauglichkeit. Bei deren Prüfung ist allein auf die Abwendung des gegenwärtigen Angriffs abzustellen. Die Geeignetheit zur Vorbeugung gegen künftige – noch nicht gegenwärtige – Angriffe vermag Notwehrrechtfertigung nicht zu begründen.[22] Wenn man also wie hier den Angriff auf das Vermögen des F als noch nicht gegenwärtig einschätzt, kann an dieser Stelle die Geeignetheit der Tonaufnahme zur Verhinderung des Vermögensverlustes nicht berücksichtigt werden. Beachtlich kann somit allein die Geeignetheit zur Abwendung des andauernden Angriffs auf die Willensfreiheit des F sein.[23] Zwar ist die Aufnahme des Angriffs nicht geeignet, den aktuellen verbalen Drohangriff zu verhindern. Dies bestätigt schon die Tatsache, dass der Angriff im Zeitpunkt der Aufnahme stattfindet, ohne durch das Einschalten des Tonbandgeräts abgeblockt zu werden.[24] Auch die „Fortwirkung" der Drohwirkung des erpresserischen Anrufes kann mittels der Aufnahme allein nicht abgewendet werden.[25] Allerdings erzeugt die Aufnahme der Stimme des Anrufenden ein Instrument, mit dessen Hilfe die Einleitung präventivpolizeilicher Maßnahmen sowie staatsanwaltschaftlicher Untersuchungen (§ 152 Abs. 2 StPO) veranlaßt werden kann. Die Übergabe der Aufnahme an die Behörden erhöht die Erfolgschancen dieser Maßnahmen und die Aussicht auf Beendigung des erpresserischen Angriffs.[26] Insofern ist die Aufnahme als Vorbereitung der unmittelbaren Verteidigungshandlung anzusehen. So wie diese selbst gerechtfertigt ist, ist es auch ihre Vorbereitung.[27]

ee) Erforderlichkeit
Erforderlich ist die Verteidigung, die unter allen abwehrtauglichen Maßnahmen das mildeste Mittel ist, weil sie die Rechtsgüter des Angreifers am wenigsten beeinträchtigt.[28] Bei der Prüfung dieses Merkmals ist anerkannt, dass eigenmächtige

---
[20] *Baumann/Weber/Mitsch/Eisele*, § 15 Rn. 30; nach h.M. ist die Geeignetheit eine Komponente der Erforderlichkeit, vgl. *Kühl*, AT, § 7 Rn. 94.
[21] *Baumann/Weber/Mitsch/Eisele*, § 15 Rn. 32; *Kühl*, AT, § 7 Rn. 84; *Rengier*, AT, § 18 Rn. 31.
[22] Zur Frage, ob es genügt, die bevorstehenden Folgen einer schon abgeschlossenen Angriffshandlung abzuwenden, *Mitsch*, JR 2018, 606 (611).
[23] LK-*Schünemann*, § 201 Rn. 42; Schönke/Schröder/*Lenckner/Eisele*, § 201 Rn. 31a.
[24] KG, JR 1981, 254; *Kroß*, Notwehr gegen Schweigegelderpressung, S. 143; *Tenckhoff*, JR 1981, 255 (256); zu einer ähnlichen Konstellation mit § 201a Abs. 1 Nr. 1 StGB *Korte*, Der Strafbefreiungsgrund der Zustimmung im Falle von Beeinträchtigungen der Intimsphäre, S. 31.
[25] *Eisenberg/Müller*, JuS 1990, 120 (122); a.A. LK-*Schünemann*, § 201 Rn. 42; MK-*Graf*, § 201 Rn. 50; NK-*Kargl*, § 201 Rn. 25; vgl. auch BVerfG, NJW 2002, 3619, 3623 f.
[26] *Kroß*, Notwehr gegen Schweigegelderpressung, S. 144.
[27] *Kroß*, Notwehr gegen Schweigegelderpressung, S. 145.
[28] *Kroß*, Notwehr gegen Schweigegelderpressung, S. 154; *Kühl*, AT, § 7 Rn. 100, *Rengier*, AT, § 18 Rn. 36.

Abwehrmaßnahmen des Notwehrübenden nicht erforderlich sind, wenn der Angriff durch Einschaltung der Polizei oder anderer staatlicher Organe effektiv und angreiferschonend abgewendet werden kann.[29] Daher könnte sich F nicht auf Notwehr berufen, wenn er die Zwangslage, in die er durch den Angriff versetzt wurde, durch Tötung des Aggressors[30] beseitigen würde. Hier aber hat sich F mit Herstellung der Tonaufnahme ein Mittel verschafft, durch dessen Verwendung er gerade dem staatlichen Gewaltmonopol in der Phase der unmittelbaren Angriffsabwehr Rechnung tragen will. Daß F bei der Herstellung der Aufnahme selbst staatlichen Schutzmaßnahmen keinen Vorrang einräumte, ist der Tatsache geschuldet, dass diese grundsätzlich prioritäre Form der Angriffsabwehr aktuell nicht zur Verfügung stand.[31] Die Herstellung der Tonaufnahme war daher eine erforderliche Verteidigung.

ff) Gebotenheit
Umstände, die der Gebotenheit der Notwehr entgegenstehen könnten, sind nicht ersichtlich.

gg) Subjektives Rechtfertigungselement
F kannte alle tatsächlichen Umstände, durch die die objektiven Voraussetzungen der Notwehr erfüllt wurden. Zudem handelte er mit der Absicht, die hergestellte Tonaufnahme für angriffsabwendende Maßnahmen der Polizei zur Verfügung zu stellen.[32]

hh) Ergebnis zu § 32 StGB
Die Tat des F ist gemäß § 32 StGB gerechtfertigt.

b) Rechtfertigender Notstand, § 34 StGB[33]
Die Tat des F könnte auch durch Notstand gerechtfertigt sein.

aa) Gegenwärtige Gefahr
Bereits der erste Anruf des A hatte die Willensentschließungsfreiheit des F in Gefahr gebracht. Die Willensentschließungsfreiheit ist wie die in § 34 StGB explizit erwähnte „Freiheit" der körperlichen Fortbewegung (§ 239 StGB) ein notstandsfähiges Rechtsgut (vgl. § 240 StGB). Diese Gefahr ist durch den zweiten Anruf

---

[29] *Kroß*, Notwehr gegen Schweigegelderpressung, S. 160; *Rengier*, AT, § 18 Rn. 50.
[30] Diese kann gerechtfertigt sein, wenn polizeiliche Hilfe nicht rechtzeitig zu erlangen ist, *Eggert*, NStZ 2001, 225 (227).
[31] *Kühl*, AT, § 7 Rn. 120.
[32] Zu „unvollkommen zweiaktigen Rechtfertigungsgründen" vgl. *Baumann/Weber/Mitsch/Eisele*, § 14 Rn. 49.
[33] Normalerweise braucht eine Rechtfertigung durch Notstand nicht mehr erörtert zu werden, wenn bereits Rechtfertigung auf der Grundlage des § 32 StGB gegeben ist. In Fällen, in denen die Erfüllung der Notwehrvoraussetzungen umstritten ist, sollte man aber „vorsichtshalber" auch Rechtfertigung auf der Grundlage anderer Rechtfertigungsgründe prüfen.

verstärkt worden.³⁴ Sie ist im Zeitpunkt des Anrufs gegenwärtig, sie ist aber als „Dauergefahr" auch danach noch gegenwärtig.³⁵ Die Gefahr war zudem ein rechtswidriger Zustand, da F sie nicht zu dulden hatte.³⁶

bb) Erforderlichkeit
Die Herstellung der Aufnahme ist zwar nicht geeignet, den aktuellen Angriff auf die Willensentschließungsfreiheit durch den Anruf abzuwenden. Sie ist aber eine Maßnahme, mit der das Andauern der Gefahr beseitigt werden kann. Da auch die andauernde Gefahr noch gegenwärtig ist (s. o. aa), ist die Aufnahme des Telefongesprächs ein geeignetes Mittel zur Abwendung einer gegenwärtigen Gefahr. Der Tauglichkeit zur Gefahrabwendung steht auch nicht entgegen, dass nicht A, sondern T angerufen hat. Auch unter diesen Voraussetzungen ist das Band ein geeignetes Beweismittel, um den A als Urheber der Erpressung zu identifizieren. Die Gefahr ist nicht anders abwendbar. F hatte keine andere Möglichkeiten, sich dem Erpressungsdruck des A zu entziehen.³⁷ Insbesondere konnte F den Angriff auf seine Willensfreiheit nicht durch bloßes Auflegen des Telefonhörers beenden.

cc) Wesentlich überwiegendes Interesse
Bei der Interessenabwägung ist von ausschlaggebender Bedeutung, dass das Rechtsgut, in das zum Zweck der Gefahrabwendung eingegriffen wird, dem (Mit-)Urheber der Gefahr gehört. F hat die Worte der Person aufgenommen, die durch ihren Anruf zur Verstärkung und zum Fortdauern der Gefahrenlage beigetragen hat. F befand sich daher gegenüber T in einer Defensivnotstandssituation.³⁸ Zwar beruht die Zwangslage des F in erster Linie auf dem Verhalten des A. Jedoch hat auch T durch seinen Anruf dazu etwas beigetragen. Auch ihm gegenüber befindet sich F deshalb in einem Defensivnotstand. Dessen Besonderheit besteht darin, dass die Zwangslage, die für eine Rechtfertigung des gefahrabwendenden Eingriffs erforderlich ist, sehr täterfreundlich ausgestaltet ist.³⁹ Nach dem Muster des § 228 BGB genügt es, dass dieser Eingriff und seine Folgen nicht außer Verhältnis stehen zu dem Wert der Gefahrabwendung. Gerechtfertigt ist deshalb die Tat sogar dann, wenn das Interesse an der Unversehrtheit des Eingriffsguts das Interesse an der Gefahrabwendung unwesentlich überwiegt.⁴⁰ Dass diese Voraussetzung hier erfüllt ist, steht außer

---

³⁴ *Tenckhoff*, JR 1981, 255 (257).
³⁵ *Baumann/Weber/Mitsch/Eisele*, § 15 Rn. 84; *Kühl*, AT, § 8 Rn. 65; *Schönke/Schröder/Perron*, § 34 Rn. 17; *Tenckhoff*, JR 1981, 255 (257).
³⁶ Zur Einordnung dieses Gesichtspunkts im System der Notstandsvoraussetzungen vgl. *Baumann/Weber/Mitsch/Eisele*, § 15 Rn. 79 f.; *Schönke/Schröder/Perron*, § 34 Rn. 13.
³⁷ *Tenckhoff*, JR 1981, 255 (257).
³⁸ *Rengier*, AT, § 19 Rn. 38; *Tenckhoff*, JR 1981, 255 (257).
³⁹ *Kühl*, AT, § 8 Rn. 134.
⁴⁰ *Baumann/Weber/Mitsch/Eisele*, § 15 Rn. 100; *Rengier*, AT, § 20 Rn. 8.

Zweifel. Es liegen keine Umstände vor, die der Angemessenheit des angewendeten Mittels entgegenstehen, § 34 S. 2 StGB.[41]

dd) Subjektives Rechtfertigungselement
Als subjektives Rechtfertigungselement ist Kenntnis der objektiv rechtfertigenden Umstände und der Wille zur erfolgreichen Abwendung der Gefahr erforderlich.[42] F kannte die Umstände, durch die die objektiven Voraussetzungen des rechtfertigenden Notstands erfüllt worden sind.

4. Ergebnis
F hat sich nicht aus § 201 Abs. 1 Nr. 1 StGB strafbar gemacht.

II. Verletzung der Vertraulichkeit des Wortes, § 201 Abs. 1 Nr. 2 StGB
Indem F das Tonband der Polizei zur Verfügung stellte, könnte er sich nach § 201 Abs. 1 Nr. 2 StGB strafbar gemacht haben.

1. Objektiver Tatbestand
a) Die von F an die Polizei übergebene Tonaufnahme müsste ein taugliches Tatobjekt sein. Es müsste sich um eine „so hergestellte Aufnahme" handeln. Diese Verweisung bedeutet zunächst, dass Tatobjekt das auf einem Tonträger gespeicherte nichtöffentlich gesprochene Wort eines anderen ist. Fraglich ist indessen, ob die Verweisung „so hergestellte" auch die Strafbarkeitsvoraussetzung „unbefugt" erfasst. Bejahendenfalls wäre eine befugt hergestellte Aufnahme im Rahmen des § 201 Abs. 1 Nr. 2 StGB kein taugliches Tatobjekt. Weitgehende Einigkeit besteht dahingehend, dass eine mit Einwilligung der betroffenen Person hergestellte Aufnahme zur Erfüllung des Tatbestandes des § 201 Abs. 1 Nr. 2 StGB nicht geeignet ist.[43] Hier allerdings hatte T in die Aufnahme seiner am Telefon gesprochenen Worte auf Tonträger nicht zugestimmt. Umstritten ist, ob die Tonaufnahme auch dann kein taugliches Tatobjekt ist, wenn ihre Herstellung aus einem anderen Grund nicht unbefugt gewesen ist, z. B. auf Grund von § 100a StPO[44] oder – wie hier – auf Grund von § 32 StGB und § 34 StGB. Die besseren Gründe sprechen für die Auffassung, wonach nur die Einwilligung in die Herstellung der Aufnahme deren Tauglichkeit

---

[41] Zur Bedeutung der Angemessenheits-Klausel allgemein *Baumann/Weber/Mitsch/Eisele*, § 15 Rn. 108; *Kühl*, AT, § 8 Rn. 166 ff.; *Rengier*, AT, § 19 Rn. 42, 48 ff.; *Wessels/Beulke/Satzger*, Rn. 471 ff.
[42] *Baumann/Weber/Mitsch/Eisele*, § 15 Rn. 109; *Kühl*, AT, § 8 Rn. 183 ff.; *Wessels/Beulke/Satzger*, Rn. 477.
[43] *Schönke/Schröder/Lenckner/Eisele*, § 201 Rn. 16.
[44] OLG Düsseldorf, NJW 1995, 975 (976).

zur Erfüllung des Tatbestandes des § 201 Abs. 1 Nr. 2 StGB ausschließt.[45] In diesem Fall kann die Verweigerung des strafrechtlichen Schutzes gegen Gebrauch oder Zugänglichmachung der Aufnahme mit dem Aspekt der Eigenverantwortlichkeit und des Selbstschutzes des Betroffenen begründet werden. Wer in die Herstellung der Aufnahme einwilligt, trägt auch die Verantwortung für die Verwendung dieser Aufnahme.[46] Wenn der Täter von der Aufnahme einen Gebrauch macht, mit dem der Betroffene nicht einverstanden ist, hat er sich dies selbst zuzuschreiben. Dies hätte er schon vor der Herstellung der Aufnahme einkalkulieren und sich darauf einstellen müssen. Anders ist es, wenn die Aufnahme auf Tonträger auch gegen den Willen des Betroffenen gerechtfertigt ist, z. B. gem. § 34 StGB. In diesem Fall verdient der Betroffene strafrechtlichen Schutz gegen eine Verwendung der Aufnahme, die von dem Grund, der die Aufnahme rechtfertigt, nicht mehr gedeckt ist. Daher ist die von F hergestellte Tonaufnahme ein taugliches Tatobjekt.

b) Indem F das Tonband der Polizei übergab, hat er die Aufnahme einem Dritten zugänglich gemacht.

2. Subjektiver Tatbestand
F handelte vorsätzlich, § 15 StGB.

3. Rechtswidrigkeit
Die Übergabe des Tonbandes an die Polizei könnte gerechtfertigt sein. Eine Rechtfertigung auf der Grundlage des § 32 StGB kommt hier ebenso in Betracht wie schon bei § 201 Abs. 1 Nr. 1 StGB. Ebenfalls begründet ist eine Rechtfertigung nach § 34 StGB. Schon die Rechtfertigung der Herstellung der Aufnahme stützte sich auf den damit verfolgten Zweck, die andauernde Gefahr für die Willensentschließungsfreiheit des F mithilfe des Tonbandes abzuwenden. War die Herstellung der Aufnahme nur die Vorbereitung der polizeilichen Aktionen, die unmittelbar die Gefahrabwendung bewirken, ist die Zurverfügungstellung des Tonbandes die Handlung, mit der die Gefahrabwendung durch die Polizei unmittelbar eingeleitet wurde. Noch stärker als bei § 201 Abs. 1 Nr. 1 StGB verschafft sich hier der Angriffs- und Gefahrabwendungszweck Geltung. Die Voraussetzungen der Notwehr und des rechtfertigenden Notstandes sind also erfüllt. Daher war die Tat nicht rechtswidrig.

4. Ergebnis
F hat sich nicht aus § 201 Abs. 1 Nr. 2 StGB strafbar gemacht.

---

[45] MK-*Graf*, § 201 Rn. 25; *Schönke/Schröder/Lenckner/Eisele*, § 201 Rn. 16; aA KG, JR 1981, 254 (255); *Fischer*, § 201 Rn. 6; *Lackner/Kühl*, § 201 Rn. 9a; NK-*Kargl*, § 201 Rn. 12; SSW-*Bosch*, § 201 Rn. 7.
[46] MK-*Graf*, § 201 Rn. 25.

Frage 2a: Vorspielen des Tonbandes in der Hauptverhandlung

I. Gerichtliche Aufklärungspflicht, § 244 Abs. 2 StPO
Der rechtliche Rahmen, in dem die Frage nach der Zulässigkeit einer gerichtlichen Maßnahme in der Hauptverhandlung eines Strafverfahrens einer Antwort zuzuführen ist, ist das Strafprozessrecht. Dieses normiert Aufgaben, Pflichten und Befugnisse des Gerichts bei der Verfahrensdurchführung. In der Hauptverhandlung hat das Gericht die verfahrensabschließende Entscheidung über die angeklagte Tat zu finden.[47] Zu diesem Zweck hat das Gericht die Wahrheit zu erforschen und in der Beweisaufnahme alle Tatsachen aufzuklären und Beweismittel zu verwenden, die für die Entscheidung von Bedeutung sind, § 244 Abs. 2 StPO. Der von F auf Tonträger aufgenommene Telefonanruf des T ist geeignet, Hinweise auf eine Erpressung zum Nachteil des F zu geben. Zudem ermöglicht die Aufnahme einen Stimmenvergleich, aus dem Schlüsse auf Schuld oder Unschuld des Angeklagten gezogen werden können. Die Tonbandaufnahme ist deshalb ein (Augenscheins-)Beweismittel,[48] das für die Entscheidung von Bedeutung ist.

II. Unzulässigkeit der Verwendung des Tonbandes
Nicht jedes Beweismittel, das für die Entscheidung von Bedeutung ist, darf zur Wahrheitsfindung verwendet werden. Nicht jede Tatsache, die für die Entscheidung von Bedeutung ist, darf zum Gegenstand der Beweisaufnahme gemacht werden. Daher muss geprüft werden, ob es rechtliche Gründe gibt, die der Verwendung des Tonbandes komplett entgegenstehen oder zumindest die konkrete Art der Verwendung – Vorspielen des Bandes in der Hauptverhandlung – untersagen.

1. nemo-tenetur-Grundsatz
Ein totales Verbot der Verwendung des Tonbandes könnte sich aus dem Grundsatz „nemo tenetur se ipsum prodere" ergeben.[49] Danach ist es unzulässig, den Beschuldigten durch Täuschung oder Zwang zu selbstbelastenden Aussagen oder sonstigen Aktivitäten zu veranlassen.[50] Die heimliche Aufnahme eines Erpresseranrufes („Hörfalle, Stimmenfalle") ist eine Erschleichung selbstbelastenden Verhaltens des Erpressers und könnte daher im Kontext des Strafverfahrens dem nemo-tenetur-Grundsatz unterfallen.[51] Allerdings ist nicht jede verdeckte Beweisgewinnungsmaßnahme schon deswegen verboten, weil sie ohne Kenntnis des Betroffenen durchgeführt wird. Insbesondere ist es unter den Voraussetzungen des § 100a StPO zulässig, den Telekommunikationsverkehr des Beschuldigten zu überwachen und aufzunehmen. Die Voraussetzung der „schweren Straftat" iSd § 100a Abs. 1 Nr. 1, Abs. 2 StPO ist

---

[47] *Kindhäuser*, Strafprozeßrecht, § 17 Rn. 16.
[48] *Beulke/Swoboda*, Strafprozessrecht, Rn. 204.
[49] Dazu *Schroeder/Verrel*, Strafprozessrecht, Rn. 360.
[50] *Beulke/Swoboda*, Strafprozessrecht, Rn. 125; *Kindhäuser*, Strafprozessrecht, § 6 Rn. 25.
[51] *Beulke/Swoboda*, Strafprozessrecht, Rn. 138.

hier erfüllt: das Verhalten des A und des ihn unterstützenden T erfüllt die Strafbarkeitsvoraussetzungen einer versuchten räuberischen Erpressung iSd §§ 255, 22 StGB und fällt somit unter § 100a Abs. 2 Nr. 1 k StPO.

2. Private Beweisgewinnungsmaßnahmen

Andererseits beruht die Tonbandaufnahme hier nicht auf einer gerichtlich angeordneten Überwachung der Telekommunikation, sondern einer eigenmächtigen Selbsthilfemaßnahme des F. F kann aus § 100a StPO keine Rechte ableiten und eine Rechtfertigung des Eingriffs in das strafrechtlich geschützte Recht am eigenen Wort nicht auf den Zweck der Strafverfolgung stützen. Hätte F das Telefongespräch allein zu dem Zweck aufgenommen, ein Beweismittel für das Strafverfahren gegen A zu schaffen, wäre seine Tat nicht gerechtfertigt. Die Weitergabe des Tonbandes an die Polizei war nur deswegen nach § 32 StGB und § 34 StGB gerechtfertigt, weil die Polizei dadurch in die Lage versetzt wurde, die dem F drohende Gefahr endgültig abzuwenden. Dass die Weitergabe des Bandes auch zum Zweck der Verwendung als Beweismittel im Strafverfahren gerechtfertigt ist, ergibt sich daraus nicht.[52]

Die Frage ist, ob daraus ein Verwertungsverbot im Strafverfahren folgt. Das Recht der Beweisverwertungsverbote ist positivgesetzlich nur punktuell normiert.[53] Ob und inwieweit Verwertungsverbote daraus resultierten, dass die Strafverfolgungsbehörden ein Beweismittel nicht durch eigene Beweisgewinnungsmaßnahmen, sondern infolge privater Aktionen erlangt haben, ist gesetzlich nicht geregelt. Überwiegend wird ein Verwertungsverbot selbst bei Rechtswidrigkeit des privaten Handelns grundsätzlich verneint und nur auf Fälle schwerster Rechtsverletzungen (z. B. Geständniserpressung durch Folter) beschränkt.[54] Dem kann man jedenfalls in den Fällen zustimmen, in denen die Strafverfolgungsbehörden die Möglichkeit gehabt haben, dasselbe Beweismittel auch durch eigene Beweismittelgewinnungseingriffe in rechtmäßiger Weise zu erlangen. Nach dem Grundgedanken des „rechtmäßigen Alternativverhaltens" kann die Zulässigkeit einer Beweismittelverwertung mit dem „hypothetischen Ermittlungsverlauf"[55] begründet werden. Diese Begründung wird in erster Linie herangezogen, wenn die Strafverfolgungsbehörden durch eigenes rechtswidriges Handeln ein Beweisergebnis erzielt haben, das sie ebenso durch eigenes rechtmäßiges Handeln hätte erzielen können.[56] Es steht aber nichts entgegen, diese Argumentation auch zu verwenden, wenn hypothetisches rechtmäßiges Handeln der Strafverfolgungsbehörde an die Stelle tatsächlichen rechtswidrigen Handelns einer Privatperson gesetzt wird.

---

[52] *Kramer*, NJW 1990, 1760 (1764); *Tenckhoff*, JR 1981, 25 (258).
[53] *Murmann*, Prüfungswissen Strafprozessrecht, Rn. 203.
[54] *Beulke/Swoboda*, Strafprozessrecht, Rn. 478 ff.; Zur Verwendung heimlicher Tonbandaufnahmen im Strafprozess: BGHSt 14, 358, 359.
[55] *Rogall*, NStZ 1988, 385 ff.
[56] *Beulke/Swoboda*, Strafprozessrecht, Rn. 233a ff.

3. Verwertung durch Abspielen des Bandes in der Hauptverhandlung
Da das Tonband in die Beweismittelkategorie „Augenscheinsobjekt" fällt, kann seine Verwendung in der Beweisaufnahme allein im Wege der Augenscheinseinnahme erfolgen.[57] Zu diesem Zweck ist es in der Hauptverhandlung abzuspielen, damit die Verfahrensbeteiligten davon unmittelbar Kenntnis erlangen und darüber mündlich verhandeln können. Dadurch würde allerdings der Tatbestand des § 201 Abs. 1 Nr. 2 StGB verwirklicht werden.[58] Dies kann aber mit Hinweis darauf, dass es um die Aufklärung und Aburteilung einer schweren Straftat gem. § 100a Abs. 2 Nr. 1k StPO geht, gerechtfertigt werden.[59] Gleichwohl könnte die konkrete Art der Verwendung der Tonbandaufnahme rechtswidrig sein, wenn dabei versäumt wurde, nicht erforderliche Eingriffe in das Persönlichkeitsrecht des Betroffenen zu vermeiden. Dann wäre der Eingriff unverhältnismäßig. Dies könnte der Fall sein, wenn das Tonband in öffentlicher Hauptverhandlung anstatt in nichtöffentlicher Hauptverhandlung abgespielt wurde (dazu Frage 2b).

Frage 2b: Ausschluss der Öffentlichkeit während des Abspielens des Tonbandes

I. Öffentlichkeit der Hauptverhandlung
Die Hauptverhandlung vor dem Strafgericht ist eine Verhandlung vor einem erkennenden Gericht. Daher wird die Hauptverhandlung öffentlich durchgeführt, § 169 Abs. 1 S. 1 GVG. Dies betrifft den gesamten Verlauf der Hauptverhandlung einschließlich der Beweisaufnahme. Das Abspielen des Tonbandes ist ein Teil der Beweisaufnahme und daher öffentlich.

II. Gründe für eine nichtöffentliche Hauptverhandlung
Ausnahmsweise ist in der Hauptverhandlung die Öffentlichkeit kraft Gesetzes ausgeschlossen. Das Abspielen eines Tonbandes mit einem heimlich aufgenommenen erpresserischen Anruf ist jedoch kein Grund, der von Gesetzes wegen eine nichtöffentliche Hauptverhandlung gebietet.

Die Öffentlichkeit kann aus bestimmten Gründen auch durch einen Beschluss des Gerichts ausgeschlossen werden, § 174 Abs. 1 GVG. Diese Gründe sind in §§ 171a, 171b, 172 GVG aufgeführt. Hier könnte der Ausschluss der Öffentlichkeit während des Abspielens des Tonbandes geboten sein, weil dieser Vorgang den Tatbestand des § 201 Abs. 1 Nr. 2, Abs. 2 Nr. 2 StGB erfüllen würde. Zwar wäre die Tatbestandsverwirklichung gerechtfertigt (s. o.). Jedoch ist die Rechtfertigung

---

[57] *Beulke/Swoboda*, Strafprozessrecht, Rn. 204; *Murmann*, Prüfungswissen Strafprozessrecht, Rn. 242.
[58] *Eisenberg/Müller*, JuS 1990, 120 (125); *Kramer*, NJW 1990, 1760 (1763).
[59] *Murmann*, Prüfungswissen Strafprozessrecht, Rn. 243; *Tenckhoff*, JR 1981, 255 (258).

dadurch beschränkt, dass der Eingriff in das Recht am nichtöffentlich gesprochenen Wort nicht über das zur Erreichung des rechtfertigenden Zwecks Erforderliche hinausgehen darf. Soweit dieser Zweck auf eine das Rechtsgut weniger intensiv beeinträchtigende Weise erreicht werden kann, ist eine gravierendere Beeinträchtigung nicht gerechtfertigt. Hier kann der Beweiszweck durch Abspielen des Tonbandes in einer öffentlichen und in einer nichtöffentlichen Hauptverhandlung erreicht werden. Das Abspielen des Bandes in nichtöffentlicher Hauptverhandlung beeinträchtigt das Recht am nichtöffentlich gesprochenen Wort weniger. Daher ist allein diese Variante zulässig. Aus § 172 Nr. 2, Nr. 3 GVG ergibt sich, dass der Ausschluss der Öffentlichkeit als eine Maßnahme angesehen wird, um das Interesse an einer funktionierenden Rechtspflege und das Gegeninteresse an der Wahrung von Informationszurückhaltungsinteressen auszubalancieren und das Interesse an effektiver Gestaltung der Hauptverhandlung mit dem geringstmöglichen Eingriff in das Gegeninteresse zu befriedigen. Obwohl auf § 201 StGB nicht explizit Bezug genommen wird,[60] kann die Mitteilung der Worte, die durch diesen Straftatbestand geschützt werden, als Fall des § 172 Nr. 3 GVG qualifiziert werden. Zudem lässt sich das Gebot nichtöffentlicher Verhandlung als immanente Schranke des Öffentlichkeitsgrundsatzes qualifizieren, wenn gerade durch den Vollzug eines prozessualen Aktes in öffentlicher Gerichtsverhandlung ein Straftatbestand verwirklicht und – falls kein Rechtfertigungsgrund eingreift – sogar Strafbarkeit begründet würde.[61] Der Ausschluss der Öffentlichkeit während des Abspielens des Tonbandes war also geboten.

---

[60] Das „private Geheimnis" iSd § 172 Nr. 3 GVG ist Schutzgut des § 203 StGB, vgl. *Meyer-Goßner/Schmitt*, § 172 GVG Rn. 13.
[61] *Mitsch*, Medienstrafrecht, § 4 Rn. 10.

Fall 15 Der Mann im Spiegel

Recht am eigenen Bild – üble Nachrede – Notwehr – mutmaßliche Einwilligung –Urheberstrafrecht – Öffentlichkeitsfahndung – Beschlagnahme

Hobbyfotograf Sigurd (S) macht mit seiner Spiegelreflexkamera vom Schlafzimmerfenster seiner Wohnung aus von der im gegenüberliegenden Haus ein Stockwerk tiefer liegenden Wohnung – insbesondere von deren Bewohnerin – eine Fotoaufnahme. Es handelt sich um die 25-jährige Fiona (F), die bei geöffneter Balkontür spärlich bekleidet mit nacktem Oberkörper schlafend auf dem Sofa ihres Wohnzimmers liegt und sich von den in das Zimmer scheinenden Sonnenstrahlen verwöhnen lässt. F ist eine ziemlich konservative Frau, die sich niemals an einem öffentlichen Badestrand oder im Schwimmbad mit nacktem Oberkörper zeigen würde. In einem großen Spiegel an der dem Balkon gegenüberliegenden Wohnzimmerwand ist eine männliche Person (M) zu sehen. Das bemerkt S jedoch nicht, während er seine Aufnahme macht. Denn er konzentriert sich ganz auf die schlafende Frau. Plötzlich klingelt bei S das Telefon im Nebenzimmer. Er muss daher die Beobachtung und das beabsichtigte weitere Fotografieren unterbrechen und den Platz am Schlafzimmerfenster vorübergehend verlassen. Als S nach dem Telefonat zu seinem Platz am Fenster zurückkehrt, ist die F in ihrer Wohnung nicht mehr zu sehen.

In der Zwischenzeit hatten nämlich zwei Männer die F überfallen, gefesselt, aus der Wohnung geschafft und in den Kofferraum eines Pkw gelegt. Dann fuhren sie mit ihrem Opfer weg. Einer der beiden Männer war Max (M), also die männliche Person, die im Wandspiegel zu sehen war. Nachdem S seinen Film entwickelt hat, sieht er auf dem einzigen Foto, das S von der Wohnung der F gemacht hatte, außer der schlafenden F auch den Mann im Spiegel. Am nächsten Tag erfährt die Öffentlichkeit – auch S – aus den Medien von der Entführung der F. Die Entführer hatten sich bereits mit einer Lösegeldforderung bei dem von F getrennt lebenden Ehemann gemeldet. S realisiert sofort, dass „der Mann im Spiegel" mit dieser Entführung etwas zu tun haben muss.

Weil S aber fürchtet, dass er wegen seiner Aufnahme der halbnackten Frau Schwierigkeiten bekommen kann, wagt er nicht, selbst zur Polizei zu gehen und dort das Foto abzugeben. Daher gibt er das Foto seinem Freund Paul (P), der Privatdetektiv ist. P schaut sich die Aufnahme an und bringt sie danach sofort zur Polizei.

Mit Hilfe des Fotos gelingt es der Polizei, den einen Entführer – den M – zu identifizieren. In kürzester Zeit spürt die Polizei die Täter auf und befreit die F.

1. Wie hat sich S strafbar gemacht?
2. P hatte von dem Foto, das S ihm gegeben hat, eine Kopie angefertigt. Nachdem F von der Polizei befreit worden war, klebte P die Fotokopie auf ein Blatt Papier und setzte unter die Abbildung die Schriftzeile „Der Entführer und sein Opfer". Diese Collage kopierte P anschließend erneut und schickte sie an die Boulevardzeitung „Abendkurier". In dem beigefügten Schreiben gab P seinen Namen und seine Bankverbindung an, weil er sich von dem Abendkurier ein Honorar erhoffte.

Wie hat sich P strafbar gemacht?

3. Angenommen, die entführte F wäre nicht von der Polizei befreit worden, sondern während ihrer Gefangenschaft verstorben: Dürfte die Strafverfolgungsbehörde die von S gemachte Aufnahme des Manns im Spiegel dazu benutzen, die Öffentlichkeit in die Fahndung nach dem unbekannten Mann einzuschalten?
4. Dürfte die Staatsanwaltschaft das Smartphone der Freundin Anna (A) des M beschlagnahmen, um eines der von A gemachten und auf dem Gerät gespeicherten Fotos des M zum Zwecke der Öffentlichkeitsfahndung (Frage 3) zu verwenden?

Lösung

Frage 1: Strafbarkeit des S

I. Verletzung des höchstpersönlichen Lebensbereichs durch Bildaufnahmen, § 201a Abs. 1 Nr. 1 StGB

S könnte sich durch die Herstellung der Fotografie gemäß § 201a Abs. 1 Nr. 1 StGB strafbar gemacht haben.

1. Objektiver Tatbestand

a) Sowohl F als auch M sind Personen, die sich zur Zeit der Aufnahme in einer Wohnung aufhalten.[1] Unerheblich ist, dass es sich für M nicht um die eigene Wohnung handelt[2] und dass sich M in dieser Wohnung unbefugt aufhält.[3] Dass das Wohnzimmer nicht gegen Einsichtnahme von einem Standort in dem gegenüberliegenden Gebäude geschützt war, steht der Tatbestandsmäßigkeit ebenfalls nicht entgegen.[4]

b) S hat sowohl von F als auch von M eine Bildaufnahme hergestellt. Zwar wurde von M nur ein Spiegelbild aufgenommen. Das genügt aber zur Erfüllung des Tatbestandes, da es nicht einmal notwendig ist, dass die abgebildete Person identifiziert werden kann.[5]

---

[1] SSW-*Bosch*, § 201a Rn. 6, 10.

[2] *Fischer*, § 201a Rn. 10; MK-*Graf*, § 201a Rn. 34.

[3] *Fischer*, § 201a Rn. 10.

[4] *Fischer*, § 201a Rn. 7; MK-*Graf*, § 201a Rn. 35; SSW-*Bosch*, § 201a Rn. 7.

[5] *Eisele*, BT I, Rn. 724; *Fischer*, § 201a Rn. 5; *Rengier*, BT II, § 31 Rn. 16.

c) Es müsste der höchstpersönliche Lebensbereich der abgebildeten Person(en) verletzt worden sein. Diese Voraussetzung wird nicht schon dadurch erfüllt, dass das Opfer in seiner eigenen Wohnung aufgenommen worden ist.[6] Erforderlich sind also über den Umstand der geschützten Räumlichkeit hinausgehende Privatheitsaspekte.[7] Bezüglich der F kann man auf die Tatsache abstellen, dass sie ihr Sonnenbad mit nicht zugedecktem nacktem Oberkörper genommen hat. Diese Art spärlich verhüllter Zurschaustellung des Körpers ist zwar heute nicht ungewöhnlich und wird teilweise sogar in der Öffentlichkeit praktiziert. Aber es kommt auf den konkreten Einzelfall an. Wenn eine Frau, die dergleichen in einem Schwimmbad, am Badestrand oder auf der Wiese in einem öffentlichen Park nicht machen würde, sich in ihrer eigenen Wohnung teilweise unbekleidet und nicht zugedeckt zum Schlafen hinlegt, hat dies für sie einen höchstpersönlichen Charakter. Hinzu kommt, dass die gesetzliche Beschränkung des Strafrechtsschutzes auf Abbildungen mit höchstpersönlichem Charakter wenig einleuchtet,[8] und deshalb eine extensive Auslegung des Tatbestandsmerkmals geboten ist. Vorzugswürdig ist daher die Ansicht, dass bei Aufnahmen in der Wohnung regelmäßig der höchstpersönliche Lebensbereich tangiert ist.[9]

Die Abbildung des M hat hingegen keinerlei Komponenten, die dem höchstpersönlichen Lebensbereich zugerechnet werden könnten. Obwohl es sich um eine Situation handelt, in der M selbst ein großes Interesse an Geheimhaltung und Unbeobachtetheit seines Tuns hat, kann seine Lage nicht als schutzwürdig anerkannt werden. Anderenfalls würde das Strafrecht Kriminelle davor schützen, bei der Begehung ihrer Tat aufgenommen und anschließend mithilfe der Aufnahme als Täter erkannt und überführt zu werden. Die Begehung von Straftaten darf daher nicht an der rechtlichen Privilegierung des höchstpersönlichen Lebensbereichs teilhaben.[10] Für diese Wertung sprach auch die frühere Vorschrift des § 100c Abs. 4 S. 3 StPO,[11] wonach Gespräche über begangene Straftaten und Äußerungen, mittels derer Straftaten begangen werden, nicht zum Kernbereich privater Lebensgestaltung gehören.[12]

d) Der Standort des Merkmals „unbefugt" im System der Strafbarkeitsvoraussetzungen des § 201a Abs. 1 Nr. 1 StGB ist nicht einheitlich zu bestimmen. Je nachdem, durch welche Umstände die Unbefugtheit ausgeschlossen wird, kann der objektive Tatbestand oder die Rechtswidrigkeit betroffen sein.[13] Eine mit Einverständnis des Betroffenen hergestellte Bildaufnahme verletzt das geschützte

---

[6] MK-*Graf*, § 201a Rn. 67; krit. *Fischer*, § 201a Rn. 7.
[7] *Rengier*, BT II, § 31 Rn. 15; *Schönke/Schröder/Lenckner/Eisele*, § 201a Rn. 10.
[8] SSW-*Bosch*, § 201a Rn. 1.
[9] SSW-*Bosch*, § 201a Rn. 13; a.A. *Eisele*, BT I, Rn. 711; ebenso *Lackner/Kühl*, § 201a Rn. 3.
[10] *Zöller*, FS Wolter, 2013, S. 679 (695).
[11] Geändert durch Gesetz vom 17.08.2017, vgl. *Meyer-Goßner/Schmitt*, § 100d Rn. 1.
[12] *Meyer-Goßner/Schmitt*, § 100d Rn. 16.
[13] SSW-*Bosch*, § 201a Rn. 23: Doppelfunktion; a.A. *Zöller*, FS Wolter, 2013, S. 679 (688): überflüssiger Hinweis auf das Erfordernis der Rechtfertigungsprüfung; ebenso SK-*Hoyer*, § 201a Rn. 23.

Rechtsgut nicht und erfüllt daher nicht den objektiven Tatbestand.[14] Entfällt dagegen die Unbefugtheit, weil ein überwiegendes Interesse für die Zulässigkeit des Eingriffs in das Recht am eigenen Bild spricht, ist die Tat zwar tatbestandsmäßig, aber gerechtfertigt. Hier war F mit der heimlich gemachten Bildaufnahme der S nicht einverstanden. Ein Tatbestandsausschluss wegen mangelnder Unbefugtheit kommt deshalb nicht in Betracht.

2. Subjektiver Tatbestand
S handelte vorsätzlich, § 15 StGB.

3. Rechtswidrigkeit
Die Tat des S ist nicht „unbefugt" , wenn die Voraussetzungen eines Rechtfertigungsgrundes erfüllt sind.

a) Eine Rechtfertigung durch Notwehr in der Form der Nothilfe (§ 32 StGB) ist nicht begründet. Zwar steht die Tat im Zusammenhang mit einem gegenwärtigen rechtswidrigen Angriff auf die Freiheit der F, an dem M beteiligt ist. Auch ist die Herstellung der Bildaufnahme eine Handlung, die geeignet ist, den Dauerangriff auf die Freiheit der F abzuwenden. Dies wurde durch die alsbaldige Befreiung der F, bei der die von S gemachte Aufnahme die Arbeit der Polizei unterstützte, bestätigt. Aber Notwehr rechtfertigt nur Eingriffe in Rechtsgüter des Angreifers, nicht dagegen Eingriffe in Rechtsgüter unbeteiligter Dritter.[15] Hier ist die Aufnahme ein tatbestandsmäßiger Eingriff in das Recht am eigenen Bild nur gegenüber F, nicht gegenüber M (s. o. 1 c). Im Verhältnis zu F hat die Herstellung der Bildaufnahme keine Verteidigungsqualität.[16] Weiterhin fehlt es bei Anfertigung des Bildes am erforderlichen subjektiven Rechtfertigungselement.

b) Die Herstellung der Bildaufnahme der F könnte durch mutmaßliche Einwilligung gerechtfertigt sein.[17] Die mutmaßliche Einwilligung ist ein gewohnheitsrechtlich anerkannter übergesetzlicher Rechtfertigungsgrund.[18] Dieser Rechtfertigungsgrund ist ein Surrogat der Einwilligung und kommt zur Geltung, wenn eine tatsächliche Einwilligung faktisch nicht möglich ist, die Umstände der Tat aber die Mutmaßung stützen, dass der Rechtsgutsinhaber eingewilligt hätte, wenn er dazu in der Lage gewesen wäre. Sofern ein Zuwarten bis zur Wiederherstellung der Einwilligungsfähigkeit des Rechtsgutsinhabers nicht tunlich ist, darf der Täter auf der Basis der begründet vermuteten Einwilligung die Tat begehen. Hier konnte F zu den Bildaufnahmen des S nicht Stellung nehmen. Die Herbeiführung einer Willenskundgabe

---

[14] *Fischer*, § 201a Rn. 30; SSW-*Bosch*, § 201a Rn. 23.

[15] *Baumann/Weber/Mitsch/Eisele,* § 15 Rn. 32; *Gropp*, AT, § 5 Rn. 193.

[16] *Korte*, Der Strafbefreiungsgrund der Zustimmung im Falle von Beeinträchtigungen der Intimsphäre, 2013, S. 28.

[17] Wenn der Rechtfertigungsgrund mutmaßliche Einwilligung greift, braucht eine Rechtfertigung durch Notstand (§ 34 StGB) nicht mehr erörtert zu werden, *Rengier*, AT, § 19 Rn. 3; § 23 Rn. 5. Vgl. aber Fall 14 Fußnote 33.

[18] *Baumann/Weber/Mitsch/Eisele,* § 15 Rn. 147; *B. Heinrich*, AT, Rn. 474; LK-*Rönnau*, vor § 32 Rn. 59; *Wessels/Beulke/Satzger*, Rn. 569.

wäre frühestens nach ihrer Befreiung wieder möglich gewesen. Eine Willensbildung unter Berücksichtigung der Chance, mit Hilfe der Aufnahmen die kriminelle Entführungsaktion alsbald erfolgreich durchkreuzen zu können, wäre sinnvollerweise aber so früh wie möglich im Anfangsstadium der Entführung geboten gewesen. Da diese Willensbildung nicht möglich war,[19] musste auf den mutmaßlichen Willen der F abgestellt werden. Individuelle Indizien einer bestimmten Willensrichtung in Bezug auf den Entscheidungsgegenstand sind nicht ersichtlich. Daher darf das mutmaßliche Interesse, das ein durchschnittlicher Bürger in der Lage der F hätte, dem mutmaßlichen Willen der F gleichgesetzt werden.[20] Dieses Interesse wäre darauf gerichtet, die Aufnahme herzustellen und mit ihrer Hilfe eine möglichst schnelle Befreiungsaktion der Polizei zu fördern. Das Interesse umfasst durchaus auch dann die Abbildung der F, wenn man die Alternative einer Abbildung in Rechnung stellt, auf der nur M zu sehen ist. Denn eine Abbildung, die sowohl M als auch F in der Wohnung der F zeigt, wird der Polizei stärker als eine nur M allein zeigende Abbildung die Überzeugung verschaffen, dass M mit der Entführung der F etwas zu tun hat.

Die objektiven Voraussetzungen einer rechtfertigenden mutmaßlichen Einwilligung liegen also vor. Indessen ist nach der Lehre von den Rechtfertigungsgründen bei jedem Rechtfertigungsgrund auch ein subjektives Rechtfertigungselement notwendig. Dieses beinhaltet zumindest die Kenntnis von den objektiven rechtfertigenden Tatsachen.[21] S müsste also bei der Herstellung der Bildaufnahmen die Tatsachen gekannt haben, aus denen sich die mutmaßliche Einwilligung der F ableiten lässt. Das aber ist nicht der Fall. S hatte weder von der Anwesenheit des M in der Wohnung der F noch von der Entführungsaktion etwas mitbekommen, als er die Bildaufnahmen machte. Erst nachträglich hat er davon Kenntnis erlangt. Somit sind die Voraussetzungen der rechtfertigenden mutmaßlichen Einwilligung nicht vollständig erfüllt. Allerdings hat die Erfüllung der objektiven Rechtfertigungsmerkmale zur Folge, dass der Unrechtsgehalt der Tat reduziert ist. Da S sich nur vorstellte eine objektiv rechtswidrige Tat zu begehen, während er objektiv gerechtfertigt handelte, hat diese Tat denselben verminderten Grad an Strafwürdigkeit wie ein untauglicher Versuch. Nach h.M. lässt die Erfüllung der objektiven Rechtfertigungsvoraussetzungen das Vollendungsunrecht entfallen. Das verbleibende „Rest-Unrecht" genügt für eine Strafbarkeit wegen Versuchs.[22] Da aber der Versuch des Vergehens gem. § 201a Abs. 1 Nr. 1 StGB nicht mit Strafe bedroht ist (vgl. § 23 Abs. 1 StGB), bleibt die Tat insgesamt straflos.

---

[19] Der vorliegende Fall ist daher eine Ausnahme von der Einschätzung bei MK-*Graf*, § 201a Rn. 84: „Die Annahme *mutmaßlicher Einwilligung* dürfte als Rechtfertigungsgrund im Rahmen des § 201a nur selten eingreifen, da nahezu in allen Situationen das rechtzeitige Einholen einer Einwilligung der abgelichteten Person möglich und zumutbar ist."
[20] *Baumann/Weber/Mitsch/Eisele*, § 15 Rn. 154; *B. Heinrich*, AT, Rn. 477.
[21] *B. Heinrich*, AT, Rn. 325.
[22] LK-*Rönnau*, vor § 32 Rn. 90.

4. Ergebnis
S hat sich nicht aus § 201a Abs. 1 Nr. 1 StGB strafbar gemacht.

II. Verletzung des höchstpersönlichen Lebensbereichs durch Bildaufnahmen, § 201a Abs. 1 Nr. 3 StGB
S könnte sich gemäß § 201a Abs. 1 Nr. 3 StGB strafbar gemacht haben, indem er das angefertigte Foto seinem Freund P überreichte.

1. Objektiver Tatbestand
Das Foto ist eine Bildaufnahme, die durch eine Tat hergestellt worden ist, welche den objektiven Tatbestand des § 201a Abs. 1 Nr. 1 StGB erfüllt. Fraglich ist allerdings, ob die Verweisung auf Nr. 1 auch die Strafbarkeitsvoraussetzung „unbefugt" umfasst. Der Wortlaut des § 201a Abs. 1 Nr. 3 StGB ist insoweit nicht eindeutig. Jedoch ergibt sich im Umkehrschluss aus § 201a Abs. 1 Nr. 4 StGB, wo als Tatobjekt ausdrücklich eine „befugt hergestellte Bildaufnahme" genannt ist, dass § 201a Abs. 1 Nr. 3 StGB sich ausschließlich auf unbefugt hergestellte Aufnahmen bezieht.[23] Hier ist fraglich, ob das von S angefertigte Foto „unbefugt" hergestellt worden ist. Denn – wie oben festgestellt – erfüllte der Herstellungsakt die objektiven Voraussetzungen des Rechtfertigungsgrundes „mutmaßliche Einwilligung". Daher stellt sich die Frage, ob von einer unbefugt hergestellten Aufnahme deswegen ausgegangen werden muss, weil S bei der Herstellung das subjektive Rechtfertigungselement nicht erfüllte. Dafür könnte sprechen, dass S mit seiner Tat immerhin das Unrecht eines Versuchs begründet hatte. Dass dieser Versuch gesetzlich nicht mit Strafe bedroht ist, berührt die Unrechtsqualität der Tat nicht. Indessen hat dieses Unrecht nur das Format eines untauglichen Versuchs, woraus schon ersichtlich ist, dass der Erfolg, den S mit seinem Handeln verursachte, von der Rechtsordnung nicht negativ bewertet wird. Das aus der Tat hervorgegangene Foto ist mit keinem Makel behaftet, im Gegenteil: gerade weil es ein mögliches Instrument einer erfolgreichen Polizeiaktion zur Befreiung der entführten F ist, wird schon seine Anfertigung als Handlung bewertet, die zwar von einer zu missbilligenden inneren Einstellung getragen ist, aber ein sozialnützliches Ergebnis hervorgebracht hat. Da die Strafbarkeit nach § 201a Abs. 1 Nr. 3 StGB vernünftigerweise voraussetzen muss, dass das Foto gerade im Zeitpunkt seines Gebrauchs bzw. Zugänglichmachens noch den aus dem Herstellungsakt resultierenden Makel aufweist, kann die Unbefugtheit nicht von der Erfüllung oder Nichterfüllung des subjektiven Rechtfertigungselements abhängen. Denn dieser Umstand beschränkt sich auf die Herstellungstat und hat keine darüber hinausreichende Folgewirkungen, die dem Foto auch in anderen Handlungskontexten noch anhaften. Ein Foto, das Tatobjekt des in § 201a Abs. 1 Nr. 3 StGB normierten Vergehens ist, ist also nicht unbefugt hergestellt worden, wenn bei der Herstellungstat die objektiven Voraussetzungen eines Rechtfertigungsgrundes erfüllt waren.

---

[23] *Fischer*, § 201a Rn. 14; *Kächele*, Der strafrechtliche Schutz vor unbefugten Bildaufnahmen, S. 176; *Lackner/Kühl*, § 201a Rn. 6; SSW-*Bosch*, § 201a Rn. 16, 20; *Zöller*, FS Wolter, 2013, S. 679 (688).

2. Ergebnis
S hat sich nicht aus § 201a Abs. 1 Nr. 3 StGB strafbar gemacht.

III. Verletzung des höchstpersönlichen Lebensbereichs durch Bildaufnahmen, § 201a Abs. 1 Nr. 4 StGB
S könnte sich aus § 201a Abs. 1 Nr. 4 StGB strafbar gemacht haben, indem er das angefertigte Foto seinem Freund P überreichte.

1. Objektiver Tatbestand
a) Das Foto, auf dem die schlafende F und der Mann im Spiegel abgebildet sind, ist eine befugt hergestellte Bildaufnahme (s. o. II. 1). Nach überzeugender Ansicht handelt es sich bei dem Merkmal der Unbefugtheit im Rahmen des § 201a Abs. 1 Nr. 4 StGB um ein objektives Tatbestandsmerkmal.[24]

b) Indem S das Foto dem P aushändigte, machte er diese Bildaufnahme einem Dritten zugänglich.

c) Da die Herstellung der Aufnahme den höchstpersönlichen Lebensbereich der F verletzte (s. o. I 1c), hat auch das Zugänglichmachen diesen Verletzungseffekt.

d) F hatte in die Weitergabe des Fotos an P nicht eingewilligt.

2. Subjektiver Tatbestand
a) S handelte bezüglich der objektiv tatbestandsmäßigen Umstände vorsätzlich, § 15 StGB.

b) Darüber hinaus wusste S auch, dass er zur Weitergabe des Fotos an P keine auf einer Einwilligung der F beruhende Befugnis hatte. Er handelte also insoweit „wissentlich" unbefugt.[25] Unberührt davon bleibt die Möglichkeit, die Unbefugtheit auf der Rechtswidrigkeitsebene durch einen allgemeinen Rechtfertigungsgrund auszuschließen (dazu sogleich).

3. Rechtswidrigkeit
Die Tat könnte durch mutmaßliche Einwilligung der F gerechtfertigt sein. Die Gründe, die bereits in Bezug auf die Herstellung der Aufnahme der Annahme einer mutmaßlichen Zustimmung der F Rückhalt geben (s. o. I 3 b), liegen bezüglich der Weitergabe des Fotos auch und erst recht vor. Denn dadurch wurde die Chance einer alsbaldigen Befreiung erhöht. Bedenken könnten sich allerdings aus zwei Richtungen ergeben: zur Unterstützung der polizeilichen Befreiungsaktion wäre eine unmittelbare Weitergabe an die Polizei effektiver gewesen, die Zwischenschaltung des P demgegenüber überflüssig, wenn nicht sogar hinderlich. Da S jedoch unüberwindliche Hemmungen hatte sich selbst an die Polizei zu wenden, lag der von S gewählte Weg über P auch im Interesse der F. Denn anderenfalls wäre der Polizei das Foto überhaupt nicht zur Verfügung gestellt und die Befreiung der F daher möglicherweise gescheitert. Der andere Einwand gegen eine mutmaßliche Einwilligung betrifft das Format des Fotos, das S an P und die Polizei weitergab: zur Identifizierung

---
[24] *Lackner/Kühl*, § 201a Rn. 8; *Rengier*, BT II, § 31 Rn. 19.
[25] *Fischer*, § 201a Rn. 29.

des Entführers M hätte es genügt, den Bildausschnitt mit dem Spiegel und dem Spiegelbild des M der Polizei zur Verfügung zu stellen. S hätte also vorher den Teil des Fotos, der die schlafende F zeigt, abschneiden können. Andererseits wäre der Polizei durch das „halbe" Foto der Zusammenhang zwischen der Entführung der F und der Mittäterschaft des M an der Entführung nicht hinreichend eindringlich vor Augen geführt worden. Zur Auslösung einer polizeilichen Verfolgung, die sich von Anfang an gezielt gegen M richtet, war die Übergabe des vollständigen Fotos hilfreich. Daher liegen die objektiven Voraussetzungen einer mutmaßlichen Einwilligung der F vor.[26] Anders als beim Herstellungsakt (oben I 3 b) erfüllt S bei der Übergabe des Fotos an P das erforderliche subjektive Rechtfertigungselement. Daher ist seine Tat gerechtfertigt.

4. Ergebnis
S hat sich nicht aus § 201a Abs. 1 Nr. 4 StGB strafbar gemacht.

IV. § 33 Abs. 1 iVm § 22 KUG
Durch dieselbe Tathandlung könnte sich S nach §§ 22, 33 Abs. 1 KUG strafbar gemacht haben.

1. Objektiver Tatbestand
a) Das Foto, auf dem F sowie M im Spiegel zu sehen sind, ist ein Bildnis.
  b) Indem S das Foto an P weitergegeben hat, hat er das Bildnis verbreitet. Ausreichend ist dafür die Weitergabe an eine Person.[27]
  c) Weder F noch M hat in die Verbreitung des Bildnisses eingewilligt.[28]

2. Subjektiver Tatbestand
S handelte vorsätzlich, § 15 StGB.

3. Rechtswidrigkeit
a) Soweit durch die Tat M betroffen ist, könnte der Rechtfertigungsgrund Notwehrhilfe eingreifen, § 32 StGB.[29] Die Entführung der F ist ein Angriff auf ihre Freiheit. M ist an diesem Angriff als Mittäter beteiligt. Der Angriff ist rechtswidrig und gegenwärtig. Da Entführung und Freiheitsberaubung Dauerdelikte sind, ist der Angriff bis zur Befreiung der F und somit während des Verbreitens gegenwärtig. Da die Tat ein Rechtsgut des M betrifft und geeignet ist, die Befreiung der F zu fördern, ist sie eine Verteidigung. In Bezug auf F hat die Tat indessen keine Verteidigungsqualität (s. o. I 3 a). Da dem S keine anderen Mittel zur Unterstützung der

---

[26] *Korte*, Der Strafbefreiungsgrund der Zustimmung, S. 204.
[27] *Dreier/Schulze-Specht*, § 22 KUG Rn. 9.
[28] Bei dem Delikt der §§ 22, 33 KUG hat die Einwilligung bereits tatbestandsausschließende Wirkung, vgl. *Eisele*, Computer- und Medienstrafrecht, 7. Kap. Rn. 31.
[29] Dass Eingriffe in das Recht am eigenen Bild durch Notwehr(hilfe) gerechtfertigt sein können, ist im Kontext des § 201a anerkannt, vgl. SK-*Hoyer*, § 201a Rn. 25. Für §§ 22, 33 KUG kann daher nichts anderes gelten.

polizeilichen Befreiungsaktion zur Verfügung standen, war die Tat eine erforderliche Verteidigung. Umstände, die der Gebotenheit der Notwehr entgegenstehen könnten, sind nicht ersichtlich. S erfüllte das subjektive Rechtfertigungselement. In Bezug auf M ist seine Tat gem. § 32 StGB gerechtfertigt.

Da S das Foto letztlich der Polizei zur Verfügung gestellt hat, kann der in § 24 KUG normierte Rechtfertigungsgrund insoweit herangezogen werden, als die Verbreitung darin besteht, dass Polizeibeamte das Foto betrachten konnten.

b) Soweit durch die Tat des S das Recht der F an ihrem eigenen Bild betroffen ist, greift der Rechtfertigungsgrund mutmaßliche Einwilligung ein (s. o. I 3 b).

4. Ergebnis
S hat sich nicht aus § 33 Abs. 1 iVm § 22 Abs. 1 KUG strafbar gemacht.

V. Üble Nachrede, § 186 StGB
Durch dieselbe Tathandlung könnte sich S gemäß § 186 StGB strafbar gemacht haben.

1. Objektiver Tatbestand
a) Indem S das Foto an P weitergegeben hat, behauptete er in Bezug auf M, dass dieser sich in der Wohnung der F unerlaubt aufgehalten hat und an der Entführung der F beteiligt war.

b) Die Tatsachen des unerlaubten Aufenthalts in der Wohnung der F und der Beteiligung an der Entführung der F sind geeignet, den M verächtlich zu machen und in der öffentlichen Meinung herabzuwürdigen.

c) Der Wahrheitsgehalt der Tatsachenbehauptung ist kein Bestandteil des objektiven Tatbestands.[30]

d) Durch die Weitergabe an P hat S das qualifizierende Merkmal „durch Verbreiten von Schriften" nicht erfüllt. Allerdings sollte P das Foto der Polizei zur Verfügung stellen. Damit zielte die Handlung darauf ab, die Zurkenntnisnahme des Behauptungsinhalts durch einen größeren Personenkreis zu ermöglichen. Dies erfüllt das Merkmal „verbreiten".[31] Das Foto ist als „Bildträger" eine „Schrift" iSd § 11 Abs. 3 StGB.[32]

2. Subjektiver Tatbestand
S handelte vorsätzlich, § 15 StGB.

3. Rechtswidrigkeit
a) Ebenso wie das Verbreiten des Bildnisses gem. § 33 Abs. 1 iVm § 22 KUG ist auch die üble Nachrede eine Handlung, die alle Voraussetzungen des Rechtfertigungsgrundes Notwehrhilfe (§ 32 StGB) erfüllt (s. o. IV 3 a).

---

[30] Vgl. die Aufbauschemata bei *Eisele*, BT I, Rn. 605; *dems.*, Computer- und Medienstrafrecht, 6. Kap. Rn. 82.
[31] *Eisele*, Computer- und Medienstrafrecht, 6. Kap. Rn. 86; *Fischer*, § 74d Rn. 4.
[32] *Fischer*, § 11 Rn. 35.

b) Darüber hinaus dient die Handlung des S auch der Wahrnehmung eines berechtigten Interesses und ist deshalb gem. § 193 StGB gerechtfertigt.[33]

4. Ergebnis
S hat sich nicht aus § 186 StGB strafbar gemacht.

Frage 2: Strafbarkeit des P

I. Verletzung des höchstpersönlichen Lebensbereichs durch Bildaufnahmen, § 201a Abs. 1 Nr. 1 StGB
Indem P von dem Foto, das S ihm übergab, eine Kopie anfertigte, könnte sich P aus § 201a Abs. 1 Nr. 1 StGB strafbar gemacht haben.

1. Objektiver Tatbestand
Produkt des Herstellungsvorgangs müsste eine Bildaufnahme einer Person sein. Dies trifft auf das von S hergestellte Original zu. Die von P angefertigte Kopie ist keine Bildaufnahme unmittelbar von der Person, sondern allenfalls eine „Bildaufnahme von der Bildaufnahme". In Bezug auf das Original erfüllt das Vervielfältigen nicht das Tatbestandsmerkmal „Herstellen". Denn das Kopieren ist nach allgemeiner Ansicht ein Fall des „Gebrauchens" iSd § 201a Abs. 1 Nr. 3 StGB.[34] P hat also den objektiven Tatbestand nicht erfüllt.

2. Ergebnis
P hat sich nicht aus § 201a Abs. 1 Nr. 1 StGB strafbar gemacht.

II. Verletzung des höchstpersönlichen Lebensbereichs durch Bildaufnahmen, § 201a Abs. 1 Nr. 3 StGB
Indem P von dem Foto, das S ihm übergab, eine Kopie anfertigte und diese an den „Abendkurier" schickte, könnte er sich gem. § 201a Abs. 1 Nr. 3 StGB strafbar gemacht haben.

1. Objektiver Tatbestand
a) Da das Foto, das S dem P übergab, befugt hergestellt worden war (s. o. Frage 1 II. 1.), ist es kein taugliches Tatobjekt.

b) Unbefugt war die Anfertigung der Kopie. Die Anfertigung der Kopie war weder auf Grund einer mutmaßlichen Einwilligung der F noch eines sonstigen Rechtfertigungsgrunds gestattet. Allerdings ist die Kopie keine „nach Nummer 1

---

[33] Die Strafbarkeit entfällt zudem, weil die behauptete Tatsache erweislich wahr und deshalb die objektive Strafbarkeitsbedingung nicht erfüllt ist; dazu *Eisele*, Computer- und Medienstrafrecht, 6. Kap. Rn. 85. Spätestens nach der Verurteilung des M wegen Hausfriedensbruchs und Beteiligung an der Entführung stünde dies unwiderleglich fest, vgl. § 190 S. 1 StGB.
[34] MK-*Graf*, § 201a Rn. 56; SK-*Hoyer*, § 201a Rn. 28; *Zöller*, FS Wolter, 2013, S. 679 (691).

hergestellte Bildaufnahme". Dieses Tatbestandsmerkmal erfüllt nur das von S hergestellte Original (s. o. I 1). Daher ist die Kopie kein taugliches Tatobjekt.

2. Ergebnis
P hat sich nicht aus § 201a Abs. 1 Nr. 3 StGB strafbar gemacht.

III. Verletzung des höchstpersönlichen Lebensbereichs durch Bildaufnahmen, § 201a Abs. 1 Nr. 4

Indem P die Kopie des von S erhaltenen Fotos an den „Abendkurier" schickte, könnte er sich aus § 201a Abs. 1 Nr. 4 StGB strafbar gemacht haben.

1. Objektiver Tatbestand
a) Tatobjekt müsste eine befugt hergestellte Bildaufnahme sein. Das trifft auf das Bild, das S dem P übergab, zu (s. o. Frage 1 II. 1.).

b) P müsste die Bildaufnahme einem Dritten zugänglich gemacht haben. Das setzt eine Handlung voraus, die es dem Dritten ermöglicht, die Aufnahme unmittelbar zu betrachten. Hier hat P den beim „Abendkurier" tätigen Personen die von dem Foto angefertigte Kopie zugänglich gemacht. Fraglich ist, ob die Kopie der Bildaufnahme von einer Person ihrerseits eine Bildaufnahme von dieser Person ist. In der Literatur wird das Thema kaum erörtert. Dem Wortlaut des Gesetzes ist keine eindeutige Festlegung zu entnehmen. Der Schutzzweck der Strafvorschrift spricht für die Einbeziehung von Kopien. Jedenfalls dann, wenn die Kopie so starke Ähnlichkeit mit dem Original hat, dass durch unbefugten Umgang mit der Kopie der höchstpersönliche Lebensbereich ebenso verletzt werden kann, wie durch den Umgang mit dem Original, ist die Kopie ein taugliches Tatobjekt.[35] Die Weitergabe einer Kopie ist unter dieser Voraussetzung Zugänglichmachen der hergestellten Bildaufnahme. Der Verkauf der Bildaufnahme an die Redaktion der Zeitung war unbefugt.

2. Subjektiver Tatbestand
P handelte vorsätzlich, § 15 StGB. Dass er kein Recht hatte, die Bildaufnahme jemand anderem als der Polizei zugänglich zu machen, wußte P. Er handelte somit bezüglich der Unbefugtheit wissentlich.

3. Rechtswidrigkeit
Die Tat war nicht gerechtfertigt.

4. Schuld
P handelte schuldhaft.

5. Ergebnis
P hat sich aus § 201a Abs. 1 Nr. 4 StGB strafbar gemacht.

---

[35] *Schmitz*, Strafrechtlicher Schutz vor Bild- und Wortaufnahmen, S. 49; a.A. SK-*Hoyer*, § 201 a Rn. 29.

IV. § 33 Abs. 1 iVm § 22 KUG

Indem P die Kopie des von S erhaltenen Fotos an den „Abendkurier" schickte, könnte er sich aus § 33 Abs. 1 iVm § 22 KUG strafbar gemacht haben.

1. Objektiver Tatbestand

a) Die Kopie von dem Foto ist ein Bildnis der F und des M. Die erforderliche Erkennbarkeit[36] der beiden Personen ist gegeben.

b) Indem P die Kopie an den „Abendkurier" sandte, hat er das Bildnis der F und des M verbreitet.

c) Weder F noch M hat in die Verbreitung eingewilligt.

2. Subjektiver Tatbestand

P handelte vorsätzlich, § 15 StGB.

3. Rechtswidrigkeit

Die Tat ist nicht gerechtfertigt. Insbesondere ist F als Opfer des Entführungsverbrechens nicht ohne weiteres eine „Person der Zeitgeschichte" iSd § 23 Abs. 1 Nr. 1 KUG. Zudem würde diese Kategorisierung nach neuer Rechtslage die Tat nicht per se rechtfertigen.[37] Ausschlaggebend ist, dass es kein hinreichendes Interesse gibt, das Opfer einer Straftat mittels einer Abbildung aus dem höchstpersönlichen Lebensbereich öffentlich zur Schau zu stellen.[38] In Bezug auf M gilt entsprechendes. Da die Polizei die F bereits befreit und die Täter ermittelt hat, besteht auch keine Notwendigkeit zur Einbeziehung der Öffentlichkeit in die Suche nach den Tatverdächtigen mehr.

4. Schuld

P hat schuldhaft gehandelt.

5. Ergebnis

P hat sich aus § 33 Abs. 1 iVm § 22 KUG strafbar gemacht.

V. Üble Nachrede, § 186 StGB

P könnte sich durch die Weitergabe der Kopie aus § 186 StGB strafbar gemacht haben.

1. Objektiver Tatbestand

Die Weitergabe der den M in der Wohnung der F darstellenden Abbildung mit der Bildunterschrift enthält die Behauptung, M habe sich unerlaubt in der Wohnung der F aufgehalten und an der Entführung der F mitgewirkt (s. o. Frage 1 V. 1. a). Diese Behauptung ist geeignet, den M in der öffentlichen Meinung herabzuwürdigen.

---

[36] *Dreier/Schulze-Specht*, § 22 KUG Rn. 3.

[37] *Dreier/Schulze-Specht*, § 23 Rn. 10 ff.

[38] *Beater*, Medienrecht, Rn. 1392 f.

Dass die Behauptung wahr ist, steht der objektiven Tatbestandsmäßigkeit nicht entgegen.

2. Nichterweislichkeit der Wahrheit
Nachdem die Polizei die Entführer ermittelt und die F befreit hat, ist anzunehmen, dass die Wahrheit der von P aufgestellten Behauptung erwiesen ist bzw. bewiesen werden kann. Letztendlich ist zu erwarten, dass der Ausgang des Strafverfahrens gegen M die Voraussetzungen des § 190 S. 1 StGB herbeiführen wird. Daher ist die objektive Bedingung der Strafbarkeit nicht erfüllt.

3. Ergebnis
P hat sich nicht aus § 186 StGB strafbar gemacht.

VI. Unerlaubte Eingriffe in verwandte Schutzrechte, § 108 Abs. 1 Nr. 3 UrhG
P könnte sich durch die Weitergabe der Kopie aus § 108 Abs. 1 Nr. 3 UrhG strafbar gemacht haben.

1. Objektiver Tatbestand
a) Das Foto, das S dem P gegeben hat, ist ein Lichtbild iSd § 72 UrhG. Werkqualität iSd § 2 Abs. 2 UrhG braucht das Lichtbild nicht zu haben.[39]

b) Indem P das Foto kopierte, hat er es vervielfältigt.[40]

c) Berechtigter iSd § 108 Abs. 1 UrhG ist S, da er Lichtbildner iSd § 72 Abs. 2 UrhG ist.[41]

d) S hat in die Vervielfältigung des Fotos nicht eingewilligt. Es liegt auch kein gesetzlich zugelassener Fall vor.

2. Subjektiver Tatbestand
P handelte vorsätzlich, § 15 StGB.

3. Rechtswidrigkeit
Die Tat ist nicht gerechtfertigt.

4. Schuld
P handelte schuldhaft.

5. Ergebnis
P hat sich aus § 108 Abs. 1 Nr. 3 UrhG strafbar gemacht.

---

[39] *Dreier/Schulze-Schulze*, § 72 Rn. 3.
[40] *Dreier/Schulze-Dreier*, § 108 Rn. 5; *Dreier/Schulze-Schulze*, § 16 Rn. 6.
[41] *Dreier/Schulze-Dreier*, § 108 Rn. 4; *Dreier/Schulze-Schulze*, § 72 Rn. 33.

VII. Ergebnis

P hat sich aus § 201a Abs. 1 Nr. 4 StGB, aus § 33 Abs. 1 iVm § 22 Abs. 1 KUG und aus § 108 Abs. 1 Nr. 3 UrhG strafbar gemacht. Die Delikte stehen im Konkurrenzverhältnis der Tatmehrheit, § 53 StGB.

Frage 3: Ausschreibung zur Festnahme

§ 131 Abs. 2, Abs. 3, Abs. 4 StPO

Zum Zwecke der Festnahme des M könnte eine Öffentlichkeitsfahndung unter Verwendung der Abbildung des M gem. § 131 Abs. 3 S. 1 StPO zulässig sein. Diese Befugnisnorm regelt die Voraussetzungen, unter denen der Eingriff in das Persönlichkeitsrecht der Person zulässig ist, um deren Aufenthaltsermittlung es geht. Der Eingriff in die urheberrechtlich geschützte Rechtsposition des S als Lichtbildner (§ 72 UrhG) ist auf Grund der von S erteilten Einwilligung gerechtfertigt.[42] Die strafprozessrechtliche Erheblichkeit der Einwilligung ist im Gesetz nur punktuell expliziert (z. B. §§ 81a Abs. 1 S. 2, 81c Abs. 1 StPO), gilt aber generell. Insoweit bedarf es im Verhältnis zu S keiner weiteren gesetzlichen Eingriffsgrundlage.

1. Öffentlichkeitsfahndung, § 131 Abs. 3 S. 1

§ 131 Abs. 3 S. 1 StPO ist eine Rechtsgrundlage für die Veranlassung einer Öffentlichkeitsfahndung. Dabei werden die den M betreffenden Informationen iSd § 131 Abs. 4 StPO, die für erfolgreiche Aufenthaltsermittlung und Festnahme erforderlich sind, einem offenen, potenziell unbegrenzten Kreis von Personen bekanntgegeben.[43]

2. Voraussetzungen des § 131 Abs. 1, 2

Die Öffentlichkeitsfahndung ist unter den Voraussetzungen des § 131 Abs. 1 und Abs. 2 StPO zulässig. Da gegen M kein Haftbefehl vorliegt, kommt nur § 131 Abs. 2 StPO in Betracht. Es müssten also die Voraussetzungen für den Erlass eines Haftbefehls gegen M gem. § 112 StPO vorliegen. Auf Grund der Informationen, die den Strafverfolgungsbehörden vorliegen, ist M dringend verdächtig, an der Entführung der F beteiligt zu sein, § 112 Abs. 1 S. 1 StPO. Da der aktuelle Aufenthaltsort des M unbekannt ist, spricht einiges für das Vorliegen des Haftgrundes Flucht (§ 112 Abs. 2 Nr. 1 StPO),[44] zumindest ist – auch angesichts der Schwere des strafrechtlichen Vorwurfs[45] – von Fluchtgefahr (§ 112 Abs. 2 Nr. 2 StPO) auszugehen. Da der Tatverdacht ein schweres Verbrechen betrifft, ist die Untersuchungshaft nicht unverhältnismäßig. Der Erlass eines Haftbefehls kann nicht ohne Gefährdung des Fahndungserfolges abgewartet werden.

---

[42] *Dreier/Schulze-Dreier*, § 108 Rn. 4.
[43] MKStPO-*Gerhold*, § 131 Rn. 11.
[44] *Meyer-Goßner/Schmitt*, § 112 Rn. 13 ff.
[45] Zu diesem Kriterium vgl. *Meyer-Goßner/Schmitt*, § 112 Rn. 23 ff.

3. Straftat von erheblicher Bedeutung

Das Merkmal „Straftat von erheblicher Bedeutung" ist in § 131 Abs. 3 StPO anders als z. B. in § 98a Abs. 1 StPO oder § 100a Abs. 2 StPO nicht auf einen abgeschlossenen Katalog von Straftatbeständen festgelegt. Dieser Katalog gibt aber Orientierung für die Auslegung des Begriffs im konkreten Einzelfall. Der Tatverdacht gegen M umfasst die Straftatbestände Freiheitsberaubung mit Todesfolge (§ 239 Abs. 4 StGB) und Erpresserischer Menschenraub mit Todesfolge (§ 239a Abs. 3 StGB). Erpresserischer Menschenraub erfüllt schon auf der grundtatbestandlichen Ebene die Voraussetzung einer abstrakt schweren Straftat, vgl. § 98a Abs. 1 Nr. 4 StPO, § 100a Abs. 2 Nr. 1 i StPO. Das Hinzutreten der qualifizierenden Todesfolge macht die Tat auch konkret zu einer Straftat von erheblicher Bedeutung.

4. Erforderlichkeit

Da anzunehmen ist, dass ohne diese Form der Fahndung die Ermittlung des Aufenthaltsortes des M wesentlich schwieriger und mit geringerer Erfolgsaussicht verbunden wäre, ist die Öffentlichkeitsfahndung erforderlich.

5. Beifügung einer Abbildung

Die Beifügung einer Abbildung ist gem. § 131 Abs. 4 S. 1 StPO zulässig.

Frage 4

I. § 131 Abs. 3, 4 StPO

Wie oben festgestellt wurde, sind die Voraussetzungen einer gegen M gerichteten Öffentlichkeitsfahndung einschließlich der Benutzung einer Abbildung des M erfüllt. Damit steht fest, dass der in dieser Form der öffentlichen Fahndung liegende Eingriff in das Persönlichkeitsrecht des M eine gesetzliche Grundlage hat. Bei der Beschlagnahme des Smartphones geht es indessen nicht um einen Eingriff in das Persönlichkeitsrecht des M, sondern um einen Eingriff in das Eigentum und den Gewahrsam der A an dem zu beschlagnahmenden Gegenstand. Dieses Eingriffsobjekt ist nicht Regelungsgegenstand des § 131 StPO. Da die von der Fahndung betroffene Person nicht unbedingt mit dem Eigentümer der Abbildung identisch sein muss, lässt sich aus § 131 Abs. 4 StPO auch keine Annex-Befugnis zur Beschaffung des die Abbildung tragenden Mediums herleiten.

II. § 94 Abs. 1, 2 StPO

Die Beschlagnahme des Smartphones könnte gem. § 94 Abs. 1, 2 StPO zulässig sein.

1. Gegenstand

Mit dem weiten Begriff „Gegenstand" erfasst § 94 StPO nicht nur – bewegliche und unbewegliche – Sachen iSd § 90 BGB, sondern auch andere körperliche Objekte.[46] Das Smartphone ist eine bewegliche Sache und damit ein Gegenstand.

2. Beweismittel

Das Smartphone müsste in dem Verfahren, in dem die Beschlagnahme stattfinden soll, „als Beweismittel für die Untersuchung von Bedeutung sein", § 94 Abs. 1 StPO. Die Beschlagnahme müsste also den Zweck haben, Verfahrensvorgänge zu unterstützen, in denen das Smartphone die Funktion eines Beweismittels haben könnte. Die Art der Verwendung, der das Smartphones zugeführt werden soll, müsste dem Begriff „Beweis" unterfallen. Beweis ist ein kommunikativer Vorgang, bei dem jemandem die Überzeugung verschafft werden soll, dass eine bestimmte Behauptung wahr ist.[47] Im Strafverfahren dient der Bewies in erster Linie der richterlichen Überzeugungsbildung in Bezug auf Tatsachen, die materiell-strafrechtliche Voraussetzungen der Strafbarkeit des Angeklagten sind. Darüber hinaus kann ein Beweis auch erforderlich sein, um das Vorliegen prozessrechtlich relevanter Tatsachen zu belegen, z. B. die rechtzeitige Stellung eines Strafantrages, die Voraussetzungen eines Zeugnisverweigerungsrechts oder eines Beweisverwertungsverbotes.[48] Wird die Abbildung einer Person im Rahmen einer Öffentlichkeitsfahndung gem. § 131 Abs. 4 StPO verwendet, geht es nicht darum, jemand anderen davon zu überzeugen, dass eine bestimmte Person so aussieht, wie es die Abbildung darstellt. Zweck der Bildverwendung ist die Ermöglichung des Erkennens der gesuchten Person in der Wirklichkeit durch Vergleich von realen Personen mit der Abbildung. Der Zusammenhang mit dem Strafverfahren gegen die abgebildete Person wird durch die erstrebte Ermittlung des Aufenthaltsortes und dadurch ermöglichte Ergreifung des Gesuchten hergestellt. Die Abbildung ist daher für das Verfahren von Bedeutung. Damit ist aber nicht gesagt, dass es sich um eine Bedeutung „als Beweismittel" handelt. Diese Bedeutung hätte die Abbildung nur, wenn ohne das, was mit ihr bewiesen werden soll, eine bestimmte *rechtliche* Folge nicht eintreten könnte. Das ist hier aber nicht der Fall. Zweck der Verwendung des Bildes ist lediglich die Herbeiführung einer *tatsächlichen* Folge, nämlich dass jemand die abgebildete Person in der Wirklichkeit wiedererkennt und den Strafverfolgungsbehörden einen zur Ergreifung der Person führenden Hinweis gibt. Dass Maßnahmen zur Ermittlung des Aufenthaltsortes und Ergreifung des Tatverdächtigen etwas anderes sind als Beweisen, verdeutlicht die Differenzierung, die § 102 StPO und § 103 StPO hinsichtlich relevanter Durchsuchungszwecke vornimmt: in § 102 StPO wird zwischen „Auffindung von Beweismitteln" und „Ergreifung" einer Person unterschieden. Auch in § 103 StPO wird der Ergreifungszweck von den anderen zulässigen Durchsuchungszwecken, die Konkretisierungen der Beweismittelfindung

---

[46] *Meyer-Goßner/Schmitt*, § 94 Rn. 5; MKStPO-*Hauschild*, § 94 Rn. 12; Satzger/Schluckebier/Widmaier-*Eschelbach*, § 94 Rn. 6.
[47] MKStPO-*Hauschild*, § 94 Rn. 15.
[48] Satzger/Schluckebier/Widmaier-*Eschelbach*, § 94 Rn. 16.

sind,[49] getrennt. Daraus kann man nur schließen, dass die Hinweisgebung zum Zwecke der Auffindung und Ergreifung des Beschuldigten kein „Beweis" ist und ein Gegenstand, der die Öffentlichkeit über das äußere Erscheinungsbild der gesuchten Person informiert, in diesem Kontext nicht die Funktion eines Beweismittels hat.[50]

III. Ergebnis
Für die Beschlagnahme des Smartphones der A gibt es keine gesetzliche Grundlage. Sie ist daher unzulässig.

---

[49] MKStPO-*Hauschild*, § 103 Rn. 9.
[50] Anders – aber ohne Begründung – MKStPO-*Hauschild*, § 94 Rn. 21: „Es genügt bereits, wenn der Beweisgegenstand für den Fortgang der Untersuchung bedeutsam sein könnte, bspw ... bei der Ermittlung des Aufenthaltsortes des gesuchten Beschuldigten ..."; ebenso LR-*Menges*, § 94 Rn. 29; SKStPO-*Wohlers*, § 94 Rn. 30.

Fall 16 Der schwule Journalist

Durchsuchung – Beschlagnahme – Zufallsfund – Zeugnisverweigerungsrecht –Beschlagnahmeverbot – Gefahr im Verzug

Der freie Journalist Jost (J) ist homosexuell und lebt mit seinem Lebensgefährten Leonhard (L) in einer Wohnung in München zusammen. Den Mietvertrag mit Vermieter Viktor (V) hat J allein geschlossen, die Kosten der gemeinsamen Haushaltsführung einschließlich der Mietzahlungen tragen J und L gemeinsam je zur Hälfte. L ist Biathlet und nimmt als Mitglied der deutschen Nationalmannschaft an der Biathlonweltmeisterschaft 2018 in Russland teil. Die dem L nach dem Wettkampf entnommene Dopingprobe hat ein positives Ergebnis. L gibt zu, vor dem Rennen ein Nahrungsergänzungsmittel verzehrt zu haben. Dieses enthält Substanzen, die auf der Doping-Liste stehen.

Der Leiter der deutschen Biathleten-Delegation telefoniert umgehend mit der Kriminalpolizei in München und schildert den Sachverhalt. Daraufhin begibt sich sofort ein Einsatzkommando der Polizei zu der Wohnung des L und des J. Dem die Tür öffnenden J erklären die Beamten, dass die Wohnung zu durchsuchen sei. Auf die Frage des J nach dem richterlichen Durchsuchungsbeschluss antwortet Kriminaloberkommissar Klotz (K): „Es besteht Gefahr im Verzug!" Damit gibt sich J nicht zufrieden. „Haben Sie denn wenigstens versucht, eine richterliche Entscheidung herbeizuführen?" fragt J den K. „Nein, wieso denn? Wenn Gefahr im Verzug besteht, braucht man keinen Richter zu kontaktieren", erwidert K. Die folgende Frage des J, wonach die Polizei denn suche, beantwortet K: „Nach Beweismitteln." J entgegnet: „Wenn Sie mir sagen, was genau Sie suchen, gebe ich es Ihnen heraus, sofern es sich in der Wohnung befindet. Dann können Sie sich die Sucherei sparen und bringen hier nicht alles durcheinander". K kann dem J aber nicht sagen, nach welchen Gegenständen genau gesucht wird. „Irgendetwas brauchbares werden wir schon finden", meint K.

Die Polizeibeamten durchsuchen die ganze Wohnung. Beweismittel, die einen Straftatverdacht gegen L begründen könnten, werden nicht gefunden. In dem von J allein genutzten Arbeitszimmer findet die Polizei aber auf dem Schreibtisch einen hochgefahrenen Laptop. Auf dem Bildschirm ist der Text einer von J empfangenen E-Mail zu sehen. Absender der Mail ist Robert (R), ein Kollege des J. In der Mail teilt R dem J mit, dass ihm ein hochrangiger Mitarbeiter des Bundeskriminalamts geheime Informationen über Erkenntnisse zugeleitet habe, die das Amt über den Bundestagsabgeordneten Bollermann (B) gesammelt habe. Danach stehe der B auf der Kundenliste eines moldawischen Kinderporno-Versandhandelsunternehmens. K weiß, dass die Staatsanwaltschaft gegen den Bundestagsabgeordneten B ein Ermittlungsverfahren wegen des Verdachts des Erwerbs und des Besitzes kinderpornografischer Schriften eingeleitet hat. Er hat von dem Gerücht gehört, wonach B incognito nach Moldawien geflogen sei und dort selbst 10- bis 12-jährige moldawische Jungen und Mädchen ausgesucht habe, die als Akteure in den pornografischen Filmen mitwirken sollten. Tatsachen, die einen entsprechenden Anfangsverdacht gegen B begründen könnten, liegen der Staatsanwaltschaft bislang nicht vor. K weiß, dass J vor kurzem für einige Tage nach Moldawien geflogen war. Daher vermutet K, dass J vor Ort eigene Recherchen über die Produktion kinderpornografischer Filme angestellt hat. K hält es deshalb für möglich, dass J in Moldawien Interviews geführt und dabei Informationen erlangt hat, die belegen, dass B nicht bloß Konsument kinderpornografischer Schriften ist, sondern aktiv an deren Produktion mitgewirkt hat. Er nimmt an, dass J die Ergebnisse seiner Recherchen auf seinem Laptop gespeichert hat. K ist sich nicht sicher, ob eine Beschlagnahme des Laptops zulässig ist. Dennoch erklärt K dem protestierenden J, dass er den Laptop als wichtiges Beweismittel „erst mal mitnehmen" müsse. Auf den Einwand des J: „Bevor Sie hier etwas mitnehmen, sollten Sie erst einmal den zuständigen Richter fragen!", entgegnet K nur kurz: „Gefahr im Verzug!".

Wie sich später herausstellt, war der zuständige Amtsrichter telefonisch erreichbar. Allerdings hätte dieser sich nicht in der Lage gesehen, auf der Grundlage bloßer telefonischer Schilderung des Sachverhalts über die Zulässigkeit der Beschlagnahme des Laptops zu entscheiden.

Die Auswertung einiger auf dem Laptop gespeicherter Dateien des J erhärtet den Verdacht, dass der Bundestagsabgeordnete B bei dem moldawischen Versandhandel pornografische Fotos und Filme mit nackten Jungen und Mädchen, die jünger sind als 14 Jahre, gekauft hat. Denn J hat eigene Nachforschungen zu dem Fall angestellt und die Ergebnisse in einer Datei auf dem Laptop abgespeichert. Allerdings enthalten diese Ergebnisse keinerlei Bestätigung für das Gerücht, dass B persönlich in Moldawien gewesen sei, um bei der Produktion kinderpornografischer Filme anwesend zu sein und die kindlichen Darsteller auszusuchen.

1. War die Durchsuchungsaktion der Polizei in der Wohnung rechtmäßig?
2. War die Mitnahme des Laptops rechtmäßig?

Lösung

Frage 1

I. Rechtsgrundlage

Die Durchsuchung einer Wohnung ist ein Eingriff in das Grundrecht des Art. 13 Abs. 1 GG.[1] Die Bemerkung des J, er werde der Polizei die Sachen aushändigen, nach der sie sucht, ist keine Einwilligung in die Durchsuchung. Daher bedarf der Eingriff einer gesetzlichen Grundlage. In Betracht kommt § 102 StPO oder § 103 StPO.

1. § 102 StPO

Wohnungsdurchsuchungen bei einem einer Straftat Verdächtigen sind gem. § 102 StPO zulässig. Voraussetzung ist das Bestehen eines Anfangsverdachts (§ 152 Abs. 2 StPO) gegenüber dem von der Durchsuchung Betroffenen.[2]

a) Ein Straftatverdacht könnte hier gegenüber L bestehen.[3] Das Ergebnis der Dopingprobe begründete zumindest den Verdacht, dass L – erstens – Dopingmittel besaß sowie – zweitens – bei sich anwendete, um sich in einem Wettbewerb des organisierten Sports einen Vorteil zu verschaffen und schließlich – drittens – unter Anwendung eines Dopingmittels an einem Wettbewerb des organisierten Sports in der Absicht teilnahm, sich durch die Anwendung des Dopingmittels einen Wettbewerbsvorsprung zu verschaffen. Diese Verhaltensweisen sind strafbar gem. § 4 Abs. 2 iVm § 3 Abs. 4; § 4 Abs. 1 Nr. 4 iVm § 3 Abs. 1 S. 1 und § 4 Abs. 1 Nr. 5 iVm § 3 Abs. 2 AntidopingG. Da L Mitglied der deutschen Biathlonnationalmannschaft ist und an Weltmeisterschaften teilnimmt, gehört er zum Kreis der Spitzensportler iSd § 4 Abs. 7 Nr. 1 AntidopingG. Er ist daher tauglicher Täter der genannten Straftaten. Gegenüber L kommt somit eine Durchsuchung gem. § 102 StPO in Betracht. Soweit L dopingrelevante Taten in Russland begangen hat (gedopte Teilnahme am Wettkampf), hängt die Anwendbarkeit des deutschen Dopingstrafrechts gem. § 7 Abs. 2 Nr. 1 StGB davon ab, dass derartige Taten auch nach russischem Recht strafbar sind. Dies kann hier dahingestellt bleiben, da jedenfalls der auf Besitz von Dopingmitteln gerichtete Verdacht eine Tat mit Tatort in Deutschland betrifft, §§ 3, 9 Abs. 1 StGB. Hier kommt eine Ermittlungsdurchsuchung in Betracht, die dem Auffinden von Beweismitteln hinsichtlich der vermuteten Straftat dient.

Fraglich ist, inwieweit sich die Durchsuchung gegenüber der Wohngemeinschaft von J und L auf § 102 StPO stützen lässt. Typischerweise zeichnen sich Wohnungen von Wohngemeinschaften einerseits durch Räumlichkeiten aus, die von allen Bewohnern gleichermaßen genutzt werden, bzw. ihnen gemeinschaftlich zur Verfügung stehen (Küche, Badezimmer, gemeinsames Wohnzimmer). Andererseits existieren auch Räumlichkeiten, die lediglich einem Bewohner zur Nutzung bestimmt sind, wie etwa persönliche Schlaf- oder Arbeitszimmer. Räume, die L und J

---

[1] BVerfG, NStZ 2001, 382 (383); MKStPO-*Hauschild*, § 102 Rn. 1.
[2] LG Berlin, NJW 2003, 2694; *Müller/Römer*, NStZ 2012, 543 (544).
[3] Zum Begriff „Verdächtiger" vgl. MKStPO-*Hauschild*, § 102 Rn. 8.

gemeinsam benutzen – z. B. Küche, Bad – unterfallen ohne Einschränkung dem § 102 StPO.⁴ Soweit es aber in der Wohnung Räume gibt, die dem Mitbewohner zur alleinigen Nutzung überlassen sind, kommt § 102 StPO nur zur Anwendung, sofern dieser Bewohner selbst Straftatverdächtiger ist. Da J keiner Straftat verdächtig ist, durfte sein Arbeitszimmer nicht gem. § 102 StPO durchsucht werden. Eigentümer V ist bei der Anwendung des § 102 StPO nicht zu berücksichtigen, da er die Wohnung selbst nicht zum Wohnen nutzt und deshalb von Durchsuchungsmaßnahmen nicht in seinem Grundrecht aus Art. 13 GG betroffen ist.⁵ Hinsichtlich der übrigen Räume war eine Durchsuchung nach § 102 StPO möglich.⁶

b) Fraglich ist, ob auch gegen J der Verdacht einer Straftat besteht. Sofern Anhaltspunkte dafür existieren, dass L in der gemeinsamen Wohnung Dopingmittel verwahrt, könnte daraus gegenüber J der Verdacht des Mitbesitzes abgeleitet werden. Allerdings würde Dopingbesitz seitens J keine Strafbarkeit begründen, weil J kein Spitzensportler ist und deshalb nicht zum Kreis tauglicher Täter gehört. Beihilfe zu den von L mutmaßlich begangenen Straftaten erforderte Kenntnis des J von den Dopingkontakten des L und eine aktive Förderungshandlung. Für beides liegen keine verdachtsbegründenden Umstände vor. Insbesondere ist die Zurverfügungstellung von Wohnraum grundsätzlich eine deliktsneutrale Handlung und keine Beihilfe, selbst wenn einem Mitbewohner dadurch die Begehung einer Straftat erleichtert wird.⁷ Gegenüber J ist daher eine Durchsuchung auf der Grundlage des § 102 StPO nicht zulässig.

2. § 103 StPO
Auf der Grundlage dieser Vorschrift sind Wohnungsdurchsuchungen auch gegenüber Nichtverdächtigen („anderen Personen") zulässig. Allerdings sind die Voraussetzungen strenger und die Durchsuchungsbefugnisse restriktiver als im Fall des § 102 StPO (dazu sogleich 2.).⁸

3. Zwischenergebnis
Als Rechtsgrundlage für die Durchsuchung der gemeinsam genutzten und der alleinigen Räumlichkeiten des L ist § 102 StPO anwendbar. Hinsichtlich der von J allein genutzten Räumlichkeiten, wie seinem Arbeitszimmer kommt § 102 StPO nicht in Betracht, weil gegen ihn kein Anfangsverdacht hinsichtlich einer Straftat besteht. Es könnte lediglich § 103 StPO einschlägig sein.

---

⁴ MKStPO-*Hauschild*, § 102 Rn. 19.
⁵ Vgl. *Kluckert/Fink*, BeckOK GG, Art. 13 Rn. 4.
⁶ LG Heilbronn, StV 2005, 380; MKStPO-*Hauschild*, § 102 Rn. 18.
⁷ *Schönke/Schröder/Heine/Weißer*, § 27 Rn. 9 ff.
⁸ BVerfG, NJW 2003, 2669 (2670); *Beulke/Swoboda*, Strafprozessrecht, Rn. 257; *Kindhäuser*, Strafprozessrecht, § 8 Rn. 145 ff.; *Ostendorf*, Strafprozessrecht, Rn. 188.

II. Voraussetzungen

1. § 102 StPO

a) Da § 102 StPO die Durchsuchung „bei dem" Verdächtigen normiert, müsste der Straftatverdächtige L Durchsuchungsbetroffener sein. Hier geht es um die Durchsuchung einer Wohnung, also muss die Wohnung des L von der Durchsuchung betroffen sein. Für die Zuordnung der Wohnung zum Verdächtigen L genügt der Mitbesitz an der gemeinsam mit J genutzten Wohnung.[9]

b) Legitimer Durchsuchungszweck ist die „Auffindung von Beweismitteln". Ausreichend ist die Vermutung, dass in der zu durchsuchenden Räumlichkeit Beweismittel aufgefunden werden könnten.[10] Richtet sich gegen den von der Durchsuchung Betroffenen der Verdacht der unerlaubten Anwendung von Dopingmitteln, kann vermutet werden, dass in seiner Wohnung solche Substanzen, Verpackungsmaterial, Kaufbelege, Kontoauszüge, Kreditkartenabrechnungen und dergleichen aufgefunden werden können. In Betracht kommen des Weiteren Hinweise auf Online-Bestellungen, die in einem E-Mail-Account aufgefunden werden könnten. Konkrete Indizien für das Vorhandensein bestimmter Beweismittelgegenstände sind nicht erforderlich. Ausreichend ist, dass nach kriminalistischer Erfahrung damit gerechnet werden kann, dass verwertbare Beweismittel gefunden werden können. Diese Voraussetzung ist gegenüber L erfüllt. Bedenken hinsichtlich der Verhältnismäßigkeit der Durchsuchung bestehen nicht. Hinsichtlich der Durchsuchung des Arbeitszimmers des J fehlt es bereits an der Voraussetzung eines gegen J bestehenden Straftatverdachts (s. o.).

2. § 103 StPO

Die Durchsuchung des von J allein genutzten Arbeitszimmers kann nur auf der Grundlage des § 103 StPO rechtmäßig sein. Als Durchsuchungszweck genügt die allgemeine und unkonkretisierte Vermutung des Auffindens irgendwelcher Beweismittel nicht.[11] Die Durchsuchung muss von vornherein zielgerichtet der Verfolgung von Spuren der Straftat oder der Beschlagnahme bestimmter Gegenstände dienen.[12] Die Berechtigung dieser Zweckverfolgung muss zudem mit indiziellen Tatsachen belegt werden können, die den Schluss auf das Vorhandensein der gesuchten Spuren oder Gegenstände zulassen. Diese Voraussetzungen sind hier nicht erfüllt. Weder konnte K auf die Frage des J konkrete Zielobjekte der Durchsuchung nennen noch gab es Tatsachen, aus denen entsprechende Schlüsse hätten gezogen werden können. Die unsubstantiierte Vermutung, „irgendetwas brauchbares" finden zu können, reicht nicht aus.[13]

Daher war die Durchsuchung des Arbeitszimmers des J rechtswidrig.

---

[9] MKStPO-*Hauschild*, § 102 Rn. 18.
[10] *Roxin/Schünemann*, Strafverfahrensrecht, § 35 Rn. 5.
[11] BGH, NStZ 2002, 215 f.; *Beulke/Swoboda*, Strafprozessrecht, Rn. 257.
[12] BVerfG, NJW 2003, 2669 (2670); BGH, NStZ 2002, 215 f.; *Kindhäuser*, Strafprozessrecht, § 8 Rn. 147.
[13] MKStPO-*Hauschild*, § 103 Rn. 9.

III. Verhältnismäßigkeit

Wie jede grundrechtsrelevante Eingriffsmaßnahme steht auch die Durchsuchung einer Wohnung unter striktem Verhältnismäßigkeitsvorbehalt.[14] Dabei ist die Schwere der Straftat, um die es in dem Verfahren geht, ein wichtiges Kriterium.[15] In Relation zu dem Dopingvergehen, dessen L verdächtigt wird, dürfte die Durchsuchung seiner Wohnung noch verhältnismäßig sein. Ein besonderer Gesichtspunkt, der bei der Verhältnismäßigkeitsprüfung berücksichtigt werden muss, ist auf Grund der gemeinsamen Wohnung von L und J der Schutz der Pressefreiheit, Art. 5 Abs. 1 GG.[16] Denn J übt den Beruf des Journalisten aus und gehört deshalb zu einer privilegierten Gruppe von Menschen, die im Strafverfahren aus beruflichen Gründen ein Zeugnisverweigerungsrecht haben, § 53 Abs. 1 Nr. 5 StPO. Daher wäre die Beschlagnahme von Gegenständen, die zu dem Zeugnisverweigerungsrecht des J in der in § 97 Abs. 5 StPO beschriebenen Beziehung stehen, unzulässig. Daraus folgt, dass auch eine gegen J gerichtete Durchsuchung unzulässig wäre, sofern sie sich ausschließlich auf das Finden von Gegenständen stützte, die gem. § 97 Abs. 5 StPO dem Beschlagnahmeverbot unterliegen. Auch aus § 160a Abs. 2 S. 1 StPO ergibt sich die Verpflichtung zur besonderen Berücksichtigung des dem J zustehenden Zeugnisverweigerungsrechts im Rahmen der Verhältnismäßigkeitsprüfung.[17] Hier richtet sich die auf § 102 StPO gestützte Durchsuchung zwar nicht gegen J, sondern gegen L. Dennoch ist wegen der überwiegend gemeinsamen Nutzung der zu durchsuchenden Räume nicht ausgeschlossen, dass dabei auch Gegenstände ins Blickfeld der durchsuchenden Amtsträger geraten, die vor strafprozessualem Zugriff zu verschonen sind. Das betrifft auch Gegenstände, die in keiner Beziehung zu dem Verfahren gegen L stehen. Denn gem. § 108 StPO ist der Zugriff auf zufällig gefundene verfahrensfremde Beweisgegenstände grundsätzlich zulässig. Somit kann eine ausschließlich gegen L gerichtete Durchsuchung durchaus auch den J in dem von §§ 53 Abs. 1 Nr. 5, 97 Abs. 5 StPO geschützten Bereich berühren. Allerdings kann darauf bei der Durchführung der Durchsuchung geachtet werden. Deshalb braucht zur Vermeidung unzulässiger Eingriffe in diesen geschützten Bereich nicht von der Anordnung der Durchsuchung abgesehen werden.[18]

IV. Zuständigkeit

Durchsuchungen müssen – sofern der Betroffene nicht eingewilligt hat[19] – von dem zuständigen Richter angeordnet werden,[20] § 105 Abs. 1 S. 1 Hs. 1 StPO.[21] Hier liegt

---

[14] *Beulke/Swoboda*, Strafprozessrecht, Rn. 256; MKStPO-*Hauschild*, § 102 Rn. 29; *Roxin/Schünemann*, Strafverfahrensrecht, § 35 Rn. 6.
[15] BVerfG, NJW 2015, 1585 f.; MKStPO-*Hauschild*, § 102 Rn. 32.
[16] *Roxin/Schünemann*, Strafverfahrensrecht, § 35 Rn. 7.
[17] MKStPO-*Hauschild*, § 102 Rn. 34 ff.
[18] *Beulke/Swoboda*, Strafprozessrecht, Rn. 258.
[19] *Kindhäuser*, Strafprozessrecht, § 8 Rn. 139.
[20] Zur verfassungsrechtlichen ratio des Richtervorbehalts instruktiv *Ostendorf/Brüning*, JuS 2001, 1063.
[21] MKStPO-*Hauschild*, § 105 Rn. 6.

kein richterlicher Durchsuchungsbeschluss vor. Im Fall von Gefahr im Verzug dürfen aber auch die Staatsanwaltschaft und ihre Ermittlungspersonen die Durchsuchung anordnen, § 105 Abs. 1 S. 1 Hs. 2 StPO. Der Begriff „Gefahr im Verzug" ist eng auszulegen.[22] Es muss die begründete Vermutung bestehen, dass die mit der Einholung der richterlichen Entscheidung verbundene Verzögerung den Erfolg der Durchsuchung in Frage stellen könnte.[23] Ob die Verzögerung diesen Effekt haben könnte, lässt sich in der Regel erst feststellen, wenn versucht wurde, einen richterlichen Beschluss zu erwirken. Daher müssen Polizei oder Staatsanwaltschaft grundsätzlich zumindest den Versuch telefonischer Kontaktaufnahme unternehmen.[24] Unzutreffend ist die Bemerkung des K, diese Obliegenheit entfalle bei Gefahr im Verzug. Vielmehr kann umgekehrt von Gefahr im Verzug erst ausgegangen werden, nachdem ein Versuch erfolglos unternommen worden ist. Da dies hier versäumt wurde, liegt der Durchsuchung insgesamt ein Zuständigkeitsfehler zugrunde.[25] Die Umgehung des Richtervorbehalts hat die Rechtswidrigkeit der Durchsuchung zur Folge.[26] Auch die gegen L gerichtete Durchsuchung ist rechtswidrig.

V. Ergebnis
Die Durchsuchung des Arbeitszimmers des J ist schon deswegen unzulässig, weil weder die Voraussetzungen des § 102 StPO noch die Voraussetzungen des § 103 StPO erfüllt sind. Hinzu kommt, dass der Vorbehalt richterlicher Anordnung (§ 105 Abs. 1 S. 1 Hs. 1 StPO) missachtet wurde. Hinsichtlich der Durchsuchung der von L bewohnten und benutzten Räume liegen zwar die Voraussetzungen des § 102 StPO vor. Auch ist die Durchsuchung nicht unverhältnismäßig. Die Kriminalpolizei war aber zur Anordnung der Durchsuchung nicht zuständig, da die Voraussetzungen von „Gefahr im Verzug" (§ 105 Abs. 1 S. 1 Hs. 2 StPO) nicht vorlagen.
Die Durchsuchung ist daher insgesamt rechtswidrig.

Frage 2

I. Beschlagnahme gemäß § 94 Abs. 2 StPO
Die Beschlagnahme des Laptops könnte gem. § 94 Abs. 2 StPO rechtmäßig gewesen sein.

1. Exklusivität des § 100a StPO
Eine Beschlagnahme gem. § 94 StPO wäre unzulässig, wenn sich die Strafverfolgungsbehörden die Möglichkeit der Gewinnung von Informationen aus dem

---
[22] BVerfG, NStZ 2001, 382 (383); *Müller/Römer*, NStZ 2012, 543 (544); *Ostendorf/Brüning*, JuS 2001, 1063 (1066).
[23] BVerfG, NStZ 2001, 382 (384); MKStPO-*Hauschild*, § 105 Rn. 8.
[24] BVerfG, NStZ 2001, 382 (384); MKStPO-*Hauschild*, § 105 Rn. 9; *Roxin/Schünemann*, Strafverfahrensrecht, § 35 Rn. 8.
[25] *Beulke/Swoboda*, Strafprozessrecht, Rn. 258.
[26] Zur Bedeutung des richterlichen Vorbehalts: BVerfGE 102, 142 (JuS 2001, 701).

Gegenstand nicht im Wege der Beschlagnahme, sondern allein im Wege der Überwachung der Telekommunikation gem. § 100a StPO verschaffen dürften. Anlass zu dieser Überlegung gibt die Tatsache, dass K den E-Mail-Verkehr des J auswerten möchte. Die Kommunikation mittels elektronischer Post ist ein in den Anwendungsbereich des § 100a StPO fallender Vorgang. Allerdings sind dabei verschiedene Phasen zu unterscheiden:[27] der erhöhten Anforderungen an den Zugriff auf Daten, die § 100a StPO im Lichte des Art. 10 GG stellt, bedarf es nur in dem Bereich des Datenflusses vom Absender zum Empfänger.[28] Ob dies auch die Speicherung der E-Mail auf dem Mailserver des Providers betrifft, bedarf hier keiner Erörterung. Unstreitig greift nämlich § 100a StPO nicht mehr ein, wenn der Empfänger die an ihn adressierte E-Mail abgerufen und auf seinem Computer gespeichert hat. Da der Zugriff der Strafverfolgungsbehörde in dieser Phase eine gegenüber dem Betroffenen offene Maßnahme ist, ist dem Schutzbedürfnis des Mailempfängers durch § 94 StPO hinreichend Rechnung getragen.[29]

2. Gegenstand
Der Laptop ist ein Gegenstand im Sinn des § 94 StPO.[30] Darüber hinaus sind auch die auf dem Laptop elektronisch gespeicherten Daten Gegenstände, an denen sich die Strafverfolgungsbehörde die Verfügungsgewalt durch Beschlagnahme verschaffen kann.[31]

3. Potentielle Beweisbedeutung
Der zu beschlagnahmende Gegenstand müsste als Beweismittel für die Untersuchung von Bedeutung sein können. Bei der Beschlagnahme eines Datenträgers ist diese Voraussetzung auch dann erfüllt, wenn nicht der Datenträger selbst, sondern die auf ihm gespeicherten Daten diese Beweismittelbedeutung haben.[32] Der die Beschlagnahme anordnende Kriminalbeamte K stützt die dem Laptop zuerkannte Beweismittelbedeutung auf die im E-Mail-Account des J gefundene Nachricht des R an J. Diese E-Mail könnte Hinweise auf eine von einem BKA-Mitarbeiter begangene Straftat nach § 353b StGB enthalten. Des Weiteren könnte diese mail auch gegen R den Verdacht richten, an der Straftat des BKA-Mitarbeiters beteiligt zu sein. Eventuell ergibt sich daraus sogar ein entsprechender Beteiligungsverdacht gegen J selbst. Darüber hinaus gibt die Nachricht auf dem Computer Anlass zu der Vermutung, dass J Material über den gegen den Bundestagsabgeordneten B bestehenden Verdacht des Erwerbs und Besitzes kinderpornografischer Schriften auf dem Laptop gespeichert haben könnte.

---

[27] *Beulke/Swoboda*, Strafprozessrecht, Rn. 253b; *Zimmermann*, JA 2014, 321.
[28] MKStPO-*Günther*, § 100a Rn. 133; *Zimmermann*, JA 2014, 321 (323).
[29] MKStPO-*Hauschild*, § 94 Rn. 31; *Zimmermann*, JA 2014, 321 322).
[30] LG Trier, NJW 2004, 869; LR-*Menges*, § 94 Rn. 14.
[31] *Meyer-Goßner/Schmitt*, § 94 Rn. 4; LR-*Schäfer*, § 94 Rn. 14.
[32] LR-*Schäfer*, § 94 Rn. 27.

4. Bezug zur Untersuchung

a) Die Beweismittelfunktion des zu beschlagnahmenden Gegenstands muss sich in einer „Untersuchung" entfalten können. Untersuchung ist das Verfahren, in dessen Rahmen die Beschlagnahmeaktion angeordnet wurde. Es müsste also ein Beweismittelzusammenhang mit der Tat bestehen, die Gegenstand dieses Verfahrens ist. Die Beschlagnahme erfolgte im Rahmen der Wohnungsdurchsuchung, die wegen des gegen L bestehenden Verdachts des strafbaren Dopingmissbrauchs angeordnet wurde. Die Wohnungsdurchsuchung legitimierte sich auf Grund der Vermutung, dass in der Wohnung Beweismittel gefunden werden können, § 102 StPO. Sofern auf Grund der Durchsuchung Beweismittel gefunden und beschlagnahmt werden, müssen sie also Beweismittelfunktion in Bezug auf das Verfahren gegen L haben können. Das trifft auf die Informationen, die J auf seinem Laptop gespeichert hat, eindeutig nicht zu. Weder der gegen einen BKA-Mitarbeiter gerichtete Verdacht des Vergehens nach §353b StGB noch der gegen den Bundestagsabgeordneten B gerichtete Verdacht einer Straftat mit kinderpornografischen Schriften ist Gegenstand der Untersuchung, die der Durchsuchung und der Beschlagnahme zugrunde liegt. Dasselbe gilt für etwaigen Beteiligungsverdacht gegen R oder J.

b) Durch eine Beschlagnahme des Laptops könnte aber ein Wechsel von der gegen L gerichteten „Untersuchung" hin zu ein einer anderen „Untersuchung" gegen den BKA-Mitarbeiter, gegen R, gegen J und gegen den Bundestagsabgeordneten B vollzogen werden. Selbst wenn gegen diese anderen Verdächtigen bis dahin noch gar kein Ermittlungsverfahren eingeleitet worden ist, es also insoweit noch gar keine „Untersuchung" gibt, könnte diese nunmehr mittels der Beschlagnahme eingeleitet werden.[33] Damit würde der von § 94 StPO geforderte Zusammenhang zwischen der Beweismittelfunktion des Laptops und einem Verfahren, in dem diese Funktion mobilisiert werden könnte, hergestellt werden. Dass dies anlässlich eines „zufällig" bei einer Durchsuchung gefundenen Beweismittels zulässig ist und durch die Existenz des § 108 StPO nicht ausgeschlossen wird, ist allgemein anerkannt.[34] § 108 StPO ist eine Vorschrift, die die Zugriffsmöglichkeiten auf Beweismittelgegenstände über § 94 StPO hinaus erweitern und in erster Linie für Situationen eine Rechtsgrundlage schaffen soll, in der die Voraussetzungen des § 94 StPO in Bezug auf die zufällig gefundenen Gegenstände nicht erfüllt sind.[35] Das kann z. B. der Fall sein, wenn der das Beweismittel findende Polizeibeamte keine „Ermittlungsperson" der Staatsanwaltschaft ist und selbst bei Gefahr im Verzug eine Beschlagnahme nicht anordnen dürfte (vgl. § 98 Abs. 1 S. 1 StPO).[36] Die aufgefundene E-Mail, die J von R erhalten hat, ist ausreichende Grundlage für die Annahme, dass auf dem Laptop gespeicherte Daten für ein Strafverfahren gegen den BKA-Mitarbeiter, möglicherweise auch gegen den Bundestagsabgeordneten B sowie gegen R und J von Bedeutung sein könnten.

---

[33] LR-*Schäfer*, § 94 Rn. 20.
[34] LR-*Schäfer*, § 108 Rn. 4.
[35] *Geppert*, Jura 2015, 682 (683); SKStPO-*Wohlers/Jäger*, § 108 Rn. 5.
[36] LR-*Schäfer*, § 108 Rn. 3.

5. Gewahrsam des J
Einer Beschlagnahme bedarf es nur, wenn sich der Gegenstand im Gewahrsam einer Person befindet, die ihn nicht freiwillig herausgeben will, § 94 Abs. 2 StPO. Da der Laptop auf dem Schreibtisch im Arbeitszimmer des J steht, hat J Gewahrsam an ihm. Wie sein Protest gegen die Mitnahme zeigt, wollte er das Gerät nicht freiwillig herausgeben.

6. Beschlagnahmeverbot
Die Beschlagnahme wäre unzulässig, wenn der Laptop ein Gegenstand wäre, der gem. § 97 StPO der Beschlagnahme nicht unterliegt. Hier kommt ein Beschlagnahmeverbot gem. § 97 Abs. 5 StPO in Betracht.

a) J ist als Journalist eine Person, der gem. § 53 Abs. 1 S. 1 Nr. 5 StPO ein Zeugnisverweigerungsrecht zusteht. Denn seine journalistische Tätigkeit bringt es mit sich, dass er bei der Vorbereitung, Herstellung und Verbreitung von Druckwerken berufsmäßig mitwirkt.

b) Sein Zeugnisverweigerungsrecht erstreckt sich insbesondere auf die Identität von Informanten sowie den Inhalt der erhaltenen Informationen, § 53 Abs. 1 S. 2 StPO. Darüber hinaus umfasst das Zeugnisverweigerungsrecht auch den Inhalt „selbst erarbeiteter Materialien". Das Beweismittelpotenzial der auf dem Laptop gespeicherten Daten korrespondiert somit Informationen, bezüglich derer J ein Zeugnisverweigerungsrecht hat. Aus § 97 Abs. 5 S. 1 StPO folgt ein entsprechendes Beschlagnahmeverbot.

c) Der Laptop befindet sich im Gewahrsam des J, § 97 Abs. 2 S. 1 StPO.[37]

d) Es könnte allerdings eine Ausnahme von Beschlagnahmeverbot eingreifen.

aa) § 97 StPO wäre von vornherein unanwendbar, wenn J in dem Verfahren nicht die Rolle eines Zeugen hätte, sondern selbst Beschuldigter wäre.[38] In Betracht käme hier ein Tatverdacht gegen J wegen Beihilfe zur Verletzung des Dienstgeheimnisses des BKA-Beamten (§§ 353b, 27 StGB), gegebenenfalls in der Form der „Kettenbeihilfe"[39] (Beihilfe zur Beihilfe des R). Es ist allerdings fraglich, ob eine tatbestandsmäßige Beihilfe überhaupt noch möglich ist, nachdem der Geheimhaltungspflichtige die unbefugte Offenbarung schon vollendet hat. Mit der Weitergabe der Information an R hat der BKA-Beamte bereits eine unbefugte Offenbarung begangen und damit das Delikt des § 353b Abs. 1 StGB vollendet. Ein Beihilfeverdacht gegen R bzw. gegen J könnte deshalb allenfalls darauf gestützt werden, dass die Unterstützung der Haupttat nach deren Vollendung noch vor ihrer tatsächlichen Beendigung stattfand und somit als „sukzessive Beihilfe"[40] noch von § 27 StGB erfasst ist.[41] Dies könnte z. B. dadurch geschehen sein, dass R die erhaltene Information an

---

[37] Zum Gewahrsams-Begriff vgl. MKStPO-*Hauschild*, § 97 Rn. 20; zum Gewahrsam an E-Mails MKStPO-*Hauschild*, § 97 Rn. 20b.
[38] BGHSt 19, 374; 53, 257 (260); *Krekeler*, NStZ 1987, 199 (201).
[39] Dazu, dass Kettenbeihilfe Beihilfe zur Haupttat ist, vgl. *B. Heinrich*, AT, Rn. 1318, 1346; *Kühl*, AT, § 20 Rn. 242b.
[40] Dazu *B. Heinrich*, AT, Rn. 1324; *Rengier*, AT, § 45 Rn. 124; *Wessels/Beulke/Satzger*, Rn. 909 ff.
[41] *Brüning*, NStZ 2006, 253 (254).

J weitergab. J seinerseits könnte sukzessive Beihilfe dadurch geleistet haben, dass er von R die geheimhaltungsbedürftige Information entgegennahm.

Nach zutreffender Ansicht ist eine strafbare Beihilfe in der Phase zwischen Vollendung und Beendigung der Haupttat nur unter der Voraussetzung anzuerkennen, dass das Verhalten des Haupttäters in dieser Phase noch tatbestandsmäßigen Charakter hat.[42] Denn Beihilfe muss zu einer tatbestandsmäßigen Tat geleistet werden, muss sich also als Ermöglichung oder Erleichterung der Tatbestandsverwirklichung auswirken. Erfolgt die Hilfeleistung indessen zu einem Zeitpunkt, zu dem die Haupttat schon vollendet ist, kann sie zur Herbeiführung der Vollendung nichts mehr beitragen. Beihilfe ist dann nur noch möglich, sofern die Tatbestandsverwirklichung der Haupttat auch nach erstmaliger Vollendung weiter andauert und dabei von der Hilfeleistung unterstützt werden kann. Veröffentlicht ein Journalist eine Information, die ihm ein Amtsträger unter Verstoß gegen § 353b Abs. 1 StGB anvertraut hat, fördert er damit kein tatbestandsverwirklichendes Verhalten des Haupttäters mehr.[43] Denn dessen Tat war mit der Offenbarung des Dienstgeheimnisses vollendet. Die Informationsweitergabe seitens des Journalisten vergrößert zwar den Schaden, den der Haupttäter durch seine Tat verursacht hat.[44] Aber diese Handlung ist keine Unterstützung der Tat des Haupttäters, der das Geschehen zu diesem Zeitpunkt schon aus der Hand gegeben und keine Herrschaft über den weiteren Verlauf mehr hat.[45] Vielmehr handelt der Journalist nunmehr selbst täterschaftlich, allerdings ohne dabei einen Straftatbestand zu verwirklichen. Daher hat R durch die Weiterleitung der von dem BKA-Mitarbeiter empfangenen Nachricht an J keine Beihilfe zu dessen Haupttat begangen.[46]

Auch die Entgegennahme der geheimhaltungsbedürftigen Information durch R begründet keine strafbare Beihilfe des R in Bezug auf die Haupttat des BKA-Mitarbeiters.[47] Zwar wäre der erforderliche zeitliche Zusammenhang zwischen der Beihilfehandlung und der Vollendung der Haupttat gewahrt, weil der Geheimnisverrat erst dadurch zur Vollendung kommt, dass der Adressat – hier R – die Information wahrnimmt. Dieser Rezeptionsvorgang ist aber im Kontext des § 353b StGB eine „notwendige Teilnahme", weil vollendetes „Offenbaren" immer eine Wahrnehmung durch eine Empfängerperson voraussetzt.[48] Wegen dieser über „normale" Beihilfe hinausgehenden Bedeutung der Mitwirkung an der Haupttat, hätte der Gesetzgeber dafür eine täterschaftliche Strafbarkeit begründen müssen, wenn er eine Strafbarkeit des Offenbarungsempfängers gewollt hätte. Dies ist nicht der Fall und darf nicht durch eine konstruierte Beihilfestrafbarkeit unterlaufen werden. Auch würde eine Beihilfestrafbarkeit die Abschaffung des früheren § 353c Abs. 1 StGB

---

[42] *Kühl*, AT, § 20 Rn. 235.
[43] *Schönke/Schröder/Perron*, § 353b Rn. 23.
[44] NK-*Kuhlen*, § 353b Rn. 58.
[45] MK-*Graf*, § 353b Rn. 91; NK-*Kuhlen*, § 353b Rn. 58.
[46] *Brüning*, NStZ 2006, 253 (255).
[47] NK-*Kuhlen*, § 353b Rn. 57.
[48] *Brüning*, NStZ 2006, 253 (254); NK-*Kuhlen*, § 353b Rn. 19.

(Strafbarkeit unbefugter Weitergabe amtlicher Schriftstücke durch jedermann)[49] konterkarieren.[50]

Selbst wenn die Handlungen von R und J in Bezug auf die Tat des BKA-Beamten Beihilfequalität hätten,[51] wären sie gemäß § 353b Abs. 3a StGB aufgrund des Presseprivilegs gerechtfertigt. Sowohl R als auch J gehören dem Kreis zeugnisverweigerungsberechtigter Personen gem. § 53 Abs. 1 S. 1 Nr. 5 StPO an.

Gegen J ist somit kein Verdacht einer strafbaren Beihilfe zur Verletzung des Dienstgeheimnisses begründet. Die Beschlagnahme des Laptops trifft ihn nicht als Beschuldigten, sondern als Zeugen. Aus diesem Grund greift auch die in § 97 Abs. 2 S. 3 StPO normierte Ausnahme vom Beschlagnahmeverbot nicht ein: J ist nicht der Beteiligung an der Tat verdächtig, wegen der die Beschlagnahme erfolgt. Außerdem sind weder der Laptop noch darauf gespeicherte Daten Gegenstände, die durch eine Straftat hervorgebracht oder zur Begehung einer Straftat gebraucht oder bestimmt sind oder aus einer Straftat herrühren.

bb) Da das Beschlagnahmeverbot akzessorisch zu dem Zeugnisverweigerungsrecht des J ist, entfällt es, soweit das Zeugnisverweigerungsrecht selbst eingeschränkt ist. Das trifft auf Verfahren zu, die sich auf Straftaten beziehen, die zu dem abschließenden Kreis des § 53 Abs. 2 S. 2 StPO gehören. Sofern also die auf dem Laptop des J gespeicherten Informationen selbst erarbeitete Materialien sind und zur Aufklärung eines Verbrechens oder eines der in § 53 Abs. 2 S. 2 Nr. 1 – 3 StPO aufgeführten Vergehen benötigt werden, hat J kein Zeugnisverweigerungsrecht. Entsprechend besteht kein Beschlagnahmeverbot.

Das Zeugnisverweigerungsrecht des J bestünde nicht, wenn seine originär durch eigene Recherche gewonnenen Informationen ein von B begangenes Verbrechen beträfen. In Betracht kommt hier allein ein Verbrechen nach § 176 Abs. 1, 2 iVm § 176a Abs. 3 iVm §§ 26, 27 StGB. Wenn es zutrifft, was K gerüchtehalber erfahren hat, hat sich B durch seine Mitwirkung an der Herstellung kinderpornografischer Filme in Moldawien wegen Anstiftung oder Beihilfe zum schweren sexuellen Missbrauch von Kindern strafbar gemacht. Diese Straftat ist mit einer Mindeststrafe von zwei Jahren Freiheitsstrafe bedroht und deshalb Verbrechen, § 12 Abs. 1 StGB. Das gilt auch für Anstifter und Gehilfen. Dass der Tatort dieser Taten außerhalb Deutschlands liegt, steht der Anwendbarkeit des deutschen Strafrechts nicht entgegen. Aus § 5 Nr. 8 StGB ergibt sich, dass der Geltungsbereich des deutschen Strafrechts selbst dann eröffnet ist, wenn die Tat in Moldawien nicht strafbar ist. Wenn also J als Zeuge zu diesem Tatkomplex vernommen und dabei aufgefordert worden wäre, Angaben zu seinen diesbezüglichen selbst erarbeiteten Informationen zu machen, hätte er kein Recht zur Verweigerung des Zeugnisses gehabt. Dies wirkt sich auf die Zulässigkeit der Beschlagnahme des Laptops aus. Da deren Verbot gem. § 97 Abs. 5 S. 1 StPO nur so weit reicht, wie das Zeugnisverweigerungsrecht, entfällt es

---

[49] NK-*Kuhlen*, § 353b Rn. 3.
[50] *Brüning*, NStZ 2006, 253 (255); NK-*Kuhlen*, § 353b Rn. 58.
[51] Nach *Schönke/Schröder/Perron*, § 353b Rn. 21b ist der Rechtfertigungsgrund überflüssig, weil Handlungen nach Vollendung der Haupttat keine Beihilfe sind; ebenso NK-*Kuhlen*, § 353b Rn. 60.

bezüglich aller beschlagnahmefähigen Informationsquellen, die sich auf die Beteiligung am schweren sexuellen Missbrauch Minderjähriger beziehen.

7. Zuständigkeit

Fraglich ist, ob K für die Anordnung der Beschlagnahme des Laptops zuständig war. Gemäß § 98 Abs. 1 S. 1 StPO bedarf die Beschlagnahme im Normalfall einer richterlichen Anordnung. Im Falle von Gefahr in Verzug darf aber auch eine Ermittlungsperson der Staatsanwaltschaft iSd § 152 GVG die Beschlagnahme anordnen. Dem steht hier § 98 Abs. 1 S. 2 StPO nicht entgegen, da der Laptop in der Privatwohnung des J beschlagnahmt wurde.[52] Gefahr im Verzug liegt vor, wenn die Einschaltung des Richters das Verfahren so erheblich verzögern würde, dass deswegen der Erfolg der Maßnahme in Frage gestellt würde.[53] Weil die Voraussetzungen der Eilkompetenz nichtrichterlicher Strafverfolgungsorgane aber restriktiv ausgelegt werden müssen, bedarf es in der Regel des Versuchs der Kontaktierung des Richters, notfalls mittels Telekommunikation. Diesen Versuch, der hier möglich gewesen wäre, hat K nicht unternommen. Es ist nicht ersichtlich, dass dadurch der Erfolg der beabsichtigten Beschlagnahme gefährdet worden wäre. K hätte den Richter von der Wohnung des J anrufen können und währenddessen darauf achten können, dass J keine Beweismittel auf dem Laptop – z. B. durch Löschen von Daten – vernichtet. Für die Umgehung der richterlichen Entscheidung bestand also kein Grund. Daran ändert auch nichts die spätere Bekundung des Richters, dass er eine Beschlagnahmeanordnung auf der Grundlage telefonischer Unterrichtung über die relevanten Umstände nicht getroffen hätte. Die Kompetenzverlagerung wegen Gefahr im Verzug hat nicht den Zweck, einer möglichen negativen Entscheidung des Richters auszuweichen. Hier ist auch nicht ersichtlich, inwiefern die Entscheidungsgrundlage des K besser gewesen wäre als die des Richters, wenn diesem von K die erheblichen Umstände per Telefon mitgeteilt worden wären. Entscheidend gegen eine Zuständigkeit des K wegen Gefahr im Verzug spricht aber der Umstand, dass es in der konkreten Verfahrenssituation gar keiner Beschlagnahme nach § 94 StPO bedurfte. Da der Laptop zufällig im Zuge der Durchsuchung als mögliches Beweismittel entdeckt wurde, könnten die Voraussetzungen einer einstweiligen Beschlagnahme auf der Grundlage des § 108 Abs. 1 StPO vorgelegen haben. Diese Maßnahme ist geeignet, eine richterliche Entscheidung über die – endgültige – Beschlagnahme trotz Eilbedürftigkeit herbeizuführen. Denn wenn die Voraussetzungen des § 108 Abs. 1 StPO erfüllt sind, wird das Vorliegen von Gefahr im Verzug gesetzlich vermutet.[54] Die Entscheidung über die Beschlagnahme gem. § 94 Abs. 2 StPO trifft aber letztendlich gem. § 98 Abs. 1 S. 1 StPO der Richter.[55]

---

[52] *Meyer-Goßner/Schmitt*, § 98 Rn. 4.
[53] *Meyer-Goßner/Schmitt*, § 98 Rn. 6.
[54] *Geppert*, Jura 2015, 682 (686); *Meyer-Goßner/Schmitt*, § 108 Rn. 6.
[55] *Meyer-Goßner/Schmitt*, § 108 Rn. 7.

8. Ergebnis
Eine Beschlagnahme des Laptops seitens K auf der Grundlage des § 94 Abs. 2 StPO war nicht möglich.

II. Einstweilige Beschlagnahme gem. § 108 StPO
Die Mitnahme des Laptops könnte als einstweilige Beschlagnahme eines „Zufallsfundes" gem. § 108 Abs. 1 S. 1 StPO zulässig gewesen sein.

1. Exklusivität des § 100a StPO
Der Zugriff auf die Daten, die auf dem Laptop des J gespeichert sind, kann hier im Wege der Beschlagnahme gem. § 94 StPO erfolgen (s. o.). Deshalb wird auch die einstweilige Beschlagnahme gem. § 108 StPO nicht von § 100a StPO verdrängt.

2. Gelegenheit einer Durchsuchung
Auf die eventuelle Beweisrelevanz des Laptops wurde K anlässlich einer Durchsuchung aufmerksam. Zwar war diese Durchsuchung aus mehreren Gründen – insbesondere dem J gegenüber – rechtswidrig. Daraus resultiert aber nicht zwangsläufig die Unzulässigkeit einer einstweiligen Beschlagnahme.[56] Denn trotz rechtswidriger Beweisgewinnung könnte der Laptop oder könnten auf dem Laptop gespeicherte Daten im weiteren Verfahren als Beweismittel verwertbar sein.[57] Dies zu klären ist Aufgabe des Gerichts, das nach der vorläufigen Maßnahme eine endgültige Entscheidung über die Beschlagnahme zu treffen hat.[58] Dabei werden neben der rechtswidrigen Durchsuchung gegebenenfalls noch andere Gesichtspunkte zu berücksichtigen sein. Diese Entscheidung des Gerichts zu ermöglichen ist Zweck der einstweiligen Beschlagnahme. Dieser Zweck würde verfehlt, wenn bereits die einstweilige Beschlagnahme wegen Verfahrensfehlern bei der vorausgegangenen Durchsuchung für unzulässig erklärt würde. Lediglich die sogenannte gezielte Suche nach Zufallsfunden ist unzulässig.

3. Fehlende Beziehung zur Untersuchung
Da die vermuteten Daten auf dem Laptop in keiner Beziehung zu dem Straftatverdacht gegen L stehen, besteht auch keine Beziehung zu der Durchsuchung, die allein wegen des Verdachts strafbaren Dopingmissbrauchs angeordnet wurde.

4. Andere Straftat
Die in dem E-Mail-Account des J entdeckte Mail des R deutet auf andere Straftaten des Bundestagsabgeordneten B sowie eines BKA-Mitarbeiters hin. Die Anforderungen an den diesbezüglichen Verdacht sind nicht hoch. Eines Anfangsverdachts

---

[56] In die entgegengesetzte Richtung deutet eine Bemerkung in BGHSt 53, 257 (262): „Da die Durchsuchungsmaßnahme rechtlich zulässig war, durfte der Brief als Zufallsfund im Sinne des § 108 StPO im Verfahren gegen den Verteidiger wegen versuchter Strafvereitelung einstweilen sichergestellt und verwertet werden."
[57] *Geppert*, Jura 2015, 682 (687).
[58] *Geppert*, Jura 2015, 682 (683) Fn. 3.

im Sinne des § 152 Abs. 2 StPO bedarf es nicht. Die naheliegende Möglichkeit einer solchen Straftat reicht aus.[59]

5. Presseprivileg, § 97 Abs. 5, § 108 Abs. 3 StPO
Da die auf § 108 Abs. 1 StPO gestützte Maßnahme nur eine einstweilige Beschlagnahme ist, greift das Beschlagnahmeverbot des § 97 StPO nicht unmittelbar ein. § 97 StPO beeinflusst die Zulässigkeit einer einstweiligen Beschlagnahme gem. § 108 StPO aber indirekt. Unterliegt der Gegenstand nämlich einem Beschlagnahmeverbot, wäre bereits eine Durchsuchung, die sein Auffinden und seine Beschlagnahme zum Ziel hätte, unzulässig.[60] Dann ist erst recht die einstweilige Beschlagnahme, die der Vorbereitung der endgültigen Beschlagnahme nach § 94 StPO dient, unzulässig.[61] Oben wurde bereits festgestellt, dass das Beschlagnahmeverbot bereits an seinem normativen Ursprung, dem Zeugnisverweigerungsrecht, eine Beschränkung erfährt: soweit der Beweisgegenstand in einem Verfahren wegen eines Verbrechens verwendet werden soll, entfällt das Zeugnisverweigerungsrecht (§ 53 Abs. 2 S. 2 StPO) und dementsprechend das Beschlagnahmeverbot. Hier steht eine mögliche Verwendung zur Klärung des Verdachts eines schweren sexuellen Missbrauchs von Kindern (§ 176a StGB) – bzw. der Beteiligung daran – im Raum. Deswegen besteht kein Beschlagnahmeverbot, das bereits die einstweilige Beschlagnahme verhindern würde. Der endgültigen Beschlagnahme gem. § 94 StPO, um die es erst nach erfolgter einstweiliger Beschlagnahme geht, steht allerdings der Umstand entgegen, dass auf dem Laptop keinerlei Hinweise für eine derartige Tat des B gefunden wurden.

Auch die Verwertungsbeschränkung des § 108 Abs. 3 StPO kann eine „Vorwirkung" dergestalt haben, dass sie bereits der einstweiligen Beschlagnahme entgegensteht, wenn von vornherein feststeht, dass der Gegenstand als Beweismittel allein in Bezug auf eine Tat geeignet ist, die im Höchstmaß mit weniger als fünf Jahren Freiheitsstrafe bedroht ist. Die Voraussetzungen des § 108 Abs. 3 StPO sind hier aber nicht erfüllt. Diese stellen nämlich auf die Situation ab, dass der Beschlagnahme des Gegenstands trotz bestehenden Zeugnisverweigerungsrechts kein Beschlagnahmeverbot gem. § 97 Abs. 1 StPO entgegensteht. Das ist z. B. der Fall, wenn der zeugnisverweigerungsberechtigte Pressemitarbeiter verdächtig ist, an der Tat beteiligt gewesen zu sein, § 97 Abs. 2 S. 3 StPO.[62]

6. Ergebnis
Die einstweilige Beschlagnahme des Laptops ist gem. § 108 Abs. 1 StPO zulässig.

---

[59] *Geppert*, Jura 2015, 682 (684).
[60] MKStPO-*Hauschild*, § 97 Rn. 2.
[61] BGHSt 53, 257 (262); *Geppert*, Jura 2015, 682 (685); *Krekeler*, NStZ 1987, 199 (200).
[62] *Geppert*, Jura 2015, 682 (688).

Fall 17 Eine verhängnisvolle Beziehung

Nachstellung mittels Medien – erfolgsqualifiziertes Delikt – Öffentlichkeit der Hauptverhandlung – absolute und relative Revisionsgründe – Recht am eigenen Bild – Pressestrafrecht – Strafbarkeit des verantwortlichen Redakteurs

Die 35-jährige Olivia (O) lernte im August 2017 den drei Jahre älteren Theo (T) kennen und verliebte sich in ihn. Die anfangs harmonische Beziehung wurde alsbald durch Verhalten des T getrübt, der zu übermäßigem Alkoholkonsum neigte, krankhaft eifersüchtig war und sich wiederholt zu gewalttätigen Übergriffen gegen O hinreißen ließ. Bei einem Telefonat am 23. Februar 2018 redete O den T aus Versehen mit dem Vornamen ihres früheren Freundes an. Dies nahm T zum Anlass, der O Untreue zu unterstellen und die Beziehung sofort zu beenden.

In den darauffolgenden Monaten bedrängte T die O mit einem Bombardement von WhatsApp-Nachrichten, SMS, emails und Telefonanrufen, in denen er die O auf übelste Weise beleidigte und bedrohte. Allein in den ersten 18 Stunden nach dem Telefonat am 23.02.2018 sandte T der O 111 WhatsApp-Nachrichten, in denen er ihr unter anderem die Tötung androhte. Dies setzte sich in den folgenden Wochen fort, wobei T auch die Eltern der O und deren Arbeitgeber mit beleidigenden und verleumderischen Nachrichten behelligte. Dies tat T, um die O zu demütigen und zu ängstigen. Eine Wiederaufnahme der Beziehung strebte T nicht an.

Die bis zum Abbruch der Beziehung physisch und psychisch gesunde O wurde durch das Handeln des T zunehmend verängstigt und verzweifelt. Depressive Störungen, Panikattacken und suizidale Anwandlungen häuften sich. Alsbald konnte sie ihrer Arbeit nicht mehr nachgehen und musste sich mehrere Wochen krank schreiben lassen. Wiederholte stationäre Aufenthalte in einer Klinik führten zu keiner Besserung. Stattdessen verschlimmerte sich der Zustand der O. Ein Suizidversuch im Sommer 2018 scheiterte. Im Oktober 2018 schrieb O an ihre Eltern, dass sie ihr Leben nicht mehr aushalte. Wenige Tage nach Absendung dieses Briefes erhängte sich O in ihrer Wohnung. T wollte die O nicht töten und auch ihre Gesundheit nicht schädigen. Er hätte jedoch damit rechnen müssen, dass O infolge seiner anhaltenden massiven Attacken zum Suizid gedrängt werden könnte.

Zu der am Februar 2019 beginnenden Hauptverhandlung gegen den Angeklagten T vor der Großen Strafkammer beim Landgericht Potsdam ist der Publikumsandrang groß. Der Vorsitzende der Strafkammer ordnet an, dass von den 100 Zuhörerplätzen des Sitzungssaales zehn Plätze für Vertreter der Presse und des Rundfunks reserviert werden. Die übrigen 90 Plätze sollten nach dem „Windhund-Prinzip" vergeben werden. Über 100 Bürger, die gern als Zuhörer an der Hauptverhandlung teilgenommen hätten, erhielten keine Plätze im Gerichtssaal, weil sie bei dem „Windhund-Rennen" nicht schnell genug waren. Darunter befinden sich einige ältere, gehbehinderte und auf Rollatoren oder Rollstühle angewiesene Männer und Frauen sowie Freunde und Arbeitskollegen der O.

Dem Reporter Roland (R) vom Privatfernsehunternehmen „Havel-Kanal" erlaubt der Vorsitzende, während der Hauptverhandlung Filmaufnahmen zum Zwecke der Vorführung in der abendlichen Nachrichtensendung des „Havel-Kanals" zu machen.

Vor dem Gericht hatte sich schon lange vor Beginn der Hauptverhandlung eine große Menschenmenge angesammelt. Darunter befanden sich Reporter und Fotografen regionaler und überregionaler Zeitungen. Eine junge Frau in der Menschenmenge hielt ein selbstbeschriftetes Pappschild (60 × 60 cm) in die Höhe, auf dem in breiter schwarzer Schrift stand: „Todesstrafe für Stalker !!!" Fotograf Felix (F) von der Tageszeitung „Potsdamer Kurier" fotografierte die Frau mit dem Pappschild, ohne sie um Erlaubnis gefragt zu haben. Am nächsten Tag erschien in dem Potsdamer Kurier ein großer ganzseitiger Artikel über den Prozessauftakt. Dem Text waren einige Fotos beigefügt. Unter anderem war die Frau, die das Pappschild mit der Aufschrift „Todesstrafe für Stalker !!!" in die Höhe hielt, abgebildet. Ihr Gesicht war auf dem Foto deutlich erkennbar.

1. Hat sich T aus einem Verbrechenstatbestand (vgl. § 12 Abs. 1 StGB) strafbar gemacht?

2. Durfte der Vorsitzende der Strafkammer zehn Zuhörerplätze für Medienvertreter reservieren?

3. Enthält der Sachverhalt Informationen, auf die die Prognose gestützt werden kann, dass eine Revision gegen das Urteil des LG Potsdam – egal wie es ausfällt – erfolgreich sein wird?

4. Gibt es in der Redaktion des „Potsdamer Kurier" jemanden, der sich strafbar gemacht hat, weil er fahrlässig versäumt hat zu verhindern, dass das Foto, auf dem die Frau mit dem „Todesstrafe für Stalker !!!"-Schild zu sehen ist, in der Ausgabe der Zeitung erscheint?

Lösung

Frage 1

I. Totschlag, § 212 Abs. 1 StGB

1. Objektiver Tatbestand

a) O ist gestorben, ein Todeserfolg ist eingetreten.

b) Unmittelbare Ursache des Todeserfolges war das von O selbst eigenhändig vollzogene Erhängen. Diese Handlung wurde aber offensichtlich ausgelöst durch die andauernden massiven Attacken des T, wodurch O zu der Verzweiflungstat getrieben wurde. Hätte T die O in Ruhe gelassen, hätte O sich nicht erhängt. Also hat T den Tod der O verursacht. Allerdings ist fraglich, ob der Todeserfolg dem T auch objektiv zuzurechnen ist. Dem könnte entgegenstehen, dass O selbst bewußt und willentlich den suizidalen Akt vollzogen hat. Sofern es sich um eine eigenverantwortliche Selbsttötung handelt, ist der Tod den ursächlichen Handlungen des T nicht objektiv zurechenbar.[1] Die Kriterien der Eigenverantwortlichkeit sind gesetzlich nicht festgelegt und werden daher in Rechtsprechung und Literatur nicht einheitlich definiert. Zudem ist im vorliegenden Sachverhalt durchaus zweifelhaft, ob es sich um eine nicht eigenverantwortliche Selbsttötung handelt. Ausnahmsweise kann diese über die Erfüllung des objektiven Tatbestandes entscheidende Frage, auf die mangels hinreichender Informationen über den psychischen und physischen Zustand der O eine eindeutig Antwort nicht möglich ist, hier unbeantwortet stehen gelassen werden. Denn nach dem Sachverhalt ist davon auszugehen, dass T zu keiner Zeit den Vorsatz hatte, die O in den Tod zu treiben.

2. Subjektiver Tatbestand
Strafbarkeit aus § 212 Abs. 1 StGB setzt vorsätzliches Handeln voraus, § 15 StGB. T hat bei seinen Handlungen, die für den Tod der O ursächlich waren, keinen Tötungsvorsatz gehabt. Daher hat er den subjektiven Tatbestand des Totschlags nicht erfüllt.

3. Ergebnis
T hat sich nicht aus § 212 Abs. 1 StGB strafbar gemacht.

II. Nachstellung mit Todesfolge, § 238 Abs. 1, Abs. 3 StGB

1. Grundtatbestand, § 238 Abs. 1 StGB
a) Objektiver Tatbestand
aa) O ist im Verhältnis zu T eine andere Person.

bb) T hat die O in der Zeit seit dem 23.02.2018 vielfach durch Benutzung von Telekommunikationsmitteln gegen den Willen der O kontaktiert. Er hat der O dadurch nachgestellt, § 238 Abs. 1 Nr. 2 StGB. Des Weiteren hat T die O mit Drohungen drangsaliert, die die O in Todesangst versetzten. Auch dies ist eine Nachstellung, § 238 Abs. 1 Nr. 4 StGB. Da T letztlich die O damit seelisch quälen wollte, sind auch die beleidigenden und verleumderischen Mitteilungen an Arbeitgeber und Eltern als Nachstellung zum Nachteil der O zu bewerten, § 238 Abs. 1 Nr. 5 StGB.

cc) Angesichts der häufigen Wiederholungen und der erheblichen Dauer der Nachstellungsaktionen handelte T in jeder Hinsicht beharrlich.[2]

dd) Wie die Auswirkungen auf die Lebensführung der O ex post eindrucksvoll belegen, waren die Nachstellungen des T geeignet, die Lebensgestaltung der O schwerwiegend zu beeinträchtigen. Es war ex ante klar vorhersehbar, dass die üblen Angriffe des T die O gravierend aus der Bahn werfen und zu einschneidenden Änderungen ihrer gewohnten Lebensführung zwingen würden.

---
[1] *Schönke/Schröder/Eisele*, vor § 13 Rn. 100 ff.
[2] *Schönke/Schröder/Eisele*, § 238 Rn. 25.

b) Subjektiver Tatbestand

In Bezug auf alle oben erörterten objektiv tatbestandsmäßigen Tatsachen hat T bewußt und willentlich gehandelt. Er beging seine Tat also vorsätzlich, § 15 StGB.

2. Erfolgsqualifikation

a) O ist Opfer der von T begangenen und den Tatbestand des § 238 Abs. 1 StGB erfüllenden Tat. O ist nach der Tat des T verstorben.

b) Zwischen der Tat des T und dem Tod der O müßte eine Zurechnungszusammenhang bestehen.[3] Nach dem Gesetz muss der Tod durch die Tat „verursacht" worden sein. Dass dies der Fall ist, wurde schon oben (I 1) festgestellt. Über die Kausalität hinaus ist jedoch erforderlich, dass der Todeserfolg der Nachstellung objektiv zuzurechnen ist und dass sich im Todeserfolg die besondere Gefährlichkeit der Nachstellung für das Rechtsgut Leben verwirklicht hat. Es muss also ein „spezifischer Ursachenzusammenhang" zwischen dem Grunddelikt und der Todesfolge festgestellt werden.[4] Problematisch ist im vorliegenden Fall, dass O letztlich von eigener Hand gestorben ist. Dieser Umstand könnte schon generell die objektive Zurechenbarkeit des Todeserfolges ausschließen, also nicht nur im speziellen Kontext des § 238 Abs. 3 StGB, sondern auch im Rahmen des § 212 Abs. 1 StGB (s. o. I 1) sowie des § 222 StGB. Anerkanntermaßen ist die Veranlassung eines eigenverantwortlichen Suizids keine tatbestandsmäßige Tötung, weil unter diesen Umständen der Todeserfolg der Veranlassungshandlung objektiv nicht zugerechnet werden kann.[5] Die Kriterien der Eigenverantwortlichkeit können abstrakt oder konkret-tatbestandsbezogen definiert werden. Bei einem Straftatbestand wie Totschlag (§ 212 StGB) ist nur eine abstrakte Definition möglich. Wo jedoch der Gesetzgeber eine Todeserfolgsqualifikation mit einem Grundtatbestand verbunden hat, der auf typischerweise lebensgefährdende Beeinträchtigungen abstellt, bringt er zum Ausdruck, dass ein aus einer solchen Situation resultierender Tod des Opfers die spezifische Gefährlichkeit realisiert. Dies kann auch Fälle eigenverantwortlicher Selbsttötung umfassen.[6] Typisch für Nachstellungen sind Ausweich-, Flucht- und Panikreaktionen des „gestalkten" Opfers, mit denen dieses sich selbst in Lebensgefahr bringt. Kommt das Opfer infolge einer solchen Reaktion zu Tode, ist der spezifische Ursachenzusammenhang indiziert. Auch wenn es sich in erster Linie um ungewollt tödlich endendes Opferverhalten handeln wird, kann auch in einer bewußten Selbsttötung das spezifische Lebensgefährdungspotenzial der Nachstellung zur Geltung kommen. Bewußt und willentlich selbsttötendes Handeln ist daher nicht zwingend eine Kontraindikation. Gerade die als unerträglich und ausweglos empfundene Lage, die durch die Nachstellung geschaffen wurde, läßt einen „überlegten" Suizid von außen betrachtet als nachgerade „verständlich" oder „konsequent" erscheinen. Die allgemein zur Eigenverantwortlichkeit angestellten Überlegungen

---

[3] *Schönke/Schröder/Eisele*, § 238 Rn. 38.
[4] BGHSt 62, 49 (55).
[5] *Wessels/Hettinger/Engländer*, BT 1, Rn. 62.
[6] Vgl. zu § 30 Abs. 1 Nr. 3 BtMG BGHSt 37, 179 ff.

sind daher im Lichte der speziellen Tatsituation der Nachstellung zu modifizieren.[7] Als nicht eigenverantwortlich ist ein Suizid dann zu qualifizieren, wenn die „schwerwiegende Beeinträchtigung der Lebensgestaltung" iSd § 238 Abs. 1 StGB auf den Selbsttötungsentschluss maßgeblich Einfluss genommen hat. Das ist hier der Fall. Daher ist dem T der Tod der O zuzurechnen.

c) Hinsichtlich des Todeserfolges muss der Täter wenigstens fahrlässig gehandelt haben, § 18 StGB. Die von T begangenen Nachstellungen sind objektiv sorgfaltswidriges Verhalten in Bezug die Unversehrtheit des Rechtsgutes Leben. Im Tod der O hat sich diese Pflichtwidrigkeit verwirklicht. T hat den Tod der O fahrlässig verursacht.

3. Rechtswidrigkeit
T hatte für seine Nachstellungen keine Befugnis. Sein Handeln war unbefugt und damit rechtswidrig.

4. Schuld
T handelte schuldhaft.

5. Ergebnis
T hat sich aus § 238 Abs. 1, Abs.3 StGB strafbar gemacht.

Frage 2

I. § 169 Abs. 1 S. 1 GVG
Die Zulässigkeit der Platzreservierung für Vertreter der Medien durch den Vorsitzenden könnte sich aus § 169 Abs. 1 S. 1 GVG ergeben. Die Hauptverhandlung vor der Strafkammer ist eine „Verhandlung vor dem erkennenden Gericht". Daher ist die Hauptverhandlung öffentlich. Das bedeutet, dass während der Hauptverhandlung Bürger, die nicht Verfahrensbeteiligte sind, anwesend sein dürfen.[8] Dieses Recht steht jedermann zu. Faktisch begrenzt wird die Wahrnehmung des Rechts durch die zur Verfügung stehende Raumkapazität.[9] Gibt es mehr Interessenten als Plätze, muss ein Platzvergabeverfahren angewendet werden, das jedem Bürger die gleiche Chance einräumt, Zutritt zum Sitzungssaal zu erhalten. Insbesondere darf das Gericht auf die Besetzung der Zuhörerplätze nicht Einfluss nehmen, indem bestimmte Personen bevorzugt werden, sei es mit oder ohne sachlichen Grund. Grundsätzlich unzulässig ist es daher, vorab Plätze für bestimmte Personen, Personenkategorien oder Personengruppen zu reservieren.[10] Dies gilt auch in Bezug auf Personen, die mit beachtlichen sachlichen Gründen ein stärkeres Anwesenheitsinteresse

---
[7] BGHSt 62, 49 (57); im Ergebnis zustimmend *Steinberg* StV 2018, 245 (246).
[8] *Meyer-Goßner/Schmitt*, § 169 Rn. 3.
[9] *Beulke/Swoboda*, Rn. 377; *Meyer-Goßner/Schmitt*, § 169 Rn. 5; *Volk/Engländer*, § 18 Rn. 28.
[10] *Meyer-Goßner/Schmitt*, § 169 Rn. 4.

geltend machen können als die anderen Bürger.[11] Demzufolge findet sich in §§ 169 ff. GVG keine Vorschrift, die eine Privilegierung von Medienvertretern normiert. Gewährung von Zutritt nach Maßgabe der Ankunft („Windhundprinzip") ist grundsätzlich ein geeignetes und gerechtes Verfahren.[12]

II. Art. 5 Abs. 1 S. 2 GG

Ausnahmsweise kann eine Vorzugsbehandlung durch Freihaltung von Plätzen geboten sein, wenn anderenfalls das Grundrecht der Pressefreiheit nicht ausgeübt werden könnte.[13] Das Grundrecht der Pressefreiheit gewährleistet der Presse und ihren Mitarbeitern die Erfüllung ihrer Aufgaben frei von staatlichen Eingriffen. Um einen staatlichen Eingriff in die Pressefreiheit handelt es sich z. B., wenn ein Journalist von der Anwesenheit während der Verhandlung ausgeschlossen wird.[14] Dagegen ist es kein Eingriff, wenn ein Pressevertreter im Gerichtssaal keinen Platz findet, weil alle Plätze schon von anderen Bürgern besetzt worden sind. Die Schutzwirkung von Grundrechten beschränkt sich indessen nicht auf die Abwehr aktiver hoheitlicher Eingriffe. Das Grundrecht kann auch einen Anspruch auf staatliche Leistung begründen, wenn anderenfalls die Ausübung des Grundrechts nicht möglich oder erschwert ist. Zu den vom Grundrecht der Pressefreiheit geschützten Funktionen der Presse gehört auch die Gerichtsberichterstattung. Jedenfalls bei Verfahren, die ein besonderes Informationsinteresse der Allgemeinheit erzeugen, erfüllt die Presse eine öffentliche Aufgabe, indem sie über das Verfahren berichtet. Um diese Aufgabe erfüllen zu können, muss die Presse die Möglichkeit der Beschaffung von Informationen haben. Die Anwesenheit im Gerichtssaal während der Hauptverhandlung ist eine wichtige Quelle von Informationen, aus der Pressevertreter Material für die Verfahrensberichterstattung schöpfen können. Im Falle eines Kapazitätsengpasses resultiert daher aus Art. 5 Abs. 1 S. 2 GG eine Pflicht des Staates, einer ausreichenden Anzahl von Medienvertretern Plätze im Gerichtssaal zu verschaffen.[15]

Es ist gemäß § 176 GVG die Aufgabe des Vorsitzenden, bei der Verteilung der Zuhörerplätze dafür zu sorgen, dass eine angemessene Zahl von Medienvertretern einen Platz bekommt.[16] Er hat bei der Zuteilung der Plätze allerdings darauf zu achten, dass die Teilnahmemöglichkeit von sonstigen Bürgern nicht übermäßig beschränkt werden. Die Festlegung der Anteile steht im pflichtgemäßen Ermessen des Vorsitzenden. Ein Pressekontingent von 10 % der verfügbaren Plätze ist nicht zu beanstanden.

---

[11] Löffler/*Cornils*, LPG § 1 Rn. 226.
[12] *Meyer-Goßner/Schmitt*, § 169 Rn. 4.
[13] *Volk/Engländer*, § 18 Rn. 28.
[14] Löffler/*Cornils*, LPG § 1 Rn. 239.
[15] *Beulke/Swoboda*, Rn. 379.
[16] *Roxin/Schünemann*, § 47 Rn. 4.

Frage 3

I. Funktion der Revision

Die Revision ist ein Rechtsmittel im Strafverfahren, mit dem Urteile der Strafkammern bei den Landgerichten und der Senate bei den Oberlandesgerichten, in Form der „Sprungrevision" auch Urteile des Strafrichters und es Schöffengerichts, angefochten werden können, §§ 333 ff. StPO.[17] Erfolgreich ist eine Revision, wenn sie zulässig und begründet ist. Die Zulässigkeit der Revision setzt Statthaftigkeit, Revisionsberechtigung, Beschwer, Einhaltung der Frist- und Formregeln sowie eine Begründung voraus.[18] Begründet ist die Revision, wenn das angefochtene Urteil auf einer Gesetzesverletzung beruht, § 337 StPO.[19] Die Begründetheitsprüfung des Revisionsgerichts richtet sich also allein auf die Rechtsanwendung durch die Strafkammer oder den Strafsenat bzw. – im Falle der Sprungrevision – des Strafrichters oder Schöffengerichts. Die Richtigkeit des dem angefochtenen Urteil zugrunde gelegten Sachverhalts wird hingegen nicht überprüft.[20]

II. Revisionsgründe

Die „Gesetzesverletzung", die gemäß § 337 Abs. 1 StPO zur Folge haben kann, dass die Revision begründet ist, nennt man auch „Revisionsgrund". Dabei unterscheidet man absolute und relative Revisionsgründe. Absolute Revisionsgründe sind die in § 338 StPO aufgeführten Gesetzesverletzungen. Ihre Besonderheit besteht darin, dass bei ihrem Vorliegen nicht geprüft werden muss, ob das Urteil auf dieser Gesetzesverletzung beruht.[21] Bei allen sonstigen Gesetzesverletzungen – den relativen Revisionsgründen – hängt der Erfolg der Revision von Gesetzesverletzung und Beruhen des Urteils ab. Ausreichend ist allerdings schon die Möglichkeit, dass das Urteil ohne die Gesetzesverletzung anders ausgefallen wäre.[22]

1. Absoluter Revisionsgrund, § 338 Nr. 6 StPO

Als absoluter Revisionsgrund kommt hier § 338 Nr. 6 StPO in Betracht. „Vorschriften über die Öffentlichkeit des Verfahrens" können in zwei Richtungen verletzt werden: Beschränkung der Öffentlichkeit (zu wenig Öffentlichkeit) und Ausdehnung der Öffentlichkeit (zu viel Öffentlichkeit). Eindeutig liegt hier eine rechtswidrige Ausdehnung der Öffentlichkeit vor: Filmaufnahmen während der Sitzung durften nicht zugelassen werden, § 169 Abs. 1 S. 2 GVG. Das Verbot steht nicht zur Disposition des Gerichts oder sonstiger Verfahrensbeteiligter.[23]

Ansonsten liegt keine Verletzung von Vorschriften über die Öffentlichkeit vor. Dass wegen der begrenzten Raumkapazität vielen Interessenten kein Zutritt zu der

---

[17] *Beulke/Swoboda*, Rn. 559.
[18] *Volk/Engländer*, § 36 Rn. 30 ff.
[19] *Beulke/Swoboda*, Rn. 563.
[20] *Beulke/Swoboda*, Rn. 559; *Volk/Engländer*, § 36 Rn. 1.
[21] *Volk/Engländer*, § 36 Rn. 19.
[22] *Meyer-Goßner/Schmitt*, § 337 Rn. 37; *Volk/Engländer*, § 36 Rn. 17.
[23] *Meyer-Goßner/Schmitt*, § 169 Rn. 8.

Sitzung gewährt werden konnte, liegt in der Natur der Sache und ist per se kein rechtlicher Mangel.[24] Eine Vorzugsbehandlung bestimmter Personen oder Gruppen ist vom Gesetz nicht vorgesehen. Eine Auswahl durch das Gericht ist grundsätzlich nicht zulässig. Die Öffentlichkeit ist eine informelle Kontrollinstanz gegenüber der Justiz. Die zu Kontrollierenden dürfen sich diejenigen, die sie kontrollieren, nicht aussuchen. Daher dürfen auch sachliche Kriterien, mit denen eine bevorzugte Behandlung begründet werden könnte (Körperbehinderung, Nähe zum Fall, fachliche Kompetenz usw.) keine Berücksichtigung finden. Wird über den Mord an einem Taxifahrer verhandelt, dürfen die Zuhörerplätze nicht für Taxifahrerkollegen reserviert werden. Die Praxis des „Windhund-Prinzips" ist gewiss keine Methode, mit der alle Interessen befriedigt werden können. Sie ist aber akzeptabel. Dass körperlich gehandicapte und sonstige weniger durchsetzungsstarke Personen benachteiligt sind, ist ein unvermeidbarer Nebeneffekt, macht das Verfahren aber nicht rechtswidrig.

Umstritten ist, ob die rechtswidrige Erweiterung der Öffentlichkeit den absoluten Revisionsgrund des § 338 Nr. 6 StPO begründet.[25] Der Gesetzestext gibt keine eindeutige Lösung vor. Der Verstoß gegen § 169 Abs. 1 S. 2 GVG ist Verletzung einer Vorschrift über die Öffentlichkeit des Verfahrens. Spitzfindig könnte man aber einwenden, § 169 Abs. 1 S. 2 GVG ist eine Vorschrift über die „Nicht-Öffentlichkeit" des Verfahrens. Die h.M. wendet § 338 Nr. 6 StPO nur an, wenn die Öffentlichkeit rechtswidrig ausgeschlossen oder beschränkt wurde.[26] Sachlich begründen lässt sich das mit der Erwägung, dass rechtswidrige Einschränkung der Öffentlichkeit ein schwererer Verstoss ist als rechtswidrige Erweiterung der Öffentlichkeit.

2. Relativer Revisionsgrund

Die Zulassung der Filmaufnahmen im Gerichtssaal ist ein Verstoß gegen § 169 Abs. 1 S. 2 GVG. Diese Gesetzesverletzung ist nach h.M. kein absoluter Revisionsgrund iSd § 338 Nr. 6 StPO. Als relativer Revisionsgrund trägt diese Gesetzesverletzung zur Begründetheit der Revision bei, sofern das angefochtene Urteil auf ihr beruht. Grund für das Aufnahmeverbot ist unter anderem der Schutz der Wahrheitsfindung durch das Gericht. Dem liegt die Annahme zugrunde, dass das Wissen um die mediale Verbreitung der Vorgänge in der Verhandlung Einfluss haben könnte z. B. auf das Aussageverhalten von Zeugen oder auch die Aufmerksamkeit der Richter. Es ist also nicht auszuschließen, dass die „laufende Kamera" im Gerichtssaal die Urteilsfindung beeinflusst. Dies genügt für das „Beruhen" iSd § 337 Abs. 1 StPO. Ein Kausalitätsnachweis ist nicht erforderlich. Daher ist die Revision begründet.

---

[24] *Roxin/Schünemann*, § 47 Rn. 7.
[25] *Roxin/Schünemann*, § 47 Rn. 26.
[26] *Meyer-Goßner/Schmitt*, § 338 Rn. 47.

Frage 4

I. § 33 Abs. 1 iVm § 22 KUG iVm § 13 StGB

Die Veröffentlichung des Fotos in der Zeitung, auf dem die Frau mit dem Schild zu erkennen ist, könnte Strafbarkeit aus § 33Abs. 1 iVm § 22 KUG begründen. Somit könnte die Nichtverhinderung dieser Veröffentlichung als unechtes Unterlassungsdelikt gemäß § 13 StGB strafbar sein.

1. Objektiver Tatbestand

Das Foto in der Zeitung, auf dem die Frau mit dem Schild zu erkennen ist, ist ein Bildnis iSd § 22 KUG. Allerdings wird der Tatbestand dieses Delikts nicht dadurch verwirklicht, dass die Veröffentlichung des Fotos nicht verhindert wird. Der Normalfall täterschaftlicher Verwirklichung dieses Tatbestandes ist die aktive Verbreitung oder öffentliche Zurschaustellung des Bildnisses. Jedoch kann durch die Unterlassung der Verhinderung der Tatbestand verwirklicht werden, sofern der Unterlassende eine Garantenstellung hat, § 13 Abs. 1 StGB. Eine solche Garantenstellung könnte der „verantwortliche Redakteur" der Potsdamer Zeitung haben. Der verantwortliche Redakteur hat die Aufgabe, das Druckwerk auf mögliche strafbare Inhalte zu überprüfen und zu verhindern, dass durch die Verbreitung des Druckwerks ein Straftatbestand verwirklicht wird. Zur Erfüllung dieser Pflicht muss der verantwortliche Redakteur aktiv handeln. Die Pflichtenstellung ist also eine Garantenstellung im Sinne der unechten Unterlassungsdelikte.[27] Wenn ein Bildnis ohne Einwilligung der abgebildeten Person verbreitet oder öffentlich zur Schau gestellt wird, ist der Erfolg der Straftat § 33 iVm § 22 KUG eingetreten. Diesen Erfolg hat der verantwortliche Redakteur zu verhindern. Unterläßt er die Verhinderung, erfüllt er den objektiven Tatbestand des § 33 iVm § 22 KUG iVm § 13 StGB.

2. Subjektiver Tatbestand

Der Gesetzestext des § 33 iVm § 22 KUG enthält keine Angaben zu den Bestandteilen des subjektiven Tatbestandes. Daher kommt § 15 StGB zur Anwendung: strafbar ist nur vorsätzliches Handeln.[28] Das gilt auch für die Verwirklichung des Tatbestandes in Form des unechten Unterlassungsdelikts. Fahrlässige Verwirklichung des objektiven Tatbestandes ist nicht strafbar.

3. Ergebnis

Fahrlässige Nichtverhinderung der Veröffentlichung des Fotos ist nicht aus §§ 22, 33 iVm § 13 StGB strafbar.

II. § 14 Abs. 2 Nr. 1 BbgPG

Die fahrlässige Nichtverhinderung der Veröffentlichung des Fotos könnte Strafbarkeit aus § 14 Abs. 2 Nr. 1 BbgPG begründen.

---

[27] Löffler/*Kühl*, LPG § 20 Rn. 128.
[28] *Dreier/Schulze-Specht*, § 33 KUG Rn. 3; *Mitsch*, Medienstrafrecht, § 3 Rn. 103.

1. Anwendbarkeit des brandenburgischen Pressegesetzes

Presserecht gehört zur ausschließlichen Gesetzgebungszuständigkeit der Bundesländer, Art. 70 GG.[29] Das schließt auch den Bereich des Pressestrafrechts ein.[30] Aus diesem Grund gibt es in Deutschland 16 verschiedene Presse- oder Mediengesetze.[31] Soll die Strafbarkeit einer Tat am Maßstab des Pressestrafrechts gewürdigt werden, ist zunächst zu klären, welches dieser Pressegesetze auf den konkreten Fall anwendbar ist.[32] Dieses Thema des räumlichen Geltungsbereichs im föderalen System der Bundesrepublik wird „interlokales Strafrecht" genannt. Es ist gesetzlich nicht geregelt. Eine analoge Anwendung der §§ 3 ff StGB kommt nicht in Betracht. Gewohnheitsrechtlich richtet sich der räumliche Geltungsbereich pressegesetzlicher Straftatbestände nach dem Tatort.[33] Wird die Tat auf dem Gebiet des Bundeslandes Brandenburg begangen, ist das Pressegesetz Brandenburgs anzuwenden. Bei Unterlassungsdelikten ist Tatort der Ort, wo der Täter zur Erfüllung seiner Pflicht Handlungen zu vollziehen hat, § 9 Abs. 1 Alt. 2 StGB. Der verantwortliche Redakteur übt seine Tätigkeit dort aus, wo der redaktionelle Teil der Zeitung erstellt wird, im vorliegenden Fall ist das Potsdam. Der Tatort liegt also in Brandenburg, deshalb ist der räumliche Geltungsbereich des § 14 Abs. 2 Nr. 1 BbgPG erölfffnet.

2. Objektiver Tatbestand

Das Sonderdelikt des § 14 Abs. 2 Nr. 1 BbgPG kann bei periodischen Druckwerken iSd § 7 Abs. 4 BbgPG[34] täterschaftlich nur von dem Inhaber der Stellung „verantwortlicher Redakteur" begangen werden.[35] Diese Tätereigenschaft gehört zum objektiven Tatbestand. Tatbestandsmäßiges Verhalten ist die Unterlassung ordnungsgemäßer Prüfung des Druckwerkes. Hat der verantwortliche Redakteur es unterlassen, die Veröffentlichung eines Artikels, durch den ein Straftatbestand verwirklicht wurde, zu verhindern, hat er den objektiven Tatbestand erfüllt. Die Straftat, um deren Verhinderung es geht, ist kein Teil des objektiven Tatbestandes, sondern eine objektive Strafbarkeitsbedingung (unten 4.).[36]

3. Subjektiver Tatbestand

Strafbarkeit kann sowohl durch vorsätzliche als auch fahrlässige Pflichtverletzung begründet werden.[37]

---

[29] Löffler/*Cornils*, Einleitung Rn. 37.
[30] Löffler/*Cornils*, Einleitung Rn. 53; Löffler/*Kühl*, LPG vor § 20 Rn. 12.
[31] Vgl. dazu die synoptische Übersicht bei Löffler, Presserecht, S. XXVII.
[32] Löffler/*Kühl*, LPG vor § 20 Rn. 19.
[33] Löffler/*Kühl*, LPG vor § 20 Rn. 20; *Mitsch*, Medienstrafrecht, § 7 Rn. 12.
[34] Löffler/*Kühl*, LPG § 20 Rn. 130.
[35] Löffler/*Kühl*, LPG § 20 Rn. 113, 121.
[36] Löffler/*Kühl*, LPG § 20 Rn. 144.
[37] Löffler/*Kühl*, LPG § 20 Rn. 137 ff.

4. Objektive Strafbarkeitsbedingung

Dass „durch ein Druckwerk der Tatbestand eines Strafgesetzes verwirklicht worden" ist, ist eine objektive Strafbarkeitsbedingung. Hier kommt die Verwirklichung des Tatbestandes des § 33 Abs. 1 iVm § 22 KUG in Betracht. Die Veröffentlichung des Fotos ist eine „Verbreitung" iSd § 22 Satz 1 KUG. Da die Frau mit dem Schild auf dem in der Zeitung erschienenen Foto zu erkennen ist, liegt ein „Bildnis" vor.[38] Die Frau hat in die Verbreitung des Bildnisses nicht eingewilligt. Die Verbreitung des Bildes könnte aber auch ohne Einwilligung der Abgebildeten gem. § 23 Abs. 1 Nr. 3 KUG gerechtfertigt sein.[39] Die Menschenmenge vor dem Landgericht ist zwar keine „Versammlung" oder „Aufzug", aber ein „ähnlicher Vorgang" (Ansammlung von Menschen). Dass das Gesicht der Frau auf dem Foto zu erkennen ist, steht der Anwendung des § 23 Abs. 1 Nr. 3 KUG nicht entgegen. Worauf es ankommt ist, dass die Menschenansammlung als solche dem Foto ihr Gepräge geben muss. Wesentlich ist deshalb, dass nicht die Frau allein, sondern eine Vielzahl von Personen abgebildet ist, damit das Dargestellte seinen Charakter als „Ansammlung" von Menschen erkennen lässt. Sollte die Frau mit dem Schild besonders hervorgehoben sein, wäre das nach h. M. als zulässige Verbreitung des Bildes einer Ansammlung zu bewerten, wenn die Frau einen repräsentativen Gesamteindruck von der Veranstaltung vermittelt.[40]

5. Rechtswidrigkeit

Die Rechtswidrigkeit richtet sich nach allgemeinem Strafrecht, § 14 Abs. 1 BbgPG.[41] Die Tat ist nicht rechtswidrig, wenn ein Rechtfertigungsgrund eingreift. Da es sich um ein Unterlassungsdelikt handelt, kommt praktisch hauptsächlich die Pflichtenkollision in Betracht.

6. Schuld

Die Schuldhaftigkeit richtet sich nach den allgemeinen Regeln des StGB, also §§ 17, 20, 35 StGB.

7. Ergebnis

Sofern die Verbreitung und öffentliche Zurschaustellung des Bildnisses der Frau nicht gem. § 23 Abs. 1 Nr. 3 KUG gerechtfertigt ist, hat sich der verantwortliche Redakteur des Potsdamer Kurier strafbar gemacht, sofern er es zumindest fahrlässig versäumt hat, die Veröffentlichung in der Zeitung zu verhindern. Da Straftaten nach § 33 KUG nur auf Antrag der verletzten Person (§§ 33 Abs. 2 KUG, § 77 StGB) verfolgt werden, ist auch die Straftat des verantwortlichen Redakteurs ein Antragsdelikt.

---

[38] *Wandtke/Bullinger*, § 22 KUG Rn. 5.

[39] Zur umstrittenen Anwendbarkeit des § 23 KUG seit Inkrafttreten der DS-GVO vgl. *Benedikt/Kranig*, ZD 2019, 4 ff.

[40] *Wandtke/Bullinger*, § 23 KUG Rn. 25.

[41] Löffler/*Kühl*, LPG vor § 20 Rn. 1.

Fall 18 Adolf lässt grüßen

Verfassungswidrige Kennzeichen – Recht am eigenen Bild – üble Nachrede – Berichterstatterprivileg – Wahrnehmung berechtigter Interessen – strafbare Pflichtverletzung des verantwortlichen Redakteurs

Student Stefan Schneider (S) fährt mit dem Fahrrad von seiner Wohnung in Berlin-Zehlendorf zur Universität nach Potsdam-Griebnitzsee. Die Route führt durch den Wald und verläuft zwei Kilometer parallel zur S-Bahntrasse zwischen den S-Bahnstationen Griebnitzsee und Wannsee. Der Waldweg, auf dem S fährt, ist stellenweise nur 40 Meter von den S-Bahngleisen entfernt. Während S diese Strecke fährt, kommt aus Richtung Griebnitzsee ein S-Bahnzug gefahren. Aus „purem Jux" reckt S – der keineswegs ein Neonazi ist – in Richtung S-Bahn den rechten Arm zum „Hitler-Gruß" nach vorne und verzieht dümmlich grinsend sein Gesicht. S ist über die jüngere Geschichte Deutschlands nur mäßig informiert. Vom Zweiten Weltkrieg, dem Nationalsozialismus und Adolf Hitler hat er – wie viele seiner Generationsgenossen – nur sehr oberflächliche Kenntnisse. Die spezielle Symbolik des schräg nach oben ausgestreckten rechten Armes ist ihm daher unbekannt. Er hat vor kurzem in Berlin eine Demonstrationsveranstaltung gesehen, bei der viele Teilnehmer diese Armbewegung ausgeführt haben. Über deren Bedeutung hatte er sich aber keine Gedanken gemacht.

In der voll besetzten S-Bahn sitzt auch der Student Anton (A), der aus dem Fenster schaut und den Fahrradfahrer S sieht. Daher erblickt A die Hitler-Gruß-Geste des S. A hat – was er fast ununterbrochen tut – sein Smartphone in der Hand. Mit dem Gerät kann man fotografieren und Videoaufnahmen machen. Geistesgegenwärtig macht A blitzschnell eine Aufnahme von S, während dieser den „Hitler-Gruß" vorführt. Der ausgestreckte rechte Arm und das Gesicht des S sind auf der Aufnahme gut zu sehen. A erkennt S als seinen Kommilitonen.

Dann fasst A den Entschluss, dieses Foto zum Gegenstand einer Presseveröffentlichung machen zu lassen. Per E-Mail schickt A das Foto mit dem den Hitler-Gruß zeigenden S seiner Kommilitonin Xenia (X). X ist Redakteurin der zweimal im Jahr erscheinenden Studentenzeitung „Durchblick" an der Universität Potsdam. X schreibt daraufhin einen Artikel für diese Zeitung mit der Überschrift „Neonazis an der Universität Potsdam?" Die Aufnahme des A baut sie in den Text ein. Der von X verfasste Artikel erscheint zwei Wochen später mit dem Bild des S in der Studentenzeitung. Das Gesicht des S ist nicht zu erkennen, weil die Augenpartie mit einem schwarzen Balken verdeckt ist. Für zahlreiche Kommilitonen ist S auf dem Foto dennoch erkennbar, weil er in dem Artikel als „Stefan S." nur teilweise anonymisiert worden ist. Der von X verfasste Text behandelt das Phänomen rechtsradikaler Erscheinungen an der Universität Potsdam sachlich und ohne direkten Bezug zur Person des S. Über S erfährt der Leser nur das, was auf dem Foto zu sehen ist, sowie dass er an der Universität Potsdam studiert. Robert (R) ist verantwortlicher Redakteur der Studentenzeitung. Er hatte den Inhalt der Zeitung vor ihrem Erscheinen nur flüchtig durchgesehen. Darüber, ob der Artikel der X und die Verwendung des Fotos rechtlich bedenklich sein könnten, hat er sich keine Gedanken gemacht.

Wie haben sich S, A, X und R strafbar gemacht?

Lösung

Strafbarkeit des S

Verwenden von Kennzeichen verfassungswidriger Organisationen, § 86a Abs. 1, Abs. 2 S. 1 StGB

S könnte sich durch das Zeigen des „Hitler-Grußes" aus § 86a Abs. 1 Nr. 1 StGB strafbar gemacht haben.

1. Objektiver Tatbestand

a) Der Hitlergruß ist gem. § 86a Abs. 3 StGB ein Kennzeichen. Da diese Geste in der Zeit des Nationalsozialismus eine übliche Ausdrucksform der Zugehörigkeit zur NSDAP, der Verehrung des Diktators Adolf Hitler und der Befürwortung der nationalsozialistischen Gewaltherrschaft war, hat sie tatbestandsmäßige Qualität.[1]

b) Das physische Ausführen der Grußbewegung kann eine Verwendung des Kennzeichens sein.[2] Allerdings sind Formen des Gebrauchs, durch die Gegnerschaft zu der verbotenen Organisation zum Ausdruck gebracht wird, nicht tatbestandsmäßig.[3] Eine darüber hinausgehende Tatbestandseinschränkung, die nicht auf den Kriterien des § 86a Abs. 3 iVm § 86 Abs. 3 StGB beruht, ist indessen nicht anzuerkennen.[4] Daher ist es unerheblich, ob der Täter mit der Geste eine entsprechende Gesinnung zum Ausdruck bringt oder aus purem „Jux" handelt, solange die Scherzhaftigkeit des Handelns nicht eindeutig zu erkennen ist. S hat somit das Kennzeichen verwendet.

c) Die Verwendung fand auf deutschem Staatsgebiet, also im Inland statt.[5]

d) Da S den Gruß zeigte, als ein mit zahlreichen Fahrgästen besetzter S-Bahnzug vorbeifuhr, beging er seine Tat öffentlich.[6]

---

[1] BayObLG, NStZ 2003, 89 (90).
[2] *Schönke/Schröder/Sternberg-Lieben*, § 86a Rn. 6.
[3] MK-*Steinmetz*, § 86a Rn. 23; *Schönke/Schröder/Sternberg-Lieben*, § 86a Rn. 6.
[4] MK-*Steinmetz*, § 86a Rn. 25; SSW-*Güntge*, § 86a Rn. 10.
[5] MK-*Steinmetz*, § 86a Rn. 6.
[6] MK-*Steinmetz*, § 86a Rn. 26; SSW-*Güntge*, § 86a Rn. 7.

2. Subjektiver Tatbestand

S müsste vorsätzlich gehandelt haben, § 15 StGB. Ausreichend ist bedingter Vorsatz.[7] Der Vorsatz muss alle Tatsachen umfassen, durch die der objektive Tatbestand erfüllt wird.[8] Zu den Tatsachen, von denen S Kenntnis gehabt haben muss, gehört nicht allein die körperliche Geste „Ausstrecken des rechten Armes" (Umstandskenntnis),[9] sondern auch ihr spezifisch tatbestandsmäßiger Bedeutungsgehalt. S müsste also gewusst haben, dass es sich um das Kennzeichen einer „der in § 86 Abs. 1 Nr. 1, 2 und 4 bezeichneten Parteien oder Vereinigungen" handelt (Bedeutungskenntnis).[10] Ohne die Kenntnis des historischen Hintergrunds und Zusammenhangs konnte S dieses Wissen nicht haben. Er hat daher ohne Vorsatz gehandelt, § 16 Abs. 1 S. 1 StGB.

3. Ergebnis

S hat sich nicht aus § 86a Abs. 1 Nr. 1 StGB strafbar gemacht.

Strafbarkeit des A

I. Verletzung des höchstpersönlichen Lebensbereichs durch Bildaufnahmen, § 201a Abs. 1 Nr. 3 StGB

Eine Strafbarkeit aus § 201a Abs. 1 Nr. 3 StGB kommt nicht in Betracht, da sich S weder in einer Wohnung noch in einem sonstigen gegen Einblick besonders geschützten Raum befand.

II. Verletzung des höchstpersönlichen Lebensbereichs durch Bildaufnahmen, § 201a Abs. 2 StGB

A könnte sich dadurch, dass er der X das den S beim Hitler-Gruß darstellende Foto per e-mail zusandte, gemäß § 201a Abs. 2 StGB strafbar gemacht haben.

1. Objektiver Tatbestand

a) Das Foto, das A mit seinem Smartphone von S hergestellt hat, ist eine Bildaufnahme einer anderen Person.

b) Da S auf der Abbildung – wenn auch gutgläubig – den Hitler-Gruß ausführt, erscheint er Dritten gegenüber entweder als „Neonazi" oder als gedankenloser Mensch, der die Symbolik und die dahinter stehende Gesinnung in unverantwortlicher und/oder naiver Weise verharmlost. Eine derartige Zuschreibung ist geeignet das Ansehen des S erheblich zu beschädigen. Da S aus bloßer Ahnungslosigkeit die Geste ausgeführt hat, verdient er eine Herabsetzung, wie sie die Abbildung herbeizuführen geeignet ist, nicht.

---

[7] *Schönke/Schröder/Sternberg-Lieben*, § 86a Rn. 11.
[8] MK-*Steinmetz*, § 86a Rn. 34.
[9] *Schönke/Schröder/Sternberg-Lieben/Schuster*, § 15 Rn. 39.
[10] *Schönke/Schröder/Sternberg-Lieben/Schuster*, § 15 Rn. 40.

c) Indem A der X das Foto des S auf elektronischem Übermittlungsweg zur Verfügung stellte, hat er die Bildaufnahme einer Dritten Person zugänglich gemacht. Keine Voraussetzung der Tatbestandserfüllung ist eine tatsächliche Ansehensschädigung, zumal eine tatsächliche Kenntnisnahme durch den Dritten nicht erforderlich ist.[11] Daher ist es unerheblich, ob X eine Adressatin ist, der gegenüber bereits eine Ansehensschädigung zum Nachteil des S eintreten kann.

d) Da A ohne Einwilligung des S handelte, ist die „Unbefugtheit" nicht auf der Ebene des objektiven Tatbestandes ausgeschlossen.

e) Die Tat könnte aber in den Geltungsbereich des Berichterstatterprivilegs fallen und deshalb gem. § 201a Abs. 4 StGB sozialadäquat sein. In Anlehnung an § 86 Abs. 3 StGB wird in der Literatur vertreten, dass es sich um einen Tatbestandsausschlussgrund handele.[12] Diese Ansicht verkennt indessen die bedeutenden Unterschiede, die zwischen § 86 Abs. 3 StGB und § 201a Abs. 4 StGB bestehen: während eine den in § 86 Abs. 3 StGB genannten Zwecken dienende Verwendung von vornherein keinen Unrechtsgehalt hat, liegt in den Fällen des § 201a Abs. 4 StGB eine Kollision zwischen dem Individualrechtsgut „Ehre" der abgebildeten Person und dem Berichterstattungs- und dem Informationsinteresse vor. Zudem setzt § 201a Abs. 4 StGB ein „überwiegendes berechtigtes" Interesse voraus. Insofern ist der Unrechtsausschluss gem. § 201a Abs. 4 StGB sogar strenger definiert als die allgemeine Wahrnehmung berechtigter Interessen gem. § 193 StGB. Auch die Nähe zu § 201 Abs. 2 S. 3 StGB bestätigt den Charakter als Rechtfertigungsgrund. Eine Tat, die die Voraussetzungen des § 201a Abs. 4 StGB erfüllt, ist also objektiv tatbestandsmäßig, aber gerechtfertigt (näher unten 3.).

2. Subjektiver Tatbestand
A handelte vorsätzlich, § 15 StGB.

3. Rechtswidrigkeit
Die Tat könnte gem. § 201a Abs. 4 StGB gerechtfertigt sein.

Da § 201a Abs. 4 StGB deutlich enger gefasst ist als § 86 Abs. 3 und § 193 StGB, indem „überwiegende" berechtigte Interessen vorausgesetzt werden, kann man die Veröffentlichung des Fotos im Kontext eines Presseartikels nicht bereits auf der Ebene des objektiven Tatbestandes aus dem Unrechtsbereich ausgrenzen (s. o. 1. e).

Der Gegenstand der von A gemachten Bildaufnahme ist ein Vorgang des „Zeitgeschehens". Die Handlung des A dient der Berichterstattung über den Vorgang. Unerheblich ist, dass A nicht selbst als Berichterstatter tätig wurde, sondern jemand anderem das Bild als Material für einen Presseartikel zur Verfügung gestellt hat. Auch Informantentätigkeit „dient" der Berichterstattung, wenn die verschafften Informationen zum Zwecke der Berichterstattung verwertet werden sollen. A hat daher gerechtfertigt gehandelt.

---

[11] *Schönke/Schröder/Eisele*, § 201a Rn. 29.
[12] *Fischer*, § 201a Rn. 31.

4. Ergebnis
A hat sich nicht aus § 201a Abs. 2 StGB strafbar gemacht.

III. Verwenden von Kennzeichen verfassungswidriger Organisationen, § 86a Abs. 1 Nr. 2 StGB
A könnte sich dadurch, dass er von dem den Hitler-Gruß zeigenden S eine Bildaufnahme machte, gemäß § 86a Abs. 1 Nr. 2 StGB strafbar gemacht haben.

1. Objektiver Tatbestand
a) Die Bildaufnahme ist eine Schrift iSd § 11 Abs. 3 StGB und deshalb ein Gegenstand, der das Kennzeichen „Hitler-Gruß" darstellt.[13]

b) Als A mit seinem Smartphone die Aufnahme von S machte, stellte er den Gegenstand her.[14] Darüber hinaus ist das Speichern der Aufnahme auf dem Smartphone ein Vorrätighalten.[15]

2. Subjektiver Tatbestand
a) A handelte vorsätzlich, § 15 StGB.

b) A müsste außerdem die Absicht gehabt haben, durch seine Tat eine Verbreitung oder Verwendung des Gegenstandes in der in § 86a Abs. 1 Nr. 1 StGB bezeichneten Weise vorzubereiten.[16] Als A die Aufnahme machte, hatte er keinerlei konkrete Verwendungsabsicht. Den Entschluss, das Foto im Rahmen einer Presseveröffentlichung verwenden zu lassen, fasste A erst nach der Herstellung der Bildaufnahme. Deshalb könnte aber die Absicht mit dem Vorrätighalten zusammenfallen. Zusammen mit der Studentenzeitung würde das Bild und damit der von A vorrätig gehaltene Gegenstand verbreitet werden. Darauf war die Absicht des A gerichtet. Allerdings würde die auf Ermöglichung der Verbreitung zielende Absicht kein Unrecht begründen, wenn der Verbreitungsakt seinerseits kein Unrecht wäre. Das könnte aus § 86a Abs. 3 iVm § 86 Abs. 3 StGB folgen. Im Klartext drückt die Verweisung des § 86a Abs. 3 auf § 86 Abs. 3 StGB aus, dass Absatz 1 des § 86a „nicht gilt", wenn die Voraussetzungen des § 86 Abs. 3 StGB erfüllt sind. Während dies bei § 86a Abs. 1 Nr. 1 StGB bereits die objektive Tatbestandsmäßigkeit ausschließt, weil das objektive Verbreiten oder Verwenden betroffen ist, entfällt bei § 86a Abs. 1 Nr. 2 StGB die subjektive Tatbestandsmäßigkeit, weil die Voraussetzungen des § 86 Abs. 3 StGB den Gegenstand der Täterabsicht betreffen. Die Verbreitung in einem Artikel einer Studentenzeitung ist ein Fall von Berichterstattung über Zeitgeschehen, soweit die Leser der Zeitung darüber informiert werden, dass sich der abgebildete Vorfall tatsächlich ereignet hat. Diese Art der Verwendung des

---
[13] MK-*Steinmetz*, § 86a Rn. 7.
[14] *Schönke/Schröder/Sternberg-Lieben*, § 86a Rn. 9b.
[15] SSW-*Güntge*, § 86 Rn. 12; *Schönke/Schröder/Sternberg-Lieben*, § 86a Rn. 9b; *Schönke/Schröder/Eisele*, § 184 Rn. 64.
[16] SSW-*Güntge*, § 86a Rn. 11; *Schönke/Schröder/Sternberg-Lieben*, § 86a Rn. 9c.

Bildes wäre somit nicht tatbestandsmäßig.[17] Also handelte A ohne die erforderliche Absicht, eine tatbestandsmäßige Verbreitung des Gegenstands zu ermöglichen.

3. Ergebnis
A hat sich nicht aus § 86a Abs. 1 Nr. 2 StGB strafbar gemacht.

IV. § 33 Abs. 1 iVm § 22 KUG
Indem A die Aufnahme des S an X sandte, könnte er sich gem. § 33 Abs. 1 iVm § 22 KUG strafbar gemacht haben.

1. Objektiver Tatbestand
a) Die Aufnahme des S auf dem Smartphone ist ein Bildnis des S.

b) Indem A das Foto des S per e-mail an X sandte, könnte er das Bildnis verbreitet haben. Der übliche Bedeutungsgehalt des Rechtsbegriffs „Verbreiten" stellt auf eine körperliche Weitergabe eines Gegenstandes ab.[18] Diese ist bei der Benutzung eines elektronischen Kommunikationsweges fraglich. Solange der Adressat einer e-mail nicht denselben Grad an physischer Herrschaft über den zu verbreitenden Gegenstand erlangt hat, liegt noch kein Verbreiten vor. Das ist der Fall, wenn der Empfänger eine e-mail nur über einen fremden Server aufrufen kann und (noch) nicht auf seinem Rechner gespeichert hat.[19] Sobald er aber die e-mail auf den eigenen Rechner heruntergeladen hat, befindet sie sich in seinem eigenen Zugriffsbereich. Dieser Status gleicht dem, der durch die körperliche Übergabe des Datenspeichers[20] vom Absender an den Empfänger begründet worden wäre. Er kann daher als Resultat eines Verbreitens anerkannt werden.[21] Zudem zeigt § 1 Abs. 2 S. 2 JuSchG, dass man sowohl eine „gegenständliche" als auch eine „elektronische" Weiterleitung eines Medieninhalts dem Begriff „Verbreiten" zuordnen kann. Dass hier das Foto nur an eine einzelne bestimmte Person versandt wurde, stünde in anderen tatbestandlichen Kontexten – z. B. § 184b StGB – der Erfüllung des Tatbestandsmerkmals „Verbreiten" entgegen.[22] Denn wesentlich für ein Verbreiten ist die Erreichung eines größeren Personenkreises, der nach Zahl und Individualität unbestimmt ist.[23] §§ 22, 33 KUG liegt aber ein weiterer Verbreitens-Begriff zugrunde, der auch die Weitergabe an eine bestimmte Einzelperson umfasst.[24] Daher hat A das Bildnis des S verbreitet.

---

[17] MK-*Steinmetz*, § 86 Rn. 37.
[18] *Kächele*, Der strafrechtliche Schutz vor unbefugten Bildaufnahmen (§ 201a StGB), S. 132; *Malek/Popp*, Strafsachen im Internet, Rn. 345; SSW-*Hilgendorf*, § 184b Rn. 8.
[19] BayObLG, NJW 2000, 2911 (2912).
[20] Diese entspricht dem „klassischen" Verbreitens-Begriff, vgl. *Hilgendorf/Valerius*, Computer- und Internetstrafrecht, Rn. 301.
[21] *Kächele*, S. 133; *Schönke/Schröder/Eisele*, § 184b Rn. 5a; krit. *Hilgendorf/Valerius*, Computer- und Internetstrafrecht, Rn. 303.
[22] *Eisele*, Computer- und Medienstrafrecht, 6. Kap. Rn. 36.
[23] *Schönke/Schröder/Eisele*, § 184b Rn. 5.
[24] *Kächele*, S. 132.

c) S hat in die Verbreitung seines Bildnisses nicht eingewilligt.

2. Subjektiver Tatbestand
A handelte vorsätzlich, § 15 StGB.

3. Rechtswidrigkeit
a) Die Tat ist nicht nach § 23 KUG gerechtfertigt, da die dort aufgestellten Voraussetzungen, unter denen eine Bildnisverbreitung auch ohne Einwilligung des S erlaubt wäre, nicht erfüllt sind.[25]

b) Eine Rechtfertigung der Tat könnte sich aber aus § 201a Abs. 4 StGB ergeben. Wie oben (II. 3) festgestellt wurde, entfiel im Kontext des § 201a Abs. 2 StGB die Rechtswidrigkeit der Zugänglichmachung des Fotos auf Grund des Berichterstatterprivilegs. Dieses scheint aber im Rahmen des Tatbestandes § 33 Abs. 1 iVm § 22 KUG keine Wirkung zu entfalten, da der Text des § 201a Abs. 4 StGB ausdrücklich allein die Nichtgeltung der § 201a Abs. 1 Nr. 2, Nr. 3, Nr. 4, Abs. 2 und Abs. 3 StGB anordnet. Formell ist damit eine Erstreckung auf Straftatbestände außerhalb des § 201a StGB ausgeschlossen. Es entstünde jedoch ein Wertungswiderspruch, wenn die Weitergabe von Bildaufnahmen, die sogar geeignet sind, dem Ansehen der abgebildeten Person erheblich zu schaden, unter den Voraussetzungen des § 201a Abs. 4 StGB straffrei bliebe, hingegen die Weitergabe eines Bildnisses, das keinen ansehensschädigenden Charakter hat, nach § 33 Abs. 1 iVm § 22 KUG strafbar wäre, weil § 201a Abs. 4 StGB diesen Straftatbestand nicht mitumfaßt. Offenbar ist dieser Aspekt im Gesetzgebungsverfahren, auf dem die Neufassung des § 201a StGB beruht, nicht beachtet worden. Es besteht hier also eine planwidrige Regelungslücke.[26] Daher ist eine analoge Anwendung des § 201a Abs. 4 StGB begründet. Das verstößt nicht gegen das Analogieverbot des Art. 103 Abs. 2 GG, da diese Analogie täterbegünstigende Wirkung hat.[27]

4. Ergebnis
A hat sich nicht aus § 33 Abs. 1 iVm § 22 KUG strafbar gemacht.

Strafbarkeit der X

I. Verwenden von Kennzeichen verfassungswidriger Organisationen, § 86a Abs. 1 Nr. 1 StGB

1. Objektiver Tatbestand
a) Indem X das von A zugesandte Foto mit dem Hitler-Gruß in ihren Zeitungsartikel einbezog, verwendete sie ein verbotenes Kennzeichen.

---

[25] Zur umstrittenen Anwendbarkeit des § 23 KUG unter Geltung des Art. 85 DS-GVO *Benedikt/Kranig*, ZD 2019, 4 ff.
[26] Zu dieser Analogievoraussetzung *Schönke/Schröder/Hecker*, § 1 Rn. 35.
[27] *Fischer*, § 1 Rn. 23; *Schönke/Schröder/Hecker*, § 1 Rn. 30.

b) Die konkrete Art der Kennzeichenverwendung bewegte sich aber im Rahmen des Berichterstatterprivilegs des § 86a Abs. 3 iVm § 86 Abs. 3 StGB (s. o. B. III. 2. b). Daher erfüllt das Verhalten der X den objektiven Tatbestand nicht.[28]

2. Ergebnis

X hat sich nicht aus § 86a Abs. 1 Nr. 1 StGB strafbar gemacht.

II. Üble Nachrede, § 186 StGB

1. Objektiver Tatbestand

a) In dem Zeitungsartikel werden Angaben zur Person des S gemacht. Zusammen mit dem Foto, auf das der Text Bezug nimmt, wird dem Leser mitgeteilt ist, dass S die verpönte Hitlergruß-Geste ausgeführt habe. X hat also in Bezug auf S eine Tatsache behauptet.

b) Gerade in dem akademischen Umfeld einer Universität kann die unterschwellige Behauptung des Nazisympathisantentums geeignet sein, die betroffene Person gesellschaftlich zu deklassieren. Die behauptete Tatsache ist also geeignet den S verächtlich zu machen und in der öffentlichen Meinung herabzuwürdigen.

c) Die Tat ist zudem durch Verbreiten von Schriften (§ 11 Abs. 3 StGB) begangen worden und daher qualifiziert.[29]

2. Nichterweislichkeit der Wahrheit

Dass S mit seinem rechten Arm eine „Hitler-Gruß"-Bewegung ausgeführt hat, lässt sich mithilfe des Fotos sowie durch eine Zeugenaussage des A verifizieren. Insoweit kann von Nichterweislichkeit der Wahrheit nicht ausgegangen werden. Allerdings erschöpft sich der ansehensschädigende Aussagegehalt des Zeitungsartikels nicht in der Information über das Ereignis, das tatsächlich stattgefunden hat. Die redaktionell hergestellte Wechselbezüglichkeit von Foto und Text generiert einen überschießenden Sinngehalt, der über die Person des S mehr sagt, als auf dem Foto zu sehen und in dem Text über ihn zu lesen ist. Auch wenn S in dem Artikel an keiner Stelle explizit einer rechtsradikalen Einstellung bezichtigt wird, erzeugt das Gesamtensemble im Leserhorizont eine entsprechende Botschaft („S ist ein Neonazi"). Dass diese in Bezug auf S aufgestellte Behauptung der Wahrheit entspricht, wird sich nicht belegen lassen, da S laut Sachverhalt keinerlei Nähe zu rechtsextremen Ideologien nachgesagt werden kann. Daher ist die objektive Strafbarkeitsbedingung[30] erfüllt.

3. Subjektiver Tatbestand

X handelte vorsätzlich, § 15 StGB.

---

[28] *Eisele*, Computer- und Medienstrafrecht, 6. Kap. Rn. 102.
[29] *Schönke/Schröder/Eisele/Schittenhelm*, § 186 Rn. 18.
[30] Dazu *Eisele*, Computer- und Medienstrafrecht, 6. Kap. Rn. 85.

4. Rechtswidrigkeit

Die Tat könnte durch Wahrnehmung berechtigter Interessen gerechtfertigt sein, § 193 StGB. Wenngleich Presse- und Medienberichterstattung im Text des § 193 StGB nicht ausdrücklich erwähnt ist, ist die Information der Öffentlichkeit durch die Medien ein zentraler Bestandteil dieses Rechtfertigungsgrundes. Es handelt sich um eine Konkretisierung der grundgesetzlich garantierten Pressefreiheit (Art. 5 Abs. 1 GG) auf der einfachgesetzlichen Ebene des Strafrechts.[31] Bekräftigt wird diese Wertung durch Regelungen in den Pressegesetzen der Bundesländer:

„Die Presse erfüllt eine öffentliche Aufgabe insbesondere dadurch, dass sie Nachrichten beschafft und verbreitet, Stellung nimmt, Kritik übt oder auf andere Weise an der freien individuellen und öffentlichen Meinungsbildung mitwirkt. Sie nimmt insoweit grundsätzlich berechtigte Interessen im Sinne von § 193 StGB wahr." (§ 3 Pressegesetz des Landes Brandenburg).

Hier hat sich X mit ihrem Artikel im Rahmen des § 193 StGB bewegt. Die Einbeziehung des Fotos in den Artikel diente als Beleg dafür, dass Befürchtungen eines Wiederauflebens rechtsextremer politischer Strömungen nicht aus der Luft gegriffen sind und dass Wachsamkeit geboten ist. Die Aufmachung des Artikels gefährdete das Ansehen des S nicht mehr als erforderlich und ließ etwa durch den das Gesicht anonymisierenden Balken erkennen, dass eine Vorverurteilung des S vermieden werden sollte. Insgesamt war die Berichterstattung fair, maßvoll und schonend. Dass ihr ausschließlich das Anliegen einer Information der Öffentlichkeit über ein Ereignis von öffentlichem Interesse zugrunde lag und es nicht darum ging, den S unter dem Deckmantel der Pressefreiheit öffentlich an den Pranger zu stellen, kann unterstellt werden. Daher war die Tat gerechtfertigt.

5. Ergebnis

X hat sich nicht aus § 186 StGB strafbar gemacht.

III. Verletzung des höchstpersönlichen Lebensbereichs durch Bildaufnahmen, § 201a Abs. 2 StGB

1. Objektiver Tatbestand

a) Die Bildaufnahme des S ist trotz Unkenntlichmachung des Gesichts immer noch geeignet, dem Ansehen des S erheblich zu schaden. Denn die Anonymisierung ist durch die abgekürzte Nennung seines Namens im Text des Artikels teilweise wieder aufgehoben worden. Tatsächlich kann S zumindest von Kommilitonen anhand des Artikels identifiziert werden.

b) Indem die Ausgabe der Studentenzeitung mit dem von X verfassten Artikel auf den Markt gebracht wurde, ist die Bildaufnahme „dritten Personen" zugänglich gemacht worden. Bereits zuvor hat X in der Redaktion der Zeitung „Durchblick" das Foto anderen Redaktionsmitgliedern zugänglich gemacht.

---

[31] *Eisele*, Computer- und Medienstrafrecht, 6. Kap. Rn. 91; SSW-*Sinn*, § 193 Rn. 3.

2. Subjektiver Tatbestand
X handelte vorsätzlich, § 15 StGB.

3. Rechtswidrigkeit
Wie bereits oben erörtert wurde, erfüllt der Umgang mit der Bildaufnahme jedoch die Voraussetzungen des Berichterstatterprivilegs § 201a Abs. 4 StGB. Daher ist das Verhalten der X gerechtfertigt.

4. Ergebnis
X hat sich nicht aus § 201a Abs. 2 StGB strafbar gemacht.

IV. § 33 Abs. 1 iVm § 22 KUG

1. Objektiver Tatbestand
a) Das Foto, das in der Studentenzeitung „Durchblick" verwendet wurde, war ein Bildnis des S. Die Unkenntlichmachung des Gesichts durch den Augenbalken hat die Erkennbarkeit des S nicht vollständig aufgehoben. Daher ist auch die bearbeitete Abbildung des S noch ein taugliches Tatobjekt.
   b) Indem X das Foto des S in den später veröffentlichten Zeitungsartikel einbezog, bewirkte sie die Verbreitung des Bildnisses.
   c) S hatte in die Verbreitung des Bildnisses nicht eingewilligt.

2. Subjektiver Tatbestand
X handelte vorsätzlich, § 15 StGB.

3. Rechtswidrigkeit
Die Tat war jedoch in analoger Anwendung des § 201a Abs. 4 StGB gerechtfertigt.

4. Ergebnis
X hat sich nicht aus § 33 Abs. 1 iVm § 22 KUG strafbar gemacht.

Strafbarkeit des R

§ 14 Abs. 2 Nr. 1 BbgPG
R könnte sich dadurch, dass er es versäumte, den Inhalt der Zeitung „Durchblick" auf strafbare Inhalte zu überprüfen, gem. § 14 Abs. 2 Nr. 1 BbgPG strafbar gemacht haben.

1. Interlokales Strafrecht
Presserecht und Pressestrafrecht sind Regelungsmaterien, die in die ausschließliche Gesetzgebungszuständigkeit der Bundesländer fallen, Art. 70 ff. GG.[32] Da es demzufolge in Deutschland 16 verschiedene Presse- oder Mediengesetze mit Strafvorschriften

---

[32] *Groß*, NStZ 1994, 312.

gibt, ist zunächst zu klären, welches dieser 16 Gesetze im vorliegenden Fall anwendbar ist. Dies richtet sich nach den ungeschriebenen – gewohnheitsrechtlich geltenden – Regeln des „interlokalen Strafrechts".[33] Primärer Anknüpfungspunkt ist der Tatort.[34] Das Gesetz, in dessen räumlichem Geltungsbereich die Tat begangen wurde, ist auf den Fall anwendbar. Im vorliegenden Fall ist also der Ort maßgebend, an dem R seine Pflicht als verantwortlicher Redakteur erfüllen musste bzw. verletzt haben könnte. Da es sich bei § 14 Abs. 2 Nr. 1 BbgPG um ein Unterlassungsdelikt handelt,[35] ist auf den Ort abzustellen, an dem R hätte handeln müssen.[36] Weil die Studentenzeitung an der Universität Potsdam gefertigt und herausgegeben wird, ist dort der Ort, wo R seine Aufgabe als verantwortlicher Redakteur zu erfüllen hat. Demzufolge ist dort auch der Tatort, falls R in strafbarer Weise seine Pflicht verletzt hat. Anwendbar ist deshalb das Pressegesetz des Landes Brandenburg.

2. Objektiver Tatbestand

a) Druckwerk
Die Studentenzeitung „Durchblick" ist ein „Druckwerk" iSd § 14 Abs. 2 Nr. 1 iVm, § 7 Abs. 1 BbgPG.

b) Periodisch
Da die Studentenzeitung „Durchblick" in ständiger Folge zweimal im Jahr erscheint, kann angenommen werden, dass zwischen zwei Ausgaben nicht mehr als 6 Monate Abstand liegt. Daher ist die Studentenzeitung ein periodisches Druckwerk, § 7 Abs. 4 BbgPG.

c) Verantwortlicher Redakteur
R ist laut Sachverhalt das Amt des verantwortlichen Redakteurs iSd § 10 BbgPG übertragen. Er ist daher tauglicher Täter des in § 14 Abs. 2 Nr. 1 BbgPG normierten Sonderdelikts.[37]

d) Pflichtverletzung
R war verpflichtet, den gesamten Inhalt der Studentenzeitung auf mögliche strafrechtliche Inhalte zu überprüfen.[38] Den Artikel der X hat er nur oberflächlich zur Kenntnis genommen und über die strafrechtliche Unbedenklichkeit nicht gründlich nachgedacht. Daher hat er seine Prüfpflicht verletzt.

---

[33] *Schönke/Schröder/Eser*, vor § 3 Rn. 66.
[34] *Löffler-Kühl*, LPG vor § 20 Rn. 20; *Schönke/Schröder/Eser*, vor § 3 Rn. 70.
[35] *Löffler-Kühl*, LPG § 20 Rn. 128.
[36] *Schönke/Schröder/Eser*, § 9 Rn. 5.
[37] *Löffler-Kühl*, LPG § 20 Rn. 113.
[38] *Löffler-Kühl*, LPG § 20 Rn. 123.

3. Verwirklichung des Tatbestandes eines Strafgesetzes
a) Rechtsnatur
Die Strafbarkeit des R hängt davon ab, dass durch das Druckwerk „der Tatbestand eines Strafgesetzes verwirklicht worden" ist, § 14 Abs. 2 BbgPG. Diese Strafbarkeitsvoraussetzung gehört nicht zum objektiven Tatbestand. Es handelt sich vielmehr um eine objektive Strafbarkeitsbedingung.[39]

b) Presseinhaltsdelikt
Tatbestandstauglich sind nur Delikte, die bei der Überprüfung des Inhalts des Druckwerkes erkannt werden können. Deshalb kommen allein Presseinhaltsdelikte in Betracht. Dies trifft auf die Straftatbestände §§ 86a Abs. 1 Nr. 1, 186, 201a Abs. 2 StGB und § 33 Abs. 1 iVm § 22 KUG zu. Allerdings hat sich oben gezeigt, dass sich X aus keinem dieser Tatbestände strafbar gemacht hat. Dennoch könnte ihr Verhalten eine ausreichende Voraussetzung der Strafbarkeit des R sein, da nach dem Wortlaut des § 14 Abs. 2 Nr. 1 BbgPG nur die „Verwirklichung des Tatbestands eines Strafgesetzes" erforderlich ist. Diese Voraussetzung ist in Bezug auf § 186 StGB sowie auch in Bezug auf § 201a Abs. 2 StGB und § 33 Abs. 1 iVm § 22 KUG erfüllt, wenn man die Sozialadäquanzklausel des § 201a Abs. 4 StGB zutreffend als Rechtfertigungsgrund qualifiziert (s. o. B II 1 e). Aber der zitierte Wortlaut ist zu weit und irreführend. Wenn ein Inhalt des Druckwerks auf gerechtfertigtem Handeln beruht, gibt es keinen Grund, ihn aus dem Druckwerk zu entfernen. Hätte der verantwortliche Redakteur einen tatbestandsmäßigen Artikel unter den Voraussetzungen eines Rechtfertigungsgrundes veröffentlicht, würde er sich weder als Täter noch als Teilnehmer strafbar machen. Dann wäre es wertungswidersprüchlich, wenn derselbe Artikel von einem anderen Autor verfasst die Strafbarkeit des verantwortlichen Redakteurs begründen könnte, sofern dieser seine Überprüfungspflicht verletzt hat. Zudem darf die Strafbarkeit des verantwortlichen Redakteurs nicht davon abhängen, ob unrechtsausschließende Umstände vom Gesetzgeber – möglicherweise zufällig – als Tatbestandsausschlussgrund – so bei §§ 86 Abs. 3, 86a Abs. 3 StGB – oder als Rechtfertigungsgrund – so bei §§ 193, 201a Abs. 4 StGB – ausgestaltet worden sind. Die Tat, deren Begehung objektive Strafbarkeitsbedingung ist, muss also tatbestandsmäßig und rechtswidrig sein. Schuldhaft braucht sie indessen nicht begangen worden sein.[40] Der Artikel mit dem Foto des S ist nicht Gegenstand einer rechtswidrigen Tat der X.

4. Ergebnis
R hat sich nicht aus § 14 Abs. 2 Nr. 1 BbgPG strafbar gemacht.

---

[39] Löffler-*Kühl*, LPG § 20 Rn. 144; *Mitsch*, Medienstrafrecht, § 7 Rn. 24.
[40] Löffler-*Kühl*, LPG § 20 Rn. 145; *Mitsch*, Medienstrafrecht, § 7 Rn. 24.

Stichwortverzeichnis

A
Aberratio ictus 165
Agent provocateur 64, 109
Anstiftung 63
  zur Bedrohung 82
  zur Brandstiftung 107
  zum Totschlag/Mord 78
  zum versuchten Mord 102, 108
Aufforderung zu Straftaten, öffentliche 82, 103, 106, 110, 114
Aufklärungspflicht 30, 172
Aufnahme 5
  auf einen Tonträger 23
  außerhalb der Sitzung 158
  Bildaufnahme 10, 40, 177, 182
  Filmaufnahme 217
  Tonaufnahme 164, 166
  während der Hauptverhandlung 155
Augenscheinsbeweis 163

B
Bedrohung 82, 83
Beendigung 66, 204
Begünstigung 66–68
Beihilfe 34, 65, 66, 68, 98, 110, 113, 116, 117, 198, 204
Belehrungspflicht 35
Beleidigung 13, 84, 85, 165
Berichterstatterprivileg 223, 226, 229, 230, 232
Beschlagnahme 16–19, 27, 50, 56, 57, 67, 178, 191, 196, 201, 208
Beschlagnahmeverbot 21, 28, 55, 204
Beschwerde 91, 161
Besitz 15, 61, 64–66, 72, 74, 75
Bestimmung 64, 103, 107–109
Beweismittel 16, 18, 30, 55, 56, 172, 173, 192, 195, 199, 202

Beweisverbot 31, 36
Beweisverwertungsverbot 173, 192
Beziehungsgegenstände 68, 71, 72
Bildnis 2, 4, 42, 125, 140, 147, 148, 184, 219, 221, 228
Brandstiftung 105, 107, 108, 116–118

D
Defensivnotstand 137, 145, 169
Delikt, erfolgsqualifiziertes 211
Druckwerk 27, 122, 124, 148, 219, 233, 234
Durchsuchung 49, 53, 54, 195, 203, 208
  Ergebnis 201
  Rechtsgrundlage 197
  Verhältnismäßigkeit 200
  Voraussetzungen 199
  Zusändigkeit 200

E
Einwilligung 2, 5, 23, 42, 125, 170
  mutmaßliche 127, 180, 182, 183
Einziehung 17, 67, 70, 99, 145
Erlaubnistatbestandsirrtum 43, 45
Error in persona 165

F
Festnahme, vorläufige 16, 18

G
Garantenstellung 95, 113, 219
Gefährdungsdelikt, abstraktes 94
Gefahr in Verzug 57, 207
Gerichtsstand 132
  fliegender 133

H

Hauptverhandlung 30, 36, 86, 89, 151, 172, 174, 215
   Aufnahmen 155
   nichtöffentliche 174
   öffentliche 174
Hausrecht 154, 158
Hilfeleistung, unterlassene 12, 113

I

In dubio pro reo 79, 122, 157
Ingerenz 95, 113, 117
Inland 93, 95, 97, 98
Instrumentum sceleris 99

K

Kennzeichen verfassungswidriger Organisationen 92, 96, 97, 224, 227, 229
Kettenanstiftung 103, 107, 108
Körperverletzung 15, 138

L

Lebensbereich, höchstpersönlicher 10, 11, 15, 179, 182, 183, 186, 188
Leichenöffnung 52
Lichtbild 3, 6, 7, 52, 189

M

Merkmal, besonderes persönliches 34
Mord 78, 102, 107, 108, 157

N

Nachrede, üble 25, 26, 28, 44, 126, 128, 132, 133, 185, 188, 230
Nachstellung 213
Nemo tenetur 172
Nothilfe 15, 67, 180
Nötigung 146, 166
Notstand 15, 168, 170, 171
Notwehr 15, 139, 143, 145, 146, 154, 166, 168, 171, 180

O

Öffentlichkeit der Hauptverhandlung 151, 163, 174, 211, 215
Öffentlichkeitsfahndung 50, 52, 178, 190–192
Omnimodo facturus 64, 116
Ordnungswidrigkeit 122, 130, 131, 133, 134

P

Persönlichkeitsrecht 16, 50, 51, 87, 127, 139, 154, 174, 190, 191
Pressefreiheit 27, 87, 156, 200, 216, 231
Presseinhaltsdelikt 28, 46, 125, 126, 132, 134, 148, 234
Privatklagedelikt 146, 147
Productum sceleris 99
Provider 86, 102, 112, 114, 202
Prozessvoraussetzung 47, 133, 148

R

Recht am eigenen Bild 3, 5, 6, 15, 50, 51, 127, 139, 140, 144, 156, 180
   postmortales 52
Redakteur, verantwortlicher 40, 46, 122–125, 128, 132–134, 219, 220, 233
Revision 161, 212, 217
Revisionsgrund 217
   absoluter 161, 217
   relativer 218
Rücktritt 73, 109, 115
Rücktrittsleistung 116
Rücktrittsvorschrift 115

S

Sachbeschädigung 107, 108, 117, 142, 144–146
Schrift 55, 60, 68, 70
   Begriff 17
   kinderpornographische 60, 63, 65, 66, 72, 196
   Verbreitung 105, 126, 185
Schuldtheorie
   eingeschränkte 44
   strenge 43
Sich-Verschaffen des Besitzes kinderpornographischer Schriften 60, 61, 63, 65
Sitzungspolizei 152–154, 156, 160, 161
Staatsanwaltschaft 18, 29, 49, 85, 88, 153
   Auskunftserteilungspflicht 87
   Ermittlungsperson 207
   und Medien 77
   Verfolgungspflicht 47
Störung der Totenruhe 11
Strafantrag 2, 6, 8, 47, 133, 148, 192
Strafbarkeitsbedingung, objektive 25, 46, 125, 128, 132, 221, 234
Strafrecht, interlokales 45, 131, 220, 233

T

Tatbestandsirrtum 11, 13, 44
Tatort 93, 131, 132, 147, 220, 233
    ausländischer 98
Totschlag 78–81, 111, 157, 212, 214

U

Üble Nachrede 25, 26, 28, 44, 126, 128, 132, 133, 185, 188, 230
Unbefugtheit 23, 148, 166, 170, 179, 180, 182, 183, 187, 226
Unglücksfall 12
Unmittelbarkeitsprinzip 36
Unterlassen 94, 113, 116, 117, 119
Unternehmensdelikt 61, 65, 66, 72, 74
Urheberrecht 3, 6, 190
Urkunde 30, 31

V

Verbotsirrtum 6, 8, 16, 106
Verbrechen 34, 51, 78, 83, 206
Verbreiten 68, 92, 140, 227
    Begriff 228
    von Schriften 54, 105, 126, 185
Verfahrenshindernis 148
Verfassungsbeschwerde 161
Vergehen 34, 81, 83, 125, 181, 203, 206
    geringfügiges 141
Verhältnismäßigkeit 22, 32, 50, 159, 160, 199, 200
Verjährung 28, 148
Verjährungsfrist 28, 148
Verleumdung 25–28
Vernehmungsprotokoll 30–32, 36

Versuch 11
    allgemeiner 63
    der Körperverletzung 15
    materieller 64, 73
    Pönalisierung 74
    untauglicher 11, 62, 72, 118, 181, 182
    des Versuchs 61
Versuchsstrafbarkeit 61
Versuchsstrafdrohung 78
Verwenden 92, 227
    von Kennzeichen verfassungswidriger Organisationen 92

W

Wahlfeststellung 80–83, 85, 124
Wahrnehmung 51, 124, 215
    berechtigter Interessen 25, 84, 129, 226, 231
    berufsbezogene 27
    des Lynchjustizaufrufs 85
    einer Person 31
Werk 3
Widerstand gegen Vollstreckungsbeamte 14
Wort, nichtöffentlich gesprochenes 23, 24, 163, 164, 170, 175

Z

Zeuge 26, 31, 32, 35, 36, 51
Zeugnisverweigerungsrecht 27, 28, 30, 32, 34, 192, 200, 204, 206, 209
Zufallsfund 18, 57, 208
Zugänglichmachen, öffentliches 182, 187
Zurechnungszusammenhang 214
Zurschaustellen, öffentliches 5, 140

The manufacturer's authorised representative in the EU is Springer Nature Customer Service Centre GmbH, Europaplatz 3, 69115 Heidelberg, Germany. If you have any concerns regarding our products, please contact ProductSafety@springernature.com

Printed and bound by CPI Group (UK) Ltd, Croydon, CR0 4YY

23/03/2026

02076679-0011